文字斋学术丛书

董涛◎著

戰國秦漢時期的

择日术与时空认知

上海古籍出版社

国家社会科学基金重大项目"秦汉时期的国家建构、民族认同与社会整合研究"（项目号 17ZDA180）研究成果
中央高校基本科研业务费 NO.CDJSKJC09 资助

序

王子今

　　董涛是我在北京师范大学历史学院指导的硕士研究生。攻读博士学位期间，他师从北京大学历史系陈苏镇教授，科学识见和研究能力又有新的提升。董涛学术优长的表现之一，在于对战国秦汉这一历史时段社会生活中影响非常广泛的《日书》类文书及其体现的民间礼俗的研究，持长期专注并努力深掘的态度，成果颇多新见。这部新面世的《战国秦汉时期的择日术与时空认知》，是他累年钻研的学术收获，在若干方面推进了相关研究，在前沿性和创新性方面都有值得称许的特点。我在这里愿意首先表示祝贺。

　　我们对于战国秦汉时期的社会意识和当时人们的精神世界，可以说现在的认识、理解和说明都还是初步的。而在睡虎地秦墓竹简《日书》受到学界重视之前，相关知识大体是残碎的、片断的、模糊不清的，可以说是与历史真实相距甚远的。经过饶宗颐、曾宪通、李学勤、林剑鸣、刘乐贤几代学人的辛苦工作，我们似乎已经大略触及当时社会思想在民间层面的若干特点。

　　我们非常高兴看到，因中青年学者的有力推动，研究的深入达到可喜的境界。董涛著《战国秦汉时期的择日术与时空认知》，也是这一研究方向学术进步的表现之一。《战国秦汉时期的择日术与时空认知》第一章论"择日术的起源",第二章说明"择日术中的阴阳五行与神煞",第三章就"日廷图与时空认知的宇宙图示"有所考察,第四章则专门分析"'各有俗所用'——日者与秦汉择日民俗"。可以说,各个论题都涉及以往研究不足或者有所缺失的内容,章节布局也比较合理。关心这一学术主题的读者,应该都可以通过作者的说明获得新的认识,或者借鉴作者的思路得到新的启示。

秦汉人的知识构成之中,有所谓"六甲""五方"之学。《汉书》卷二四上《食货志上》说到中原传统农耕社会建构和维护生产和生活秩序的基本原则,即所谓"先王制土处民富而教之之大略",其中包括如何"教之"的内容。最基本的启蒙教学的内容包括"六甲五方":"八岁入小学,学六甲五方书计之事,始知室家长幼之节。"①所谓"小学",是最基础的文化教育。所谓"学六甲五方书计之事",应是指基本知识和书写计算的技能。有学者研究汉牍《史篇》,以为其中文字"天地本纪,阴阳变化,消息所起,五方□□,〔四〕时之始,〔万〕物升降,人道义理,圣贤所贵,修文书史,勉力亟学,福禄归之"应与"六甲五方"之学有关。②《唐故鲍君墓志铭》:"君五岁学六甲五方之数……"③正是这种教育理念持续长久的文物证明。

《四民月令》关于乡村学校的教学内容中,可见:"正月……研冰释,命幼童入'小学',学《篇章》。"所谓"篇章",原书本注:"谓《六

① 《汉书》,北京:中华书局,1962年,第1122页。
② 刘桓编著:《新见汉牍〈苍颉篇〉〈史篇〉校释》三、研究论文"谈谈汉牍〈史篇〉二",北京:中华书局,2015年,第256页。
③ 李玉明主编:《三晋石刻大全·长治市襄垣县卷》上编,太原:三晋出版社,2015年,第51页。

甲》《九九》《急就》《三仓》之属。"有学者以为:"依'本注'的说明,篇章是《六甲》《九九》《急就》《三仓》之属……"①《汉书》卷二四上《食货志上》所谓"八岁入小学,学六甲"以及《四民月令》所谓幼童所"学""《六甲》",当然只是初步知识。而《汉书》卷三〇《艺文志》"五行三十一家"中《风鼓六甲》二十四卷"《文解六甲》十八卷",②应当都是成熟的关于"六甲"的专门著作。《汉书》卷二一上《律历志上》:"日有六甲,辰有五子……"③而《史记》卷二六《历书》言"大余五",司马贞《索隐》:"周天三百六十五度四分度之一,日行一度,去岁十一月朔在牵牛初为冬至,今岁十一月十二日又至牵牛初为一周,以六甲除之,六六三十六,除三百六十余五,故云大余五也。"张守节《正义》:"冬至甲子日法也。"《史记》卷二六《历书》又言"小余八",张守节《正义》:"未满日之分数也。其分每满三十二则成一日,即归上成六日矣。大余五者,每岁三百六十五日,除六甲三百六十日,犹余五日,故称大余五也。小余八者,每岁三百六十五日四分日之一,则一日三十二分,是一岁三百六十五日八分,故称小余八也。此大小余是冬至甲子日法,未出闰月之数,每六十日除之,为未满六十日,故有大小余也。此是太初元年奇日奇分也。置大余五算,每年加五算,满六十日则除之;后年更置五算,如上法。置小余八算,每年加八算,满三十二分为一日,归大余;后年更置八算,如上法。大余者,日也。小余者,日之奇分也。"④所谓"六甲"之学,这里表述似繁琐,但是应与天文历法等时间秩序有关,是明朗的。对于以农耕经济作为主体经济形式的国度来说,这种涉及"节令""节气"

---

① 石声汉:《四民月令校注》,北京:中华书局,1965 年,第 10 页。

② 《汉书》,第 1768、1769 页。

③ 颜师古注:"孟康曰:'六甲之中唯甲寅无子,故有五子。'"《汉书》,第 981、982 页。

④ 《史记》,北京:中华书局,1959 年,第 1264—1265 页。

的知识，是最基本的学问。相关认知，在战国秦汉时期逐渐成为社会共识。① 而《后汉书》卷一六《邓禹传》说到"六甲穷日"；② 卷八二上《方术传上》李贤注说到"六甲之孤辰"，又言："遁甲，推六甲之阴而隐遁也，今书《七志》有《遁甲经》。"③ 也提示了"六甲"和数术之学的关系。《三国志》卷二九《魏书·方技传·管辂》裴松之注引《辂别传》："辂为说八风之变，五音之数，以律吕为众鸟之商，六甲为时日之端，反覆谴曲，出入无穷。"又载"辂言"："兵之神道，布在六甲，六甲推移，其占无常。"④ 管辂所言"六甲为时日之端"，是可以说明"六甲"和"时日"的特别关系的。所谓"出入无穷""其占无常"，提示了"六甲"之学的精深境界。

关于"五方"，《汉书》卷二四上《食货志上》颜师古注："苏林曰：'五方之异书，如今秘书学外国书也。'臣瓒曰：'辨五方之名及书艺也。'师古曰：'瓒说是也。'"⑤ 臣瓒和颜师古的见解应当是正确的。

如果说"六甲"接近天学，则"五方"接近地学。胡三省注"六甲"，言："六甲，谓六十甲子也。"⑥ 顾炎武认为："《食货志》：'学六甲五方书计之事。'六甲者，四时六十甲子之类。五方者，九州岳渎列国之名。"⑦ 周寿昌说："此《礼记·内则》之言。礼'九年教之数日'，

---

① 王子今：《秦汉社会生活中的"节气""节令""节庆"》，《光明日报》2022 年 5 月 23日第 14 版"史学"。
② 《后汉书》，北京：中华书局，1965 年，第 601 页。
③ 《后汉书》，第 2703 页。
④ 《三国志》，北京：中华书局，1959 年，第 815 页。
⑤ 《汉书》，第 1123 页。
⑥ 《资治通鉴》卷一七六"陈长城公至德二年"："未窥六甲。"胡三省注："六甲，谓六十甲子也。"《资治通鉴》，北京：中华书局，1956 年，第 5475 页。
⑦ 顾炎武著，黄汝成集释，栾保群、吕宗力校点：《日知录集释（全校本）》，上海：上海古籍出版社，2006 年，第 1535 页。

郑注'朔望与六甲也',犹言学数干支也。'六年教之数与方名',郑注'方名,东西',即所云'五方'也。以东西该南北中也。"①

看来,所谓"六甲五方","六甲"是关于时间的知识,"五方"是关于空间的知识。这正是董涛所谓"时空认知"。对于这一方向的研究,包括常识的普及和学术的深究,我们以往是重视不足的。

"始知室家长幼之节"在"学六甲五方书计之事"之后,可知当时的教育理念,道德教育似乎是寓于知识教育之中的。对于汉代蒙学的这一特点,有教育史家分析说:"启蒙教育犹重品德伦常和日常行为规范的培养,并且寓于书算教材和教学之中,以收课程简、重点突出之效。"②班固是坚守儒学原则的学者,他在《汉书》中关于蒙学教育"八岁入小学,学六甲五方书计之事,始知室家长幼之节"的写述,其先后次序值得我们特别注意。

《史记》卷六《秦始皇本纪》记载:秦始皇三十六年(前211),"始皇卜之,卦得游徙吉。迁北河榆中三万家,拜爵一级"。③ 可知以天下之尊,也依然遵从卜问迁徙吉凶之通制。上文说到"《日书》类文书及其体现的民间礼俗",也许影响到社会上层。知果其占卜方式与睡虎地秦简《日书》属于同一系统,时在秋季,而北河榆中地当咸阳正北,其卜问结果应与此条简文的内容相合。由此我们可以推知"迁北河榆中三万家"事,其时当在九月。④《史记》卷六《秦始皇本纪》记载:"三十七年十月癸丑,始皇出游。"这是唯一的有关秦始皇出行日期的记录。对于秦始皇出行择日事,拙著

---

① 金少英:《汉书食货志集释》,北京:中华书局,1986年,第37页。

② 毛礼锐、沈灌群主编:《中国教育通史》第二卷,济南:山东教育出版社,1986年,第112—113页。

③《史记》,第259页。

④ 王子今:《睡虎地秦简〈日书〉所反映的秦楚交通状况》,《国际简牍学会会刊》第1号,台北:兰台出版社,1993年。

《秦交通史》写道："这是秦始皇最后一次出巡。十月癸丑，睡虎地秦简《日书》中属于秦人建除系统的'秦除'和'稷辰'中皆未见与'行'有关的文字，而在可能属于楚人建除系统的'除'中则正当'交日'。而'交日，利以实事。凿井，吉。以祭门行、行水，吉'（甲种四正贰）。① 所谓'祭门行'仪式的意义，或即'告将行也'，②'行水'则是水路交通形式。秦始皇此次出行先抵江汉地区，'十一月，行至云梦'，③很可能因此而据楚数术书择日。另一方面，'秦除''稷辰'虽未言'行吉'，④但'十月癸丑'亦不值行忌日。可见，事实确如李学勤所指出的，'楚、秦的建除虽有差别'，但'又有一定的渊源关系'。⑤ 另一方面，当时占日之学流派纷杂，⑥而'齐、楚、秦、赵为日者，各有俗所用'，⑦重要的交通活动，大约需要事先综合考虑不同建除系统的出行宜忌。"⑧这样的意见，主要是推想，没有依据更完备的数术之学的信息进行全面分析。出行择日，首先是出行时间的

---

① 睡虎地秦墓竹简整理小组：《睡虎地秦墓竹简》，北京：文物出版社，1990 年，释文注释第 181 页。

② 《仪礼·聘礼》郑玄注，阮元校刻《十三经注疏》，北京：中华书局，1980 年，第 1047 页。

③ 《史记》，第 260 页。

④ 属于秦人建除系统的"秦除"和"稷辰"中，均未见"行吉"日。据此或许可以推想，秦人有可能是将"不可行"日子之外的其他日子都作为"利以行""行有得"或"行吉"之日看待的。这样，秦人建除中虽不著明"行吉"之日，而事实上的"行吉"日是存在的。

⑤ 李学勤：《睡虎地秦简〈日书〉与楚、秦社会》，《江汉考古》1985 年 4 期。

⑥ 《史记》卷一二八《龟策列传》："《太史公之传》曰：三王不同龟，四夷各异卜，然各以决吉凶……"第 3225 页。《史记》卷一三〇《太史公自序》："三王不同龟，四夷各异卜，然各以决吉凶。"第 3318 页。《史记》卷一二七《日者列传》褚先生补述："孝武帝时，聚会占家问之，某日可取妇乎？五行家曰可，堪舆家曰不可，建除家曰不吉，丛辰家曰大凶，历家曰小凶，天人家曰小吉，太一家曰大吉。辩讼不决，以状闻。制曰：'避诸死忌，以五行为主。'"第 3222 页。

⑦ 《史记》卷一三〇《太史公自序》，第 3318 页。

⑧ 王子今：《秦交通史》，西安：西北大学出版社，2021 年，第 434—435 页。

选择,同时又涉及出行方向,即行程之向的空间方位,与"时空认知"密切相关。此类问题的深入考察,或有待于董涛和其他年轻学人的努力。

一部优秀的学术专著,首先当然应该对所针对的学术目标有成功的探索、透彻的理解和完满的说明,但是又未必终结相关主题的学术考察。如果能够就某些问题给读者以启示,为今后的研究提出疑点,建议方法,指示路径,点明线索,就是有学术意义的。

董涛在这部分量很重的学术专著《战国秦汉时期的择日术与时空认知》的"绪论"中写道:"择日术的核心内容是阴阳五行观念。一方面,阴阳五行是时日吉凶宜忌设置的基本依据;另一方面,择日术也可以说是阴阳五行观念在日常中的具体运用。"第二章"择日术中的阴阳五行与神煞"第一节"择日术中的阴阳五行",也指出:"阴阳五行理论是择日术的核心内容,战国秦汉时期的择日术大多是围绕阴阳五行理论展开的,因而阴阳五行理论可以说是破解择日术奥秘的关键。"全书"结语"也可见这样的说法:"择日术的核心内容是阴阳五行学说,由《日书》中关于择日术的记载可以看到阴阳五行如何在实践中得到运用。"这应当是表述相当明确的比较新异的见解。但或许也有深化认识、以求更合理说明的可能。"核心"的说法近年使用异常普遍,但是具体涵义或许未必科学,言者似乎也有不同的理解。《战国秦汉时期的择日术与时空认知》的作者或说"阴阳五行观念",或说"阴阳五行理论",似乎是要将战国秦汉时期的"择日术"考察予以"观念""理论"层次的提升。有的读者可能会有这样的考虑:在"择日"要求和"择日"方式早期出现时,是否已经有了"阴阳五行观念"或"阴阳五行理论"?这样的思考,或许可以从民族学、人类学的相关资料中发现寻求答案的线索。我愿意在这里表达这样的心愿,期待董涛在今后的研究中就这一学术主题做出更完备的论说。

　　当然,《战国秦汉时期的择日术与时空认知》一书的学术质量已经显示,作者完全具备很好的基础,可以继续努力,提出新的更深层次的学术认识。

目 录

绪 论

第一节　本书的研究对象

本书主要使用出土《日书》类资料，结合传世文献的相关记载，通过择日术考察战国秦汉时期人们对时间和空间的认知。所谓择日术指的是人们根据需要进行时日选择，择日术的研究对象并不仅仅是时间，空间也是时日选择的基础内容，这主要是因为择日术使用的基本符号是天干地支，而干支既能够表示时间，也能够表示空间。另外，择日术也来源于对天文星象的观察和模拟，而天文也同样包含时间和空间两个维度，是以经由择日术的研究可以对人们的时间和空间认知都有较为深入的了解。

择日术起源于避忌凶恶与尊天顺时，关注的是自然秩序和人们的生活以及心理等多方面的内容，体现的是人们对于时间和空间认知探索的过程。择日术根植于趋吉避凶的理念，其中包含有人们对时空问题的思考与理解，并基于对自然的认识赋予时间和空间新的意义，因此而形成了一整套影响深远的制度和习俗。时间、空间和"吉凶宜忌"之间的联系是虚拟的存在，本质上是人们在探索世界过程中产生的谬误认知,但择日术中包含的人们对时间和空间的观念却是真实的。人们的择日行为通常遵从以时间和空间为代表的宇宙运行秩序,与此同时人们也模拟宇宙秩序用于时日选择,这种互动也就是人们探索和认知宇宙的过程。

择日术的核心内容是阴阳五行观念。一方面,阴阳五行是时日吉凶宜忌设置的基本依据;另一方面,择日术也可以说是阴阳五行观念在日常中的具体运用。阴阳本身就带有吉凶属性,是判断时日吉凶的重要标准;而五行的配物系统、生克变化以及五行与干支之间的关系也都可以作为吉凶宜忌设置的依据。至少在秦汉时期人们已经依据一定的规则建构起系统的神煞体系,而神煞体系本身就是基于阴阳五行观念并利用日廷图建构起来的开放的系统。由于中国古代阴阳五行观念以及基本认知自形成以后未发生根本变化,是以基于阴阳五行和宇宙观念而构成的神煞系统的基本模式也没有发生较大变化,所以秦汉简牍和明清通书中出现共同的神煞名称以及基本相同的神煞运行模式,这也是中国古代择日术的重要特色。

人们经由对天文星象运行和分布规律的观察获得对时间和空间的认知,与此同时人们也在尝试模拟和重构天文运行和星象分布并用于时日选择,而日廷图可以说是对天文星象模拟和重构的特殊图形。在日廷图中,起源于时空测绘工具的"二绳"和"四钩"是人们对宇宙认知的图形化表示,环绕"钩绳图"的天干地支以及二十八宿等文字也同时表示时间和空间,是以日廷图中具有完备的时间和空间系统,对于时日选择来说这具有重要的意义。择日术是所谓宇宙观念在实际社会生活中的体现,而时日选择中呈现的人与天文之间的关系应当引起更多的注意。

历史早期专门进行时日选择的人被称为"日者",司马迁曾经为"日者"作列传,战国秦汉时期日者活动范围较广,择日民俗也是本书讨论的重点内容。《史记》的《日者列传》虽然亡佚，但《日书》类文献为讨论不同区域的择日术提供了基础，秦、楚、齐、赵择日术各有不同，但都使用天干地支符号系统以及阴阳五行理论，都受共同的宇宙观念影响，然而不同时期和不同地域的日者因应不同的需求设置吉凶宜忌，是以各地择日术呈现同源而异流的样貌。经由对择日民俗的研究也可以注意到，数术逐渐深入民众社会生活中，成为社会习俗的一部分，原本存在于理论层面的阴阳五行以及宇宙观念经由择日术深刻影响人们的心理和生活习俗。这种影响不可避免会对正常社会生活造成干扰和损害，是以包括司马迁在内的知识阶层一方面肯定时日选择有益于国计民生的一面，另一方面也反对过分迷信鬼神观念。

　　总体而言，本书所谓"时空认知"指的是人们对于时间和空间的基本认识，是人们在认识和探索宇宙过程中产生的基本观念。择日术的本质是处理时间与空间问题，可以说是人们时空观念在具体社会生活中的实践，所以本书以择日术为切入点讨论时空认知问题。

第二节　学术史回顾与反思

　　对于战国秦汉时期的择日术研究，原本资料较为缺乏，但近些年来《日书》类文献的出土弥补了这样的缺憾。《日书》类文献的核心内容就是时日选择之术，近些年来学者们也围绕《日书》对择日术进行研究，其中的成果对于本书相关研究的开展具有重要意义。

1. 相关学术史的梳理

　　时日选择具有悠久的历史传承，这也早就引起了学者们的重视,饶宗颐认为殷代"对于日之吉凶,已有若干专用之日名以示区别……殷代虽无'日书'之记录,而于日辰之吉凶及祈祭祷告诸手续,至为繁赜,凌杂米盐,开秦汉以来日书之先路"。① 岑仲勉注意到商人每事则卜,而周代出现了固定的吉凶宜忌日,②曹建墩也指出周礼择吉体系对干日和支日都有相应的礼制规定。③ 另外邓国军的研究注意到早期文献中的忌日问题。④

近些年来各种《日书》文献的出土,对战国秦汉时期择日术研究的推进至关重要,黄一农早年研究择日问题,注意到《日书》记载与中国传统择日术相关的内容,重点研究尹湾汉墓简牍与择日术之间的关系。⑤ 刘增贵分析《日书》文献中的出行礼俗与信仰,认为其中时日选择是重要内容,⑥另外刘增贵《汉代葬俗中的时日信仰》一文着重讨论汉代丧葬习俗中的择日问题。⑦ 而做过类似工作的还有叶

① 饶宗颐:《殷礼提纲》,《饶宗颐二十世纪学术文集》卷四《经术、礼乐》,北京:中国人民大学出版社,2009 年。
② 岑仲勉:《周金文所见之吉凶宜忌日》,《东方杂志》第 12 卷第 10 号,1946 年;后收入氏著《两周文史论丛(外一种)·西周社会制度问题》,北京:中华书局,2004 年。
③ 曹建墩:《两周祭祀吉日及择吉礼俗考析》,《首都师范大学学报(社会科学版)》2014 年第 2 期。
④ 邓国军:《先秦忌日礼俗考述》,《中国社会历史评论》第 21 卷,天津:天津古籍出版社,2018 年。
⑤ 黄一农:《从尹湾汉墓简牍看中国社会的择日传统》,《历史语言研究所集刊》第 70 本第 3 分,1999 年;后收入氏著《社会天文学史十讲》,上海:复旦大学出版社,2004 年,第 141 页。另参氏著《制天命而用:星占、术数与中国古代社会》,成都:四川人民出版社,2018 年。
⑥ 刘增贵:《秦简〈日书〉中的出行礼俗与信仰》,《历史语言研究所集刊》第 72 本第 3 分,2001 年。
⑦ 收入邢义田、刘增贵主编《古代庶民社会》,《第四届国际汉学会议论文集》,台北:"中研院",2013 年。相关的研究也可参姜守诚《香港所藏"松人"解除木牍与汉晋墓葬之禁忌风俗》,《成大历史学报》第 31 号,2006 年;后收入氏著《出土文献与早期道教》,北京:中国社会科学出版社,2016 年。

国良,他认为历代朝廷祀典的择日不受日书文献的影响。① 刘乐贤研究睡虎地秦简《日书》,侧重讨论《日书》中所载与后世择日术异同,②吴小强曾对《日书》文献进行集释,其中多有时日选择相关的内容,③而王子今对睡虎地秦简《日书》甲种的疏证工作对研究择日术也有重要参考价值。④ 李零对楚帛书和日书都进行了深入的研究,其中尤侧重古日者之术。⑤

阴阳五行观念与择日术的关系是学者们关注较多的内容,刘国胜注意到,干支配合阴阳五行学说的阴阳转化消长和五行相生相胜原理的运用,在"宇宙图式"中充当了"计"数和"运"理的工具。⑥ 尚民杰认为男女和牝牡在古代阴阳理论中都被作为阴阳的实际例子,男日和女日其实也就是阳日和阴日。⑦ 范志军对文献中的葬日的选择事例进行了统计,认为两汉社会人们在选择葬日的时候,没有完全遵循《日书》中有关葬日的规定。⑧ 蒲慕州指出葬日的选择必须考虑死日和葬日之间的阴阳相配问题,其实也是注意到《日书》中关于男日和女日的相关记载。⑨ 孙占宇和鲁家亮也讨论"太岁和刚柔日"

① 叶国良:《历代朝廷祀典择日不受日书影响论》,复旦大学上海儒学院《〈现代儒学〉第 1 辑·儒学与古今中西问题》,北京:生活·读书·新知三联书店,2016 年。
② 刘乐贤:《睡虎地秦简日书研究》,台北:文津出版社,1994 年。
③ 吴小强:《秦简日书集释》,长沙:岳麓书社,2000 年。
④ 王子今:《睡虎地秦简〈日书〉甲种疏证》,武汉:湖北教育出版社,2003 年。
⑤ 李零:《中国方术考(修订本)》第三章《楚帛书与日书:古日者之说》,北京:东方出版社,2004 年。
⑥ 刘国胜:《楚地出土数术文献与古宇宙结构理论》,丁四新主编《楚地简帛思想研究(二)》,武汉:湖北教育出版社,2005 年。
⑦ 尚民杰:《〈日书〉"男女日"与"生子"》,《文博》2000 年第 1 期。
⑧ 范志军:《从〈日书〉看汉代人的葬日》,《河南社会科学》2006 年第 3 期。
⑨ 蒲慕州:《追寻一己之福:中国古代的信仰世界》,上海:上海古籍出版社,2007 年,第 143 页。相关的研究也参郭珏《秦汉出土文献中的"知死"与"事死"——一个基于"形成框架"的试分析及方法论上的思考》,武汉大学简帛研究中心主办《简帛》第 8 辑,上海:上海古籍出版社,2013 年。

的问题,并对出土简牍文献中的"刚柔日""阴阳日""牝牡日"等问题进行了系统的梳理。① 另外杨华讨论楚国的礼仪制度,指出楚地举行婚礼的日期,遵循了"牝月牡日"的规定。②

汉武帝时代曾经就择日流派进行规定,"五行家"的择日术受到认可,是以五行理论与择日术关系密切。饶宗颐较早关注睡虎地秦简《日书》中的三合局和五行寄生十二宫理论,刘乐贤在此基础上对相关问题的研究也有所推进。③ 而利用三合局理论作出典范性研究的是刘增贵,他对《日书》中"土忌"的研究采用图文并茂的特殊形式揭示了三合局理论的数术原理,汉代数术思想中有关五行的内容已经基本成熟,神煞的设置较为合理,而且神煞还可以依据他们在日廷图上的位置进行变形,衍生出其他各种神煞类型,而这也正是后世择日术的基本规律。④ 此外,金良年的研究也提示三合局理论在秦简择日研究中有重要的意义,⑤刘信芳的研究对三合局理论有重要的推进,⑥尚民杰对于"土神"和"土忌"的研究强调五行生克原理在相关数术文献中的重要作用,他认为"土忌"的基本内

---

① 孙占宇、鲁家亮:《放马滩秦简及岳麓秦简〈梦书〉研究》,武汉:武汉大学出版社,2017 年,第 181 页。

② 杨华:《楚国礼仪制度研究(修订版)》,武汉:湖北教育出版社,2017 年,第 241 页。

③ 饶宗颐:《秦简中的五行说与纳音说》,《古文字研究》第 14 辑,北京:中华书局,1986 年。刘乐贤《五行三合局与纳音说——读饶宗颐先生〈秦简中的五行说与纳音说〉》(《江汉考古》1992 年第 1 期)一文,对饶宗颐的部分观点进行了补充和订正。

④ 刘增贵:《睡虎地秦简〈日书〉〈土忌〉篇数术考释》,《历史语言研究所集刊》第 78 本第 4 分,2007 年。

⑤ 金良年:《云梦秦简〈日书〉"啻"篇研究》,《中华文史论丛》第 51 辑,上海:上海古籍出版社,1993 年。

⑥ 刘信芳:《〈日书〉四方四维与五行试探》,《考古与文物》1993 年第 2 期;后收入氏著《出土简帛宗教神话文献研究》第四章《〈日书〉所反映的原始崇拜与民俗》,合肥:安徽大学出版社,2014 年。

容都是从"土神"中派生出来的,所遵循的基本都是五行生克的原理。① 另外日本学者井上聪认为,五行三合局的记载至少可以追溯到战国末期,或许它与《邹子》的佚文之间也有某种关系。② 工藤元男指出,《日书》中使用最多的"占法"是五行说,并讨论了五行学说中"三合"理论在《日书》中的使用情形,③程少轩则指出从放马滩秦简、孔家坡汉简到《协纪辨方书》中的记载,其实都没有涉及土局,所以虽然被笼统称为"五行三合局",但实际上只涉及"四行"。④ 三合局可以说是五行学说的基本内容之一,而出土的《日书》类文献中有三合局理论应用于时日选择的实例,这对于认识五行与择日术有非常重要的意义。

神煞的研究是择日术中最为热门的问题,早期看到汉简文献的学者们,就已经注意到了其中的神煞,例如《流沙坠简》中由罗振玉执笔的《小学术数方技书考释》,就已经对历注神煞进行了考释,其中包括建除、反支、血忌,以及大时和小时等。⑤ 后来陈槃又对罗振玉没有提到的"八魁"进行了较为细致的讨论。⑥ 再后来陈梦家也对建除、反支等具注历神煞进行了详细的讨论,尤其是对反支的日期

① 尚民杰:《睡虎地秦简〈日书〉中的"土神"与"土忌"》,周天游主编,陕西历史博物馆馆刊编辑部编《陕西历史博物馆馆刊》第 7 辑,西安:三秦出版社,2000 年。
② 井上聪:《先秦阴阳五行》,武汉:湖北教育出版社,1997 年,第 237 页。有关纳音的讨论也可参见刘增贵《睡虎地秦简〈日书〉〈土忌〉篇数术考释》,《历史语言研究所集刊》第 78 本第 4 分,2007 年;唐继凯《纳音原理初探》,《黄钟——武汉音乐学院学报》2004 年第 2 期;晏昌贵《放马滩秦简乙种〈日书〉有关五音的简文》,武汉大学简帛网 2009 年 9 月 22 日首发。
③ 工藤元男著,广濑薰雄、曹峰译:《睡虎地秦简所见秦代国家与社会》第四章《睡虎地秦简〈日书〉的基础性研究》,上海:上海古籍出版社,2010 年,第 112 页。
④ 程少轩:《放马滩简式占古佚书研究》第二章《放马滩简式占古佚书分篇研究》,上海:中西书局,2018 年,第 34 页。
⑤ 王国维、罗振玉:《流沙坠简》,北京:中华书局,1993 年。
⑥ 陈槃:《汉晋遗简偶述》,《历史语言研究所集刊》第 16 本,1947 年。

作了拟补,对后世学者的影响较大。① 饶宗颐也注意到《日书》文献中的神煞问题,并讨论了建除、招摇、丛辰等神煞。② 前文曾提到金良年关注《日书》"啻篇",另外金良年还曾对建除神煞进行研究。③ 刘增贵对"土忌"的考释揭示了神煞运行的方式,④而尚民杰和梁超都曾讨论日书中的"土忌"神煞,重点考察日书文献中几种"土忌"神煞的数术原理。⑤ "大时"与"小时"是《日书》中提到的重要神煞,也是学者们关注较多的内容,胡文辉有《释岁》一文,详细讨论"大时""小时"的数术原理。⑥ 另外春秋战国时代"阴阳刑德"思想具有较为广泛的影响,陶磊研究《淮南子·天文》,曾重点关注其中"刑德"神煞的问题。⑦ 张国艳认为睡虎地秦简《日书》中的"上皇"当为楚地信仰的东皇太一神,周家台秦简《日书》中的"筑囚"当为司厕之神,⑧为《日书》神煞问题的研究提供了新的思路。日本学者大野裕

① 陈梦家:《汉简年历表叙》,《考古学报》1965 年第 2 期;后收入氏著《汉简缀述》,北京:中华书局,2004 年。

② 饶宗颐、曾宪通:《云梦秦简日书研究》,饶宗颐、曾宪通《楚地出土文献三种研究》,北京:中华书局,1993 年。

③ 金良年:《建除研究——以云梦秦简〈日书〉为中心》,《中国天文学史文集》第 6 集,北京:科学出版社,1994 年。

④ 刘增贵:《睡虎地秦简〈日书〉〈土忌〉篇数术考释》,《历史语言研究所集刊》第 78 本第 4 分,2007 年。另参氏著《秦简〈日书〉中的出行礼俗与信仰》,《历史语言研究所集刊》第 72 本第 3 分,2001 年。

⑤ 尚民杰:《睡虎地秦简〈日书〉中的"土神"与"土忌"》,周天游主编,陕西历史博物馆馆刊编辑部编《陕西历史博物馆馆刊》第 7 辑。梁超:《放马滩秦简〈日书〉所见"土忌"神煞考释》,杨振红、邬文玲主编《简帛研究 2016 年(春夏卷)》,桂林:广西师范大学出版社,2016 年。

⑥ 有关大时、小时的讨论也可参见李零《中国方术考(修订本)》第二章《式与中国古代的宇宙模式》,第 129 页;另参李建民《生命史学:从医疗看中国历史》,上海:复旦大学出版社,2008 年,第 166 页。

⑦ 陶磊:《〈淮南子·天文〉研究——从数术史的角度》,济南:齐鲁书社,2003 年。

⑧ 张国艳:《〈日书〉神煞"上皇""筑囚"补释》,《文物春秋》2018 年第 3 期。

司撰有《出土数术文献所见战国秦汉时期神煞的特征》一文,①对于战国和秦汉时期的神煞问题也提出了自己的看法。王强的博士论文关注选择数术之中的神煞问题,其中的许多观点值得重视。②

具注历也是学者们关注较多的内容,学者们也已经注意到,《日书》神煞和具注历有密切的关系。例如邓文宽就指出,战国秦汉时代的日者在占日的过程中显然需要使用历日,而敦煌出土的"具注历日"就是将《日书》一类的选择内容,逐日抄写到历日上。③ 另外邓文宽在研究《东汉永元二年历日》的时候也提到了具注历神煞的问题。④ 张培瑜也对汉代出土文献中的历注问题进行研究,其中包括对建除、大时、小时、八魁、血忌、反支、天李的考证等。⑤ 刘昭瑞《居延新出汉简所见方术考释》对于居延新简中的天李、八魁、归死、复日、月杀等神煞进行了讨论,并指出至少在战国晚期行事择日之术就已经非常严密和复杂了,而且在当时社会流行的范围也非常广泛,而到了汉代择日术就更加细密,尤为重要的是五行家开始占据主要地位。⑥ 这些判断当然都是非常需要重视的。程少轩在复原肩

① 大野裕司:《战国秦汉出土术数文献之基础研究》,北海道:日本北海道大学出版会,2014年。
② 王强:《出土战国秦汉选择数术文献神煞研究——以日书为中心》,吉林大学博士学位论文,2018年。另外相关的博士论文还有贺璐璐《简帛数术文献中二元对立神煞研究——以马王堆帛书为中心》,湖南大学博士学位论文,2021年。
③ 邓文宽:《敦煌历日与出土战国秦汉〈日书〉的文化关联》,氏著《邓文宽敦煌天文历法考索》,上海:上海古籍出版社,2010年。
④ 邓文宽:《居延新简〈东汉永元二年(90年)历日〉考》,国家图书馆善本特藏部敦煌吐鲁番学资料研究中心编《敦煌学国际研讨会论文集》,北京:北京图书馆出版社,2005年。
⑤ 张培瑜:《出土汉简帛书上的历注》,国家文物局古文献研究室编《出土文献研究续集》,北京:文物出版社,1989年。
⑥ 刘昭瑞:《居延新出汉简所见方术考释》,中华书局编辑部编《文史》第43辑,北京:中华书局,1997年。

水金关汉简《元始六年(居摄元年)历日》的时候对具注历问题也提出了新颖的见解。① 另外,黄一农重点讨论中国古代的择日传统,认为尹湾汉墓简牍中丰富的选择术内容可以帮助我们理解选择术的早期形态,但黄一农对明清时期的选择术更为关心,他指出在特定的情况下神煞系统逐渐变得异常庞杂,民众终于无所适从,所以就会出现从权而定的情况,而官方也会根据需要对选择术进行限制。黄一农另外还指出,中国历代天文家对某些特定神煞的铺注规则,从汉代到清代初年都没有大的改动。②

日廷图是神煞铺设的基础,也是日者操作择日的重要工具,之前的学者对日廷图以及相似图形的研究已经有了一定的积累,李零对"式图"与时空观念,及其体现的原始思维及阴阳五行学说,都提出了具有开创性的意见。③ 李学勤认为"规矩纹"或称"TLV 纹"具有宇宙论的性质,是用来图解阴阳五行四时宇宙论的。④ 法国学者马克把这种图形称为"钩绳图",并指出这样的图形在汉代存在的范围非常广泛,包括六壬式的地盘、日暑上都有这样的图形,并认可李零的看法,同意将这种图形视为深深根植于那个时代宇宙观念和宗教信仰中的象征性的时空图形。⑤ 另外,马克也指出"钩绳图"的作

① 程少轩:《肩水金关汉简"元始六年(居摄元年)历日"复原》,《出土文献》第 5 辑,2014 年。后来作者又对复原进行了修订,见《肩水金关汉简"元始六年(居摄元年)历日"的最终复原》,见复旦大学出土文献与古文字研究中心网站。

② 黄一农:《从尹湾汉墓简牍看中国社会的择日传统》,《历史语言研究所集刊》第 70 本第 3 分,1999 年;后收入氏著《社会天文学史十讲》。黄一农的研究另参《敦煌本具注历日新探》,《新史学》1992 年第 3 期;后收入氏著《制天命而用:星占、术数与中国古代社会》。

③ 李零:《中国方术考(修订本)》第二章《式与中国古代的宇宙模式》,第 89 页。

④ 李学勤:《规矩镜、日暑、博局》,氏著《比较考古学随笔》,香港:中华书局,1991 年。另参氏著《〈博局占〉与规矩纹》,《文物》1997 年第 1 期。

⑤ 马克·卡林诺斯基:《马王堆帛书〈刑德〉试探》,《华学》第 1 辑,广州:中山大学出版社,1995 年。

用在于方便游神的定位,这也提示了后来的学者进行更为深入的研究。① 鲁惟一也讨论了"TLV 镜"与博局镜的关系,认为"TLV 镜"的纹饰是仿效典型化的"式",选取天、地盘处于最佳位置时,使之固定化,借以沟通天人,祈降福祉。② 刘增贵着重探讨式图中包含的数术原理,揭示其中五行生克的关系,并透过神煞干支排列的规律,修正补充不完整的简文,还原神煞的原貌。③ 冯时认为透过日廷图隐约可见古人致日测影的记忆,④陶磊也讨论过斗乘二十八宿圆盘和钩绳图互相配合使用的问题。⑤ 也有学者研究规矩纹铜镜,认为这种纹饰也称规矩纹,是由 L、—、丨三种出现于商代甲骨文中的"界划"符号衍化组合而成。⑥ 黄儒宣对《日书》中关于"时空图式"的讨论多有精妙的见解。⑦ 也有学者认为,并不能证明所有的类似图像都是"日廷"。⑧

对战国秦汉时期区域文化差异的研究原本缺乏相关的文献,但睡虎地秦简《日书》明显包含秦系和楚系不同的文化因子,为认识秦楚异同提供了宝贵的资料。李学勤早就指出,秦、楚的建除有一定

---

① 相关的研究也可参看饶宗颐《马王堆〈刑德〉乙本九宫图诸神释——兼论出土文献中的颛顼与摄提》,李学勤主编《简帛研究》第 1 辑,北京:法律出版社,1993 年;陈松长《帛书〈刑德〉略说》,李学勤主编《简帛研究》第 1 辑;另参陈松长《马王堆帛书研究》,北京:商务印书馆,2021 年。

② Michael Loewe, Ways to Paradise: The Chinese for Immortality, George Allen and Unwin, 1979.

③ 刘增贵:《睡虎地秦简〈日书〉〈土忌〉篇数术考释》,《历史语言研究所集刊》第 78 本第 4 分,2007 年。

④ 冯时:《中国古代物质文化史·天文历法》,北京:开明出版社,2016 年,第 46 页。另参氏著《中国天文考古学》,北京:中国科学技术出版社,2007 年。

⑤ 陶磊:《〈淮南子·天文〉研究——从数术史的角度》,第 38—53 页。

⑥ 王敬:《"规矩纹"铜镜考辨》,《江西文物》1991 年第 3 期。

⑦ 黄儒宣:《〈日书〉图像研究》,上海:中西书局,2013 年。

⑧ 程少轩:《放马滩简式占古佚书研究》第一章《绪论》,第 16 页。

的渊源关系,①后来有学者辨析睡虎地秦简《日书》中属于楚地的内容,例如刘信芳根据楚月名判断楚《日书》,较早对楚地出土《日书》类文献进行研究。② 九店楚简出土之后刘信芳根据新的材料,认为秦简中的楚国《日书》占有相当大的比例。③ 林剑鸣曾经依据睡虎地秦墓竹简《日书》和放马滩秦简《日书》探讨秦楚文化异同,认为前者有较多的礼制影响和较浓的神秘色彩,而后者显得更为质朴和具体。④ 蒲慕州认为《日书》代表流行于战国末年的各地中下层的某些习俗,在使用《日书》所代表的"秦文化"问题时应特别注意。⑤ 工藤元男讨论《日书》文献中的秦楚"目光",针对秦楚《日书》在占法上的差异展开讨论。⑥ 学者们根据出土《日书》类文献,结合历史文献的相关记载,大都认识到秦系《日书》流传后世,而楚系《日书》湮灭无闻,例如黄留珠曾讨论秦文化南播问题,注意到秦系建除最终流传后世,⑦张闻玉也有相似观点。⑧ 杨华也讨论了楚地固有的择日传统与秦的择日

① 李学勤:《睡虎地秦简〈日书〉与楚、秦社会》,《江汉考古》1985 年第 4 期。
② 刘信芳:《秦简中的楚国〈日书〉试析》,《文博》1992 年第 2 期。后来胡文辉对这种方法提出质疑,认为相同性质的不同篇章并非源自同一地区,而是不同地区的传本,参胡文辉《睡虎地秦简中的楚〈日书〉》,《华学》第 4 辑;后收入氏著《中国早期方术与文献丛考》,广州:中山大学出版社,2000 年。
③ 刘信芳:《九店楚简日书与秦简日书的比较研究》,《第三届国际中国古文字研讨会论文集》,香港中文大学中国文化研究所、中国语言文学系,1997 年。
④ 林剑鸣:《从放马滩〈日书〉(甲种)再论秦文化的特点》,《周秦文化研究》编委会编《周秦文化研究》,西安:陕西人民出版社,1998 年。
⑤ 蒲慕州:《睡虎地秦简〈日书〉的世界》,《历史语言研究所集刊》第 62 本第 4 分,1993 年;后收入氏著《历史与宗教之间》,上海:复旦大学出版社,2020 年。
⑥ 工藤元男著,广濑薰雄、曹峰译:《睡虎地秦简所见秦代国家与社会》第九章《〈日书〉所反映的秦、楚的目光》。
⑦ 黄留珠:《秦文化的南播》,中国秦汉史研究会编《秦汉史论丛》第 6 辑,南昌:江西教育出版社,1994 年;后收入氏著《秦汉历史文化稿》,西安:三秦出版社,2002 年。
⑧ 张闻玉:《云梦秦简〈日书〉初探》,氏著《古代天文历法论集》,贵阳:贵州人民出版社,1995 年。

术的合流问题。① 晏昌贵的讨论主要关注睡虎地秦简《日书》对楚简《日书》的继承和改造，认为楚地的时日选择术被纳入秦的数术系统。② 马志亮认为，秦亡之后当地的楚系建除有所回潮。③ 另外，凡国栋也注意到汉代《日书》对楚和秦《日书》的继承和改造问题。④ 刘乐贤认为秦系建除和楚系建除的区别十分明显，从数术原理考察，人们根据秦楚不同的建除术可能会得出大相径庭的行事宜忌。⑤ 王子今曾就睡虎地秦简《日书》中的秦楚行忌进行比较，⑥史党社也注意到秦简《日书》中的楚文化色彩，⑦另外刘炼注意到，秦汉时期冠礼的选择考虑了建除家的意见。⑧ 总的来看，学者们认为《日书》类文献中呈现出来的秦楚择日术异同的主要趋势是，楚地的择日术被秦文化继承和改造，最后秦系的择日术流传后世，而楚系则湮灭无闻。

择日术的起源发展和演变显然与日者有密切的关系，《史记》有《日者列传》，但原文亡佚，而睡虎地秦简《日书》以及后来各类《日书》文献的出土，又为"日者"的研究提供了新的材料。林剑鸣先生认为"日书"是日者占卜的时候所用的工具书，是"日者据以预测祸

① 杨华：《楚国礼仪制度研究（修订版）》，第 61 页。
② 晏昌贵：《略论睡虎地秦简〈日书〉对楚〈日书〉的继承与改造》，氏著《简帛数术与历史地理论集》，北京：商务印书馆，2010 年。
③ 马志亮：《从婚嫁吉日的变化看秦人对楚系建除的改造》，氏著《秦礼仪研究》，西安：西北大学出版社，2021 年，第 45 页。
④ 凡国栋：《日书〈死矢图〉的综合考察——从汉代日书对楚秦日书的继承和改造的视角》，卜宪群、杨振红主编《简帛研究 2007 年》，桂林：广西师范大学出版社，2007 年。
⑤ 刘乐贤：《楚秦选择术的异同及影响——以出土文献为中心》，《历史研究》2006 年第 6 期。
⑥ 王子今：《睡虎地秦简〈日书〉秦楚行忌比较》，秦始皇陵兵马俑博物馆《论丛》编委会编《秦文化论丛》第 2 辑，西安：西北大学出版社，1993 年。
⑦ 史党社：《试论云梦秦简〈日书〉的楚文化色彩》，周天游主编，陕西历史博物馆馆刊编辑部《陕西历史博物馆馆刊》第 3 辑，西安：西北大学出版社，1996 年。
⑧ 刘炼：《从楚秦〈日书〉看冠礼的择日问题》，丁四新、夏世华主编《楚地简帛思想研究（四）》，武汉：崇文书局，2010 年。

福的典籍"。① 晏昌贵指出"《日书》是古代日者选择时日、占断吉凶的实用手册,类似现今仍在港台地区民间流行的通书或皇历"。② 何双全认为"周、秦、汉三代是日者大兴之时,日者即为社会中的一门专职,随之相应产生了著述《日书》"。③《日书》为日者之书,对于这样的观点学者们大多没有异议。李零认为,择日和历忌是从式法派生出来的,都属于古"日者"之说,李零对于日者和式法之间关系的意见,对后来的学者有很大的启发。④ 而对于日者和日者之术的产生,赵逵夫的意见也比较重要,他认为《日书》中的各种吉凶的确定,并非是由日者任意编造,相当程度上是人们以此前流传的各种传说和历史上的一些突出事件及现实生活中某些偶然事件为依据,形成吉凶禁忌习俗,日者在此基础上加以归纳,然后根据天干、地支、建除和五行理论推衍而成。⑤ 日者的职业显然与鬼神有着非常密切的关系,蒲慕州就认为《日书》中有各种鬼神,而且在当时社会任何事物都可以成为鬼神。另外蒲慕州还认为《墨子》中子墨子所遇见的"日者"就是专门预测时日吉凶的人物,韩非子所说的"用时日"就是相信不同的时日各有不同的吉凶性质,"日者"则是提供这类消息的人,而《史记·日者列传》也正是记述这类人物的活动。⑥ 工藤元男

① 林剑鸣:《曲径通幽处,高楼望路时——评介当前简牍〈日书〉研究状况》,《文博》1988 年第 3 期。

② 晏昌贵:《简帛〈日书〉与古代社会生活研究》,氏著《简帛数术与历史地理论集》。

③ 何双全:《汉简〈日书〉丛释》,甘肃省文物考古研究所、西北师范大学文学院历史系编《简牍学研究》第 2 辑,兰州:甘肃人民出版社,1998 年。

④ 李零:《中国方术考(修订本)·绪论》,第 32 页。

⑤ 赵逵夫:《由秦简〈日书〉看牛女传说在先秦时代的面貌》,氏著《滋兰斋文选》,上海:复旦大学出版社,2016 年,第 145 页。

⑥ 蒲慕州:《追寻一己之福:中国古代的信仰世界》,第 78 页。另参氏著《睡虎地秦简〈日书〉的世界》,《历史语言研究所集刊》第 62 本第 4 分,1993 年。另参氏著《早期中国的鬼》,北京:新星出版社,2023 年。

认为《日书》的形成与卜筮祭祷简有关,可备一说。①

关于《日书》、日者和《日者列传》的研究也有一定的积累,晏昌贵指出:"《日书》文本结构的一个基本特征,是以天文历法为经,以生活事件为纬,共同交织成一幅日常社会的多彩画卷。"②赵生群则认为"推步日月星宿运行,占候时日,以决吉凶者,是为日者",并且指出《日者列传》原本所载的人物应当包括齐国的甘公、楚国的唐昧和赵国的尹皋等人,这些人主要就是通过观察日月五星、二十八宿行次,配以疆域分野,根据天象的变化(主要是一些异常现象),来占候时日利害,人事吉凶。③赵生群推测《日者列传》中可能记载了甘公、唐昧和尹皋等人的事迹,这样的判断是值得重视的。④工藤元男讨论日者和《日书》的关系,引述《左传》中日官和日御的相关记载,他认为日官、日御很有可能是大史等职掌的别称。⑤另外,刘乐贤指出,对"日者之术"的理解,不能局限在"预测某日、某时做某事的吉凶祸福",而日者这个概念包括广义和狭义两种,狭义上的日者之术指的是时日选择术本身,并不包括卜筮,而司马迁在《日者列传》中想要记述的应当是狭义上的日者的活动。⑥张铭洽也认为,日者不

---

① 工藤元男:《从卜筮祭祷简看"日书"的形成》,《人文论丛》特辑《郭店楚简国际学术研讨会论文集》,武汉:湖北人民出版社,2000 年。

② 晏昌贵:《简帛〈日书〉与古代社会生活研究》,氏著《简帛数术与历史地理论集》。

③ 赵生群:《〈日者列传〉原作探真》,氏著《太史公书研究》,西安:陕西人民出版社,1994 年,第 65 页。

④ 相关的研究参见刘自兵《先秦时期的"日者"与择日制》,《山西大学学报(社会科学版)》2007 年第 2 期。

⑤ 工藤元男著,广濑薰雄、曹峰译:《睡虎地秦简所见秦代国家与社会》第四章《睡虎地秦简〈日书〉的基础性研究》,第 130 页。

⑥ 刘乐贤:《〈史记·日者列传〉新考》,氏著《简帛数术文献探论》,武汉:湖北教育出版社,2003 年;《简帛数术文献探论(增订版)》,北京:中国人民大学出版社,2012 年。另参氏著《从出土文献看〈史记·日者列传〉》,《古文字与古代史》第 1 辑,"中研院"历史语言研究所,2007 年。

仅与占候时日的"日者之术"有着直接的联系,同时与众多的祛邪巫术亦必然存在着某种联系。① 刘乐贤与张铭洽关于《日者列传》的不同观点深化了对于相关问题的认识。

2. 本书的基本思想:作为"知识"的择日术研究

经由对相关学术研究的梳理可以发现,关于择日术与时空认知已经有了一定的学术积累,学者们从不同角度就相关问题展开讨论。可以认为,所谓"时空认知"归根到底是人们关于时间和空间方面的知识,这也是人们早期知识体系中较为重要的内容。本书会涉及择日术的起源与发展、基于日廷图时空认知体系的建构以及日者与择日民俗等几个方面的内容,主要尝试从"知识"研究的角度观察择日术与时空认识。

本书对择日术的讨论有赖于以《日书》为主的出土数术类文献提供的新知识。近些年来各地都有《日书》类文献出土,是研究择日术最为重要的资料。前文在进行学术史回顾的时候也梳理了之前关于《日书》的研究,经由学者们的不断努力,《日书》所包含的战国秦汉时期人们对宇宙认识的宏观框架已经基本清晰和明确,一些悬而未决的细节问题也会随着新材料的陆续出土以及学者们研究的逐渐深入而得到解决。与此同时,《日书》中所包含的数术知识也在更新我们关于战国秦汉整体知识体系的认识,而在这样的基础之上重新审视传世文献中的相关记载显然会得到新的认识,这也是本书认识择日数术的基本方式。

本书对择日术的讨论倾向于从数术知识本身切入,着重探究择日术的内在数术原理。择日术所涉及的数术知识以阴阳五行和天文星象为主,阴阳五行方面的知识主要是阴阳的消长和合以及五行

---

① 张铭洽:《秦代"巫现象"杂谈——兼谈秦代的"日者"》,周天游主编,陕西历史博物馆馆刊编辑部《陕西历史博物馆馆刊》第 11 辑,西安:三秦出版社,2004 年。

的生克变化等；天文星象方面的知识主要是日月星辰的运行和分布等。古数术家在掌握基本的阴阳五行和天文星象知识的基础上，利用天干地支以及二十八宿等符号，结合社会生活中的具体情形进行吉凶宜忌的设计，这也就是择日术的基本内容。如果要对择日术有较为深入的了解，需要直接探讨其中涉及的阴阳五行和天文星象等方面的知识，具体解析这些知识是如何用于时日选择术。

本书对择日术的讨论也重点关注人们对这种知识的态度。人们对知识的基本态度是对其有效性进行考察，史料中经常出现对各种类型的"术"是否"有验"的评价，而制约包括方术和巫术在内的各类数术发展的根本因素就是无法持续提供有效的"验证"。择日术虽然有阴阳五行和天文星象方面知识的支撑，但其在实际社会生活中的有效性相对较低，人们总会认识到择日术没有效验且无益于社会生活。然而包括古日者在内择日术的实际操作者为了这种数术的生存和发展，不断敷设和演化各类神煞，试图通过这种方式增强其在民众中的影响力。这种方式非但不能起到较好的效果，反而给民众社会生活带来更为恶劣影响，是以汉代以后包括司马迁在内的士人阶层强调限制和引导民间的择日风俗。

本书所探讨的择日术知识包含以下几个方面的特征。首先，择日术相关的知识影响和形塑人们对于时空的认知。本书讨论的主题即择日术与时空认知，通常而言，对于时间和空间的探索和认知是所谓"宇宙观"的重要组成部分，其中对于时间的认知过程重点在历史记忆以及理念传承方面，而对于空间的认知则强调时空方位之间的关系。择日术中关于时间的认知和探索主要集中于"历史记忆"，即根据历史经验判断时间吉凶，由此也产生各类吉凶宜忌以及"忌""讳"等相关的理念；而在空间方面则主要依据季节、五行等所在的方位判断吉凶，围绕这种认知过程也产生了与方位吉凶有关的择日术。由此也可以注意到,战国秦汉时期的时空认知处于简单和质朴的阶段,人们对时日吉凶的判断大多也不是理性的。

其次,择日术知识最重要的特点是实用性,由此也对民俗产生重要影响。中国古代择日知识发展的根本原因是能够满足人们趋吉避凶的诉求,所以择日术知识的实用性特征十分明显。人们对时间和空间的认知与阴阳五行观念和天文现象有极为密切的关系,择日术其实是将阴阳五行和天文知识运用于实际社会生活之中,可以说如果没有择日术,阴阳五行以及宇宙观念的研究就会成为空中楼阁。择日知识的核心内容是吉凶宜忌的设置,现在能看到的吉凶宜忌事项都与人们基层的社会生活有关,是以经由择日知识的研究也可以对当时社会风俗有新的认知。另外人们对待实用数术知识存在明显的功利性心理,包括古日者在内的数术设置者也以不同时期不同地域使用者的诉求为导向,由此择日术和民俗相互影响,也就造成了不同时期和不同地域择日民俗的不同。

最后也应当注意到,择日术知识缺乏必要的逻辑性,这种知识受限于阴阳五行和相对质朴的宇宙观念,所以只是在原有基础上不断敷衍演化成繁复的鬼神数术体系,而不会逐渐发展成为"科学"认识。另外择日术的知识多有不合理及谬误之处,人们观测天文星象获得时间和空间的认知,并在此基础上进行时日选择,由于人们星象观测的水平本身较低,对天文星象的模拟又多有想象的成分,用于指导实际生活显然会产生诸多谬误。另外择日术也来源于人们经验的总结,然而择日术的实践不会止于社会经验,人们会在经验的基础上更向前一步甚至更多,然而这更向前一步的内容因为缺乏必要的实践基础,往往也就成了谬误。这种谬误也并非全无意义,经由这种谬误也可见古人对于宇宙的基本认识,而且人们对天文星象以及时间和空间的认知也不会因为时日选择产生的谬误而止步不前。

第三节　框架结构

　　本书除绪论以及结论部分之外,主要内容分为四章十个小节,分别讨论择日术的起源、择日术中的阴阳五行、日廷图与宇宙模式以及日者与择日民俗等问题,尝试对战国秦汉时期的择日术与时空认知有更为深入的了解。

　　第一章的主题是择日术的起源。择日术起源于避忌凶恶与尊天顺时,是以本章总共两节,分别讨论"避忌凶恶"与"尊天顺时"两个问题。时日选择首先应避免与死亡有关的"凶恶"事件,避忌的思想显然是择日术的重要源头。第二节的主题是"尊天顺时",其中主要内容是择日术的另外一个思想源头,即对自然规律的遵从。人们对时间的认知来源于对天文的观测,而天体的规律运行也对人们的思想和生活产生影响,是以本节从月球以及二十八宿的运行两个角度探讨择日术的起源。可以注意到古日者们尝试把天体的运行和天文分布进行"数学化"模拟然后用于择日,这是中国古代择日术的重要特点。

　　第二章的主题是择日术中的阴阳五行和神煞体系,本章延续上一章的讨论,梳理择日术的基本内涵。分为两个小节,第一节的核心内容是阴阳五行,阴阳五行是择日术吉凶宜忌设置的重要依据,其中阴阳本身就带有吉凶属性,而五行的配物系统、五行的生克以及五行与干支之间的关系都可以作为吉凶宜忌设置的依据,是以阴阳五行被广泛用于时日选择术中。本节从月相的晦朔弦望变化、男日与女日以及五行三合局等问题出发,以实际例证论述择日术中的阴阳五行理论。第二节的主要内容是择日神煞体系的建构,所谓神煞指的是传世文献和《日书》中出现的在一年中重复多次需要避忌的日子。神煞的铺设是择日术的核心内容,本节对《日书》等文献中所见刑德神煞以及具注历神煞进行梳理,探讨其中涉及对天文星象的模拟与数术化问题。

第三章的主题是日廷图与时空认知。日廷图是《日书》中的重要图式,这种图形为阴阳五行用于时日选择提供了条件,也是众多神煞敷衍和铺设的基础。本书认为日廷图的基本图式起源于历史早期的测绘工具规矩和准绳,是以第一节的主要内容就从日廷图的起源展开。第二节主要梳理各类文献中所见的日廷图,总结日廷图的基本形式,而第三节则主要讨论日廷的时间和空间系统。日廷图通过图形和文字构建完备的时间和空间系统,这是大多数时日选择之术的基础。另外经由出土文献日廷图的研究,也可以对传世文献记载中的日廷图有新的认识,是以本节尝试在前人研究的基础上复原《淮南子·天文》中的图式以及王莽保灾图。

第四章主要讨论日者与战国秦汉时期的择日民俗。日者是文献记载中专门从事时日选择的人士,《史记》有《日者列传》,根据《太史公自序》的说法,不同地域都有日者活动,并因此产生不同的民俗。本章分为三个小节,第一小节的重点内容是不同历史时期和不同地域的择日民俗,本节另外一个重要主题是尝试讨论司马迁所谓"各有俗所用"的真实含义,分析司马迁对于日者和择日民俗的基本态度。第二节的主要内容是日者及其活动,重点在于讨论日者消失的原因,以及《日者列传》相关的问题。第三节在日者之外讨论史官的择日传统,这是因为日者之术基本来自于史官,"时间"原本就是史官职事的核心,史官负责对历史事件和言论的整理、保存以及解释工作,在时间的选择以及未来吉凶的预测方面都有发言权。

第一章　择日术的起源

择日术起源于避忌凶恶与尊天顺时,其中避忌的主要是与死亡有关的时间,这与人们对"凶恶"的认知有关。择日术另外一个思想源头是对自然规律的遵从,人们对时间的认知来源于对天文的观测,而天体的规律运行也对人们的思想和生活产生影响。择日术在历史后期逐渐发展成繁冗庞大的体系,但其思想源头却不外乎避忌凶恶与尊天顺时,是以本章从这两个角度展开对择日术的探讨。另外,"忌"与"讳"的传统也与时日思维有着密切的联系,这是本章第一节也会探讨的内容。

第一节　避忌凶恶

择日的初始形态是避忌,首先要避忌的是亲属、重要或著名人物,以及传说人物遭受厄运的日子。其中对亲属去世日子的避忌源自伤感、怀念等基本的情感,后来逐渐演化成"纪念",这是最为原始的避忌形式。而传说人物遭受厄运的日子,或者神奇动物死亡的日子,也会成为禁忌,而且在特定社会文化里面会形成比较大的影响力,人们在选择时日的时候通常也会避开这些日子。可以注意到,择日术刻意避开与"死亡"有关的事物,汉武帝时期考察不同派别的择日术,最后选定五行家,但仍然要求"避诸死忌",也是说择日术要避免的最基本的所谓"凶恶"就是"死亡"。

一、忌日的传统

父母或者重要亲属过世的日子对人们来说无疑具有重要的意义,许多人在这样的日子都会有情绪低落的感受,因此会形成一定的禁忌习俗。诚然,现在的"忌日""忌辰"等观念曾受到佛教的影响,但与"忌日"相关的观念其实早已产生。

1. 忌日不乐

早期文献的记载中已经强调"忌日不乐",例如《礼记·祭义》说"君子有终身之丧,忌日之谓也。忌日不用,非不祥也。言夫日,志有所至,而不敢尽其私也",郑玄注云:"忌日亲亡之日,忌日者不用举他事,如有时日之禁也。祥,善也,志有所至,至于亲以此日亡,其哀心如丧时。"①根据郑玄的说法,人们在"忌日"会产生悲哀的情绪,这是不适合举行吉事的主要原因。《礼记·檀弓上》说:"丧三年以为极,亡则弗之忘矣。故君子有终身之忧,而无一朝之患。故忌日不乐。"所谓"忌日不乐",郑玄注云:"谓死日,言忌日不用举吉事。"②王引之《经义述闻》云:"不作乐者,哀之征也,唯居丧不听乐,忌日如之,故《祭义》谓之终身之丧。"③这是说在父母死日某些乐事、吉事是不应去做的,这其实就是一种避

---

① 《礼记正义》,阮元校刻《十三经注疏》,北京:中华书局,2009 年,第 1592 页。
② 《礼记正义》,阮元校刻《十三经注疏》,第 1275 页。
③ 王引之撰,钱文忠等整理,朱维铮审阅:《经义述闻》,上海:上海书店出版社,2012 年,第 332 页。

忌。① 王夫之说:"'忌日不乐',不忘之征也。盖情则一往而易尽,性则有节而恒,于此可以验性情之分矣。"②郭嵩焘认为《祭义》"忌日不用"是以事言,《檀弓》"忌日不乐"是以心言,"不乐"指的是去琴瑟。③ 也就是说,"忌日不乐"的规定源自不忘父母之情,是根据人们哀伤的情绪制定的礼仪,正如王充所云:"如以丙日书,子、卯日举乐,未必有祸,重先王之亡日,凄怆感动,不忍以举事也。"④古人讲"缘情制礼",忌日不举行乐事的根本原因是人们出于对亡故亲人的思念而产生的悲伤情绪,也就是王充所谓的"不忍举事"。

《礼记·丧服大记》说:"大夫、士父母之丧,既练而归。朔月忌日,则归哭于宗室。诸父兄弟之丧,既卒哭而归。"⑤郑玄说忌日也就是死日,贾公彦疏说朔月也就是朔望,包括每个月的朔日和望日,则对亲人的"纪念"似不仅限于忌日。再者,《礼记·祭义》以及《孔子家语·哀公问政》中都有关于"忌日必哀"的记载。这些都说明至少在春秋时期,在至亲死亡之日有所避忌的观念就已经产生。⑥

另外,《礼记·檀弓》还记载了当时人们自觉遵守忌日不举行吉事和乐事的例子:

> 滕成公之丧,使子叔敬叔吊进书,子服惠伯为介,及郊为懿

---

① 《礼记正义》云:"虽终身念亲,而不得有一朝之间有灭性祸患,恐其常毁,故唯忌日不为乐事,他日则可防其灭性故也。"阮元校刻《十三经注疏》,第2762页。

② 王夫之:《礼记章句》,《船山全书》第4册,长沙:岳麓书社,1988年,第139页。

③ 郭嵩焘:《礼记质疑》,梁小进主编《郭嵩焘全集》,长沙:岳麓书社,2018年。

④ 王充著,黄晖撰:《论衡校释(附刘盼遂集解)》,北京:中华书局,1990年,第995—996页。

⑤ 《礼记正义》,阮元校刻《十三经注疏》,第3431页。

⑥ 邓国军:《先秦忌日礼俗考述》,《中国社会历史评论》第21卷,2018年。

伯之忌不入,惠伯曰政也不可以叔父之私不将公事,遂入。①

《左传》昭公三年也有大致相同的记载:

> 五月,叔弓如滕,葬滕成公,子服椒为介。及郊,遇懿伯之忌,敬子不入。惠伯曰:公事有公利,无私忌,椒请先入。乃先受馆,敬子从之。②

这是关于忌日避讳的明确记载,《容斋随笔》说:“观此,乃知忌讳之明文。”③杨伯峻《春秋左传注》说:“忌,逝世之日,亦曰忌日……此时两人已至滕、鲁两国相接之郊,又逢副使(介)父亲之忌,正使(敬子,即叔弓)因之不入滕境,入滕境,则子服椒必受滕之郊劳、授馆等礼仪,故为之稽缓一日。”④刘瑛在分析这段材料时也指出,子服椒作为叔弓的助手出使滕国,正遇到他叔父懿伯的忌日,所以决定当日不进城,因为按照当时的礼仪,入城之后就要举行郊劳、授馆等吉礼,这不符合忌日不举行吉礼的规定。⑤

除了不能举行吉事或者乐事之外,古典文献记载中还有关于忌日饮食方面的规定,例如《礼记·玉藻》云:“子卯,稷食,菜羹,夫人与君同庖。”孔颖达疏曰:“稷食者,食饭也。以稷谷为饭,以菜为羹

① 《礼记正义》,阮元校刻《十三经注疏》,第 2840 页。郑玄认为“忌”是怨恨之意:“忌,怨也。敬叔有怨于懿伯,难惠伯也。”孔颖达正义云:“云敬叔有怨于懿伯,难惠伯也者,谓敬叔杀懿伯,被懿伯家所怨,恐惠伯杀己,故难惠伯,不敢入也。然敬叔、惠伯同在君朝,又奉使滕国,相随在路,不相畏难。入滕始难者,虽有怨雠,恒为防备。今入滕国,是由主人,其防备之事不复在己,故难之。”将“忌”理解为“怨”确实过于迂曲,本书认为还是应当理解为忌日。
② 《春秋左传正义》,阮元校刻《十三经注疏》,第 2032 页。
③ 洪迈撰,孔凡礼点校:《容斋随笔》,北京:中华书局,2005 年,第 390 页。
④ 杨伯峻:《春秋左传注》,北京:中华书局,2009 年,第 1240 页。
⑤ 刘瑛:《〈左传〉、〈国语〉方术研究》,北京:人民文学出版社,2006 年,第 213 页。

而食之。"孙希旦《礼记集解》说:"子卯忌日贬损,所以致戒惧之意,稷食则无黍,菜羹则不杀也。"①有论者以为,子、卯日是国君忌日,每逢这样的日子天子和诸侯就要降低伙食标准,只食用粗茶淡饭而且不能杀生。②关于"子卯"日禁忌的问题详参下文讨论。

另外《左传》昭公九年提到"疾日"不宜饮酒,当时晋国荀盈去世,而晋侯饮酒乐,膳宰屠蒯认为:"辰在子卯,谓之疾日,君彻宴乐,学人舍业,为疾故也。"③是说在"疾日"不适合举行宴会。《论衡·感类》说:"哀乐不并行,喜怒反并至乎?"④是说忌日人们会产生哀伤的情绪,不适宜饮宴。另外《孔丛子·执节》也说忌日不能饮酒:

> 季节见于子顺,子顺赐之酒,辞。问其故,对曰:"今日家之忌日也,故不敢饮。"子顺曰:"饮也。礼,虽服衰麻,见于君及先生,与之粱肉,无辞,所以敬尊长而不敢遂其私也。忌日方于有服,则轻矣。"⑤

可见在当时人看来,"忌日"属于"私",在家族内部需要避忌,但是面对"君及先生"则不能太多顾及家族内部的禁忌,《左传》所谓"公事有公利,无私忌"说的也是这个意思。另外可以注意到,忌日的禁忌和服丧的禁忌略同,都不能饮酒食肉,很可能忌日和服丧的禁忌有共同的源头,忌日的相关禁忌就是从服丧而来的。

---

① 孙希旦撰,沈啸寰、王星贤点校:《礼记集解》,北京:中华书局,1989 年,第 782 页。
② 曹建墩:《两周祭祀吉日及择吉礼俗考析》,《首都师范大学学报(社会科学版)》2014 年第 2 期。邓国军:《先秦忌日礼俗考述》,《中国社会历史评论》第 21 卷,2018 年。
③ 《春秋左传正义》,阮元校刻《十三经注疏》,第 2057 页。
④ 王充著,黄晖撰:《论衡校释(附刘盼遂集解)》,第 789 页。
⑤ 傅亚庶:《孔丛子校释》,北京:中华书局,2011 年,第 373 页。

汉代以后忌日仍然有饮食方面的禁忌，据《后汉书·申屠蟠传》记载："（申屠蟠）九岁丧父，哀毁过礼。服除，不进酒肉十余年。每忌日，辄三日不食。"①《后汉书》刻意强调申屠蟠的"孝道"，说他在服丧期间"哀毁过礼"。然申屠蟠的行为有些极端，十余年不进酒肉，且遇到忌日三日不食，应当不是一般要求。另外史料中还有东汉末年王修的故事，根据《三国志·魏书·王修传》的记载，王修"年七岁丧母，母以社日亡，来岁邻里社，修感念母，哀甚。邻里闻之，为之罢社"。②王修的母亲在社日亡故，王修在这一天"哀甚"，邻里被王修的孝行感动，特意为他取消了社日饮酒聚会活动。只是秦汉时期关于"忌日"的记载相对较少，申屠蟠和王修都是东汉及以后的例子，前文"忌日方于有服则轻矣"的说法显示当时"服丧"更为重要，人们更多关注的也是服丧禁忌。

侯旭东讨论秦汉六朝的生日记忆问题，曾经指出秦汉六朝乃至隋唐时期，对先人去世日的重视程度显然要高于生日，并指出社会上盛行的孝道以及丧服的制度应该起到一定的作用。③可以认为，儒家传统对于服丧制度有着较为严格的规定，对于忌日虽然也有"忌日不乐"的说法，但相关的规定并没有十分具体。然而从相关史料也可以看到，秦汉时期人们会尽力避免在父母忌日从事娱乐活动，或者举行喜事、乐事等等，而行事避免父母之忌日，显然也是择日术的首要原则，这也就是所谓的"避忌凶恶"。

2. 子、卯不乐

事实上，除了前文讨论的父母和重要亲属的死日成为忌日之外，某些历史人物或者是神话传说人物的死日，也会逐渐形成禁忌，

①《后汉书》卷五三《申屠蟠传》，北京：中华书局，1965 年，第 1750 页。
②《三国志》卷一一《魏书·王修传》，北京：中华书局，2011 年，第 345 页。
③侯旭东：《秦汉六朝的生日记忆与生日称庆》，《中华文史论丛》2011 年第 4 期。

"子卯不乐"的禁忌就是这样产生的,这对于认识时日选择之术来说也有重要的意义。

王充《论衡·讥日》曾提到当时有忌讳丙日和子、卯日的习俗:

> 又学书〔者〕讳丙日,云"仓颉以丙日死也"。礼不以子、卯举乐,殷、夏以子、卯日亡也。如以丙日书,子、卯日举乐,未必有祸,重先王之亡日,凄怆感动,不忍以举事也。忌日之法,盖丙与子、卯之类也,殆有所讳,未必有凶祸也。①

根据王充的说法,学书忌讳丙日的原因是仓颉在天干为丙的这一天死亡。王充认为即便是在丙日学书,或者是在子日和卯日演奏音乐,也未必就会有什么祸事;但人们依然不愿意违背这样的禁忌,是因为特别看重像仓颉以及殷、夏先王死亡的日子,在这些日子人们内心往往充满凄怆的情绪,因而不忍心违背相关的禁忌。王充的这种说法有点想当然的成分,但也确实能够从一个方面说明在重要人物忌日有所禁忌的思想根源。

关于王充提到的仓颉死日的说法,《论衡校释》引《路史》注云:"古《五行书》:'仓颉以丙寅死,辛未葬。'盖五日始葬。或疑其时未有甲乙。然世皆言大挠作甲子,而伏羲已有甲历,出于上古,特未可执。"②睡虎地秦墓竹简《日书》甲种说"祠史先龙丙望(一二五背)",③刘乐贤推测,"史先"可能是《淮南子·修务》所谓"史皇",据说他"产而能书",应当就是仓颉,④此说可参。王子今认为"祠史

---

① 王充著,黄晖撰:《论衡校释(附刘盼遂集解)》,第995—996页。
② 王充著,黄晖撰:《论衡校释(附刘盼遂集解)》,第995—996页。
③ 睡虎地秦墓竹简整理小组编:《睡虎地秦墓竹简》,北京:文物出版社,1990年,图版第113页,释文第225页。
④ 见刘乐贤《睡虎地秦简日书研究》,第122—123页。

先龙丙、望",很可能是指丙日和望日相重叠的日子。①

而王充提到的"殷、夏以子、卯日亡"的观念则更为源远流长且影响深远,②史料中关于子卯禁忌的说法见于前文已经征引的《礼记·玉藻》,其中提到:"又朝服以食,特牲,三俎,祭肺,夕深衣,祭牢肉。朔日少牢,五俎四簋。子卯稷食菜羹。夫人与君同庖。"郑玄注曰:"忌日贬也。"《正义》云:"纣以甲子死,桀以乙卯亡,以其无道被诛,后王以为忌日。稷食者,食饭也,以稷谷为饭,以菜为羹而食之,故云忌日贬也。"③《礼记集解》云:"子卯忌日贬损,所以致戒惧之意,稷食则无黍,菜羹则不杀也。"④

另外,前引《左传》昭公九年也说"辰在子卯,谓之疾日":

> 晋荀盈如齐逆女,还,六月,卒于戏阳。殡于绛,未葬。晋
> 侯饮酒乐,膳宰屠蒯趋入,请佐公使尊,许之。而遂酌以饮工,
> 曰:"女为君耳,将司聪也。辰在子卯,谓之疾日,君彻宴乐,学
> 人舍业,为疾故也。君之卿佐,是谓股肱,股肱或亏,何痛如之?
> 女弗闻而乐,是不聪也。"

---

① 王子今:《睡虎地秦简〈日书〉甲种疏证》,第490页。《秦简牍合集》引《左传》昭公十七年记载:"九月,丁卯,晋荀吴帅师,涉自棘津,使祭史先,用牲于雒。"并引杨伯峻引顾栋高《春秋大事表》认为"祭史"即"祝史",而"史先"的出处仍有待进一步考察。陈伟主编,彭浩、刘乐贤等撰著:《秦简牍合集·释文注释修订本(贰)》,武汉:武汉大学出版社,2016年,第463页。

② 黄晖《论衡校释》梳理了学者们关于子卯禁忌的不同看法,明确指出夏桀不是在乙卯日死的,所以子卯的禁忌与桀纣没有关系,他说:"《檀弓下》杜蒉曰:'子卯不乐。'郑注:'纣以甲子死,桀以乙卯亡,王者谓之疾日,不以举乐为吉事,所以自戒惧。'贾逵、何休、杜预说同。先郑、翼奉、张晏则以为子卯相刑。按:桀亡非乙卯,则子卯之忌,不因桀、纣。"王充著,黄晖撰:《论衡校释(附刘盼遂集解)》,第996页。

③ 《礼记正义》,阮元校刻《十三经注疏》,第3193、3194页。

④ 孙希旦撰,沈啸寰、王星贤点校:《礼记集解》,第782页。

杜预注云："疾,恶也。纣以甲子丧,桀以乙卯亡,故国君以为忌日。"孔颖达疏曰:"此二王之亡为天诛之日,故国君以为忌日,恶此日也。"①竹添光鸿《左氏会笺》说:"子卯不乐者,痛亡国以戒子孙也。"②杨伯峻《春秋左传注》说:"甲子为商纣灭亡死日,见《汉书·律历志》引《武成》与《史记·商本纪》;乙卯为夏桀亡日,见孔疏。当时人因此以甲子、乙卯为疾日。疾日即忌日。《礼记·玉藻》谓于此二日食粗粮菜汤,亦可证甲子、乙卯为忌日。"③根据《左传》前后文意,膳宰屠蒯其实要劝谏晋侯停止音乐和宴饮活动,因为大臣荀盈刚刚死去,尚未下葬。但屠蒯建议停止宴饮活动的另外一个原因是"辰在子卯,谓之疾日",也就是说地支子和卯在当时是重要的禁忌,这一天要停止宴饮和音乐,即便是学人也要停止学习等事。

此事也见于《礼记·檀弓》的记载,但略有不同:

> 知悼子卒,未葬。平公饮酒,师旷、李调侍……平公呼而进之,曰:"蒉!曩者尔心或开予,是以不与尔言。尔饮旷何也?"曰:"子、卯不乐。知悼子在堂,斯其为子、卯也大矣。旷也,大师也,不以诏,是以饮之也。""尔饮调何也?"曰:"调也,君之亵臣也,为一饮一食,亡君之疾,是以饮之也。""尔饮何也?"曰:"蒉也,宰夫也,非刀匕是共,又敢与知防,是以饮之也。"④

郑玄注云:"纣以甲子死,桀以乙卯亡,王者谓之疾日,不以举乐为吉事,所以自戒惧。"贾逵曰:"桀以乙卯日死,受以甲子日亡,故以为戒。"知悼子也就是荀盈,屠蒯也就是杜蒉,从《檀弓》的记载来看,

---

① 《春秋左传正义》,阮元校刻《十三经注疏》,第 4468 页。
② 竹添光鸿著,于景祥、柳海松整理:《左传会笺》,沈阳:辽海出版社,2008 年,第 451 页。
③ 杨伯峻:《春秋左传注》,第 1311 页。
④ 《礼记正义》,阮元校刻《十三经注疏》,第 2827 页。

杜蒉认为晋平公不应当和下属饮酒听音乐的主要原因其实并不是子卯日不能作乐，而是知悼子刚刚去世还没有下葬。所谓"知悼子在堂，斯其为子、卯大矣"，是说知悼子死而未葬相对于子卯日来说是更为重要的禁忌。

但其中子卯日禁忌和桀纣亡日的说法应当引起注意，《仪礼》说"朝夕哭不辟子卯"，郑玄注说："子卯桀纣亡日，凶事不辟，吉事阙焉。"①《春秋公羊传》庄公二十二年说："二十有二年春王正月，肆大省。肆者何，跌也。大省者何，灾省也。"何休注云："谓子卯日也，夏以卯日亡，殷以子日亡，先王常以此日省，吉事忍不举。"徐彦疏："解云此先王谓夏殷之后，成礼者以是夏殷亡日，故省吉事而已，不忍举而行。"②

孔广森《经学卮言》关于《左传》"辰在子卯，谓之疾日"的说法有一段评论，他反对子卯禁忌和桀纣有关：

> 旧说纣以甲子丧，桀以乙卯亡，故国君以为忌日。按：《传》言"乙卯，昆吾稔之日也"，不言桀亡日。《吕氏春秋》曰："殷汤良车七十乘，必死六千人，以戊子战于郕，遂禽移大牺。"则桀实以戊子亡，又不闻疾戊子日也。翼奉以为疾子卯者，为其相刑，似亦有义。"五子""五卯"皆相刑，独疾甲乙者，以居十干之首，且乙位寄卯，日辰相配，是为重刑。甲位在子，于日辰无比，唯避五子之先者而已。《诗》曰"吉日庚午"，王者忌甲子，故喜其所长，庚制甲、午破子者也。《穆天子传》有"吉日辛酉"，亦乙卯之冲。③

孔广森认可翼奉关于子卯"相刑"的解释，认为子卯日禁忌的根

---

① 《仪礼注疏》，阮元校刻《十三经注疏》，第 2473 页。
② 《春秋公羊传注疏》，阮元校刻《十三经注疏》，第 4855 页。
③ 孔广森撰：《经学卮言》，北京：中华书局，2017 年，第 121 页。

源在于数术之学。另外孔广森还根据数术之学中关于"制"和"破"的说法，解释《诗经》之中庚午日为吉日的原因，以及《穆天子传》中辛酉日为吉日的原因。这种解释方式有一定的道理，但显然数术之学后起，并不适于解释子卯禁忌产生的原因。

另外，王观国《学林》认为："日之吉凶与岁月迁转固无常也。《礼》云：'外事以刚日，内事以柔日。'在人所择耳，不应常以子卯为忌日。设有数十君如桀纣者，何忌日之多也。十二辰皆有刑有害，不特子卯，而张晏以谓子卯相刑之日，非也。"①顾炎武《日知录》也说："古先王之为后世戒也至矣：欲其出而见之也，故'亡国之社以为庙屏'，欲其居而思之也，故'子卯不乐''稷食菜羹'，而太史奉之以为讳恶。此君子安而不忘危，存而不忘亡之义也。汉以下人主莫有行者。"②俞樾也认为："桀亡日既非乙卯，则子卯之忌，自不因桀纣，司农旧注殆不可易。"③

尚秉和《历代社会风俗事物考》有"周时忌子卯日"条，引述了《礼记·玉藻》以及《左传》中的相关记载，认为："此等禁忌殊不解，桀纣罪恶贯盈，以子卯日诛，宜也。胡为反忌是日，学人至于舍业哉？抑以帝乇死于是日，是日必大凶。然昭王南征死于江，幽王死于骊山，皆凶死。胡后人不忌其死日？吾疑其尚有说也。"④后来学者大多认可子卯日为恶日是迷信习俗，乌丙安《中国民俗学》指出："按古代迷信说法，子卯恶日有三种解释：一种说子为贪狼，卯为阴

---

① 王观国：《学林》，《全宋笔记》第 4 编，郑州：大象出版社，2008 年，第 40 页。
② 顾炎武撰，黄汝成集释，栾保群点校：《日知录集释》，北京：中华书局，2020 年，第1510 页。
③ 俞樾：《诂经精舍自课文》，顾大朋等点校《第一楼丛书》，杭州：浙江古籍出版社，2017 年，第 291 页。
④ 尚秉和著，萧文、谭松林点校：《历代社会风俗事物考》，长沙：岳麓书社，1991 年，第 272 页。

贼;一种说以子卯相刑,为忌日;又一种是古代传说夏桀死于乙卯日,殷纣死于甲子日,为国君忌日。"①也有学者认为,这种禁忌违背常理,恐怕另有他说。② 张紫晨认为:"忌子日(为狼藉)、巳日(为天刚)、亥日(为河魁),每月这几日,不可为百事。嫁娶、埋葬尤忌。"③也有学者提到,山东地区有以甲子为寡妇年的传统,认为这一年流年不利,不能结婚。而少数民族地区之中,羌族和彝族都有戊日禁忌动土和耕作的传统。④ 近来也有学者征引大量文献记载,对《左传》中"子卯不乐"的说法进行了详细的解读,可以参看。⑤ 另外需要注意的是,岑仲勉曾经统计金文中出现的甲子、乙卯日,认为周人可能并不以这两日为禁忌。⑥ 如果岑仲勉的统计可靠,那么子卯禁忌的说法至少在西周时期还没有形成较大的影响。

只是,夏桀和商纣王死于子日和卯日并非毫无依据。早期历史文献提到周灭商的牧野之战发生在甲子日,例如《尚书·牧誓》说:"时甲子昧爽,王朝至于商郊牧野,乃誓。"⑦随后牧野之战开始,纣王兵败自焚,这是人们认为纣亡于甲子日的原因。另外《逸周书·世俘》说:"时甲子夕,商王纣取天智玉琰,璇身厚以自焚。"⑧司马迁也采信了这一说法,《史记·周本纪》说:"纣走,反入登于鹿台之上,蒙

① 乌丙安:《中国民俗学》,沈阳:辽宁大学出版社,1985年,第324页。
② 刘道超、周荣益:《神秘的择吉:传统求吉心理及习俗研究》,南宁:广西人民出版社,2014年,第208页。
③ 张紫晨:《中国民俗与民俗学》,杭州:浙江人民出版社,1985年,第233—234页。
④ 齐涛主编,任骋著:《中国民俗通志·禁忌志》,济南:山东教育出版社,2005年,第350页。
⑤ 参许子滨《〈左传〉"子卯不乐"解》,氏著《〈春秋〉〈左传〉礼制研究》,上海:上海古籍出版社,2012年,第628页。
⑥ 岑仲勉:《周金文所见之吉凶宜忌日》。
⑦《尚书正义》,阮元校刻《十三经注疏》,第182页。
⑧ 黄怀信:《逸周书汇校集注》,上海:上海古籍出版社,2007年,第443页。

衣其殊玉,自燔于火而死。"①后来"甲子日"也是战国秦汉知识阶层在回顾这一段历史时最喜欢引用的内容,例如《荀子·议兵》说:"武王之诛纣也,非以甲子之朝而后胜之也,皆前行素修也,此所谓仁义之兵也。"②大致相同的言论也见于《管子·制分》,其中提到"武王非于甲子之朝而后胜也,其前政多善矣"。③另外,《淮南子·氾论》也说:"故圣人之见存亡之迹,成败之际也,非待鸣条之野,甲子之日也。"《集释》云:"汤伐桀,禽于鸣条。武王诛纣,以甲子克之。"④另外《吕氏春秋》中《首时》《贵因》《简选》等篇章也都提到了甲子这一日,可见当时人们对于这一个干支的记忆深刻。而当时人们在进行时日选择时也必然会注意到甲子日的禁忌。

而且子卯日为忌日的观念一直到魏晋南北朝仍然有一定的影响,《三国志·魏书·崔琰传》载崔琰上书说:"殷鉴夏后,诗称不远,子卯不乐,礼以为忌。"⑤《资治通鉴·晋纪》载:"甲子晦,魏王珪进军攻之,太史令晁崇曰:'不吉,昔纣以甲子亡,谓之疾日,兵家忌之。'珪曰:'纣以甲子亡,周武不以甲子兴乎?'崇无以对。"⑥《新唐书·懿安郭太后》载:"八年,群臣三请立为后,帝以岁子午忌,又是时后廷多嬖艳,恐后得尊位,钳掣不得肆,故章报闻罢。"⑦当然前引史料也说明魏晋南北朝以后人们对甲子疾日的看法发生了较大的变化,尤其是懿安郭太后的故事之中,所谓"岁子午忌"就是借口,后廷"嬖艳"恐郭太后得尊位才是根本的原因。

---

①《史记》卷四《周本纪》,北京:中华书局,1982年,第122页。

② 王先谦撰,沈啸寰、王星贤点校:《荀子集解》,北京:中华书局,1988年,第281页。

③ 黎翔凤撰,梁运华整理:《管子校注》,北京:中华书局,2004年,第540页。

④ 刘安编,何宁撰:《淮南子集释》,北京:中华书局,1998年,第946页。

⑤《三国志》卷一二《魏书·崔琰传》,第368页。

⑥《资治通鉴》卷一〇九《晋纪三十一》,北京:中华书局,1956年,第3459页。

⑦《新唐书》卷七七《懿安郭太后》,北京:中华书局,1975年,第3504页。

相对来说，乙卯为夏桀死日的说法出现较晚，《左传》昭公十八年提道："二月，乙卯，周毛得杀毛伯过而代之。苌弘曰：毛得必亡，是昆吾稔之日也，侈故之以，而毛得以济侈于王都，不亡何待。"杜预解释说："昆吾夏伯也。稔，熟也。侈恶积熟，以乙卯日与桀同诛。"孔颖达引《诗经》"韦顾既伐，昆吾夏桀"的说法，认为"共桀同文，又传云乙卯云，知以乙卯日与桀同时诛"。① 杜预明确说夏桀是在乙卯日被诛杀的。而孔颖达所引《诗经》内容出自《商颂·长发》："武王载旆，有虔秉钺。如火烈烈，则莫我敢曷。苞有三蘖，莫遂莫达。九有有截，韦顾既伐，昆吾夏桀。"郑玄注说："有韦国者，有顾国者，有昆吾国者。《笺》云韦、豕韦，彭姓也；顾、昆吾，皆已姓也。三国党于桀，恶汤，先伐韦顾，克之，昆吾夏桀则同时诛也。"② 显然郑玄的意思也是昆吾夏桀同时诛于乙卯日，与杜预看法相同。

只是郑玄和杜预的看法出现都较晚，吕思勉认为郑玄的看法来自《左传》昭公十八年，并指出这种说法"殊亿说无据也"。③ 梳理相关文献记载可以发现，西汉以前的文献之中并没有夏桀死于乙卯日的明确记载。关于商汤伐夏桀，《尚书·汤誓》云："伊尹相汤，伐桀，升自陑，遂与桀战于鸣条之野，作汤誓。"④ 但并未提到鸣条之战的具体时间。有材料提到夏桀被流放到南巢，《竹书纪年·夏纪》"帝癸"条说："商自陑征夏邑。克昆吾。大雷雨，战于鸣条。夏师败绩，桀出奔三朡。商师征三朡。战于郕，获桀于焦门，放之于南巢。"郝懿行注引《水经注》云："古巢国也。汤伐桀，桀奔南巢，即巢泽也。"⑤

---

① 《春秋左传正义》，阮元校刻《十三经注疏》，第 2085 页。
② 《毛诗正义》，阮元校刻《十三经注疏》，第 1353 页。从《夏本纪》以及《竹书纪年》的记载来看，夏桀似乎并非被诛而死，杜预和郑玄的说法当另有所源。
③ 吕思勉：《先秦史》，《吕思勉全集》，上海：上海古籍出版社，2015 年。
④ 《尚书正义》，阮元校刻《十三经注疏》，第 338 页。
⑤ 郝懿行著，李念孔点校：《竹书纪年校证》，济南：齐鲁书社，2010 年，第 3850 页。

《吕氏春秋》说夏桀曾被商汤擒拿："殷汤良车七十乘，必死六千人，以戊子战于郕，遂禽推移、大牺。"高诱注曰："桀多力，能推移大牺，因以为号，而禽克之。"《集释》引梁玉绳认为推移、大牺是人名。①《吕氏春秋》说夏桀是在戊子日被擒，当另有所本。《淮南子·修务》说："汤夙兴夜寐，以致聪明；轻赋薄敛，以宽民氓；布德施惠，以振困穷；吊死问疾，以养孤孀。百姓亲附，政令流行，乃整兵鸣条，困夏南巢，谯以其过，放之历山。"②《史记·夏本纪》载："汤修德，诸侯皆归汤，汤遂率兵以伐夏桀。桀走鸣条，遂放而死。"《史记集解》："徐广曰：从禹至桀十七君，十四世。骃案：《汲冢纪年》曰'有王与无王，用岁四百七十一年矣'。"《史记正义》引《括地志》云："庐州巢县有巢湖，即《尚书》'成汤伐桀，放于南巢'者也。"③以上关于商汤伐桀以及夏桀流放的材料，都没有明确说夏桀的死日。

事实上，乙卯禁忌应当源自昆吾。根据前引《左传》的说法，二月乙卯"昆吾稔"是昆吾的死日，而昆吾夏桀同时诛，所以夏桀也被认为是在卯日被杀。昆吾的身份，《国语·郑语》记载说"昆吾为夏伯矣"，韦昭注云："昆吾，祝融之孙，陆终第一子，名樊，为己姓，封于昆吾。昆吾，卫是也。其后夏衰，昆吾为夏伯，迁于旧许，《传》曰：'楚之皇祖伯父昆吾，旧许是宅。'"④《世本》也说："昆吾，古己姓之国，夏时诸侯伯祝融之后。"⑤史料记载中也提到昆吾曾经举兵伐商，

<hr>

① 吕不韦编，许维遹集释，梁运华整理：《吕氏春秋集释》，北京：中华书局，2009 年，第 184 页。
② 刘安编，何宁撰：《淮南子集释》，第 1316 页。《史记索隐》引《淮南子》云："汤败桀于历山，与末喜同舟浮江，奔南巢之山而死。"何宁《集释》认为这条是许慎注佚文。
③《史记》卷二《夏本纪》，第 88 页。
④ 左丘明撰，徐元诰集解，王树民、沈长云点校：《国语集解》，北京：中华书局，2002 年，第 466—467 页。
⑤ 宋衷注，秦嘉谟等辑：《世本八种》，北京：中华书局，2008 年，第 48 页。

有学者据此认为昆吾与商的关系紧张，与桀命运紧紧相连，所以当商汤军队抵达夏桀都城附近时，昆吾前往救援，因而与夏桀同时被诛。[①] 晁福林也认为如果依杜预所说，昆吾与夏桀当在伊洛附近同时被诛，但杜预的说法并无确证，昆吾确实于乙卯日被诛，但夏桀是否同时被杀尚不可断定。[②] 另外也有学者认为，昆吾是夏畿内同姓卿大夫之采邑，[③]可备一说。另外丁山认为，昆吾可能是刚卯铭文中的"夔龙"，也是《周易》所谓的"苋陆"，即商周青铜器上的吉祥纹。丁山还认为，子卯疾日古人都要斋戒修心，"昆吾稔"可能是因为"贪于饮食，侵欲崇侈"，犯了鬼神之怒，所以死于卯日。[④]

至于子卯在先秦时期是否为忌日，学者们有不同的意见。《尚书·召诰》说："若翼日乙卯，周公朝至于洛，则达观于新邑营……越七日甲子，周公乃朝。"[⑤]这是以乙卯日作为抵达时间、甲子日作为朝会时间，显然这两日在当时人们看来并非忌日。另外《春秋》记载文公二年二月甲子，晋侯及秦师战于彭衙；宣公十二年六月乙卯，晋楚邲之战发生。有学者指出，如果甲子乙卯是疾日，那么周公营造洛邑以及晋秦、晋楚之间的战争不应当选择在这样的时间进行。[⑥] 而出土文献记载显示，子卯禁忌在西周时期应当还未成型。前文提到岑仲勉曾经统计金文中出现的甲子、乙卯日，认为周人可能并不以这两日为禁忌。[⑦] 姜宝昌认为"周人吉日不忌卯"，并引《友簋》"唯

---

① 杨升南：《汤放桀之役中的几个地理问题》，氏著《甲骨文商史丛考》，北京：线装书局，2007年。

② 晁福林：《夏商西周的社会变迁》，北京：北京师范大学出版社，1996年，第79页。

③ 徐世昌主纂：《清儒学案》卷一三九，北京：中国书店，1990年，第13页。

④ 丁山：《中国古代宗教与神话考》，上海：上海文艺出版社，1988年，第191页。

⑤ 《尚书正义》，阮元校刻《十三经注疏》，第449页。

⑥ 黄本骥：《读经笔得》，《黄本骥集》，长沙：岳麓书社，2009年。

⑦ 岑仲勉：《周金文所见之吉凶宜忌日》。

四月初吉丁卯"以及《趞尊》"唯三月初吉乙卯"作为证明。① 杨华注意到秦汉简牍《日书》中有"建日",其中就包含了子、卯日,而建日是适合举行冠礼的;另外杨华统计《汉书·惠帝纪》和《后汉书·礼仪》上的相关记载,注意到汉代皇帝甲子日举行冠礼,这些都说明汉代社会在举行冠礼的时候并未注意礼书中的子、卯忌日。② 然而郑光讨论西周金文中的择吉现象,认为当时存在讳用"子"日的情形,并认为这与基于月相的吉凶认知有关。③ 曹建墩统计《春秋》经传中三十五例葬日中,有三十四例葬日不用子、卯日,并认为这与"子卯疾日"之说契合。④ 关于历史早期的吉日,王国维已经注意到"古人铸器多用丁亥,诸钟铭皆其证也",⑤庞朴也注意到两周青铜器铭文多有"正月初吉丁亥""丁亥"等字样,认为"正月丁亥"和"五月丙午"一样是一种套语,说明当时以"丁亥"为吉日良辰。⑥ 另外也有学者统计金文中的记载,发现干支"丁卯"在西周时为吉日。⑦

可以认为,子、卯禁忌在先秦时期确实存在,但影响范围有限,进入汉代以后随着儒家经典文献的传承而影响逐渐深远。而汉代儒生以"刑德"观念进行解释,又使得子、卯禁忌的说法更加深入人

---

① 姜宝昌:《墨论训释》,济南:齐鲁书社,2016 年,第 519 页。

② 杨华:《楚国礼仪制度研究(修订版)》,第 19 页。

③ 郑光:《〈逨鼎〉铭的几个问题》,段德新主编《周秦文明论丛》第 2 辑,西安:三秦出版社,2009 年。

④ 曹建墩:《两周祭祀吉日及择吉礼俗考析》,《首都师范大学学报(社会科学版)》2014 年第 2 期。

⑤ 王国维:《齐国差䤷跋》,氏著《观堂集林(外二种)》,石家庄:河北教育出版社,2003 年。

⑥ 庞朴:《"五月丙午"与"正月丁亥"》,氏著《稂莠集》,上海:上海人民出版社,1988 年。

⑦ 刘雨:《金文"初吉"辨析》,氏著《金文论集》,北京:紫禁城出版社,2008 年,第165—177 页。

心(详见下文的讨论)。

3. 刑德与子、卯禁忌

关于刑德与子、卯禁忌,《汉书·翼奉传》载翼奉所上封事云:

> 北方之情好也,好行贪狼,申子主之。东方之情怒也,怒行阴贼,亥卯主之。贪狼必待阴贼而后动,阴贼必待贪狼而后用,二阴并行,是以王者忌子卯也。《礼经》避之,《春秋》讳焉。[1]

翼奉采用"贪狼"和"阴贼"的概念来解释子卯禁忌的原因,颜师古注引李奇曰:"北方阴也,卯又阴贼,故为二阴,王者忌之,不举乐。《春秋》《礼记》说皆同。贾氏说:'桀以乙卯亡,纣以甲子丧,恶以为戒。'"张晏曰:"子刑卯,卯刑子,相刑之日,故以为忌。而云夏以乙卯亡,殷以甲子亡,不推汤武以兴,此说非也。"颜师古认为:"儒者以为子卯夏殷亡日,大失之矣。何儒亮以为学者虽驳云,只取夏殷亡日,不论殷周之兴,以为大失,不博考其义。且天人之际,其理相符,有德者昌,无德者亡。以桀纣之暴虐,又遇恶日,其理必亡。以汤武之德,固先天而天不违,所谓德能消殃矣,岂殃能消德也!"由此可见,颜师古赞同刑德说,否认子、卯和夏桀、殷纣的死日传说有关。

《白虎通·性情》有"论六情所配之方"条,其中提到"东方万物之生,故怒。北方阳气始施,故好"。[2] 但其中没有时日禁忌方面的内容。另外,王充《论衡》也提到风角之术,所谓"六情风家言,风至,为盗贼者感应之而起"。[3] 其说显然来自翼奉,但侧重于盗贼占测方面。

---

① 《汉书》卷七五《翼奉传》,北京:中华书局,1962年,第3168页。
② 班固撰集,陈立疏证,吴则虞点校:《白虎通疏证》,北京:中华书局,1994年,第388页。
③ 王充著,黄晖撰:《论衡校释(附刘盼遂集解)》,第652页。

王先谦《汉书补注》引刘攽曰:"王者忌子卯,阴阳家言子卯相刑,午酉自刑,若相刑可忌,自刑不可忌邪? 言夏殷亡日是也,此圣人戒后世,使自儆尔。"然王先谦认为:"当以子卯相刑之说为长,子卯有亡,午酉故无兴也。"①王先谦的说法解释了刘攽"相刑可忌,自刑不可忌"的疑问。然而考翼奉原文,其中并没有提到相刑。② 根据《汉书》原文,翼奉认为子卯当忌的原因是"二阴并行",其实还是阴阳学说。③ 而关于"贪狼"和"阴贼",颜师古注引孟康解释说:"北方水,水生于申,盛于子。水性触地而行,触物而润,多所好故,多好则贪而无厌,故为贪狼也。""东方木,木生于亥,盛于卯。木性受水气而生,贯地而出,故为怒。以阴气贼害土,故为阴贼也。"④翼奉是以文献记载中的子卯禁忌解释"贪狼"和"阴贼",应当认为,子卯禁忌和"贪狼""阴贼"之间本身并无关联,其间的联系显然经过了翼奉以及孟康、颜师古等人的建构。⑤

郑众也认为子卯禁忌的原因和刑德有关,《礼记正义》云:"郑司农注《春秋》,以为五行子卯自刑,非郑义也,今所不用也。"⑥章太炎

① 班固撰,颜师古注,王先谦补注:《汉书补注》,北京:商务印书馆,1959 年,第 4703 页。

② 卢央认为,卯为木,木落归本,故卯刑在子;子为水,水流归末,故子刑在卯,所以张晏的说法更符合翼奉本意,可备一说。见氏著《中国古代星占学》,北京:中国科学技术出版社,2013 年,第 409 页。

③ 任蜜林认为翼奉的"五际""六情"的根据还是阴阳学说,见氏文《齐〈诗〉"五际"说新探》,《云南大学学报(社会科学版)》2018 年第 5 期。

④《汉书》卷七五《翼奉传》,第 3168 页。

⑤ 苏轼在六情十二律基础上有所发挥,他说:"火烈而水弱,烈生正,弱生邪,火为心,水为肾。故五脏之性,心正而肾邪。肾无不邪者,虽上智之肾亦邪。然上智常不淫者,心之官正而肾听命也。心无不正者,虽下愚之心亦正。然下愚常淫者,心不官而肾为政也。"苏轼《续养生论》,苏轼撰,茅维编,孔凡礼点校《苏轼文集》,北京:中华书局,1986 年,第 1983 页。

⑥《礼记正义》,阮元校刻《十三经注疏》,第 2827 页。

注意到，"此《檀弓》疏所引，原文缺"，所以章太炎认为："郑司农注以为'五行子卯自刑'，此本翼奉说也。案《翼奉传》奉上封事……子卯本可忌，因桀、纣而益忌。何疑于汤武之兴乎？"另外章太炎还认为"周兴之吉在癸亥，纣丧之忌在甲子，两者殊日，尤不相碍也。然则汤兴桀亡，又恶知其必同日邪？"①清代学者马瑞辰也认为："疾日与吉日正相反，以子卯阴类，为疾日；则以午酉阳类，为吉日。据翼奉云，二阴二阳并行，是必子卯互刑，午酉相合之日，方为疾日、吉日，非凡遇子卯皆疾，遇午酉皆吉也。盖五行有刑德，行在东方子刑卯，行在北方卯刑子，子卯互刑，是以为忌。以是推之，午酉并行方为吉日，火盛于午，金盛于酉，庚为金，与酉同气，则即酉之类也。"②万斯大认为："十二支相刑，不但子卯，独忌子卯者，更值夏、殷亡日也。若专指夏、殷亡日，不应因甲子、乙卯两日，尽子卯而忌之也。"③桂馥认为翼奉所言即杜蒉所谓的子卯不乐，并认为"盖五行有刑德，行在东方子刑卯，行在北方卯刑子，子卯互刑，是以忌。"④

孔广森《经学卮言》认为："翼奉以为疾子卯者，为其相刑，似亦有义。'五子''五卯'皆相刑，独疾甲乙者，以居十干之首，且乙位寄卯，日辰相配，是为重刑。甲位在子，于日辰无比，唯避五子之先者而已。《诗》曰'吉日庚午'，王者忌甲子，故喜其所畏，庚制甲、午破子者也。《穆天子传》有'吉日辛酉'，亦乙卯之冲。"⑤可知孔广森认可翼奉关于子卯"相刑"的解释，认为子卯日禁忌的根源在于数术之学。另外孔广森还根据数术之学中关于"制"和"破"的说

① 章太炎：《春秋左传读》，《章太炎全集》，上海：上海人民出版社，1982年。
② 马瑞辰：《毛诗传笺通释》，济南：山东友谊出版社，1992年，第889页。
③ 万斯大著，曾攀点校：《礼记偶笺》，杭州：浙江古籍出版社，2016年，第87页。
④ 桂馥：《札朴》，北京：商务印书馆，1958年，第42页。
⑤ 孔广森撰：《经学卮言》，第121页。

法,解释《诗经》之中庚午日为吉日的原因,以及《穆天子传》中辛酉日为吉日的原因。杨树达也认为:"当以子卯相刑之说为长,子卯有亡,午酉固无兴也。"①另外钱穆也注意到,翼奉关于子卯疾日的说法来自《左传》。②

也有人对刑德说持不同意见,例如顾炎武就认为五行相刑是"术家之说,非经义也",③李慈铭《越缦堂读书记》进一步申论:"近儒多主翼奉说,其实好异之过者,风角刑德之说,圣人所不言。如其说则浃辰之中,必两遇子卯,疾日亦太多矣。周以前亡天下者,夏殷为惨。周之先王,又亲诛纣,故忌其亡日,以示警惕。"④也有学者认为六情之说近乎于"妖言",⑤而郝懿行《晋宋书故》则认为二说皆通。⑥另外,前引《越缦堂读书记》认为:"如其说则浃辰之中,必两遇子卯,疾日亦太多矣。"对于这个问题,马瑞辰《毛诗传笺通释》认为:"据翼奉云,二阴二阳并行,是必子卯互刑、午酉相合之日,方为疾日、吉日,非凡遇子卯皆疾,遇午酉皆吉也。盖五行有刑德,行在东方子刑卯,行在北方卯刑子,子卯互刑,是以为忌……则奉虽用辰不用日,未始不兼取日与辰相配耳。"⑦也有学者认为"子卯"指的不是两天,而是子日卯时,或者卯日子时,⑧可备一说。

总的来说,刑德与子、卯禁忌的关系应当是到汉代以后才出现的,其社会思想背景是数术之学的进一步发展。

① 杨树达:《汉书补注补正》,徐蜀编《两汉书订补文献汇编》,北京:北京图书馆出版社,2004年。
② 钱穆:《刘向歆父子年谱》,《燕京学报》1937年第7期。
③ 顾炎武撰,黄汝成集释,栾保群点校:《日知录集释》,第323页。
④ 李慈铭:《越缦堂读书记》,上海:上海书店出版社,2000年,第736页。
⑤ 萧公权:《中国政治思想史》,北京:新星出版社,2005年,第206页。
⑥ 郝懿行:《晋宋书故》,济南:齐鲁书社,2010年,第4022页。
⑦ 马瑞辰:《毛诗传笺通释》,第184页。
⑧ 黄本骥:《读经笔得》,《黄本骥集》。

4. 严卯刚卯

虽然乙卯为夏桀死日的说法在西汉时期还没有出现,但从汉代的材料来看,对于地支卯的禁忌已经深入到人们的生活之中了。汉代人习惯佩戴"刚卯",或者称为"严卯",实为一物之不同称呼,其上通常有铭文,《汉书·王莽传》载王莽诏书中说:"夫'刘'之为字'卯、金、刀'也,正月刚卯,金刀之利,皆不得行。"颜师古注引晋灼曰:

> 刚卯长一寸,广五分,四方。当中央从穿作孔,以采丝(茸)〔茸〕其底,如冠缨头蕤。刻其上面,作两行书,文曰:"正月刚卯既央,灵殳四方。赤青白黄,四色是当。帝令祝融,以教夔龙。庶疫刚瘅,莫我敢当。"其一铭曰:"疾日严卯,帝令夔化。顺尔固伏,化兹灵殳。既正既直,既觚既方。赤疫刚瘅,莫我敢当。"师古曰:"今往往有土中得玉刚卯者,案大小及文,服说是也。莽以刘字上有卯,下有金,旁又有刀,故禁刚卯及金刀也。"①

《说文解字》卷三攴部:"改,毅改,大刚卯,以逐鬼魅也。从攴,已声。读若已。"②《急就篇》说:"射魃、辟邪,皆神兽名也……一曰:射魃谓大刚卯也,以金玉及桃木刻而为之。"③程大昌根据《说文》中毅、改二字重出的现象,猜测刚卯是王莽时所铸,《说文》的时代改而大之,以为禳祟之物。④《续汉书·舆服志》刘昭注云:"佩双印,长寸二分,方六分。乘舆诸侯、王公、列侯以白玉;中二千石以下至四百石皆以黑犀;二百石至私学弟子皆以象牙……刻书文曰:与晋说同,唯顺作慎……凡六十六字。"⑤这显示在汉代刚卯除了玉制之外,

---

① 《汉书》卷九九中《王莽传中》,第 4109 页。
② 许慎撰,段玉裁注:《说文解字注》,上海:上海古籍出版社,1982 年,第 126 页。
③ 张传官:《急就篇校理》,北京:中华书局,2017 年,第 258 页。
④ 程大昌:《演繁录》,郑州:大象出版社,2019 年,第 182 页。
⑤ 《后汉书》,第 3673 页。

还有黑犀、象牙等材质,而根据学者们的研究,桃木等也可以用于制作刚卯。①《后汉书集解》引《事物纪原》说:"汉用朱索,连五色刚卯为门户饰。"②是知刚卯也用来装饰居所以辟邪。元代陶宗仪《南村辍耕录》引马永卿《懒真子录》云:"汉人以正月卯日作,佩之,铭其一面曰刚卯。"陶宗仪认为:"乃知今人立春或戴春胜,亦古制也。盖刚者,强也,卯者,刘也。正月佩之,尊国姓也。"③郎瑛《七修类稿》引《野客丛书》云:"刚者强也,卯者刘也。正月佩之,尊国姓也。兼而论之,乃欲尊王而辟邪尔。"④

所谓"尊国姓",是说"卯"跟汉朝的皇帝刘姓有关,所以王莽下令"去刚卯莫以为佩"。⑤ 胡三省注《资治通鉴》认为:"刘字上本从'夘',莽以'夘'字近'卯',故云尔。"⑥《汉书补注》引周寿昌引《吴志》注《虞翻别传》认为:"古大篆,卯字当读为柳,古柳卯同字。裴松之谓翻言为然,故刘、留、聊、柳,同用此字……与日辰卯字,字同音异。"王先谦认为:"然《汉书·王莽传》论卯金刀,故以日辰之卯,今未能详正。"⑦王观国《学林》言:"毅劈者,佩印也,以正月卯日作,故谓之刚卯。又谓之大坚,佩之以辟邪。所谓佩双印,则一印刻三十有四字,一印刻二十有二字,总为六十六字。其长广分寸制度因时不同,其刻文则同,亦犹人日戴符胜之类,盖被除不祥之一端也。王莽欲篡而心恶

---

① 劳榦:《汉代刚卯的制度》,《劳榦先生著作集》,福州:福建教育出版社,2022 年。另参萧兵《"方明"的小型化:刚卯或灵殳》,氏著《宇宙的划分与中国神秘构型》,西安:陕西师范大学出版社,2019 年。

② 王先谦:《后汉书集解》,北京:商务印书馆,1959 年,第 3528 页。

③ 陶宗仪:《南村辍耕录》,北京:中华书局,1959 年,第 292 页。

④ 郎瑛:《七修类稿》,上海:上海书店出版社,2009 年,第 480 页。

⑤ 相关研究参见尤仁德《汉代玉佩刚卯严卯考论》,《人文杂志》1991 年第 6 期;王正书《汉代刚卯真伪考述》,《文物》1991 年第 11 期。

⑥《资治通鉴》卷三七《汉纪二九》,第 1174 页。

⑦ 班固撰,颜师古注,王先谦补注:《汉书补注》,第 275 页。

图1 亳县凤凰台一号汉墓出土玉刚卯①

刘字之文,故正月刚卯与夫金刀之钱皆禁而不得行。"②桂馥认为:"汉有刚卯,文曰疾日严卯,此与正月刚卯不同,非辅刘之器,乃厌胜也。故以卯为疾日。"③唐兰认为刚卯上的铭文是"殳书的遗制",④劳榦指出居延汉简之中也有与刚卯铭文相似的内容,并认为这些文字与汉代铜镜上的铭文也较为类似。⑤ 陈直根据出土的刚卯实物证明晋灼的说法是正确的,即刚卯长一寸,宽五分,而长一寸八分是刚卯的最高限度。⑥ 安徽亳县凤凰台一号汉墓出土了两件玉刚卯,高2.2厘米,宽1厘米见方,与晋灼所说的尺寸相合。⑦

显然"刚卯"的"卯"指的是地支,而对它的禁忌与"子卯不乐"有着极为密切的关系。而关于"严"或者"刚"的含义,尤仁德引《尚书·皋陶谟》及《说文解字》,将"刚"理解为坚毅、刚克、决断。⑧ 王正书也认为"刚"和"严"意思相通,都有强威之义。⑨ 另外,《尔雅·释诂》作:"俨、恪、祗、翼、諲、恭、钦、寅、熯,敬也。"郝懿行疏云:"俨者,《诗》'硕大且俨'、《曲礼》云'俨若思',毛、郑并云'俨,矜庄貌'。

① 图片来源:亳县博物馆《亳县凤凰台一号汉墓清理简报》,《考古》1974年第3期。

② 王观国:《学林》,第177页。

③ 桂馥:《札朴》,第43页。

④ 唐兰:《古文字学导论》,济南:齐鲁书社,1981年,第161页。

⑤ 劳榦:《玉佩与刚卯》,《历史语言研究所集刊》第25本,1956年。

⑥ 陈直:《汉书新证》,北京:中华书局,2006年,第452页。

⑦ 亳县博物馆:《亳县凤凰台一号汉墓清理简报》,《考古》1974年第3期。

⑧ 尤仁德:《汉代玉佩刚卯严卯考论》,《人文杂志》1991年第6期。

⑨ 王正书:《汉代刚卯真伪考述》,《文物》1991年第11期。

《离骚》云'汤禹俨而求合兮'、《文选·思玄赋》云'仆夫俨其正策兮',王逸注及旧注并云'俨,敬也。'通作严。《诗·柏舟》传及《论语·子张篇》释文并云:'俨,本或作严。'按《释名》云:'严,俨也,俨然人惮之也。'是俨、严声义同。"①是知刚卯和严卯具有厌劾的意义是显而易见的。

总体来看,避忌地支中的子和卯具有较为悠久的传统,先秦时期人们相信在子日或卯日不应当举行音乐活动,后来逐渐也不允许进行规模较大的宴饮活动。而梳理相关文献可以发现人们刻意避免在子日和卯日举行娱乐性活动的观念出现时间很早,甚至超过桀、纣的时代,只不过后来殷纣王恰好在甲子日被杀,所以后人就附会为子日禁忌的原因;再后来卯日的禁忌又从昆吾传说附会于夏桀的被杀。后来汉代数术之学逐渐发展,也有人根据地支子和卯在日廷图上的相对位置进行解释,当然这种解释已经远离了子卯不乐观念产生的根源了。可以认为,对于子日和卯日的避忌来自不同的文化传统,在不断整合和建构的过程之中被纳入共同的文化之中。而在不同文化的整合和建构过程中,加入了关于夏桀和殷纣王去世之日的传说,这就使得原本地域性特征明显的习俗得以上升到整个文化传统的层面,从而被更为广泛地接受。

二、避诸死忌

除了父母以及夏桀和殷纣这样的国君死日会成为禁忌,一些传说人物的死日也被认为是忌日。例如在出土的《日书》文献之中,巫咸、女娲的死日都有相关的禁忌。很显然《日书》中的这些禁忌与儒家经典文献中由桀纣去世之日形成的"子卯不乐"传统有着非常明

---

① 郝懿行著,吴庆峰等点校:《尔雅义疏》,济南:齐鲁书社,2010年,第2816页。

显的不同,从《日书》文献的基本情况来看,巫咸、女娲传说应当更多在民间社会传播,其中的一些禁忌也由于各种原因被上层社会接纳,所以后来汉武帝时期有"避诸死忌"的说法。

1. 以死为忌

关于"死忌",《史记·日者列传》褚少孙记载他为郎时,听太卜待诏为郎者跟他说起,汉武帝时曾聚会占家,询问某日是否宜于"取妇":

> 孝武帝时,聚会占家问之,某日可取妇乎?五行家曰可,堪舆家曰不可,建除家曰不吉,丛辰家曰大凶,历家曰小凶,天人家曰小吉,太一家曰大吉。辩讼不决,以状闻。制曰:"避诸死忌,以五行为主。"人取于五行者也。[1]

这段记载正反映了秦汉之际占卜择日之术混乱的情形,而这种情形也反映在出土日书类文献之中。[2]《容斋随笔》认为:"历卜诸家,自古盖不同矣……姑以择日一事论之,一年三百六十日,若泥而不通,殆无一日可用也。"[3]也就是在这种情况之下,汉武帝规定择日首先要避开"死忌",然后以五行家为主。汉武帝所谓的"死忌"可能有两层含义,一是能够给人带来死亡的禁忌,例如睡虎地秦墓竹简《日书》甲种"稷辰篇"所谓"以生子,子死。亡者,得,不得必死"等;另一种就是前文讨论的父母亲属,或者重要人物、传说人物,以及某些具有灵性的动物的死日。[4] 显然这两种情形在择日术中都是必须

---

① 《史记》卷一二七《日者列传》,第 3222 页。

② 蒲慕州:《睡虎地秦简〈日书〉的世界》,《历史语言研究所集刊》第 62 本第 4 分,1993 年。

③ 洪迈撰,孔凡礼点校:《容斋随笔》,第 268 页。

④ 有学者认为,所谓"死忌"指的是凡涉及生死的大忌都要避开,宁可信其有。见韩兆琦《史记(评注本)》,长沙:岳麓书社,2004 年,第 1731 页。

要避免被选择的。

由出土文献记载来看，传说人物去世的日子应当有所避忌，睡虎地秦简《日书》甲种载：

> 弦望及五辰不可以兴乐□，五丑不可以巫，帝以杀巫咸。
>
> （二七正贰）①

整理小组注释说："巫咸，商太戊时臣，见《书·君奭》，《庄子》《楚辞》《山海经》《吕氏春秋》等书均以为巫祝之神。"整理小组指出巫咸的身份有两种，一是商太戊时期的贤臣，另一种是巫祝之神，刘乐贤认为本篇中的巫咸指的应该是后者，也就是传说的巫祝之神，但帝杀巫咸的说法不见于记载，②王子今也认为巫咸就是传说中的神巫。③

五丑是干支中的乙丑、丁丑、己丑、辛丑、癸丑，李零认为这是

---

① 睡虎地秦墓竹简整理小组编：《睡虎地秦墓竹简》，图版第91页，释文第186页。

② 刘乐贤：《睡虎地秦简日书研究》，第67页。

③ 王子今：《睡虎地秦简〈日书〉甲种疏证》，第124—125页。另外史党社认为巫咸为巫之神，以五丑之日为忌日。见史党社《试论云梦秦简〈日书〉的楚文化色彩》，收入周天游主编，陕西历史博物馆馆刊编辑部编《陕西历史博物馆馆刊》第3辑。沈刚认为："巫咸本是商太戊时期的大臣，这时已开始成为一行业的神灵。这从一个方面反映出巫在社会上的势力很大，并且形成了一定的社会规范。"见氏著《睡虎地秦简〈日书〉所见的秦时民间信仰活动探微》，《西安财经学院学报》2009年第1期。王强认为放马滩秦简中的"巫帝"指的可能是巫咸，"巫帝阴"应当读为"巫帝咸"，参王强《秦简所见"巫咸"两考》，《简帛研究2016年（秋冬卷）》，桂林：广西师范大学出版社，2016年。有关巫咸的研究另参宝才《巫咸事迹小考》，《西北大学学报（哲学社会科学版）》1982年第4期；江晓原《天文·巫咸·灵台——天文星占与古代中国的政治观念》，《自然辩证法通讯》1991年第3期；贾学鸿《〈尚书〉及两汉经学有关巫咸的叙事与角色认定》，《北方论丛》2010年第6期；霍然《巫咸与巫贤考》，《殷都学刊》2011年第2期；梁晓强《巫咸考》，《殷都学刊》2017年第3期；刘玉堂、曾浪《巫咸源流新证——兼及与楚文化的关系》，《江汉论坛》2018年第8期。

"古五子"之说,是按照五子到五亥排列的择日表。① 按照《日书》的说法在这些天巫咸被帝所杀,所以有关"巫"的活动被禁止。另外,五丑似乎只是禁巫术,其他活动是允许的,例如睡虎地秦简《日书》甲种有"禾良日,己亥、癸亥、五酉、五丑(一七正叁)",②知五丑是宜于禾类庄稼的日子,而且《日书》还说五丑也是蚕良日,也宜于制作衣服。陶磊认为,帝以丑日杀巫咸,所以丑日不可以巫,这是根据历史或神话经验判断的吉凶之日,其结果显然是不连续的,相互之间显然也不会有什么联系。③ 这也就可以解释为什么"五丑"不可以行巫术,但却是禾良日和蚕良日。

此外,睡虎地秦墓竹简《日书》甲种有"作女子篇",是关于女娲死日的禁忌:

> 月生一日、十一日、廿一日,女果以死,以作女子事,必死。
> 毋以戌亥家(嫁)子、取妇,是谓相。　　　　　　　(一五五正)④

整理小组在注释中说"果"疑读为"娲"。吴小强认为"作女子事"就是生育孩子;⑤刘乐贤则认为,女娲在月生一日、十一日、廿一日死不见于史料记载,从该日不能做女子事的记载来看,她可能是当时人们都知晓的一位女神;⑥王子今认为"作女子事"疑指性

---

① 李零:《中国方术考(修订本)》第三章《楚帛书与日书:古日者之说》,第204页。
② 睡虎地秦墓竹简整理小组编:《睡虎地秦墓竹简》,图版第90页,释文第184页。
③ 陶磊:《从巫术到数术:上古信仰的历史嬗变》,济南:山东人民出版社,2008年,第182页。
④ 睡虎地秦墓竹简整理小组编:《睡虎地秦墓竹简》,图版第101页,释文第207页。
⑤ 吴小强:《秦简日书集释》,第109页。
⑥ 刘乐贤:《睡虎地秦简日书研究》,第198页。王子今也认为女娲每月死三次,每年死三十六次的理解不合常理,他指出"果"应当读为"裸",推测含义应当是在这些日子如果女子裸体就会死亡,同时这一天也不可以做"女子事",也就是性事,这样的看法也是有道理的。见氏著《睡虎地秦简〈日书〉甲种疏证》,第296页。

事。① 关于"是谓相"的含义,整理小组认为"相"读为"霜",并引《说
文解字》认为"霜,丧也"。刘乐贤认为"相"有分离之意,②王子今认
为"相"可以读为"禳",是一种辟除灾异的方式。③ 无论是死亡还是
分离都是不吉利的,所以《日书》中这条记载的含义就是在"女果"死
的这几日,不适合"作女子事"。可以认为,《日书》中这里的记载也
是一种基于对传说人物死亡时间的禁忌。但刘乐贤指出"女果"为
"女娲"不能成为定论,对于这个问题可以存疑。

除此之外,《日书》中还记载在农业神的死日应禁忌农业活动,
如甲种"田忌篇"云:

> 田亳主以乙巳死,杜主以乙酉死,雨帀(师)以辛未死,田大
> 人以癸亥死。　　　　　　　　　　　　　　　　　　(一四九背)
>
> 田忌:丁亥、戊戌,不可初田及兴土攻(功)。(一五〇背)④

"田亳主"也被释读为"田京主",或者也可以读为"田亭主"。⑤
同样,睡虎地秦简《日书》乙种也有与田忌有关的内容:

> ·初田毋以丁亥、戊戌。　　　　　　　　　　(三〇贰)⑥

刘乐贤认为田亳主、杜主、雨师、田大人应当都是当时的农业
神,本篇标明农业神死日的目的当是教人不要在这些时日种植或收
获谷物。农业神的死日禁忌农业,与巫咸的死日禁忌巫术,女娲的

① 王子今:《睡虎地秦简〈日书〉甲种疏证》,第 298 页。
② 刘乐贤:《睡虎地秦简日书研究》,第 207 页。另参陈伟主编,彭浩、刘乐贤等撰著
　《秦简牍合集·释文注释修订本(贰)》,第 399 页。
③ 王子今:《睡虎地秦简〈日书〉甲种疏证》,第 298 页。
④ 睡虎地秦墓竹简整理小组:《睡虎地秦墓竹简》,图版第 115 页,释文第 226 页。
⑤ 陈伟主编,彭浩、刘乐贤等撰著:《秦简牍合集·释文注释修订本(贰)》,第 470 页。
⑥ 睡虎地秦墓竹简整理小组编:《睡虎地秦墓竹简》,图版第 121 页,释文第 236 页。

死日禁忌女工,本意大概是相同的。① 王子今和史党社认为田亳主和"三社主"类似,都是土地神。② 也有学者指出,田亳主、杜主、雨师、田大人应当都是地域神祇,与人格神并不相同。③ 另外有论者以为,因为田亳主、杜主、雨师、田大人等神灵与田地庄稼有关,所以在第一次耕田及破土时要避讳他们的忌日。④ 放马滩秦简《日书》"贞在黄钟"条有"其祟田及罪桑焿者"的说法,程少轩认为"田"也就是田神。⑤ 孙占宇引《周礼·春官·大司徒》郑玄注"田主,天神",认为放马滩秦简中的"田"与睡虎地秦简日书中的"田亳主""天大人"类似。⑥ 也就是说,田亳主、杜主、雨师、田大人的死日都是农业方面的禁忌,而且这种禁忌也有着较为悠久的传承,例如刘乐贤还提到,农业神的死日为禁忌的习俗在后世的择日通书中也可见到记载。⑦《新刊阴阳宝鉴克择通书·前集》卷四提道:

---

① 刘乐贤:《睡虎地秦简日书研究》,第 47 页。近来学者根据红外线的资料判断"田"字之下应当是"京"字,"田亳主"当释读为"田京主",但"田京主"是什么意思则不明了,但考虑到战国秦陶文之中多有以"京"为"亭"的例子,所以这里也可以释读为"田亭主"。见陈伟主编,彭浩、刘乐贤等撰著《秦简牍合集·释文注释修订本(贰)》,第 407—471 页。

② 史党社、王子今:《秦祭祀研究》,西安:西北大学出版社,2021 年,第 5 页。

③ 杨华:《秦汉帝国的神权统一——出土简帛与〈封禅书〉〈郊祀志〉的对比考察》,《历史研究》2011 年第 5 期。杨华还认为,这里的"杜主"应当是"社主",而简文之中将"社主"与田亳主、田大人等神灵并列,恐怕与秦人将社神、稷神、先农神并列祭祀的文化礼俗有关,这也说明秦人据楚之后社鬼巫术仍然大为盛行。见氏著《古礼新研》"战国秦汉时期的里社与私社",北京:商务印书馆,2013 年,第 357 页。

④ 贾艳红:《汉代民间信仰与地方政治研究》第五章"汉代的民间禁忌与地方政治",济南:山东大学出版社,2011 年,第 269 页。相关的研究也可参魏超《从睡虎地秦简〈日书〉看秦人的鬼神观念》,《文博》1988 年第 5 期。

⑤ 程少轩:《放马滩简式占古佚书研究》,第 127 页。

⑥ 孙占宇:《天水放马滩秦简集释》,兰州:甘肃文化出版社,2013 年,第 255 页。

⑦ 刘乐贤:《睡虎地秦简日书研究》,第 47 页。

　　田事宝门：田祖甲寅日死，田父丁亥日死、丁未日葬，田母

丙戌日死、丁亥日葬，田主乙巳日死、辛亥日葬，田夫丁亥日死、

辛亥日葬，后稷癸巳日死，播种五谷，已上并忌田事。①

　　由此看来，农业生产活动中确实有忌讳农业神死日的传统，而且这些干支的安排也有规律可循。王子今曾引湖北江陵岳山秦墓《日书》"田□人丁亥死，夕以祠之（M36：43 背面）"，认为其中的"田□人"可能就是睡虎地中的"田大人"。② 再者，刘乐贤引敦煌遗书"吉凶避忌条项"云"田公丁亥日死，勿此日种五谷，凶"，另引《路史后纪》卷三注云："神农丁亥日死，丁未日葬。"显然"丁亥日"被特别强调，这一干支或许是有关农业方面禁忌的早期形态。③

　　其实，不仅人死之后会成为忌日，某些被认为有灵性的动物死的日子也要有所避忌，例如《说文解字》马部说："骜，骏马也。以壬申日死，乘马者忌之。"④是说壬申这一天忌讳乘马，因为这一天是骏马"骜"的死日。⑤ 另外，睡虎地秦墓竹简《日书》甲种和乙种都有

---

① 《新刊阴阳宝鉴克择通书》，《续修四库全书·子部·术数类》（1061），上海：上海古籍出版社，2006 年，第 770 页。

② 王子今：《睡虎地秦简〈日书〉甲种疏证》，第 508 页。

③ 而在传世文献和金文中，丁亥一般被认为是吉日。《大戴礼记·夏小正》云："丁亥万用入学。丁亥者，吉日也。"是将丁亥作为吉日对待。另外《仪礼》也有"来日丁亥"的记载，知此日是适合祭祀的。王国维说："古人铸器多用丁亥，诸钟铭皆其证也。"王国维：《齐国差罍跋》，收入氏著《观堂集林（外二种）》。罗振玉指出周人铸器喜欢用丁亥日，岑仲勉又搜集丁亥铭文六十九条，知当时人对丁亥的重视，并引用《尚书·周书·多方》"惟五月丁亥，王来自奄，至于宗周"，或许古人归行以丁亥为吉日亦未可知。岑仲勉还认为喜用"丁"可能与人丁、人口有关，而"亥"可能与孩提、孩童有关，或可备一说。岑仲勉：《周金文所见之吉凶宜忌日》，第 157 页。也有学者认为丁亥为吉日之说是虚饰之词，不必实有其日，就像汉代铜镜铭文上的五月丙午一样，见庞朴《"五月丙午"与"正月丁亥"》，《文物》1979 年第 6 期。

④ 许慎撰，段玉裁注：《说文解字注》，第 463 页。

⑤ 相关的研究参陈槃《汉晋遗简偶述》，《历史语言研究所集刊》第 16 本，1948 年。

"马良日"和"马忌日",或可与《说文》中的记载对读:

马良日,乙丑、乙酉、乙巳、乙亥、己丑、己酉、己亥、己巳、辛
丑酉、辛巳、辛亥、癸丑、癸酉、癸巳、　　　　　　　　　（八二正贰）

庚辰。·其忌,丙子、丙午、丙寅、丁巳、丁未、戊寅、戊戌、
戊子、庚寅、辛卯。　　　　　　　　　　　　　　　　（八三正贰）①

不仅如此,《日书》此篇中还有"祠父母良日""祠行良日""人良
日""牛良日""羊良日""猪良日""犬良日""市良日""鸡良日""金
钱良日""蚕良日"等,刘乐贤命名为"诸良日篇",并认为马良日、牛
良日、羊良日、猪良日、犬良日、鸡良日等是关于买卖六畜、屠宰六
畜、筑六畜栏枋等事项的吉日,另外也标明了凶日。② 后来也有学者
整理这部分内容,将人良日、牛良日、马良日、羊良日、犬良日、豕良
日、鸡良日等归为一篇,命名为"七畜日"。③

需要注意的是,此篇中人、牛、羊、猪、犬、鸡也都各有忌日,其中
人的忌日甚至还区分性别,如"男子龙庚寅,女子龙丁"。④ 这里的

---

① 睡虎地秦墓竹简整理小组编:《睡虎地秦墓竹简》,图版第95页,释文第194页。
② 刘乐贤:《睡虎地秦简日书研究》,第123页。
③ 武汉大学简帛研究中心、荆州博物馆、湖北省文物考古研究所编,陈伟主编:《秦简
牍合集(叁)》,武汉:武汉大学出版社,2015年,第267—268页。后来陈伟将"七
畜日"进行了重新的整理和复原,参见氏著《秦简牍校读及所见制度考察　秦简牍
研究》,武汉:武汉大学出版社,2017年,第304—305页。
④ 饶宗颐曾经指出这里的"人良日"可能与先秦时期的"人日"有关,刘乐贤指出"人
良日"应当主要是为买卖奴隶而设置的,证据是后世的通书等文献中通常都有关于
买卖奴隶吉凶等事项的设置。参刘乐贤《睡虎地秦简日书研究》,第123页。相关
的研究另参李文澜《先秦、六朝"人日"风俗的演变及其意义——睡虎地〈日书〉与
〈荆楚岁时记〉所见"人日"的比较研究》,《长江文化论集》第1辑《首届长江文化
暨楚文化国际学术讨论会文集》,武汉:湖北教育出版社,1995年;另参氏文《古代
社会风俗的悖异及其意义——以荆楚人日的衍变为例》,《中南民族大学学报(人
文社会科学版)》2006年第3期。

"龙"也就是禁忌的意思,本意应当是庚寅日不适合买卖男性奴隶,而丁日不适合买卖女性奴隶。另外,放马滩秦简《日书》中也有所谓"人忌",有论者以为可以和睡虎地秦简中的"人良日"对照。① 然而这些忌日的干支排列大多无规律可循,恐怕和壬申是"骜"的死日一样,也各有传说背景,不过材料所限,今天已经无法确知了。

而人——主要是圣贤或者在民众之中有影响力的人物,或者某些有灵性的动物死而为鬼神,并成为一种禁忌,这在先秦秦汉时期是一种颇为常见的现象,例如介子推和屈原的去世之日,都成为忌日。《庄子·盗跖》说介子推"燔死":"介子推至忠也,自割其股以食文公,文公后背之,子推怒而去,抱木而燔死。"② 所以顾炎武说:"'立枯'之说始自屈原;'燔死'之说始自庄子。"③ 是后有所谓"不乐举火"的风俗,《后汉书·周举传》记载在汉代的太原地区,"旧俗以介子推焚骸,有龙忌之禁。至其亡月,咸言神灵不乐举火,由是土民每冬中辄一月寒食,莫敢烟爨"。李贤注引《新序》曰:"晋文公反国,介子推无爵,遂去而之介山之上。文公求之不得,乃焚其山,推遂不出而焚死。"并认为:"龙,星,木之位也,春见东方。心为大火,惧火之盛,故为之禁火。俗传云子推以此日被焚而禁火。"④ 是说在太原地区介子推亡故的禁忌要持续一个月。⑤

① 孙占宇:《天水放马滩秦简集释》,第 163 页。
② 郭庆藩撰,王孝鱼点校:《庄子集释》,北京:中华书局,2012 年,第 998 页。
③ 顾炎武撰,黄汝成集释,栾保群点校:《日知录集释》,第 1263 页。
④《后汉书》卷六一《周举传》,第 2024 页。
⑤ 相关的研究参裘锡圭《寒食与改火——介子推焚死传说研究》,《中国文化》1990 年第 1 期。另参庞朴《寒食 改火 复活节》,《文史知识》1991 年第 4 期;安介生《"禁火""改火"与历史时期寒食节风俗之演变》,氏著《表里山河:山西区域历史地理研究》,北京:商务印书馆,2020 年;张小稳《从地区性的哀思到全民性的欢愉——寒食节的诠释史研究》,《民俗研究》2017 年第 6 期;柯昊《寒食节的礼仪解读》,《史林》2018 年第 2 期。

2. 诸布与死忌

事实上，人或神异动物死后成为神灵的观念在汉代社会有广泛的影响力，《史记·封禅书》记载了诸多类型的神灵，其中多有著名人物及动物去世而成为鬼神，秦汉时期文献记载中有所谓"诸布"，就属于这种类型的禁忌习俗。

有关"诸布"的记载见于《史记·封禅书》：

> 而雍有日、月、参、辰、南北斗、荧惑、太白、岁星、填星、辰星、二十八宿、风伯、雨师、四海、九臣、十四臣、诸布、诸严、诸逑之属，百有余庙。①

《汉书·郊祀志》所载大致相同，只是"诸逑"作"诸逐"。② 由《史记》的记载可以说明秦人在雍地修建了数目众多的祠庙，王子今认为陇西的西县与雍地是秦人祭祀神灵的两个中心，而这两个中心到了汉代以后仍然得以继承，③而这些祠庙之中祭祀的是在当时具有重要影响力的地域神灵。④ 至于其中"诸布诸严诸逐"的含义，学者们有不同的意见，《史记索隐》引《尔雅》"祭星曰布"的说法，认为诸布是祭星之处，这种说法给古今学者都造成很大的干扰和困惑，田天考证后认为此说难以成立。⑤ 章太炎认为这些都是"八蜡之神"，然难免穿凿附会之嫌。⑥ 本书以为，既然名为"诸布"，则作"许

---

① 《史记》卷二八《封禅书》，第 1375 页。

② 《汉书》卷二五上《郊祀志上》，第 1206 页。

③ 王子今：《战国秦汉"西—雍"交通考察：以丝绸之路史为视角》，《丝路文明》第 1 辑，上海：上海古籍出版社，2016 年。

④ 相关的研究参杨华《秦汉帝国的神权统一——出土简帛与〈封禅书〉〈郊祀志〉的对比考察》，《历史研究》2011 年第 5 期。

⑤ 田天：《春秋战国秦国祠祀考》，《中国典籍与文化》2013 年第 1 期。

⑥ 章太炎：《诸布诸严诸逐说》，《章太炎全集（四）》，上海：上海人民出版社，1985 年，第 36 页。

多种布神"解较为合适,而通过考察文献中的记载,可发现"诸布"或包括"宗布""螳螂之酺""人鬼之步""马步""道(涂)布"等,而这些可能都是著名人物以及动物去世之后成为的鬼神。

有一种说法认为"宗布"是后羿,例如《淮南子·氾论》说"羿除天下之害,死而为宗布",高诱注释云:"羿,古之诸侯。河伯溺杀人,羿射其左目,风伯坏人屋室,羿射中其膝。又诛九婴、窫窳之属,有功于天下,故死托祀于宗布。祭田为宗布谓出也。"①蒙文通据此认为后羿死后成为了田神。②刘文典《集解》引孙诒让云:"此注讹挩不可通。以意求之,'祭田为宗布,谓出也',当作'祭星为布,宗布谓此也'。《尔雅·释天》云:'祭星曰布。'即高所本。但高释宗布三义,并肕说,难信。窃疑即《周礼·党正》之祭禜,族师之祭酺。郑注云:'禜谓雩禜,水旱之神。酺者,为人物灾害之神也。'禜、酺并禳除灾害之祭,羿能除害,故托食于彼,义亦正相应也。"③袁珂也认可刘文典的意见,并认为后羿死而为宗布与后世钟馗捉鬼神话类似。④从《淮南子》前后文意来看,宗布应当与灶、社、稷一样,是神灵名称,亦是祭祀名称。然从《淮南子》文意来看,羿并非宗布神,他只是因为有功,死后和宗布神一同被祭祀,即高诱所谓"托祀"。后羿的死日不像夏桀商纣那样与干支相配而成为固定的忌日,但人们仍然需要按时祭祀,以至于被秦政府纳入官方的祭祀系统之中。

而关于"人鬼之步",《周礼·地官·族师》说"春秋祭酺,亦如

---

① 刘安编,何宁撰:《淮南子集释》,第986页。

② 蒙文通:《巴蜀古史论述》,成都:四川人民出版社,2018年,第166页。

③ 刘安编,刘文典撰,冯逸、乔华点校:《淮南鸿烈集解》,北京:中华书局,2013年,第461页。

④ 袁珂:《中国神话通论》,成都:四川人民出版社,2019年,第260页。关于宗布神灵图像的研究可参牛天伟、金爱秀《汉代神灵图像考述》,开封:河南大学出版社,2017年,第139页。

之",郑玄注云:"酺者,为人物灾害之神也。故书酺或为步,杜子春云:'当为酺。'玄谓校人职又有'冬祭马步',则未知此世所云,蝝螟之酺与?人鬼之步与?盖亦为坛位如雩禜云。"①孙诒让《周礼正义》认为"人鬼之步""盖汉时世俗祈禳小祀之名,今无可考。惠氏谓即《史记·封禅书》所载雍诸祠祀之诸布,其说近是"。②郝懿行《晋宋书故》认为:"人鬼之步如彭生为豕,伯有为厉之类是也,是人物为祟,皆有步神。"③此说可从。与被当成古贤祭祀的"九臣""十四臣"不同的是,"人鬼之步"是人死后为祟者。④且若依此说,雍县、菅县的杜主祠应当也属这一类型,不过因杜主是"秦中最小鬼之神者",最为有名,所以刻意另列。在秦汉时期类似例子并不少见,《论衡·订鬼》提到:"颛顼氏有三子,生而亡去为疫鬼,一居江水,是为虐鬼;一居若水,是为魍魉鬼;一居人宫室区隅沤津,善惊人小儿。"⑤大致相同的记载也见于《续汉书·礼仪志》引《汉旧仪》,以及蔡邕《独断》和干宝《搜神记》,可见颛顼氏三子的传说在东汉以后较为流行,也可知人死之后化为厉鬼且会对人们生活造成影响的观念早已深入人心。

至于所谓的"马布",应当是与马匹有关的鬼神,《周礼·夏官·

---

① 《周礼注疏》,阮元校刻《十三经注疏》,第 1548 页。孙诒让《周礼正义》云:"马步盖谓习马之道。《月令》五祀,冬祭行。此冬祭马步,犹人之有祭行。《史记·封禅书》有祠马行,或其遗法。"孙诒让撰,王文锦、陈玉霞点校:《周礼正义》,北京:中华书局,2013 年,第 2617 页。《史记·封禅书》载:"古者天子常以春解祠,祠黄帝用一枭破镜;冥羊用羊祠;马行用一青牡马;太一、泽山君地长用牛;武夷君用干鱼;阴阳使者以一牛。"其中"马行"应当与"黄帝""冥羊""太一""武夷君"等相似,也是地方神灵。《史记》卷二八《封禅书》,第 1368 页。

② 孙诒让撰,王文锦、陈玉霞点校:《周礼正义》,第 1061 页。

③ 郝懿行:《晋宋书故》,第 4036 页。

④ 有学者曾讨论"九臣"问题,参王进锋《卜辞"五臣"与〈史记·封禅书〉"九臣"解》,氏著《臣、小臣与商周社会》,上海:上海人民出版社,2018 年,第 348 页。

⑤ 王充著,黄晖撰:《论衡校释(附刘盼遂集解)》,第 935 页。

校人》"冬祭马步",郑玄认为马步神是"神为灾害马者",①也就是危害马匹健康的神灵,所以需要祭祀以求免除对马匹健康的威胁。马步祭祀历代皆有,例如《隋书·礼仪志》:"又于蓟城北设坛,祭马祖于其上,亦有燎。又于其日,使有司并祭先牧及马步,无钟鼓之乐"。②《新唐书·礼乐志》也记载有祭祀马步的礼仪:"四时祭马祖、马社、先牧、马步,笾豆皆八、簠一、簋一、俎一","风师、雨师、灵星、司中、司命、司人、司禄、马祖、先牧、马社、马步,皆羊一"。③《明史·礼志》也说:"洪武二年命祭马祖、先牧、马社、马步之神,筑坛后湖。"④

另外《史记·封禅书》所记载的"螟螽之酺"应当是与蝗虫灾害有关的神灵,前引孙诒让说这是"汉时世俗祈禳小虫之名"。后来宋代史料之中有酺神祭记,《宋史·吉礼·酺神》载:"又有酺神之祀。庆历中上封事者言:螟蝗为害,乞内外并修祭酺……历代书史,悉无祭酺仪式。欲准祭马步仪,坛在国城西北,差官就马坛致祭,称为酺神。"⑤也就是说,祭祀酺神是宋代人的"原创",他们在历代史书中都没找到祭祀酺神的仪式,于是只好模仿"马步仪",由此也可知这两种祭祀的本质无太大区别。而祭祀酺神是为了遏制蝗虫为害,《全宋文》载陆佃《祭酺神祝文》:

> 吏政不修,虫螽为害,剪除虽力,民亦告劳,殆不可以人力胜也。谨率寮属,用款于神。《诗》不云乎:"秉畀炎火,无害我田稚。"惟神降康,日静原野。俾兹民吏,欣赖自然之功,则有成报。⑥

① 《周礼注疏》,阮元校刻《十三经注疏》,第1858页。
② 《隋书》卷八《礼仪志》,北京:中华书局,1974年,第160页。
③ 《新唐书》卷一二《礼乐志》,第327、328页。
④ 《明史》卷五〇《礼志》,北京:中华书局,1974年,第1303页。
⑤ 《宋史》卷一〇三《礼志·吉礼六》,北京:中华书局,1985年,第2523页。
⑥ 曾枣庄、刘琳主编:《全宋文》,上海:上海辞书出版社、合肥:安徽教育出版社,2006年,第274页。

这段祝词的大概意思是说蝗虫带来的灾害已经不是人力所能战胜的了,所以请求醋神的帮助。而祭祀醋神要在国城的西北设坛,与郑玄所谓"盖亦为坛位如雩禜云"的说法吻合,所以可以推测汉代"蠹螟之醋"的祭祀也大致相同,即所谓"百有余庙"的"庙"很可能是坛形建筑。但醋神从汉人信仰中的为灾害之神,一变为宋人认可的消除灾害之神,反映的则是两个时代不同的民间信仰状况。

再者,"道布"或称"涂布"可能也是"诸布"之一。《宋书》就有所谓"涂步郎":

> 休若既死,上与骠骑大将军桂阳王休范书曰:"外间有一师姓徐名绍之,状如狂病,自云为涂步郎所使。去三月中,忽云:神语道巴陵王应作天子,汝使巴陵王密知之。"①

徐绍之被人认为"状如狂病",推测应有神秘身份,或为巫者亦未可知,他既自称为"涂步郎"所使,那"涂步郎"应为时人所熟知的神灵。郝懿行在《晋宋书故》里也提到了这则史料,他认为:

> 涂步郎虽未知马步蠹螟与人鬼所由,要其神为人物灾害无疑也。休若卒为蛊害,益知《周礼》及康成注俱非虚语耳。于钦《齐乘·亭馆上》艾山东厚丘城侧有醋神庙,恐即《封禅书》诸布之遗也。②

按照郝懿行的说法,"涂步郎"应当被归入"人鬼之步"一类,此说可从。联系前文宋代开始祭祀醋神的传统,厚丘城侧的醋神庙最早可能是宋人所建,与克制蝗虫有关,而宋人祭醋神的"理论依据"是《周礼》和郑玄的注,是"《封禅书》诸布之遗"。然无论"道"

---

① 《宋书》卷七二《巴陵哀王休若传》,北京:中华书局,1974 年,第 1884 页。
② 郝懿行:《晋宋书故》,第 4036—4037 页。

还是"涂",都与交通行为有关,此"涂步郎"或许是给交通带来危害的鬼神。

3. 龙忌与灵忌

传世和出土文献记载中都有所谓"龙忌",例如《淮南子·要略》云:"《时则》者,所以上因天时,下尽地力,据度行当,合诸人则,形十二节,一月为人一节。以为法式,终而复始,岁终十二月,从正月始也。转于无极,因循仿依,以知祸福,操舍开塞,各有龙忌,发号施令,以时教期,使君人者,知所以从事。"许慎注云:"中国以鬼神之事日忌,北胡、南越皆谓之请龙。"①所谓"鬼神之事日忌"应当就是本书提到的"避诸死忌"。刘文典注引《墨子·贵义》篇认为其中提到的日者谓帝杀黑龙于北方就是所谓的"龙忌"。刘文典另引《鬼谷子本经·阴符七术篇》有"盛神法五龙"的说法,陶弘景注:"五龙,五行之龙也。"刘文典认为这也就是"龙忌"之类。另外孙诒让《墨子间诂》认为许慎的注释恐非古术:"此日者以五色之龙定吉凶,疑即所谓龙忌。许君'请龙'之说,未详所出,恐非古术也。"②《论衡·难岁》有"俗人险心,好信禁忌"的说法,黄晖注释认为,"忌",宋本作"龙",朱校元本同。按:作"禁龙"是也。黄晖《校释》引《淮南子·要略》云:"操舍开塞,各有龙忌。"认为"禁龙"犹言"龙忌"也。黄晖另外引《墨子·贵义》中帝杀黑龙的记载,认为这是移徙家的"禁龙之术"。③

有关"龙忌"的说法也见于前引《后汉书·周举传》,其中提到:"太原一郡,旧俗以介之推焚骸,有龙忌之禁,至其亡月,咸言神灵不乐举火,由是士民每冬中辄一月寒食,莫敢烟爨,老小不堪,岁多死

---

① 刘安编,何宁撰:《淮南子集释》,第1442—1443页。

② 孙诒让撰,孙启治点校:《墨子间诂》,北京:中华书局,2001年,第447页。

③ 王充著,黄晖撰:《论衡校释(附刘盼遂集解)》,第1016页。

者。"李贤注《新序》曰:"晋文公反国,介子推无爵,遂去而之介山之上。文公求之不得,乃焚其山,推遂不出而焚死。"李贤注还提道:"龙,星,木之位也,春见东方。心为大火,惧火之盛,故为之禁火。俗传云子推以此日被焚而禁火。"①传说之中"龙忌之禁"的起源是人们以介子推身死而不举火,确实也符合前文提到的历史人物去世要有所避忌的传统。

《九店楚简》中也有"龙日",李家浩和李零都认为其中的龙日就是"忌日"的意思。② 另外,睡虎地秦墓竹简《日书》甲种有"禾良日",其中提到"禾忌日":

> 禾良日,己亥、癸亥、五酉、五丑。　　　　　　（一七正叁）
>
> 禾忌日:稷龙寅,秋丑,　　　　　　　　　　　（一八正叁）
>
> 稻亥,麦子,叔(菽)、荅卯,　　　　　　　　　（一九正叁）
>
> 麻辰,葵癸亥,各常□忌,　　　　　　　　　　（二〇正叁）
>
> 不可种之及初　　　　　　　　　　　　　　　（二一正叁）
>
> 获出入之。辛卯不可以　　　　　　　　　　　（二二正叁）
>
> 初获禾。　　　　　　　　　　　　　　　　　（二三正叁）③

其中"稷龙寅"的说法应当注意,王子今认为忌日旧指父母及其他亲属逝世之日,也指民俗信仰体系中不吉利的日子,而其中的"禾忌日"就是贾思勰《齐民要术·种谷》中的"凡九谷有忌日,种之不避其忌,则多伤败"。④

---

① 《后汉书》卷六一《周举传》,第 2024—2025 页。

② 湖北省文物考古研究所、北京大学中文系编:《九店楚简》,北京:中华书局,2000年,第 55 页。李家浩意见参第 137 页考释三三八。李零:《读九店楚简》,《考古学报》1999 年第 2 期。

③ 睡虎地秦墓竹简整理小组编:《睡虎地秦墓竹简》,图版第 90 页,释文第 184 页。

④ 王子今:《睡虎地秦简〈日书〉甲种疏证》,第 76 页。

另外,睡虎地秦墓竹简《日书》乙种有"五谷龙日":

> 五谷龙日,子麦,丑黍,寅稷,辰麻,申、戌菽,壬辰瓜,癸葵。
> (六五)①

睡虎地秦墓竹简《日书》甲种还有"娶妻龙日",从文意上来看应当也属于嫁娶的禁忌时日:

> 娶妻龙日,丁巳、癸丑、辛酉、辛亥、乙酉,及春之未戌,秋丑辰,冬戌亥。 (一五五正)②

放马滩秦简《日书》甲种和乙种都有相关的内容,其中甲种"田龙田篇"云:

> 田龙田,秉不得。 (甲七三壹)③

乙种有"行忌篇",其中有两条与"龙忌"有关的简文:

> 入官、远役不可到室之日,庚午、丙申、丁亥、戊申、戊戌、壬戌。此六旬龙日,为入室□□□。 (乙一二五)④

---

① 睡虎地秦墓竹简整理小组编:《睡虎地秦墓竹简》,图版第 124 页,释文第 235 页。
② 睡虎地秦墓竹简整理小组编:《睡虎地秦墓竹简》,图版第 101 页,释文第 206 页。
③ 甘肃省文物考古研究所编:《天水放马滩秦简》,北京:中华书局,2009 年,图版第 14 页,释文第 86 页。简文参考了孙占宇《天水放马滩秦简集释》,第 94 页。关于其中的"田龙",孙占宇认为就是"田日",可以与睡虎地秦简《日书》中的"田良日"相对。孙占宇另外提到杜陵汉牍:"始田良日:乙未、乙亥、己亥、己未,利一(以)播种、出粪、家大富。"
④ 甘肃省文物考古研究所编:《天水放马滩秦简》,图版第 29 页,释文第 93 页。本简释文参考了孙占宇《天水放马滩秦简集释》,孙占宇指出六旬也就是六甲,六十甲子可分为甲子、甲寅、甲辰、甲午、甲申、甲戌等六旬,"六旬龙日"说法的含义应当是六旬各有一日出行不吉,但简文中所见甲戌旬无龙日,而甲午旬又有丙申、丙戌二日,则甲午旬二日中必有一误,而甲戌旬亦当有一日出行不吉。孙占宇:《天水放马滩秦简集释》,第 150 页注释三。

> 凡大行龙日，丙、丁、戊、己、壬、戌、亥，不可以行及归。
>
> （乙三一六）①

孔家坡汉简《日书》"到室篇"也有类似的内容：

> 千里外毋以丙丁到室，五百里外毋以壬戌、癸亥到室……丙申、丁亥、戊申、戊戌、六日、旬二、龙日也，以到室，有客。②

关于"龙忌"的含义，学者们提出了不同的意见，睡虎地秦简《日书》整理者引《淮南子·要略》中的说法，认为"龙"就是禁忌的意思。贺润坤认为参照《日书》的相关记载可知，所谓的"龙日"意思就是"忌日"。③ 蔡哲茂认为"龙"应该读为"良"，④宋华强则认为表示禁忌义的"龙"当读为"禁"。⑤ 刘乐贤认为"龙"应当解释为"忌"，而"龙"的这种用法比较特别，并引用了史料中另外两个例子，其一是前文提到的《后汉书·周举传》，其二是《论衡·难岁》"俗人险心，好信禁忌"，黄晖《论衡校释》云："忌，宋本作龙，朱校元本同。按，作禁龙是也。"⑥刘

---

① 甘肃省文物考古研究所编：《天水放马滩秦简》，图版第 48 页，释文第 103 页。本简释文参考了孙占宇《天水放马滩秦简集释》，其中的"大行"原本释读为"六行"，晏昌贵释读为"出行"（晏昌贵：《天水放马滩秦简乙种〈日书〉分篇释文（稿）》，武汉大学简帛研究中心主办《简帛》第五辑，上海：上海古籍出版社，2010 年）。孙占宇引杨伯峻《春秋左传注》认为"大行"也就是"远行"的意思。孙占宇：《天水放马滩秦简集释》，第 150 页注释六。

② 整理者认为"龙"的含义与"忌"相同，湖北省文物考古研究所、随州市考古队编：《随州孔家坡汉墓简牍》，北京：文物出版社，2006 年，图版第 79 页，释文注释第 146 页。

③ 贺润坤：《从〈日书〉看秦国的谷物种植》，《文博》1988 年第 3 期。

④ 蔡哲茂：《读〈睡虎地秦墓竹简〉札记两则》，《第二届中国训诂学学术研讨会论文》，台南师范学院语教系，1995 年。

⑤ 宋华强：《释战国秦汉简中表示禁忌义的"龙"》，武汉大学简帛研究中心主办《简帛》第七辑，上海：上海古籍出版社，2012 年。

⑥ 刘乐贤：《睡虎地秦简日书研究》，第 42 页。

乐贤另外认为这种用法的"龙"可能是"龖"的省写,在简文中应当通假为"詟",并引用《孔子家语》中读"龙"为"詟"的用例,《淮南子·氾论》注释也将"詟"训为"忌"。①

有论者以为,"龙"和"灵"应为音转,《论衡·祭意》说:"春雩废,秋雩兴,故秋雩之名,自若为明星也,实曰'灵星'。灵星者,神也;神者,谓龙星也。"《论衡校释》引刘盼遂云:

> 昔尝著《淮南许注汉语疏》,于《要略篇》注"中国以鬼神之亡日为忌,北胡南越皆谓之请龙"一条,详其条理,今追录之如次。《要略》篇:"操合开塞各有龙忌。"许注:"中国以鬼神之亡日为忌,北胡南越皆谓之请龙。"盼遂案:"请龙"二字无义,"龙"当为"灵"之借。张平子《南都赋》:"赤灵解角。"李注:"赤灵,赤龙也。"蔡邕《独断》:"灵星,火星也。一曰龙星。"《汉书·郊祀志》:"立灵星祠。"颜注引张晏曰:"龙星左角曰天田,则农祥也。"此皆龙、灵通用之证。又案:《诗·周颂·丝衣》序:"高子曰:'灵星之尸也。'"《风俗通》:"辰之神为灵星。"亦皆借灵为龙,谓东宫仓龙七宿角、亢、氐、房、心、尾、箕也。故胡、越语得转灵作龙,谓请灵为请龙矣。灵者,本泛言鬼神。(《大戴礼》《尸子》《风俗通》《楚辞注》。)中国谓为鬼神忌日,胡、越谓为请灵,文义实同,惟声转作龙,因难知耳。②

按照刘盼遂的说法,如果将"龙忌"理解为"灵忌",也就是针对各类鬼神的禁忌,显然也是能够解释得通的。也就是说,根据许慎

---

① 刘乐贤:《睡虎地秦简〈日书〉"龙"字试释》,《揖芬集:张政烺先生九十华诞纪念文集》,北京:社会科学文献出版社,2002年。另外也有学者对刘乐贤的看法提出了不同意见,参王志平《也谈"铦缰"的"缰"》,《古文字研究》第28辑,北京:中华书局,2010年。

② 王充著,黄晖撰:《论衡校释(附刘盼遂集解)》,第1064—1065页。

的说法,当时的"中国"以鬼神之事为忌,而北胡和南越,人们对"龙"带有禁忌含义的理解来自对"灵"也就是鬼神的思想意识,这种观点或许对于理解"龙"为何带有禁忌的含义有所启发。

三、"忌""讳"与家族历史认知

现在常用的"忌讳"一词,原本指的是"忌日"和"避讳"。前文讨论忌日问题,在梳理相关文献记载时发现"忌日"和"避讳"与秦汉时期人们对家族历史的认知有密切关系。家族历史认知也是时空认知的重要层面,是以本节在前文讨论的基础上,使用睡虎地秦简《编年记》以及东汉三老忌日碑的相关材料,探讨秦汉时期的家族历史认知的变迁。

秦汉时期的避讳问题早就引起了学者们的注意,宋代洪迈《容斋随笔》、王楙《野客丛书》、王观国《学林》,以及清代顾炎武《日知录》、钱大昕《十驾斋养新录》、赵翼《陔馀丛考》、王鸣盛《十七史商榷》等都有关于避讳问题的专门考证,陈垣《史讳举例》是关于避讳学的总结性著作,他认为秦汉时期官方文书要求严格,但其他场合并没有太多要求。[1] 后来的研究者也注意到,汉代避讳之法较为疏阔,六朝以后才逐渐严密。[2] 出土文献为研究避讳问题提供了新的材料,例如睡虎地秦简对"正"字有避有不避,李学勤曾据此讨论秦简书写的具体时间。[3] "忌日"问题原本没有引起特别的注意,这

---

[1] 陈垣:《史讳举例》,北京:中华书局,1956 年。

[2] 王新华:《避讳研究》,济南:齐鲁书社,2007 年,第 257 页。另参曹之《中国古籍版本学》,武汉:武汉大学出版社,2015 年,第 484 页。

[3] 李学勤:《秦简的古文字学考察》,中华书局编辑部编《云梦秦简研究》,北京:中华书局,1981 年。另参大西克也《秦汉避讳刍议》,《古典文献与文化论丛》第 2 辑,杭州:杭州大学出版社,1999 年。陈伟《避讳"正"字问题再考察》对相关学术史进行回顾,氏著《秦简牍校读及所见制度考察》。

主要是因为相对来说古人更重视"服丧",侯旭东研究生日记忆和生日称庆,认为秦汉六朝乃至隋唐时期在孝道和丧服制度的影响之下,人们对先人去世日的重视程度显然要高于生日。[①] 邓国军的研究涉及先秦时期的忌日礼俗,并根据文献记载推测先秦计算忌日的方式。[②] 事实上,家族记忆通常是围绕祖先纪念建构起来的,而"忌""讳"是祖先记忆的重要内容,这个问题并没有引起之前学者足够的重视。

1."忌""讳"的传统

前文提到,秦汉以前的文献中就已经出现了关于"忌日"的记载,《礼记·檀弓》说:"丧三年以为极,亡则弗之忘矣。故君子有终身之忧,而无一朝之患。故忌日不乐。"[③]所谓"忌日不乐",郑玄注云"谓死日,言忌日不用举吉事",这里"吉事"指的应当是婚礼、冠礼等吉礼。另外《礼记·丧服大记》说:"大夫士,父母之丧既练而归。朔月、忌日,则归哭于宗室;诸父、兄弟之丧,既卒哭而归。"[④]郑玄说忌日也就是死日,贾公彦疏说朔月也就是朔望,包括每个月的朔日和望日。再者,《礼记·祭义》也说:"君子有终身之丧,忌日之谓也。忌日不用,非不祥也。言夫日,志有所至,而不敢尽其私也。"郑玄注云:"忌日亲亡之日,忌日者不用举他事,如有时日之禁也。祥,善也,志有所至,至于亲以此日亡,其哀心如丧时。"[⑤]郑玄注意到"忌日"人们会产生悲哀的情绪,这是不适合举行吉事的主要原因。后来王夫之说:"'忌日不乐',不忘之征也。盖情则一往而易

---

① 侯旭东:《秦汉六朝的生日记忆与生日称庆》,《中华文史论丛》2011 年第 4 期。

② 邓国军:《先秦忌日礼俗考述》,《中国社会历史评论》第 21 卷;《汉代"三老碑"与古代忌日之制的变迁》,《郑州大学学报(哲学社会科学版)》2018 年第 1 期。

③《礼记正义》,阮元校刻《十三经注疏》,第 1275 页。

④《礼记正义》,阮元校刻《十三经注疏》,第 3431 页。

⑤《礼记正义》,阮元校刻《十三经注疏》,第 1592 页。

尽,性则有节而恒,于此可以验性情之分矣。"①也就是说,"忌日不乐"的规定源自不忘父母之情,是根据人们哀伤的情绪制定的礼仪,正如王充所云:"如以丙日书,子、卯日举乐,未必有祸,重先王之亡日,凄怆感动,不忍以举事也。"②古人讲"缘情制礼",忌日不举行吉事的根本原因是人们出于对亡故亲人的思念而产生的悲伤情绪,也就是王充所谓的"不忍举事"。有关忌日的讨论已见前文,兹不赘述。

另外文献记载还有"称讳如见亲"的说法,《礼记·祭义》说:"忌日必哀,称讳如见亲,祀之忠也。"孔颖达疏认为:"称讳如见亲者,言文在庙中上不讳下,于祖庙称亲之讳如似见亲也。"③南宋黄震《黄氏日抄》说:"忌日必哀,所谓终身之丧也。称讳如见亲,所谓闻名心瞿也。"④李安宅解释"称讳如见亲"的原因是在祭祀的时候要尽其心。⑤ 另外《孟子》说:"讳名不讳姓,姓所同也,名所独也。"赵岐注云:"讳君父之名,不讳其姓,姓与族同之,名所独也,故讳之也。"⑥《左传》桓公六年申繻云:"周人以讳事神,名终将讳之。"杜预注云:"君父之名固非臣子所斥,然礼既卒哭,以木铎徇曰,舍故而讳新,谓舍亲尽之祖而讳新死者,故言以讳事神。名终将讳之,自父至高祖,皆不敢斥言。"⑦

《礼记·曲礼》有关于"讳"的系列规定:

---

① 王夫之:《礼记章句》,《船山全书》第 4 册,第 139 页。

② 王充著,黄晖撰:《论衡校释(附刘盼遂集解)》,第 995—996 页。

③《礼记正义》,阮元校刻《十三经注疏》,第 3456 页。

④ 黄震:《黄氏日抄》,上海师范大学古籍整理研究所:《全宋笔记》第 10 编,郑州:大象出版社,2018 年,第 97 页。

⑤ 李安宅:《〈仪礼〉与〈礼记〉之社会学的研究》,上海:上海人民出版社,2005 年,第 49 页。

⑥ 焦循撰,沈文倬点校:《孟子正义》,北京:中华书局,1987 年,第 1021 页。

⑦《春秋左传正义》,阮元校刻《十三经注疏》,第 3802 页。

卒哭乃讳。

礼不讳嫌名，二名不偏讳。

逮事父母则讳王父母，不逮事父母则不讳王父母。

君所无私讳，大夫之所有公讳。

诗书不讳，临文不讳。

庙中不讳。

夫人之讳，虽质君之前，臣不讳也。

妇讳不出门。

大功、小功不讳。

入竟而问禁，入国而问俗，入门而问讳。①

与家族有关的避讳被称为"私讳"或者"家讳"，所谓"君所无私讳"，郑玄注释说："臣言于君前，不辟家讳，尊无二也。大夫之所有公讳，辟君讳也。"另外"入门而问讳"指的是"家讳"，郑玄注曰："皆为敬主人也，禁谓政教，俗谓常所行与所恶也。"孔颖达疏云："入门而问讳者，门，主人之门也，讳主人祖先君名，宜先知之，欲为避之也。"《礼记集解》引孔氏曰："入门而问讳，在大夫所，自当为大夫讳，但不得避己之私讳耳。"②前文讨论忌日时也有"公事有公利，无私忌""敬尊长而不敢遂其私"的说法，显示古人认为"忌""讳"在家族内部应引起更多的注意。

学者们注意到，秦汉时期避讳制度尚不严密，例如陈垣就指出："秦初避讳，其法尚疏。汉因之，始有同训相代之字。然《史记》《汉书》于诸帝讳，有避有不避……汉时近古，宜尚自由，不能以后世之

---

① 《礼记正义》，阮元校刻《十三经注疏》，第 2708 页。标点和断句参考了孙希旦撰，沈啸寰、王星贤点校《礼记集解》，第 90 页。

② 孙希旦撰，沈啸寰、王星贤点校：《礼记集解》，第 90 页。

例绳之。"①另外学者们对于秦汉时期帝王的避讳属于生讳还是死讳也有不同的意见。② 事实上，即便在《史记》之中，对于汉代帝王的名讳也是或避或不避，没有绝对的准则。③ 然而可以确定的是，《史记》避司马谈之讳，例如《史记·赵世家》"张孟谈"作"张孟同"，《佞幸传》"赵谈"作"赵同"。另外，陈直也注意到《淮南子》中避淮南王刘长之讳"长"为"修"，而且淮南国出土的铜器铭文"长相思"也作"修相思"。④ 有论者以为："一人著述而讳其父名者，自刘安讳其父长曰修始也。"⑤司马迁显然也受"著述讳父名"影响，这也说明"家讳"是避讳的主要内容，避讳禁忌的主要约束对象是家族成员。

也就是说，"忌""讳"在家族内部具有重要意义，本质上属于家族历史，而史料记载中也可以看到，在家族祭祀礼仪等场合，亡故祖先的名讳和忌日会被提起，提醒子孙不要触犯，家族记忆也就以这样的方式传承，这一点经由睡虎地秦简《编年记》和东汉"三老忌日碑"可以有清楚的认识。

2.《编年记》中的生日与卒日

睡虎地秦简《编年记》之中有墓主人"喜"家人出生和死亡的日期，有学者指出这和商鞅变法"生者著，死者削"的制度有关，例如臧知非就认为："《编年纪》……记载了速、获、恢、穿耳的出生时间和父母去世即'公终''姁终'的时间，怕不是为了后代子孙准确记住家人生死日期，而是商鞅变法以来'生者著，死者削'的制度实践，是喜的

---

① 陈垣：《史讳举例》，第 129 页。

② 李学勤：《秦简的古文字学考察》，中华书局编辑部编《云梦秦简研究》。

③ 潘铭基：《论避讳与两汉典籍之传抄》，安平秋主编《中国典籍与文化论丛》第 19 辑，南京：凤凰出版社，2018 年。

④ 陈直：《汉书新证》，第 276 页。

⑤ 王建：《中国古代避讳小史》，北京：中国长安出版社，2015 年，第 326 页。

职务行为。"①这种说法有一定的道理,然本书认为,《编年记》详细记载家庭成员的"生日"以及父母亡故的"忌日",着重家庭成员的增减,显然也和对家族历史的认知有关。

《编年记》共有 53 枚简,550 字,记载了秦昭王元年(前 306)到秦始皇三十年(前 217)之间的重要事件,现将"生日""卒日"相关的简文摘抄如下:

> 卌五年,攻大壄(野)王。十二月甲午鸡鸣时,喜产。
>
> （四五壹）
>
> 卌七年,攻长平。十一月,敢产。　　　　　（四七壹）
>
> 五十二年,王稽、张禄死。　　　　　　　　（五二壹）
>
> 五十六年,后九月,昭死。正月,速(速)产。　（三贰）
>
> 孝文王元年,立即死。　　　　　　　　　　（四贰）
>
> 庄王三年,庄王死。　　　　　　　　　　　（七贰）
>
> 十一年,十一月,获产。　　　　　　　　　（一八贰）
>
> 十六年,七月丁巳,公终。自占年。　　　　（二三贰）
>
> 廿年,七月甲寅,妪终。韩王居□山。　　　（二七贰）
>
> 廿七年,八月己亥廷食时,产穿耳。　　　（三四贰）②

整理者原本将本篇命名为"大事记",后来改为"编年记",《秦简牍合集》根据印台汉简和松柏汉简的题名,将本篇篇名改为"葉书"。③ 另外学者们针对本篇的命名也提出了不同的意见,例如傅振伦认为该文应当就是司马迁《史记》所言的《牒记》,所以可以用"牒

---

① 臧知非:《秦汉土地赋役制度研究》,北京:中央编译出版社,2017 年,第 347 页。
② 睡虎地秦墓竹简整理小组:《睡虎地秦墓竹简》,图版第 3—7 页,释文第 5—7 页。
③ 《秦简牍合集》对近年来学界对于"编年记"的研究进行了综述,参陈伟主编,彭浩、刘乐贤等撰著:《秦简牍合集·释文注释修订本(壹)》,武汉:武汉大学出版社,2016 年,第 8 页。

记"给本篇命名。① 谢巍也认为"编年记"这样的命名不合理,可以定名为"喜之谱"。② 王辉认为可以将本篇改为"历记",显示其按年、月、日记秦之大事、喜之家事。③ 现在看来"葉书"这样的命名是合理的,④但本书在行文中遵从惯例仍称之为"编年记"。

至于本篇的性质,学者们大多认可《编年记》是墓主人喜家族的年谱,例如李学勤就认为《编年记》有些像后世的年谱,⑤黄盛璋也认为《编年记》是喜的年谱,⑥韩连琪也指出《编年记》记喜的简历,与后世的年谱相近。⑦ 藤田胜久和高敏都注意到《编年记》不避秦始皇讳的问题,藤田胜久由此认为《编年记》不是专门记载秦国军国大事的年表,而属于在秦国纪年之中加上墓主人私事的个人年表;⑧高敏则认为《编年记》的性质为家谱和墓志类的混合文本。⑨ 马非百认为,《编年记》把作者本人和他的先人所亲身参加过或者所见所闻的一些战役记载下来,可以说是作者的家谱。⑩ 也有学者认为《编年记》属于私家性质的著作,而且只记载家族大事。⑪ 张政烺认为《编

① 傅振伦:《云梦秦墓牍记考释》,《社会科学战线》1978 年第 4 期。

② 谢巍:《睡虎地秦简"编年记"为年谱说》,《江汉论坛》1983 年第 5 期。

③ 王辉:《一粟居读简记(一)》,成建正主编:《陕西历史博物馆馆刊》第 18 辑,西安:三秦出版社,2011 年。

④ 相关的研究参李零《视日、日书和葉书:三种简帛文献的区别和定名》,《文物》2008年第 12 期;陈伟《秦汉简牍〈葉书〉刍议》,武汉大学简帛研究中心主办《简帛》第 10辑,上海:上海古籍出版社,2015 年。

⑤ 李学勤:《简帛佚籍与学术史》,南昌:江西教育出版社,2007 年,第 101 页。

⑥ 黄盛璋:《云梦秦简〈编年记〉初步研究》,《考古学报》1977 年第 1 期。

⑦ 韩连琪:《睡虎地秦简〈编年记〉考证》,《中华文史论丛》1981 年第 1 期;后收入氏著《先秦两汉史论丛》,济南:齐鲁书社,1986 年。

⑧ 藤田胜久:《〈史记〉战国史料研究》,上海:上海古籍出版社,1980 年,第 102 页。

⑨ 高敏:《云梦秦简初探》,郑州:河南人民出版社,1979 年,第 13 页。

⑩ 马非百:《云梦秦简大事记集传》,《中国历史文献研究集刊》第 2 集,长沙:湖南人民出版社,1981 年。

⑪ 孙瑞:《金文简牍帛书中文书研究》,长春:吉林文史出版社,2009 年,第 83 页。

年记》是《秦记》的抄本,被摘录利用作为墓主人喜的"家乘"。① 曹旅宁认为喜把自己家族的重要事件标注在兼有年表和大事记性质的竹书上是为了备忘。② 黄留珠指出本篇作者出身于世代为"史"的家庭,"记事"本是祖业,《编年记》是私人撰述的历史著作。③ 结合学者们的讨论,可以认为本篇的性质是墓主人喜家族的年谱,主要内容为家族事务,目的是保存家族历史,而军国大事只是家族事务的时代背景。

《编年记》特别记载了书写者喜的父亲和母亲的"忌日",显然对于喜和他的家族来说这是极为重要的事件。简二三贰说:"十六年,七月丁巳,公终。"二七贰说:"廿年,七月甲寅,妪终。"睡虎地秦简的整理者和研究者大都认可"公终"和"妪终"分别指的是墓主人父亲和母亲去世。整理者注释说:"公,《广雅·释亲》:'父也。'这里当指喜的父亲。终,死。"而"妪"也就是母亲。④ "妪终"简文原本并不清晰,有学者考证认为整理小组释读为"妪终"是较为合理的,并且认为妪与媪通,《汉书·礼乐志》说"后土富媪",颜师古注引张晏曰:"坤为母,故称媪也。"⑤高敏也认为"公终""妪终"指的是"喜"父母去世。⑥ 杨宽《战国史料编年辑证》说:"是年七月丁未朔,丁巳为十一日。是年七月十一日墓主之父去世。"另外还说:"是年七月甲寅朔,墓主之母是日去世,故记载'妪

----

① 张政烺、日知:《云梦竹简》,长春:东北师范大学出版社,1990年。

② 曹旅宁:《睡虎地秦简〈编年记〉性质探测》,《史学月刊》2010年第2期。

③ 黄留珠:《"史子""学室"与"喜揄史"——读云梦秦简札记》,《人文杂志》1982年第2期。另参孙瑞《从〈睡虎地秦墓竹简〉看秦国家族大事记》,《档案学通讯》1998年第3期。

④ 睡虎地秦墓竹简整理小组编:《睡虎地秦墓竹简》,图版第4页,释文第10页。

⑤ 韩连琪:《睡虎地秦简〈编年记〉考证》,《中华文史论丛》1981年第1期。

⑥ 高敏:《云梦秦简初探》,第13页。

终’。"①《编年记》作者记载父亲和母亲去世的年、月以及日的干支，这些都是"忌日"。简文虽然没有提到这样的日子是否要有所避忌，但墓主对父母亡故之日显然极为在意，特意书写以免遗忘以及提醒后人。

除此之外，墓主人还详细记载了几位家庭成员的出生时间，例如"喜"出生的时间是"十二月甲午鸡鸣时"，时间精确到了"时"；"穿耳"出生的时间是"八月己亥廷食时"，最小的时间单位同样是"时"。关于"穿耳"，整理小组认为是"女孩名"，陈直认为是"喜"的父亲所生的子女，也就是"喜"的妹妹。② 但也有学者认为"穿耳"之名应和"黑肩""小白"等类似，是用儿童身上特殊的标志起名字，未必就一定是女孩。③ 也有人认为在重男轻女的时代如此详细记载孩童的出生时间，则该孩童应是男孩。④ 无论如何，"穿耳"是墓主极为喜爱的孩子，所以特别记载了他出生的具体时间。而对于另外几个家庭成员，包括"敢""速""获"和"恢"等四人，墓主人只是记载了他们出生的年和月，没有具体的日和时，显然他们相对"穿耳"和墓主人关系稍微疏远。

侯旭东讨论秦汉六朝的生日记忆问题，指出秦汉六朝乃至隋唐时期在孝道和丧服制度的影响之下，人们对先人去世日的重视程度显然要高于生日。⑤ 早期史料中确实很少庆祝"生日"的记载，《汉书》提到"高祖、绾同日生，里中持羊酒贺两家"，⑥但钱大昕已经指出

---

① 杨宽：《战国史料编年辑证》，上海：上海人民出版社，2001年，第1122、1139页。

② 陈直：《略论云梦秦简》，《西北大学学报》1977年第1期。

③ 马雍：《读云梦秦简〈编年记〉书后》，氏著《西域史地文物丛考》，北京：文物出版社，1990年，第244页。

④ 孙瑞：《金文简牍帛书中文书研究》，第83页。

⑤ 侯旭东：《秦汉六朝的生日记忆与生日称庆》，《中华文史论丛》2011年第4期。

⑥ 《汉书》卷三四《卢绾传》，第1890页。

这是贺生子,不是贺生日。①《颜氏家训·风操》说生日应当是怀念父母的感伤之日,不应当举行庆祝活动,并批评"无教之徒,虽已孤露,其日皆为供顿,酣畅声乐,不知有所感伤"。② 可知当时已经开始庆祝生日了。顾炎武说:"生日之礼,古人所无。"③然而家族成员的出生对于整个家族来说毕竟是重要事件,所以《编年记》特意将家族成员的生日记载下来,其本意或许并不是庆祝,而只是保留家族记忆,方便后来记忆年龄等。另外从出土《日书》文献来看,出生时日和未来吉凶有关,所以详细记载"生日"应当也考虑了吉凶占测方面。

另外,《编年记》还提到了秦国几位国君去世的日子,例如简三贰说"五十六年,后九月,昭死",整理小组注释认为"昭"应该是"昭王"的省称。④《史记·秦本纪》载"五十六年秋,昭襄王卒",⑤秦昭王的去世对于秦国来说当然是至关紧要的事件,但《编年记》并没有秦昭王去世日期的具体干支,目的显然并不是避忌。另外《编年记》还记载了秦孝文王和秦庄襄王去世的时间,简四贰说:"孝文王元年,立即死。"简七贰说:"庄王三年,庄王死。"秦孝文王即位之后不久去世,《史记·秦本纪》说:"孝文王除丧,十月己亥即位,三日辛丑卒,子庄襄王立。"⑥《编年记》载秦庄襄王和孝文王去世的时间,也没有具体到月和日,目的显然也不是避忌。可以认为,墓主喜记载秦国国君去世的时间,用意不是避忌,而是作为记载家族重要事件的时间标尺。另外也应当注意,在历史后期国君去世的日子被认

---

① 钱大昕:《十驾斋养新录》,南京:凤凰出版社,2016年,第509页。
② 颜之推撰,王利器撰:《颜氏家训集解》,北京:中华书局,1993年,第115页。
③ 顾炎武撰,黄汝成集释,栾保群点校:《日知录集释》,第732页。
④ 睡虎地秦墓竹简整理小组编:《睡虎地秦墓竹简》,图版第5页,释文第9页。
⑤《史记》卷五《秦本纪》,第218页。
⑥《史记》卷五《秦本纪》,第219页。

为是"国忌日",普通百姓也不能饮酒作乐,显然这种制度在秦代并未出现。

《编年记》中尽管出现了"喜"以及其他亲属的名字,但只是称父母为"公""姬",相对于其他家族成员来说,父母的名字应当是被刻意避免提及。这可以认为是一种特殊形式的避讳。

前文也已经提到,避讳的禁忌在秦代并不十分严密,学者们对《编年记》中的避讳问题也已经进行了较为系统的讨论。藤田胜久和高敏都注意到《编年记》没有避秦始皇名讳,对于这个问题较为合理的解释是《编年记》属于私人著述,所以不必像官方文书那样刻意避讳。舒之梅也认为《编年记》是非正式文书,又与律文无关,用字比较随意,无须那样认真。① 黄一农推测改"正月"为"端月"很可能是在秦二世时期才出现。② 陈伟也认为二世即位元年改"正月"为"端月"的可能性非常大。③ 另外宫宅洁认为,很难想象新皇帝即位之后对公文书立即实施避讳,这个过程应该持续了相当长一段时间。④ 风仪诚也注意到岳麓书院秦简《廿七年质日》用"端月"而不用"正月",认为秦代改"正月"为"端月"并非因为秦始皇去世而避讳,就目前的材料而言,还看不到秦代实行过因国君之讳而广泛禁止用"正"字的现象。⑤

总的来说,《编年记》刻意避免了父母的名字,但详细记载了父母过世的年、月、日,由此也可见父母的忌日是家族历史的重要组成

① 舒之梅:《珍贵的云梦秦简》,中华书局编辑部编《云梦秦简研究》。
② 黄一农:《秦汉之际(前220—前202年)朔闰考》,《文物》2001年第5期。
③ 陈伟:《避讳"正"字问题再考察》,氏著《秦简牍校读及所见制度考察》。
④ 宫宅洁著,杨振红主译:《中国古代刑制史研究》,桂林:广西师范大学出版社,2016年,第17页注释一。
⑤ 风仪诚:《秦代讳字、官方词语以及秦代用字习惯——从里耶秦简说起》,武汉大学简帛研究中心主办《简帛》第7辑。

部分,这一点古往今来皆是如此。另外《编年记》还详细记载了墓主人和最喜爱的孩子"穿耳"出生的年、月、日、时,以及另外几个孩子的名字和出生的年、月,显示家族成员的出生也被认为是家族大事,是家族历史中的重要内容。可以发现,在关于家族成员的信息之中,姓名以及生日和卒日是最基础的内容,《编年记》在记述家族历史时着重强调的正是这些信息,这可以说是历史早期家族历史认知的重要特征。

3. 三老碑与东汉家族历史认知

清代咸丰二年(1852)浙江余姚曾出土一件"三老忌日碑",现存于杭州西泠印社,根据碑文中的"建武"年号可以确定为东汉初年之物。"三老忌日碑"又名"汉三老讳忌日碑""三老讳字忌日记"等,碑文完好者二百十七字,主要内容是"三老"的九个孙子和两个孙女刻碑记载祖父(三老,讳通,字小父)、祖母(失讳,字宗君)、父亲(掾,讳忽,字子仪)、母亲(讳捐,字谒君)的名讳和忌日。释文如下:

> 三老讳通,字小父,庚午忌日。
>
> 祖母失讳,字宗君,癸未忌日。
>
> 掾讳忽,字子仪,建武十七年岁在辛丑四月五日辛卯忌日。
>
> 母讳捐,字谒君,建武廿八年岁在壬子五月十日甲戌忌日。
>
> 伯子玄,曰大孙;次子但,曰仲城;次子纡,曰子渊;次子提余,曰伯老;次子持侯,曰仲雍;次子盈,曰少河。
>
> 次子邯,曰子南;次子士,曰元士;次子富,曰少元。子女曰无名,次女反,曰君明。
>
> 三老德业赫烈,克命先己,汁稽履化难名兮而右九孙。日月亏代,犹元风力射。邯及所识祖讳,钦显后嗣。盖《春秋》义,

言不及尊，翼上也。念高祖至九子未远，所讳不列，言事触忌，贵所出严及焦，敬晓末孙，翼副祖德焉。①

清代学者周世熊(字清泉)《三老讳字忌日碑跋》认为碑文所载的"子仪"可能是东汉名士"董子仪"，而三老"通"就是董子仪的父亲，他指出："考《后汉书·任延传》，延为会稽都尉，时避乱江南者皆未还中土。会稽称多士，如董子仪、严子陵，延皆以师礼待之。以讳忽字子仪者，殁于建武十七年，时地悉合，岂即董子仪欤？"②学者们大多认可"子仪"就是"董子仪"的说法。而从碑文内容来看，此碑的设立者是三老孙子辈中名"邯"者，是为了记其祖、父辈之忌日和名讳，③俞樾《春在堂随笔》考证："三老生一子而有九孙，此碑乃九孙中第七孙名邯者所立，以识祖父名字(讳通字小父)，且存忌日。"④

此碑有"三老通"以下家族人员名字，有学者认为这或许与谱牒有关，例如徐崇立《汉三老讳忌碑跋》就说："当时乡氓朴质，刻石记祖先，讳字忌日下列子姓，略具谱牒之义，未可以刻石例法求之。"⑤叶树望认为三老忌日碑是实物性质的谱牒。⑥马衡则认为，此碑的用意主要在祠祀，并非是谱系之属，实际的情况是汉代会在墓所修

① 本书标点和释文参考了叶树望《姚江碑碣》，杭州：浙江古籍出版社，2011年，第4页。另外参考了吕以春《"汉三老碑"拾零》，《杭州大学学报》1981年第2期；永田英正编《汉代石刻集成图版释文篇》，京都：同朋舍，1994年，第18—19页。
② 周世熊：《汉三老碑考》，西泠印社编著《三老碑汇考》，上海：上海书店出版社，2007年。
③ 高文：《汉碑集释》，开封：河南大学出版社，1985年，第1页。
④ 俞樾著，徐明、文青校点：《春在堂随笔》，沈阳：辽宁教育出版社，2001年，第101页。
⑤ 叶德辉等撰，湖南图书馆编：《湖南近现代藏书家题跋选》，长沙：岳麓书社，2011年，第794页。
⑥ 叶树望：《姚江文学论稿》，杭州：浙江古籍出版社，2012年，第236页。

建石堂,其中陈设神主,以岁时享祀,"汉代三老忌日碑"和"戴氏父母忌日记"都是其中的例子。① 另外顾燮光《梦碧簃石言》引谭献《复堂日记》说:"汉人最重避讳,恐祖祢久远,子孙或不知而误触。此碑当施于家庙之庭或堂,非墓碑蘴石比。"②童衍方也有相似的看法,他认为:"先人的忌日要永久牢记,每逢忌日勿忘追思与祭祀。此碑当时可能竖立于家庙或者庭堂中,非墓圹之碑,故未刻姓氏籍贯文字。"③应当可以认为,"汉代三老忌日碑"不能与谱牒混淆,其性质与碑刻相同,但设置场所是祠堂等家族祭祀场所,目的是让后世子孙能够记忆祖先的"忌讳",碑文原文说"所讳不列,言事触忌",所以要刻上祖先"忌讳"以"钦显后嗣"。另外,马衡所谓的"石室"比较著名的有山东嘉祥武氏祠以及济南孝堂山郭氏祠堂等,是建立在坟墓之旁的祭祀之所。

此碑的用意是为了"纪念"已故的亲人,所以在关于家族成员的信息之中刻意强调名讳,碑文引用了《春秋》"言不及尊,翼上也"之句,说明强调名讳是为了让后世子孙避忌。俞樾《春在堂随笔》认为:"所引《春秋》之义,殆即《穀梁传》'孔父不名为祖讳'之说,意其人乃为穀梁之学者也。"④也有学者认为记祖父母和父母的忌日,符合《礼记》中的"君子有终身之丧"之意。⑤ 而其中关于忌日的内容应当是要子孙避免在亲人的忌日举行乐事、吉事,彭卫《汉代婚姻形态》也注意到祖父母和父母的忌日不能够举行婚礼等事,所以"三老

① 马衡:《马衡讲金石学》,南京:凤凰出版社,2010年,第88页。
② 顾燮光:《梦碧簃石言》,沈阳:辽宁教育出版社,2001年,第14页。
③ 童衍方:《古碑妙拓墨烟浓,书得篆神简拙工——西泠印社藏石〈汉三老碑〉考》,西泠印社编著《三老碑汇考》。
④ 俞樾:《春在堂随笔》,叶为铭编《西泠印社三十周年纪念刊》,杭州:西泠印社出版社,2018年。
⑤ 黄公渚选注:《两汉金石文选评注》,上海:商务印书馆,1935年,第15页。

忌日碑"特意清晰标注祖父母和父母的忌日。[①]

　　然而碑文详细记述了父亲和母亲的忌日,但对于祖父和祖母这一代的忌日甚为简略,至于其中原因,俞樾认为:"窃疑古人以干支纪日,不以初一初二纪日。其家相传三老于庚午日死,祖母于癸未日死,相传既久,忘其年月,民间不知历术,安能推知其为某年某月某日乎? 于是子孙遇庚午、癸未日,则以为忌日,盖古人忌日之制本是如此。"[②]对于没有继续往前追溯高祖或者曾祖的原因,顾燮光《梦碧簃石言》引杨铎《函青阁金石记》云:"汉人实事求是,不尚浮夸,故不及高曾之讳忌也。"[③]从当时的实际情形来看,忌日碑设立之时,父母一代皆已亡故,而对于祖父母这一代的忌讳记忆已经开始模糊,所以祖父母的忌日从简,再上一代就只好失载。当然这也正是当时设置此碑的原因,即提醒后人谨记祖先"忌讳"。

　　另外,端方《匋斋藏石记》有东汉永初七年(113)"戴氏画像题字",又名"永初画像戴父母卒日记",中间为画像,两旁记父母年寿并卒年月日,左右两侧的释文分别为:"(左)戴父年寿八十三寿命以永初七年六月十七日庚午病卒;(右)戴母年九十以永初五年八月廿九日病卒父母氏畜云□。"[④]"戴氏画像题字"应当也是设置于祠堂之中,[⑤]题字中明确记载了戴氏父亲和母亲去世的具体时间,

① 彭卫:《汉代婚姻形态》,西安:三秦出版社,1988 年,第 123 页。
② 俞樾:《春在堂随笔》,叶为铭编《西泠印社三十周年纪念刊》。有学者注意到,"三老碑"中忌日的计算方法逐渐从干支纪日转向了序数纪日,俞樾认为忌日只论干支,不论岁月的说法是存在问题的,参邓国军《汉代"三老碑"与古代忌日之制的变迁》,《郑州大学学报(哲学社会科学版)》2018 年第 1 期。有关序数纪日问题的讨论也参陈侃理《序数纪日的产生与通行》,《文史》2016 年第 3 辑。
③ 顾燮光:《梦碧簃石言》,第 16 页。
④ 方若著,王壮弘增补:《增补校碑随笔》,上海:上海书画出版社,1981 年,第 42 页。
⑤ 有学者认为,"戴氏画像题字"可以归为墓志之类,见徐自强《墓志浅论》,《华夏考古》1998 年第 3 期。

显然也是为了提醒后世子孙,在这一日要有所避忌,其性质应当和三老碑基本相似。只是戴氏画像题字没有提到父母的名讳,或者在当时人们看来"忌"的重要性大于"讳"。然此说尚需更多史料的支撑。

综上,与睡虎地秦简《编年记》相比,三老忌日碑有明确的"忌"和"讳",记载祖先名讳和忌日的原因是提醒子孙注意避忌并时时记忆和追思祭祀。显而易见,与《编年记》相比三老忌日碑受到儒家思想的影响,孝道成为家族观念的核心内容,"孝"也是家族成员共同遵循的观念,所以三老忌日碑其实是以"孝"为中心维系家族历史的传承。正是因为家族成员的"生日"与孝道无直接关联,所以三老忌日碑不载相关内容,直到中古以后在外来文化的影响下"生日"才引起更多的注意。

四、小结

总的来说,人们相信在父母或者其他重要亲属过世的日子需要避免举行具娱乐性的活动,忌日的传统源远而流长。在人们的思想深处,在对时日进行选择时候要避免一切和"死亡"有关的问题,所以后来汉武帝时期"避诸死忌"。而经过之前的讨论也可以发现,择日术所要避忌的其实是人们对凶恶和时间、空间之间的虚拟联想,虽然这种联想是不存在的,但人们还是宁愿深信其效力。实际上这种思维方式并不难理解,历史早期人们缺乏"科学"的躲避各类灾害的方法,才会把规避凶恶发生的时间也作为一种手段,进而信任其真实效用。后来历史发展到一定阶段,人们获得了更多避免灾祸的科学方式,然而择日术中避忌凶恶却已然成为一种习俗,固化在人们的思维之中。

.

第二节　尊天顺时

对时间及自然规律的遵循,也是择日术产生的一个重要思想源头。在古代人的思维中,人间事务的安排需要遵从天的意志,而顺天敬时思想的根源在于对天的秩序的尊重,这是古代神秘时日思维的一个根本原则。例如《左传》文公六年说:"时以作事,事以厚生,生民之道于是乎在矣。"①而通常情况下,人们对时间的认知以日月星辰为标志物,例如《礼记·礼运》说:"故圣人作则,必以天地为本,以阴阳为端,以四时为柄,以日星为纪,月以为量。"②月亮的运行和星辰的分布都对人们的时空认知产生影响,本节就从这两个方面讨论尊天顺时与择日术的起源问题。

一、月亮运行与择日术

人们对时间的认知最初来自对太阳、月亮和星辰运行的观察,基本的时间单位年、月、日也就是由太阳和月亮的运行而来的,太阳的东升西落是为一日,也是择日术最基本的时间单位;而月亮的圆缺变化也是择日的主要标志物。同时对太阳和月亮的观察和认知也让人们体会到"阴阳"的差异,春、夏、秋、冬四季的变化给人带来"四时"冷暖寒暑截然不同的感受,正如《礼记·乐记》所说:"地气上齐,天气下降,阴阳相摩,天地相荡,鼓之以雷霆,奋之以风雨,动之以四时,暖之以日月,而百化兴焉。"③因而"理阴阳,顺四时"也就

---

① 《春秋左传正义》,阮元校刻《十三经注疏》,第 1845 页。
② 《礼记正义》,阮元校刻《十三经注疏》,第 1424 页。
③ 《礼记正义》,阮元校刻《十三经注疏》,第 1531 页。

成为古人行事的重要准则。

1. 楚帛书与月讳

先秦秦汉时期的"月令"类文献,以及"月讳"类历忌之书,其中都包含有"顺四时"的理念。现在见到的月令类文献主要有《礼记·月令》《吕氏春秋·十二纪》《淮南子·时则》《管子·幼官(玄宫)》等;而楚帛书《丙篇》可能是"月讳"类历忌之书,两者之间应有某种联系。①

关于《月令》类文献的性质,蔡邕《明堂月令论》云:"《月令篇》名曰因天时、制人事,天子发号施令,命神受职,每月异礼,故谓之月令。所以顺阴阳,奉四时,效气物,行王政也。"②郑玄也说:"《月令》者,以其记十二月政之所行也。"③以形式较为完整的《吕氏春秋》十二纪为例,月令类文献的基本格式是以五行搭配四季,每个季节分为孟、仲、季,然后制定每月应该如何行事,以及如果不按照规定行事会有什么样的后果。但是按照江晓原的说法,月令类文献和"月讳"类文献还是有所不同,其区别是,前一类文献讲的是何时应该做何事;而后一类文献讲的是何时可以做何事或者不可做何事,也就是具体规定了吉凶宜忌。④ 李零指出,根据《论衡·讥日》和《荆楚

---

① 月令类文献是学者们研究较多的内容,陈梦家最早提出楚帛书与月令类文献存在密切关系,参见氏著《战国楚帛书考》,《考古学报》1984年第2期。李零认为楚帛书丙篇"性质当与古代的历忌之书相近,《月令》诸书应该就是从这种东西发展而来",但两者也有所不同,即楚帛书以列述宜忌为主,不像月令类文献是以明堂十二室为核心,有着非常整齐的五行配数、配物系统,带有浓厚的说礼色彩。见李零《长沙子弹库战国楚帛书研究》,北京:中华书局,1985年,第46页。而江晓原认为楚帛书丙篇就是历忌之书。见氏著《天学真原》,上海:上海交通大学出版社,2018年,第172页。最近的研究参见薛梦潇《早期中国的月令与"政治时间"》,上海:上海古籍出版社,2018年。

② 《蔡中郎集》,京都大学人文科学研究所藏本。

③ 《礼记正义》,阮元校刻《十三经注疏》,第1352页。

④ 江晓原:《天学真原》,第172页。

岁时记》的相关记载,历忌之书可以分为"月讳"和"日禁"两种,楚帛书属于前者,出土日书属于后者。① 李零还认为,古代的择日是历法配合禁忌,供人们进行选择,其中比较粗略的就是把一年分成十二个月,只讲每个月的宜忌,被称为"月讳",而月令类文献就是从月讳文献中派生出来的。② 另外李零认为:"时令书,有些细化到日,有些只讲月。日有日禁,月有月讳,不光日书一种。专门讲月的书,古有'月令',月是基本单位。专门讲日,才叫'日书'。日书讲吉凶宜忌,一定要具体到日。"③

现在可以见到比较典型的早期"月讳"类文献是长沙子弹库战国楚帛书《丙篇》。这篇文献有十二章,现将和月讳类文献关系最为密切的第一章抄录如下:

> 取于下
>
> 曰:取,乿则至,不可以□杀。壬子、丙子凶,作□北征,帅有咎,武□□其叙。
>
> 女(如)此武
>
> 曰:女(如),可以出帀(师)、筑邑,不可以嫁女取臣妾,不夹(兼)得不成(憾)。④

余下各章规定逐月吉凶宜忌。所当注意的是各月均有一幅神怪图,李零指出:"每一章题,第一字是月名,代表所附神像,下面

---

① 李零:《长沙子弹库战国楚帛书研究补正》,《古文字研究》第 20 辑,北京:中华书局,2000 年。

② 李零:《中国方术考(修订本)》第一章《占卜体系与有关发现》,第 43 页。

③ 李零:《视日、日书和叶书:三种简帛文献的区别和定名》,《文物》2008 年第 12 期。相关的研究参宫宝利《术数活动与明清社会》,天津:天津古籍出版社,2009 年,第 113 页。

④ 释文据李零《长沙子弹库楚帛书研究》,第 74—80 页。

二字,每一季节最末一月皆表示该神职司,如司春、司夏、司秋、司冬,其他各月,也与帛书各章内容有关。"①李零还认为:"月讳可以比较简单,日禁则必然异常繁琐。帛书有月无日,只能算是月讳之书,并且是这种书中较为简略的本子。"②陈久金认为:"此帛书所载为包含物候在内的以阴阳历为基础的行事永年历书,同时也包含有各月的禁忌。在每个月的下面,还各画有一个神兽与之相对应。中国古代有于四时、五节、十二月、二十八宿各配以神像的传统,这幅帛书图可能是现今所能见到的最早的十二月神像图。"③江晓原也认为:"就《丙篇》而言,情形比较明显,是为一年中逐月吉凶宜忌之说,属于择吉之术无疑。"④也有论者以为《丙篇》主要讲述种种月讳禁忌,⑤黄儒宣认为子弹库楚帛书可以直接称为"岁月之传"。⑥

　　另外,楚帛书说"作□北征,帅有咎",意思是正月不可以北征,月份与方位吉凶之间的关系应当重视。陈久金认为帛书出现在战国中期,楚国位于当时中原地区的南方,与它敌对的国家大多位于北方,所以这句的意思是楚国不适宜在正月之中出兵征讨。⑦ 类似月份、季节与方位配合进行择日在《日书》中也较为常见,例如《九店

① 李零:《中国方术考(修订本)》第三章《楚帛书与日书:古日者之说》,分别详细介绍了楚帛书和已出土《日书》的情况,认为两者均为古日者之书,可参看,第177页。
② 李零:《长沙子弹库战国楚帛书研究》,第46—47页。
③ 陈久金:《玄宫图和月令图的对比研究》,氏著《中国少数民族天文学史》,北京:中国科学技术出版社,2013年,第320页。陈久金也对帛书进行了释读,参《子弹库〈楚帛书〉注译》,《陈久金天文学史自选集》,济南:山东科学技术出版社,2017年,第391页。
④ 江晓原:《天学真原》,第139—140页。
⑤ 陈锽:《古代帛画》,北京:文物出版社,2005年,第93页。另参氏著《超越生命:中国古代帛画综论》,杭州:中国美术学院出版社,2012年。
⑥ 黄儒宣:《〈日书〉图像研究》第四章《楚帛书表示时空的图式》,第209页。
⑦ 陈久金:《子弹库〈楚帛书〉注译》,《陈久金天文学史自选集》。

楚简》中有"刑夷、夏夷、【享月，春不可以东徙】（八八）"，①刑夷、夏夷、享月是楚月份，对应的是秦的正月、二月、三月，也就是春三月。②春三月在日廷图上位于东方，所以不可向东徙，同理夏三月不可南徙，秋三月不可西徙，冬三月不可北徙。有论者指出，简文意思是说，不可以去每个季节所旺（即当季所在）之方。③

类似的内容也见于睡虎地秦墓竹简《日书》甲种"啻篇"：

> 春三月，毋起东向室；　　　　　　　　　　　（九六正贰）
>
> 夏三月，毋起南向室；　　　　　　　　　　　（九七正贰）
>
> 秋三月，毋起西向室；　　　　　　　　　　　（九八正贰）
>
> 冬三月，毋起北向室。有以者大凶，必有死者。
>
> 　　　　　　　　　　　　　　　　　　　　　　（九九正贰）④

学者们认识到此条简文所记与太岁和小岁的运行有关，例如胡文辉认为，春三月小岁在东方，东向面对小岁所在方位则凶，所以此时不宜起东向的房屋。⑤ 可以发现，楚帛书说正月不可以北征，在方位吉凶的设置上和《九店楚简》及睡虎地秦简《日书》都不相同，

---

① 湖北省文物考古研究所、北京大学中文系编：《九店楚简》，第54页。简文释读另参李零《读九店楚简〈日书〉》，氏著《中国方术续考》，北京：东方出版社，2000年，第428页。

② 睡虎地秦墓竹简《日书》有秦楚月份换算："正月楚刑夷，二月楚夏夷，三月楚纺月。""纺月"应当就是"享月"。参陈伟主编，彭浩、刘乐贤撰著《秦简牍合集·释文注释修订本（贰）》，第363页。

③ 胡雅丽：《楚人时日禁忌初探》，楚文化研究会编《楚文化研究论集》第6辑，武汉：湖北教育出版社，2004年。另参氏著《尊龙尚凤——楚人的信仰礼俗》，武汉：湖北教育出版社，2003年，第71页。

④ 睡虎地秦墓竹简整理小组编：《睡虎地秦墓竹简》，图版第108页，释文第195页。

⑤ 胡文辉：《中国早期方术与文献丛考》，第98页。另参梁超《放马滩秦简〈日书〉所见"土忌"神煞考释》，杨振红、邬文玲主编《简帛研究2016年（春夏卷）》。

属于不同的数术系统,但月和日搭配设置吉凶宜忌的基本方式则是相同的。

需要注意的是,第一条中有"壬子、丙子凶"句,知楚帛书的吉凶设置与《日书》一样也精确到日,并考虑了月份和日的组合,李零认为壬子和丙子可能是"五子"中的两种,并说此章的大意是:正月燕来,不可以杀生,壬子、丙子之日凶,若用兵北征,则其帅有咎,出师不利。[1] 李学勤也认为壬子和丙子为传统数术中的"古五子",此句的含义是壬子、丙子之日,不可北征,否则为帅者将罹灾祸。[2] 刘信芳认为这条的含义是正月逢壬子、丙子为凶日,这种说法应有楚国《日书》为其本,只是目前尚未见可资参证者。[3] 事实上,此条与《九店楚简》所谓"【凡春三月】甲、乙、丙、丁不吉,壬、癸吉,庚、辛成日"的干支吉凶设置方式有相似之处,其间或有关联也未可知。[4] 一般来说,每月有且只能有壬子或丙子中的一日,[5]那么此条的含义应是:正月的壬子或丙子日为凶日。然而陈久金认为"壬子、丙子凶"与六甲和五子都没有关系,他指出这两个凶日都发生在子日,并引《论衡》中的相关说法,认为帛书中壬子和丙子为凶日,正是出于忌讳殷夏二朝亡在子卯日,以及仓颉死于丙日的说法。[6] 前文讨论子卯日禁忌问题的时候提到,相关的禁忌起源较为悠久,但陈久金的

[1] 李零:《长沙子弹库楚帛书研究》,第74—75页。
[2] 李学勤:《再论帛书十二神》,《湖南考古辑刊》第4辑,长沙:岳麓书社,1987年。
[3] 刘信芳:《子弹库楚墓出土文献研究》,台北:艺文印书馆,2002年,第100页。
[4] 湖北省文物考古研究所、北京大学中文系:《九店楚简》,第49页。近来有学者提出,西周以"五子"为大忌之日,禁绝一切典礼,见白光琦《试说西周的日辰宜忌》,氏著《先秦年代探略》,北京:中国社会科学出版社,2008年,第80页。
[5] 如果将六十干支从甲子至癸亥以1—60编号,丙子是13位,壬子是49位,两者中间有35个干支,断乎不可能在同一月内。楚帛书的设置方式显示当时人对于干支纪日的规律掌握已十分纯熟。
[6] 陈久金:《子弹库〈楚帛书〉注译》,《陈久金天文学史自选集》。

说法还有继续讨论的空间。①

可以发现，月讳类文献以月作为时日选择的基本单位，考虑了月亮运行与方位吉凶的关联，显然月相的变化与回归更容易引起人们的注意，围绕月相变化也产生了相关的择日术。另外需要注意的是，月与日的组合在楚帛书中就已经可以看到，直到历史后期"某月某日吉凶宜忌"仍然是择日术最为基础的模式，这也说明中国传统择日术源远流长。

2. 月相择日

人们对月相的变化很早就进行了观测，月相的周期性变化也是人们早期就掌握的规律，后来人们也根据月相的变化制作历法，观察月亮的周期性圆缺变化是"阴历"产生的基础。而人们给不同月相赋予吉凶宜忌，基于月相变化的择日术也就此产生。

从现有的资料看，周代初年人们对于月相变化就已经比较注意，例如金文中经常出现初吉、既生霸、既望、既死霸等称谓，都是表示月相的名称。王国维有《生霸死霸考》一文，认为周初以从朏（阴历初三的月相）到次朏间为一个月，分为初吉、既生霸、既望、既死霸四个部分，并提出"月相四分"之说。② 近年来学者们在王国维研究的基础上，根据新出土的文献，对这个问题的研究又有所推进。③ 种

---

① 杨英也认为，第一条是说春正月燕来，不可以杀生，壬子、丙子之日凶，若用兵北征，出师不利。第二条是说春二月若出师则不可以嫁女、取臣妾，二者不可兼得。见氏著《祈望和谐：周秦两汉王朝祭礼的演进及其规律》，北京：商务印书馆，2009年，第484页。

② 王国维：《生霸死霸考》，氏著《观堂集林（外二种）》。

③ 近年来的讨论文章见张闻玉《王国维〈生霸死霸考〉志误》，《贵州大学学报》1992年第4期；景冰《西周金文中纪时术语——初吉、既望、既生霸、既死霸的研究》，《自然科学史研究》1999年第1期；陆星原《卜辞月相与商王年代》，上海：上海社会科学院出版社，2014年。

种迹象表明，"初吉"这一月相应当就与周初的择日术有关，例如陈
遵妫指出，根据统计，周代的铜器中以"初吉"出现的次数最多，几乎
占了总数的百分之七十；而在初吉中，正月初吉最多，而初吉丁亥又
占了初吉总数的一半以上，这样看来，周人喜欢在年初、月初（初旬）
择吉铸器，可能是有其原因的。① 张闻玉认为初吉是朔日，并不指朔
前或初三、初五、初十。② 也有学者注意到，从春秋早期到战国早期
很多青铜器铭文作器时间都是"正月初吉丁亥"，这应当是一种吉
日。③ 无论如何，根据月相进行时日选择显然具有悠久的历史。

　　另外前引睡虎地秦简《日书》甲种说："弦望及五辰不可以兴乐
□，五丑不可以巫，帝（帝）以杀巫减（咸）。（一七正壹）"④这里的
"弦望"指的是月相，是说月相"弦"和"望"的时候不可以奏乐。有
天文学专业学者曾经对"弦望"进行了解释，认为："从地球上看，月
亮离日九十度时的月相为弦，因月相呈半月状如弓弦而得名。在日
东为上弦，日西为下弦。当月亮与日黄经相差一百八十度时，月相
呈满月，为望。"⑤研究道教时日禁忌的学者也注意到，在晦朔弦望的

① 陈遵妫：《中国天文学史》，上海：上海人民出版社，2006 年，第 211 页注四。关于
　 初吉和丁亥日的讨论见黄盛璋《释初吉》，《历史研究》1958 年第 4 期；岑仲勉《周金
　 文所见之吉凶宜忌日》，第 157 页。另见姜亮夫《古史学论文集》，上海：上海古籍
　 出版社，1996 年，第 143 页；白光琦《试说西周的日层宜忌》，收入氏著《先秦年代探
　 略》，第 8 页。前引庞朴《"五月丙午"与"正月丁亥"》一文提到至少在春秋时候，器
　 物铭文中的"正月丁亥"不实际存在，正月铸器的事大概没有可能，且初吉丁亥可
　 能并不真实存在。
② 张闻玉：《西周金文"初吉"之研究》，《考古与文物》1999 年第 3 期。另参氏著《中
　 国古代天文历法讲座》，桂林：广西师范大学出版社，2021 年，第 355 页。
③ 彭裕商：《汉语古文字学概论》，成都：四川大学出版社，2021 年，第 188 页。
④ 睡虎地秦墓竹简整理小组编：《睡虎地秦墓竹简》，图版第 90 页，释文第 186 页。
　 有整理者将本篇命名为"弦望"，见陈伟主编，彭浩、刘乐贤撰著《秦简牍合集·释
　 文注释修订本（贰）》，第 352 页。
⑤ 见徐振韬主编《中国古代天文学词典》，北京：中国科学技术出版社，2013 年，第
　 275 页。

月相变化,是气之变化的关键点,而道教以月相为依据的禁忌很多,比如晦朔弦望不能性交,不能炼丹等等。①

进入秦汉以后,与月相有关的择日术在理论上逐渐成熟,简牍文献中较为常见的是以"月生某日"以及"入月某日"为代表的择日术。睡虎地秦墓竹简《日书》甲种"取妻家女篇"中就出现了根据月相择日的详细记载:

> 月生五日曰杵,九日曰举,十二日曰见莫取,十四日曰戜(謑)詢, (八背贰)
>
> 十五日曰臣代主。代主及戜(謑)詢,不可取妻。
>
> (九背贰)②

这两段简文采用的是数字纪日,对于这个问题学者们近来又有新的看法。③ 刘乐贤认为,古代"朔"字和"生"字意思相近,有时可以互用,那么月生一日也就是当月的朔日。④ 关于月生十四日"謑詢",整理者引《荀子·非十二子》解释为"訾辱"。王子今认为"詢"与"诟"意思相近。⑤ 而关于月生十五日"臣代主",《春秋感精符》曰:"星孛于东方,言阴夺阳,臣代主,以兵相灭,以势相乘,天下变易,帝位久空,人人徼幸,布衣纵横,祸未定息,主灭乱起,阴动争明

---

① 廖宇:《道教时日禁忌探源》,成都:巴蜀书社,2017 年,第 59 页。

② 睡虎地秦墓竹简整理小组编:《睡虎地秦墓竹简》,图版第 103 页,释文第 209 页。

③ 相关的研究参陈侃理《序数纪日的产生与通行》,《文史》2016 年第 3 辑。另参孔庆典《10 世纪前中国纪历文化源流:以简帛为中心》,上海:上海人民出版社,2011 年。

④ 刘乐贤引用《后汉书》卷六〇《马融传》李贤注云"朔,生也",认为"朔日"的"朔"其实是"苏生""复生"的日子,见氏著《睡虎地秦简日书研究》,第 211 页。另见刘乐贤《马王堆帛书〈出行占〉补释》,简帛网首发(http://www.bsm.org.cn/show_article.php?id=39),2005 年 11 月 3 日。

⑤ 王子今:《睡虎地秦简〈日书〉甲种疏证》,第 320 页。

之异也。"①有论者以为，"臣代主"是彗星的出现造成的凶恶现象。②十四日和十五日都月圆之日，从睡虎地秦简的设定来看，这两日都是不吉利的。

实际上，古人把月亮在一个月内圆缺的变化看作是一个由生到望，再到毁的过程，前文提到《日书》甲种有"作女子篇"，其中也说："月生一日、十一日、廿一日，女果以死，以作女子事，必死。毋以戌亥家(嫁)子、取妇，是谓相。(一五五正)"③刘乐贤引《黄帝虾蟆经》称每月前十五日为"月生"，十六日开始为"月毁"。④《鹖冠子·天则》也说："月望而晨月毁于天，珠蛤蠃蚌虚于深渚。"⑤《素问·缪刺论》说："以月死生为数，月生一日一痏，二日二痏，十五日十五痏，十六日十四痏。"王冰注："随日数也，月半以前谓之生，月半以后谓之死，亏满而异也。"另外《素问·八正神明论》也说："月始生，则血气始精，卫气始行；月郭满，则血气实，肌肉坚；月郭空，则肌肉减，经络虚，卫气去形独居。"⑥其中提到的"月始生""月郭满""月郭空"，也是一个月之内月相的变化过程。⑦ 从《素问》中的相关记载也可以看出，人们很早就已经开始将月相变化和身体健康状况之间进行联系。

---

① 赵在翰辑，钟肇鹏、萧文郁点校：《七纬(附论语谶)》，北京：中华书局，2012 年，第 535 页。

② 徐栋梁：《〈春秋纬〉与汉代春秋学》，长春：吉林大学出版社，2013 年，第 74 页。

③ 睡虎地秦墓竹简整理小组编：《睡虎地秦墓竹简》，图版第 101 页，释文第 207 页。

④ 刘乐贤：《睡虎地秦简日书研究》，第 210—211 页。

⑤ 黄怀信撰：《鹖冠子校注》，北京：中华书局，2014 年，第 43 页。这一过程同时伴随的是珠蛤蠃蚌体形大小的变化，类似的讨论也见于王充《论衡·说日》"月日毁于天，螺蚌泪于渊，同气审矣"，下文中引《吕氏春秋》也是大致相同的意思："月也者，群阴之本也。月望则蚌蛤实，群阴盈；月晦则蚌蛤虚，群阴亏。"

⑥ 王冰编，戴铭等点校：《黄帝内经素问》，南宁：广西科学技术出版社，2016 年，第 45、101 页。

⑦ 相关的研究参刘乐贤《简帛数术文献探论》，第 119 页。

3. 入月某日与月相的数术化

《日书》中还有"入月某日"的说法，从数术原理上应和"月生某日"有些关联。前引子弹库楚帛书《甲篇》第二行末尾有"内月"，第三行开头有"七日"二字，李零认为应当读为"内（入）月七日"，[①]何琳仪认为帛书中的"内月"也就是一月之内的意思，可以和秦简《日书》中的"入月七日己酉""入月七日及冬未春戌夏丑秋辰"等互证。[②]显而易见，"入月某日"这样的纪日方式的产生时间和应用范围都要久远和广泛得多。

睡虎地秦墓竹简《日书》甲种"鼠襄户篇"：

> 鼠襄户，见之，入月一日二日吉，三日不吉，四日五日吉，六日不吉，七日八日吉，九日恐。　　　　　　　　（二八正贰）
>
> 廿二日廿三日吉，廿四日恐，廿五日廿六日吉，廿七日恐，廿八日廿九日吉。　　　　　　　　　　（二九正贰）[③]

整理小组注释认为没有十至廿一日，可能是有脱文，但王子今并不认可这样的说法。[④]整理小组解释"襄"为"上"的意思，也就是说这里是根据老鼠出现在窗户上的情况来判断吉凶。李零认为这篇是在讲见到老鼠上户何日为吉，何日为不吉。[⑤]刘乐贤也认为此篇是以每月某日见到老鼠上窗户判断吉凶，并且指出古人也常以鼠的行为来判断吉凶，另外引用了《白泽精怪图》中的相关说法，认为"鼠襄户"应当属于杂占一类。[⑥]王子今认为"鼠襄户"可以理解为

---

① 李零：《中国方术考（修订本）》第三章《楚帛书与日书：古日者之说》，第 191 页。

② 何琳仪：《战国古文字典》，北京：中华书局，1998 年，第 1258 页。

③ 睡虎地秦墓竹简整理小组：《睡虎地秦墓竹简》，图版第 91 页，释文第 186 页。

④ 王子今：《睡虎地秦简〈日书〉甲种疏证》，第 129 页。

⑤ 李零：《中国方术考（修订本）》第三章《楚帛书与日书：古日者之说》，第 209 页。

⑥ 刘乐贤：《睡虎地秦简日书研究》，第 68—69 页。

"鼠攘户"。① 关于其中"入月某日"的问题,刘乐贤认为《日书》中的入月某日或者入某月某日,都是以序数记日,当理解为每月第某日或某月第某日,这种记日方法在数术、方技类书籍中比较常见。② 另外王子今引用居延汉简简文"王稚少入月五日食,董子文入月八日食"(E.P.T52:103B),认为入月某日均指具体某一日。③《日书》中有具体入某月的记载,如睡虎地秦墓竹简《日书》有"入八月",可证王说较确。刘信芳认为"入月某日"是古人以序数纪日的句式,是一种很自然、很方便的纪日方式,与干支纪日并行。④ 也有论者以为,睡虎地秦简中的序数记日是因为年份和月份不确定,所以不可能使用干支,真正的序数记日出现于汉代。⑤

此篇吉凶宜忌的设置方式很简单,即三天为一组,每月十组,前两天吉,第三天不吉,只是纯粹的数术推演,并没有考虑月相或者阴阳问题。但这种数术推演显然是建立在月相变化的基础之上的,而在吉凶占测之术中由侧重月相变化到数术计算之间的过程应当引起特别注意。类似的时日选择术也见于《医心方》,其中提到"凡入月一日、十一日、廿一日生子多勇,利父母;入月二日、十二日、廿二日生子俊,多勇,利父母",后面还有三、十三、二十三以及四、十四、二十四日等时日生子的吉凶判断。⑥

采用同样的方式判断吉凶的还有周家台秦简《日书》的"戎历

---

① 王子今:《睡虎地秦简〈日书〉甲种疏证》,第129页。
② 刘乐贤:《睡虎地秦简日书研究》,第68—69页。
③ 王子今:《睡虎地秦简〈日书〉甲种疏证》,第129页。
④ 刘信芳:《〈天水放马滩秦简综述〉质疑》,《文物》1990年第9期。另参陈侃理《序数纪日的产生与通行》,《文史》2016年第3辑。
⑤ 魏德胜:《〈睡虎地秦墓竹简〉语法研究》,北京:首都师范大学出版社,2000年,第111页。
⑥ 丹波康赖撰,翟双庆等校注:《医心方》,北京:华夏出版社,1993年,第394页。

日",其中有"入月某日"相关的内容。"戎历日"每六天一组,每月五组,这六天按照一定规律和顺序,划分成"大彻""小彻""穷"三类,原文如下:

> ·入月一日、七日、十三日、十九日、廿五日大 (一三四叁)
> 彻。·入月二日、六日、八日、十二日、十四日、十八日、廿
> 日、廿 (一三五叁)
> 四日、廿六日、卅日小彻。·入月三日、四日、五日、九日 (一三六叁)
> 十日、十一日、十五日、十六日、十七日、廿一 (一三七叁)
> 日、廿七日、廿八日、廿九日穷日。 (一三八叁)①

文后还附有"大彻""小彻""穷"的吉凶宜忌,例如:"凡大彻之日,利以远行、绝边境、攻击,亡人不得,利以举大事。(一四〇贰)"简二六一至简二六五一段简文应当也是"戎历日",其内容中出现了"左之""向之""右之"等字样,似乎与方位有关。整理者认为本篇与两汉流行的"建除""反支""血忌"等忌日类似,均为数术家用来推定日之吉凶所用。② 也有学者认为,"戎历日"所占事项多涉及军事,应当是从军事占卜而来,而其中"戎"指的可能就是军事行为。③ "戎历日"的推演虽然看似要复杂得多,但和"鼠襄户"占卜时日吉凶的方法并没有本质的区别。另外需要注意的是,周家台秦简《日书》

---

① 湖北省荆州市周梁玉桥遗址博物馆编:《关沮秦汉墓简牍》,北京:中华书局,2001年,第120页。
② 相关研究可参见龙永芳《周家台秦简〈日书〉之"戎历日"图符说》,邓文宽主编《出土文献研究》第7辑,上海:上海古籍出版社,2005年,第176页;夏德安《周家台的数术简》,武汉大学简帛研究中心主办《简帛》第2辑,上海:上海古籍出版社,2007年。
③ 孔庆典:《10世纪前中国纪历文化源流:以简帛为中心》,第315—316页。

"戎历日"采用了图文结合的模式,其中提到"从朔日始数之,画当一日",有学者指出这里的"画"指的是图中的各种笔画,图文结合的占卜形式应当引起注意。① 也有学者对图画表示的日期有不同的看法,可参看。② 而关于其中的"穷日",孔家坡汉简《日书》有:"禹穷日:入月二日、七日、九日、旬三、旬八、二旬二日、二旬五日、不可行。(一五一壹)"③设置方式与此处的穷日不同。

再者,放马滩秦简《日书》甲种和乙种都有"禹须臾行日",其中也都有"入月"相关的内容。放马滩秦简《日书》甲种从简四三到简七二,共三十支简,简的上端书写有"入月一日"到"入月卅日",且将每日都分为"旦""日中""昏""中夜"四个时段,以及这四个时段前往四方是否吉利,例如"入月一日旦西吉日中北吉昏东吉〔中夜〕南吉(四三)"。④乙种从简二六到简五四(脱入月一日),书写大致相似的内容。⑤ 孙

---

① 陈伟:《睡虎地日书〈艮山〉试读》,氏著《燕说集》,北京:商务印书馆,2011 年。

② 胡平生、李天虹:《长江流域出土简牍与研究》,武汉:湖北教育出版社,2004 年,第302 页。另外关于"戎历日"相关的研究参见龙永芳《周家台秦简〈日书〉之"戎历日"图符说》,邓文宽主编《出土文献研究》第 7 辑。另参孔庆典《10 世纪前中国纪历文化源流:以简帛为中心》第七章第二节"戎历日纪日法"。另外黄儒宣从图像学的角度对"戎历日"进行了分析,其中的结论真实可靠,见氏著《〈日书〉图像研究》,第 210 页。另参杨继承《式法与直日:周家台秦简〈二十八宿占〉新研》,《出土文献》2022 年第 4 期。

③ 湖北省文物考古研究所、随州市考古队编:《随州孔家坡汉墓简牍》,图版第 80 页,释文第 146 页。另外,这两种穷日都采用数字纪日,与传世文献中由干支纪日产生的"六甲穷日"自不相同。相关内容见《后汉书·邓禹传》:"明日癸亥,匡等以六甲穷日不出,禹因得更理兵勒众。"王先谦《后汉书集解》引周寿昌曰:"六甲以甲子始周行一帀,至癸亥止,故谓为穷日。"

④ "中夜"二字原脱,据文例补。参武汉大学简帛研究中心、甘肃简牍博物馆、四川省文物考古研究所编,陈伟主编《秦简牍合集(肆)》,武汉:武汉大学出版社,2016年,第 43 页。

⑤ 甘肃省文物考古研究所编:《天水放马滩秦简》,图版第 11—14、19—22 页,释文第85、88 页。

占宇将本篇命名为"禹须臾行日"。① 李零认为这段简文属于出行的择日。② 陶磊注意到这段内容取旦、日中、昏、中夜四个时段来判断吉凶,其中旦与昏相对,日中与中夜相对,而取这四个时段的原因显然是为了与东南西北四个方向形成整齐的对应关系。③

孔家坡汉简《日书》也有"禹须臾行日",其中也有与"入月某日"大致相同的内容,不过书写和排列方式略有不同,例如"入月廿六日、廿七日、廿八日、廿九日,卅日,旦西吉,日中北吉,昏东吉,(一六六壹)中夜南吉(一六七壹)"。④ "禹须臾行日"是整理者所定的标题,整理者还提到,本篇是为行者出行吉时而指示的立成之法,将一日分旦、日中、昏、中夜等四个时段进行占断,内容与放马滩秦简"禹须臾行日"基本相同。可以发现,孔家坡汉简"禹须臾行日"大致可分为五组,从第一组到第五组分别有四日、六日、八日、七日、五日,实质上第一组的四日与第五组五日的内容完全相同。这些数字有规律地分布,应当是古日者刻意的安排。单从名称上来看,"禹须臾行日"应与传统数术文献中记载的"禹步"有关,也有学者从这个角度展开讨论,可参看。⑤

---

① 孙占宇:《天水放马滩秦简集释》,第 78 页。
② 李零:《中国方术考(修订本)》第三章《楚帛书与日书:古日者之说》,第 198 页。
③ 陶磊:《〈淮南子·天文〉研究——从数术史的角度》,第 183 页。
④ 湖北省文物考古研究所、随州市考古队编:《随州孔家坡汉墓简牍》,图版第 81 页,释文第 149 页。
⑤ 相关的讨论参见工藤元男著,广濑薰雄、曹峰译《睡虎地秦简所见秦代国家与社会》第七章第四节"禹步与四纵五横",第 248 页。有关"禹须臾"的研究另参饶宗颐《云梦秦简日书研究》,饶宗颐、曾宪通《楚地出土文献三种研究》;刘增贵《秦简〈日书〉中的出行礼俗与信仰》,《历史语言研究所集刊》第 72 本第 3 分,2001 年;张鹏《秦汉简所见"禹须臾"与"禹步"新论》,《世界宗教研究》2019 年第 1 期。相关的研究另参姜守诚《放马滩秦简〈日书〉"行不得择日"篇考释》,《鲁东大学学报(哲学社会科学版)》2012 年第 4 期;贾海燕、王秦江《"月相四分"新证——以晋侯苏钟铭文与〈日书〉"禹须臾行日"比照》,《社会科学动态》2022 年第 8 期。

与"戒历日"相比,"禹须臾行日"的日期安排更加简便,且加入了方位,并将择日的时间精确到了每日的"时",看上去更加严密、"科学"。然而从"鼠襄户"到"戒历日"再到"禹须臾行日",基本操作策略并没有改变,都是将每月三十日按天数进行分组,然后判断吉凶,这也是"入月某日"占卜吉凶的基本原则。应当说,无论"月生某日"还是"入月某日",都来自对月亮运行规律的观察,然而相比之下,"月生某日"更关注月相的变化,是以月亮的"朔""望""晦"来占断吉凶;而"入月某日"则几乎不关注月相,只单纯将每月分为三十日,然后分组占断吉凶宜忌。也就是说,前者判断吉凶的方式更看重"物象",而后者更看重"数术",这一问题应当引起特别的注意。

二、二十八宿择日术

在古代的天学知识中,二十八宿通常被用来标识太阳和月亮的运行,被称为日躔和月躔,[1]《吕氏春秋·圜道》说:"躔二十八宿,轸与角属,圜道也。"[2]王充的比喻较为贴切,他说:"二十八宿为日、月舍,犹地有邮亭,为长吏廨矣。邮亭著地,亦如星舍著天也。"[3]可以注意到,古人是用二十八宿纪日,然后根据星宿分布的特点进行择日。

1. 二十八宿与时日吉凶

二十八宿是古代天文学史中至关紧要的内容,学者们也有较多

---

① 新城新藏认为:"盖由间接参酌月在天空之位置而得以推定太阳之位置,是上古天文学一大进步。"又说:"自西向东划设二十七或二十八个标准点者,乃全为研究月对于恒星的运动,即为逆推日月在朔的位置而已。"见氏著《中国天文学史研究》,沈璿译,台北:台湾翔大出版社,1993年;另参见陈遵妫《中国天文学史》,第306页。
② 许维遹《集释》说:"躔,舍也,轸,南方鹑尾,角,东方苍龙,行度所经也……二十八宿始角终轸。"见吕不韦编,许维遹集释,梁运华整理《吕氏春秋集释》,第17页。
③ 王充著,黄晖撰:《论衡校释(附刘盼遂集解)》,第848页。

的研究积累,例如竺可桢和钱宝琮早年就讨论过二十八宿的起源问题,①后来夏鼐根据考古发现的宣化辽代墓葬中的星图讨论二十八宿和黄道十二宫的问题,②郑文光也讨论了二十八宿体系形成发展以及其体现的古代天文学思想。③ 冯时曾经对二十八宿的起源和年代进行了梳理,与印度传统的二十八宿进行了对比。④ 简牍文献中的二十八宿也引起了学者们的注意,劳榦《汉晋西陲木简新考·二十八宿残简》最早提出了二十八宿纪日的问题,⑤张闻玉《云梦秦简〈日书〉初探》对二十八宿纪日法进行了系统的讨论,他提出睡虎地秦简《日书》"除篇"和"玄戈篇"都使用了二十八宿纪日法。对于这个观点,王胜利的商榷文章也提出了不同的意见,张闻玉后来的"再探"也针对王胜利的质疑提出了反驳意见,他认为睡虎地《日书》中的相关材料不能简单理解为二十八宿循环纪日,而应该是二十八宿纪日的参照系列。⑥ 学者们的商榷和讨论对于相关问题研究的推进有重要的意义。陈侃理认为把二十八宿视为日序纪日法和干支纪日法之外的第三种纪日法并不妥当,建议改为"二十八宿配日法"。⑦另外,陶磊《〈淮南子·天文〉研究》讨论了《日书》"星篇"和"官篇"

---

① 竺可桢:《二十八宿起源之时代与地点》,《思想与时代》1946 年第 34 期;钱宝琮:《论二十八宿之来历》,《思想与时代》1947 年第 43 期。

② 夏鼐:《从宣化辽墓的星图论二十八宿和黄道十二宫》,《考古学报》1976 年第 2 期。

③ 郑文光:《中国天文学源流》,北京:科学出版社,1979 年,第 73 页。

④ 冯时:《中国古代物质文化史·天文历法》第四章第四节"二十八宿的起源与发展",第 84 页。另外冯时还在第二章详细考证早期天文学与占星术,可参看。

⑤ 刘乐贤:《睡虎地秦简〈日书〉二十八宿纪日法补证》,氏著《简帛数术文献探论》。

⑥ 张闻玉《云梦秦简〈日书〉初探》,《江汉论坛》1987 年第 4 期;王胜利《〈云梦秦简《日书》初探〉商榷》,《江汉论坛》1987 年第 11 期;张闻玉《云梦秦简日书再探——答王胜利先生》,《古代天文历法论集》。

⑦ 陈侃理:《序数纪日的产生与通行》,《文史》2016 年第 3 辑。

的占文,认为它们是根据太阳一年中在二十八宿的位置进行占卜的占文。日本学者成家彻郎对睡虎地秦简《日书》"玄戈篇"进行研究,他同意《日书》中有二十八宿纪日法,但他认为张闻玉的举证不足以证明二十八宿的存在,为此他还举出了另外一些新的例子。① 另外日本学者工藤元男也讨论过二十八宿纪日法,②法国学者马克·卡林诺斯基(Marc Kalinowski)也有相似的论证。③

　　目前能够见到的二十八宿纪日的记载大多出现在《日书》中,包括睡虎地秦墓竹简《日书》甲种"除篇""玄戈篇",乙种"官篇"等,甲种"取妻家女篇"中也散见相关内容;另外还有孔家坡汉简《日书》"星官篇",体例与睡虎地秦简《日书》基本相同;再者,周家台秦简《日书》有"二十八宿占图",是研究二十八宿择日的重要文献,九店楚简《日书》第 78 号简也记有十二月的星宿名称;北大汉简《日书》中也有关于二十八宿纪日的详细记载。④ 也就是说,现在所能见到的大部分《日书》都有二十八宿纪日相关的内容,⑤知其并非一时一地之现象,也可知依据二十八宿择日是古日者基本的技能之一。

2. 北大汉简中的二十八宿纪日

　　新近发布的北京大学藏汉简中关于二十八宿纪日的内容非常重要,陈苏镇指出,北大汉简"《雨》篇是用二十八宿纪日的,每月自朔日起,依二十八宿顺序排列,每日一宿……其中正月朔为营宿,二月朔为奎宿,三月朔为胃宿,四月朔为毕宿,五月朔为井宿,六月朔为柳宿,七月朔为张宿,八月朔为角宿,九月朔为氐宿,十月朔为心

---

① 成家彻郎:《睡虎地秦简〈日书·玄戈〉》,王维坤译,《文博》1991 年第 3 期。

② 刘乐贤:《睡虎地秦简〈日书〉二十八宿纪日法补证》,氏著《简帛数术文献探论》。

③ Marc Kalinowski, The Use of the Twenty-eight Xiu as Day_ Count in Early China, *Chinese Science 13*, 1996.

④ 陈苏镇:《北大汉简中的"雨书"》,《文物》2011 年第 6 期。

⑤ 其中不包含放马滩秦简《日书》甲乙种。

宿,十一月朔为斗宿,十二月朔为女宿"。并指出这一朔宿的排列与睡虎地秦墓竹简《日书》甲种和乙种都完全相同,且第二十九、三十、三十一日之宿与当月一日、二日、三日之宿相同。[1] 为方便对二十八宿纪日与择日术的理解,本书特制表如下:[2]

表1 二十八宿纪日法表

	1	2	3	4	5	6	7	8	9	10	11	12	13	14	15
	16	17	18	19	20	21	22	23	24	25	26	27	28	29	30
正	**室**	壁	奎	娄	胃	昴	毕	觜	参	井	鬼	柳	星	张	冀
	轸	角	亢	氐	房	心	尾	箕	斗	牛	女	虚	危		
二	**奎**	娄	胃	昴	毕	觜	参	井	鬼	柳	星	张	冀	**轸**	**角**
	亢	氐	房	心	尾	箕	斗	牛	女	虚	危	室	壁		
三	胃	昴	毕	觜	参	井	鬼	柳	星	张	冀	轸	角	亢	氐
	房	心	尾	箕	斗	牛	女	虚	危	室	壁	奎	娄		
四	毕	觜	参	井	鬼	柳	星	张	冀	轸	角	亢	氐	房	心
	尾	箕	斗	牛	女	虚	危	室	壁	奎	娄	胃	昴		
五	井	鬼	柳	星	张	冀	轸	角	亢	氐	房	心	尾	箕	斗
	牛	女	虚	危	室	壁	奎	娄	胃	昴	毕	觜	参		

[1] 陈苏镇:《北大汉简中的"雨书"》,《文物》2011 年第 6 期。相关讨论可参见工藤元男著,广濑薰雄、曹峰译《睡虎地秦简所见秦代国家与社会》第四章第一节《〈日书〉的形制和内容》,第 122 页;Marc Kalinowski, The Use of the Twenty-eight Xiu as Day-Count in Early China, *Chinese Science* 13, 1996;尚民杰《云梦〈日书〉星宿记日探讨》,《文博》1998 年第 2 期;钟守华《楚、秦简〈日书〉中的二十八宿问题探讨》,《中国科技史杂志》2009 年第 4 期;刘乐贤《简帛数术文献探论》,第 77—78 页。

[2] 需要说明的是,为了方便阅读,这张表格并未考虑每月第二十九、三十、三十一日的情况。

续　表

	1	2	3	4	5	6	7	8	9	10	11	12	13	14	15
	16	17	18	19	20	21	22	23	24	25	26	27	28	29	30
六	柳	星	张	冀	轸	角	亢	氐	房	心	尾	箕	斗	牛	女
	虚	危	室	壁	奎	娄	胃	昴	毕	觜	参	井	鬼		
七	张	冀	轸	角	亢	氐	房	心	尾	箕	斗	牛	女	虚	危
	室	壁	奎	娄	胃	昴	毕	觜	参	井	鬼	柳	星		
八	角	亢	氐	房	心	尾	箕	斗	牛	女	虚	危	室	壁	奎
	娄	胃	昴	毕	觜	参	井	鬼	柳	星	张	冀	轸		
九	氐	房	心	尾	箕	斗	牛	女	虚	危	室	壁	奎	娄	胃
	昴	毕	觜	参	井	鬼	柳	星	张	冀	轸	角	亢		
十	心	尾	箕	斗	牛	女	虚	危	室	壁	奎	娄	胃	昴	毕
	觜	参	井	鬼	柳	星	张	冀	轸	角	亢	氐	房		
十一	斗	牛	女	虚	危	室	壁	奎	娄	胃	昴	毕	觜	参	井
	鬼	柳	星	张	冀	轸	角	亢	氐	房	心	尾	箕		
十二	女	虚	危	室	壁	奎	娄	胃	昴	毕	觜	参	井	鬼	柳
	星	张	冀	轸	角	亢	氐	房	心	尾	箕	斗	牛		

　　可以发现,二十八宿纪日法并非历法意义上的纪日方法,而是由数字(日序)纪日法和干支纪日法推演出来,更多用于择日术的特殊形态的纪日法。事实上,二十八宿纪日法繁琐难用,在日常生活中几乎没有被使用的可能;而它之所以被古日者青睐,主要是因为它同时包含时间和空间两个系统,在占断吉凶方面有特殊的价值。

3. 二十八宿择日术

基于二十八宿纪日法的择日术虽繁琐但并不难懂,其中原理最简单的是睡虎地秦墓竹简《日书》甲种的"星篇"和乙种的"官篇"。① "星篇"首先规定二十八宿每宿的宜忌,在进行择日的时候只需知晓该日所值星宿,然后检索《日书》,即可知该日的吉凶宜忌了,例如甲种"星篇"对星宿"角"的安排是:"角,利祠及行,吉。不可盖屋。取妻,妻妒。生子,为【吏】。(六八正壹)"②那么每月逢角宿日子祭祀、盖屋、取妻、生子方面的吉凶宜忌也就一目了然了。"官篇"的内容类似,例如其中提到:"正月:营室,利祠。不可为室及人之。以取妻,生子,为吏。(八〇正壹)"③陶磊指出,"官篇"其实是将二十八宿分隶于十二月之下,由于该占法的根据是一年中太阳在二十八宿中的位置,所以可以归为历谱家。④

择日方式稍微复杂一点的是睡虎地秦墓竹简《日书》甲种的"玄戈篇",此篇也是学者们讨论较多的部分。⑤ 如果单纯从择日术的角

---

① "星篇"涉及古天文学相关内容,也引起了学者们的注意,相关的研究参刘信芳《睡虎地秦简日书〈星〉与古占星说对读》,武汉大学简帛研究中心主办《简帛》第16辑,上海:上海古籍出版社,2016年。另外,放马滩秦简也出土了"星度"相关的内容,对于古天文历法的研究也具有重要的意义,参孙占宇《放马滩秦简日书"星度"篇初探》,《考古》2011年第4期。另参王胜利《睡虎地〈日书〉"除"篇、"官"篇月星关系考》,《中国历史文物》2004年第5期;孙占宇、鲁家亮《〈星分度〉的距度系统及相关问题》,氏著《放马滩秦简及岳麓秦简〈梦书〉研究》,第122页。

② 睡虎地秦墓竹简整理小组编:《睡虎地秦墓竹简》,图版第94页,释文第191页。

③ 睡虎地秦墓竹简整理小组编:《睡虎地秦墓竹简》,图版第95页,释文第237页。

④ 陶磊:《〈淮南子·天文〉研究——从数术史的角度》,第153页。

⑤ 相关的研究参张闻玉《云梦秦简〈日书〉初探》,《江汉论坛》1987年第4期;张铭洽《睡虎地秦简〈日书·玄戈〉解析》,《秦汉史论丛》第4辑,后收入《张铭洽学术论集》,西安:三秦出版社,2018年;王维坤《睡虎地秦简〈日书·玄戈〉再析》,西北大学秦汉史研究室主编《陈直先生纪念文集》,西安:西北大学出版社,1992年;刘乐贤《睡虎地秦简日书"玄戈篇"新解》,《文博》1994年第4期;刘次沅、马莉萍《睡虎地秦简〈日书·玄戈篇〉新探》,吴永琪主编,秦始皇兵马俑博物馆《论丛》(转下页)

度来讲,此篇将二十八宿中的二十四个两两分为十二组,每组使用四次,然后分配至十二个月;每月分配四组,分别确定吉凶为:大凶、致死、大吉、小吉。刘乐贤认为这四组星宿可能也用来表示方位,例如十月的四组分别为:危、营室;心、尾;毕、觜(觜);张、翼,换算成方位分别是:北方、东方、西方、南方。① 前文也提到,同时包含时间和

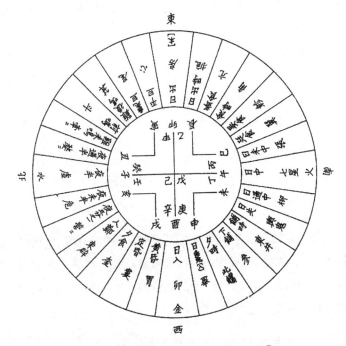

图 2 周家台秦简"二十八宿占"线图②

(接上页)编委会编《秦文化论丛》第 13 辑,西安:三秦出版社,2006 年;王志平《睡虎地〈日书·玄戈篇〉探源》,《文博》1999 年第 5 期;罗见今《睡虎地秦简〈日书〉玄戈篇构成解析》,《自然辩证法通讯》2015 年第 1 期。另外,工藤元男也讨论过"玄戈篇"与日书中所见秦地和楚地占卜方法的异同,参氏著《睡虎地秦简所见秦代国家与社会》第九章《〈日书〉所反映的秦、楚的目光》。

① 刘乐贤:《睡虎地秦简日书研究》,第 83 页。

② 图片来源:湖北省荆州市周梁玉桥遗址博物馆编:《关沮秦汉墓简牍》,第 107 页。

空间的内容也正是古日者青睐二十八宿择日的重要原因,这也是破解"玄戈篇"分组的关键。也就是说,相对于甲种的"星篇"和乙种的"官篇","玄戈篇"在择日的时候考虑了增添月份以及方位的因素,至少在推演方面要比前两者复杂得多;而且"玄戈篇"只说大凶、致死、大吉、小吉四种情况,而不对具体事情——如祭祀、嫁娶做出吉凶判断,虽然看似简略了,但实际上增加了"解释"的空间,可以说是更为严密的择日术。

更为复杂的是周家台秦简《日书》"二十八宿占图",此图的文字部分不仅有四方、十天干、十二地支、二十八宿,还有古文献中很少见到的二十八时制。与此图搭配的还有二十八条判断事件吉凶宜忌的占辞,以及两条操作方式的说明。先来看其中的一条占辞:

> 角:斗乘角,门有客,所言者急事也。狱讼,不吉;约结,成;逐盗、追亡人,得;占病者,已;占行者,未发;占来者,(一八七)未至;占〔市旅〕者,不吉;占物,黄、白;占战斗,不合。(一八八)①

这段占辞的大意是如果斗"乘"角宿,占测门有客、狱讼、约结、逐盗追亡人、占病、占行、占来者、占市旅、占物、占战斗等方面会发生什么样的情况。其他二十七条所占事项大同小异,限于篇幅不再赘述。比较重要的是"求斗术":

> 求斗术曰:以廷子为平旦而左行,数东方平旦以杂之,得其时宿,即斗所乘也。(二四三)此正月平旦系申者,此直引也。今此十二月子日皆为平,宿右行。系行。(二四四)②

整理者认为,占辞之后的简文是操作二十八宿占的方法,此占

---

① 湖北省荆州市周梁玉桥遗址博物馆编:《关沮秦汉墓简牍》,第110页。
② 湖北省荆州市周梁玉桥遗址博物馆编:《关沮秦汉墓简牍》,第117页。

法二十八宿与干支对应关系,类似于汉以下式盘。饶宗颐认为《淮南子·天文》中的"斗击"指的是北斗对冲之神,也就是后人所称的"岁破",如子年在午,丑年在未等。① 李零指出阴阳家"随斗击"也属于"求斗术",斗柄所指为凶,所背为吉。② 而关于"廷"字的含义,整理者引《后汉书·郭太传》李贤注引《仓颉》曰:"直也。"程少轩认为与"日廷图"的"廷"相似,"求斗术"中的"廷"也可以训为"值"。③ 黄儒宣研究认为周家台秦简二十八宿占的操作方式与式盘的原理基本一致,认为其式占功能已经具全于式图之中。④ 刘乐贤曾经根据六朝时代的铜式所列表格,换算出天干、地支、二十八宿的对应关系。⑤

可以注意到,二十八宿与地支也有对应关系,例如子对应虚,酉对应昴,午对应七星,卯对应房,之所以特别列出这四组对应关系,是因为睡虎地秦墓竹简《日书》乙种中有一条简文刚好有相似的内容:

凡坏垣,卯在房,午在七星,子在虚,酉在昴,凶。

(四一贰)⑥

简文的意思是说,卯对应房、午对七星、子对虚、酉对昴的时候,毁坏房屋建筑不吉利。回到周家台秦简《日书》二十八宿占图,可以发现这张图上正好标明的是卯在房,午在七星,子在虚,酉在昴。而

---

① 饶宗颐、曾宪通:《云梦秦简日书研究》,《楚地出土文献三种研究》。
② 李零:《兰台万卷:读〈汉书·艺文志〉(修订版)》,北京:生活·读书·新知三联书店,2013年,第162—163页。
③ 程少轩:《放马滩简式占古佚书研究》第一章《绪论》,第16页。
④ 黄儒宣:《〈日书〉图像研究》,第238页。
⑤ 刘乐贤:《睡虎地秦简日书研究》,第115页。作者指出,地支与星宿如此整齐对称,说明此条简文与古代的式图和五行学说有关;并认为地支卯于五行中代表东方木,而星宿房在式图上正是正东,此时木气太盛,所以不可以坏垣。若依此说,垣为土,木气盛为何不能坏垣,令人费解。
⑥ 睡虎地秦墓竹简整理小组编:《睡虎地秦墓竹简》,图版第112页,释文第236页。

其他八个地支也与星宿对应,如寅对应心,丑对应娄,亥对应危,戌对应胃,申对应毕,未对应柳,巳对应张,辰对应氐。这种对应并无规律可循,很可能是因为这张图被想象成可以转动的,就如同实际使用的式盘那样,例如卯可以在星宿"房",自然也可以在二十八宿中的任何一个,也就是说,如果想象卯是钟表的指针,二十八宿是刻度,那么指针应当是可以沿着刻度旋转的(所谓"左行")。① 前文曾经讨论过,二十八宿与月亮运行的周期有极为密切的关系,而二十八宿占图中天干地支组成的钩绳图以天为单位运行。例如假设某月一日卯对应的是星宿"房",那二日对应的就应当是"心",本月内其他日子以此类推;而其他地支也可以此类推。

也就是说,周家台秦简《日书》二十八宿占所使用的择日方式,其实是对月亮运行二十八宿的模拟。而之所以有"斗乘"某宿的说法,则是将北斗七星想象成了在天空中运行的指针。所以,所谓"二十八宿占",根本上是古代日者巧妙利用了月亮和二十八宿的关系,在简牍上绘制图形模拟了这种关系,并进行了"数术化"操作,以满足择日的需要。

三、小结

总的来说,所谓尊天顺时是对自然世界天体运行规律的遵从,是人们刻意按照自然的规律安排自己的生活,就像人们熟知的"春耕夏耘,秋获冬藏"一样,这其实是一种较为原始的思维方式。古日者在设计择日术的时候显然会认真遵循自然规律,这也是古代择日术的一般特征;然而另一方面古日者也在刻意地运用天文现象,进一步丰富择日术的体系。例如古日者们在观察天文现象的基础之

---

① 相关的研究参黄儒宣《〈日书〉图像研究》,第 238 页。

上，也在尝试用"数"的方式进行总结并对天文进行"数术化"的模拟，也就是在此基础之上，"数术"之学逐渐发展。同时也可以发现，早期较为原始的占卜显然更为重视"物象"，而从"物象"向"数术"的转变则是研究和关注择日术起源必须要注意的问题。

本章小结

本章的核心内容是择日术的起源问题，尝试从"避忌凶恶"和"尊天顺时"两个角度对古代的择日术的源头进行追索，并期待通过这样的过程对古人的时空认知有新的认识。可以发现，时间本身是客观存在的，但人们在认识时间的时候难免会对时间进行情感添加。例如至亲之人在某个时间去世，那么此后再遇到这个时间，自然会有不良的情绪产生，这可以说是择日术之中关于避忌思想的源头。历史早期的人们对于逃避凶恶的方式并没有科学的认知，是以在凶恶和时间之间构建模拟联想，与此同时，天体的规律运行，也会对人们的生活和思想造成影响，历史早期人们会自觉遵循天体运行的规律，这是人们在进行择日行为时的另外一个思想源头。本书认为尊天顺时包含两方面的内容，一方面是对具体的天体运行的遵循，即在择日的时候不违背自然的规律；另一方面古日者们也在试图把天体的运行和天文分布"数学化"模拟然后用于择日，当然随着择日术走向精确，也就有了更多解释和演绎的空间。

第二章 择日术中的阴阳五行与神煞

前文认为择日术起源于避忌凶恶与尊天顺时,本章延续上一章的讨论,主要关注择日术中的阴阳五行和神煞运行与时空认知之间的关系。阴阳本身就带有吉凶属性,而五行的配物系统、五行的生克以及五行与干支之间的关系都可以作为吉凶宜忌设置的依据,是以阴阳五行被广泛用于时日选择术中,由此也可见汉武帝时期"五行家"就被选择作为主要的择日流派是有原因的。与此同时,神煞的铺设也是择日术的核心内容,神煞铺设使用的基本符号是天干地支,主要的依据是日廷图,其中涉及对天文星象的模拟与数术化问题,人们对时空的认知从遵循到模拟和建构的变化是应当引起注意的。

第一节 择日术中的阴阳五行

阴阳五行理论是择日术的核心内容,战国秦汉时期的择日术大多是围绕阴阳五行理论展开的,因而阴阳五行理论可以说是破解择日术奥秘的关键。本节以实际例证论述择日术中的阴阳五行理论,主要从月相的晦朔弦望变化、男日与女日以及五行三合局等问题展开。

一、阴阳与择日术

战国秦汉时期阴阳五行观念为择日术奠定了坚实的理论基础,也使得择日术的体系逐渐完善成熟。《史记》中有"阴阳家",《汉书》中有"五行家",两者在本质上并没有区别,他们擅长的基本内容是阴阳五行理论。

1. 阴阳家与五行家

司马谈"论六家要指"第一就是阴阳家,其中提到:"尝窃观阴阳之术,大祥而众忌讳,使人拘而多所畏;然其序四时之大顺,不可失也。"可见其对阴阳家的推崇。司马谈又说:

> 夫阴阳,四时、八位、十二度、二十四节各有教令,顺之者昌,逆之者不死则亡。未必然也,故曰"使人拘而多畏"。夫春生夏长,秋收冬藏,此天道之大经也,弗顺则无以为天下纲纪,故曰"四时之大顺,不可失也"。①

可以认为,司马谈所谓的"阴阳之术"至少应当包括天文、历法方面的知识,以及择日方面的知识,但总归都与对"时间"的管理和掌握有关。而对"时间"的管理又是史官的基本职事之一,司马谈如此推崇阴阳之术,应当也有这方面的原因。②

另外,《汉书·艺文志》"诸子略"中也有"阴阳家",其中论阴阳

① 《史记》卷一三〇《太史公自序》,第 3289、3290 页。
② 司马迁曾写道:"太史公学天官于唐都。"《天官书》也说"星则唐都",而司马迁自己也曾参与历法的制定。

家的职责：

> 阴阳家者流，盖出于羲和之官，敬顺昊天，历象日月星辰，敬授民时，此其所长也。及拘者为之，则牵于禁忌，泥于小数，舍人事而任鬼神。①

这段话与前引司马谈"论六家要指"中对阴阳家的评价大同小异，而"敬顺昊天，历象日月星辰，敬授民时"这样的语句（亦见于《尚书·尧典》），也是说阴阳家与历法等对"时间"的管理和掌握有关。然而如果单看"阴阳二十一家，三百六十九篇"，很难直接从名称上判断它们与择日术之间的关系。②

汉武帝时代开始，择日流派中的"五行家"开始受到较多的重视，前引《史记·日者列传》褚少孙记载说他为郎时，听太卜待诏为郎者跟他说起，汉武帝时曾聚会占家，询问某日是否宜于取妇：

> 孝武帝时，聚会占家问之，某日可取妇乎？五行家曰可，堪舆家曰不可，建除家曰不吉，丛辰家曰大凶，历家曰小凶，天人家曰小吉，太一家曰大吉。辩讼不决，以状闻。制曰："避诸死忌，以五行为主。"人取于五行者也。③

五行家被选择作为主要的择日流派，显然是因为这一派的技术相对于其他诸家有特长之处，事实上从现在出土的日书文献来看，与五行相关的择日术在理论与实践层面也相对较为成熟。显而易

---

① 《汉书》卷三〇《艺文志》，第1734—1735页。
② 有学者指出，归入"诸子略"的阴阳家其实是齐鲁稷下学子邹衍等人，他们所谓的"五德终始说"实际上是按往旧造说，仍然是脱胎于数术之学，只不过是把原始存在的数术之学哲学化了，提高为类似儒道等家的体系，见李零《长沙子弹库楚帛书研究》，第23页。
③ 《史记》卷一二七《日者列传》，第3222页。

见,五行家的择日之术并不会完全停留在"五行"的层面,而是广泛吸纳当时堪舆、建除以及丛辰等诸家技术,所以后来班固看到的五行家,相比汉武帝时代已经发生了较大的变化。

《汉书·艺文志》将与择日术有关的文献归入"五行家",班固总结道:

> 五行者,五常之形气也。《书》云"初一曰五行,次二曰羞用五事",言进用五事以顺五行也。貌、言、视、听、思心失,而五行之序乱,五星之变作,皆出于律历之数而分为一者也。其法亦起五德终始,推其极则无不至。而小数家因此以为吉凶,而行于世,寖以相乱。①

这段话的前半部分与《五行志》的序言类似,其中有更为深刻的含义,此不深究。② 班固随后认为五行之"法"起源于五德终始之说,其理论已经被发展到无所不至。以五行之法进行择日的被认为是"小数家",这些人利用五行之说判断吉凶。总的来说,班固所谓的"五行家"与司马谈的"阴阳家"的特点非常相似,只是天文、历法方面的知识独立为天文家和历谱家,显然这也是汉代学术的重要变化。

可以认为,阴阳家和五行家在本质上并没有区别,其核心内容都是阴阳五行理论,只是侧重点略有不同。而如果翻检作为择日实用手册的简牍《日书》类文献,也可以发现其中包含了大量与阴阳五行学说有关的内容,下文的主要内容就是讨论阴阳和五行观念对择日术的影响。

---

① 《汉书》卷三〇《艺文志》,第 1769 页。
② 参见陈侃理《儒学、数术与政治——灾异的政治文化史》,北京:北京大学出版社,2016 年。

2. 晦朔弦望的吉凶宜忌

阴阳理论本身就包含对吉凶宜忌的判定,而且阴阳理论的基本问题之一就是阴阳两种势力一直处于变化和消长的过程之中,而在这种过程中,阴阳两种势力均衡的情况是吉利的,无论阴盛阳衰还是阴衰阳盛都是不吉利的。可以发现,晦朔弦望的吉凶宜忌设定正是这种原则的体现。

前文讨论"月生""入月"已涉及月相的晦朔弦望问题,人们认为月亮运行的周期与阴阳势力的消长有关,这种理论认为,自朔日始阴气开始生长,到月望的时候达到极致,然后开始衰弱,至月末达到最弱的程度。正因为月望的时候阴气极盛,所以通常被认为是不吉利的,例如《吕氏春秋·季秋纪》云:"月也者,群阴之本也。月望则蚌蛤实,群阴盈;月晦则蚌蛤虚,群阴亏。"[1]也就是说,月亮作为"群阴之本",月望也就是阴气最盛、阳气最弱的时候。这其实也是说阴阳势力的变换会对人间的事物造成影响,这是阴阳理论用于择日的重要基础之一。《盐铁论·论灾》也有大致相同的内容,其中提到:"故阳光盛于上,众阴之类消于下;月望于天,蚌蛤盛于渊。"[2]此外,《文子·上德》也说:"月望日夺光,阴不可以承阳。"[3]是说在月望这一天阴的势力强于阳的势力,显然并非吉利的景象。到了东汉时期王充对于这种现象也有所反思,《论衡·四讳》说:"月之晦也,日月合宿,纪为一月。犹八日,月中分谓之弦;十五日,日月相望谓之望;三十日,日月合宿谓之晦。晦与弦望一实也,非月晦日月光气与月朔异也,何故逾月谓之吉乎? 如实凶,逾月未可谓吉;如实吉,虽未逾月,犹为可也。"[4]

① 吕不韦编,许维遹集释,梁运华整理:《吕氏春秋集释》,第194页。
② 王利器撰:《盐铁论校注》,北京:中华书局,1992年,第565页。
③ 王利器撰:《文子疏义》,北京:中华书局,2006年,第261页。
④ 王充著,黄晖撰:《论衡校释(附刘盼遂集解)》,第977页。

王充认为"晦与弦望一实也",否认晦与弦望有吉凶宜忌之别,这也说明这种观念在当时社会确实存在。

前文在讨论月亮运行与择日术的时候曾提及睡虎地秦墓竹简《日书》甲种"取妻家女篇"中第十四日"謕詢",第十五日"臣代主",这两日因为是月望日所以都不可以娶妻。同样《日书》中还说"祠史先龙丙、望",①是说祭祀"史先"禁忌在丙日和月望之时,刘乐贤怀疑"史先"可能与"史皇",也就是仓颉有关。② 王子今认为"丙望"是丙日和望日相重叠的日子,并指出"史先"也见于《左传》昭公十七年的记载。③ 后来整理者指出,"史先"的出处仍有待进一步考察。④ 另外,睡虎地《日书》乙种还说:"凡月望,不可取妇、家(嫁)女、入畜生。(一一八)"⑤也是说月望的时候不适合嫁娶和购买牲畜等行为。也许正是因为月望日阴气盛于阳气,所以才把这一天称为"臣代主"。⑥

此外,与月相有关的择日术还包含朔、弦、晦的宜忌,⑦其中月晦也被认为是不吉利的日子,在择日的时候应当避免,例如睡虎地秦

① 睡虎地秦墓竹简整理小组编:《睡虎地秦墓竹简》,图版第 113 页,释文第 225 页。
② 刘乐贤:《睡虎地秦简日书研究》,第 122—123 页。另参李天虹、罗运兵《秦汉简〈日书〉"学"篇的定名:兼谈孔家坡汉简〈日书〉"学"篇的复原》,贾晋华等编《新语文学与早期中国研究》,上海:上海人民出版社,2018 年。
③ 王子今:《睡虎地秦简〈日书〉甲种疏证》,第 490 页。相关的研究参曹建墩《两周祭祀吉日及择吉礼俗考析》,《首都师范大学学报(社会科学版)》2014 年第 2 期。
④ 陈伟主编,彭浩、刘乐贤撰著:《秦简牍合集·释文注释修订本(贰)》,第 463 页。
⑤ 睡虎地秦墓竹简整理小组编:《睡虎地秦墓竹简》,图版第 128 页,释文第 241 页。
⑥ 晏昌贵认为,"臣代主"指的是臣下代替上司,或者甚至是大臣代替皇帝,并且引用刘邦和项羽的言论认为"臣代主"代表了当时民间普遍的心理状态,见氏著《孔家坡汉简〈日书〉天牢篇笺证》,武汉大学简帛研究中心主办《简帛》第 4 辑,上海:上海古籍出版社,2009 年。
⑦ 姜守诚在《〈太平经〉研究——以生命为中心的综合考察》第四章"《太平经》的生育礼俗"中也谈到了"弦望朔晦"禁忌问题,可参看。北京:社会科学文献出版社,2007 年。

墓竹简《日书》甲种说:

> 墨(晦)日,利坏垣、彻屋、出寄者,毋歌。朔日,利如室,毋
> 哭。望,利为囷仓。　　　　　　　　　　　　　　　(一五五背)①

本篇原本没有篇题,后来有整理者将此篇命名为"晦日朔日篇"。② 根据简文可以发现,这一天利于毁坏房屋,不能歌乐,并非什么好日子,在进行择日的时候是应当避开的。"墨"字整理者释读为"晦",刘乐贤引《释名·释书契》曰:"墨,晦也,言似物晦黑也。"③王子今指出,"朔日"之"利如室,毋哭"恰与"墨日"之"利坏垣、彻屋、出寄者,毋歌"相反,④证明古日者在时日禁忌的设置上对朔日和晦日确实进行过认真考量。有学者用"内""外"与阴阳解释晦日禁忌,认为晦日是月缺过程的最后一天,属于阳的时间阶段,是阴最衰弱而阳最旺盛的时候,拆毁墙壁和房屋都和"外"这个概念有明显的关系,所以是吉利的。⑤

另外,马王堆帛书《五十二病方》中记载在晦日除病的药方,例如其中一条云:

---

① 睡虎地秦墓竹简整理小组编:《睡虎地秦墓竹简》,图版第 115 页,释文第 227 页。另外,同样在睡虎地秦墓竹简《日书》中有"春三月季庚辛,夏三月季壬癸,秋三月季甲乙,冬三月季丙丁,此大败日",天干与季节搭配组成大败日,这可能与五行理论在择日中的运用有关,但干支纪日,一个月三十天天干必定要出现三次,分别叫孟、仲、季,最后一次出现的天干"季"被认为不吉,或许也与阴阳观念有关。

② 武汉大学简帛研究中心、湖北省博物馆、湖北省文物考古研究所编,陈伟主编:《秦简牍合集(壹)》,第 507 页。

③ 刘乐贤:《睡虎地秦简日书研究》,第 66 页。

④ 王子今:《睡虎地秦简〈日书〉甲种疏证》,第 514 页。

⑤ 贝山(Sandor P. Szabo):《阴阳概念的时空关系与九店楚简》,丁四新主编《楚地简帛思想研究(三)·"新出楚简国际学术研讨会"论文集》,武汉:湖北教育出版社,2007 年。

一,以月晦日之丘井有水者,以敝帚骚(扫)尤(疣)二七,祝曰:"今日月晦,骚(扫)尤(疣)北。"入帚井中。①

意思是说在月晦日用扫帚扫除身上的疾病,然后将扫帚也一同丢弃在井里。这表明在晦日去除"晦事"的观念可能很早就产生了。② 而且晦日的禁忌一直延续到明清时期,如《协纪辨方书》说:"止不忌祭祀、解除、沐浴、整容、剃头、整手足甲、补垣塞穴、扫舍宇、修饰垣墙、平治道途、破屋坏垣、伐木,余事皆忌。"③而时至今日的"除夕"习俗可能也与此有关。

另外,晦日也不利于军事行动,相关的观念在春秋战国的时代就已经出现了,例如《左传》成公十六年郤至在晋楚鄢陵之战中说"楚有六间",其中之一就是"陈不违晦",并认为楚军"以犯天忌,我必克之"。杜预注云"晦,月终,阴之尽,故兵家以为忌",是以阴阳观念解释晦日的禁忌。孔颖达疏也说:"日为阳精,月为阴精。兵尚杀害,阴之道也,行兵贵月盛之时,晦是月终,阴之尽也,故兵家以晦为忌,不用晦日陈兵也。"④这里的意思是说与刑杀有关的军事活动,应当避免在阴气将尽的晦日进行。尚秉和引杜预注说:"月终阴之尽,故兵家忌之。"⑤吕思勉也注意到这个问题,他指出昭公二十三年有"戊辰晦,战于鸡父",注曰:"七月二十九日。违兵忌晦战,击楚所不意。"另外吕思勉还提到《史记》说匈奴随月盛壮以攻战,月亏则退

---

① 马王堆汉墓帛书整理小组编:《马王堆汉墓帛书五十二病方》,北京:文物出版社,1979 年,第 55—56 页。
② 相关的研究参刘玉堂、贾海燕《马王堆帛书〈五十二病方·祛疣〉所涉之巫术与民俗》,《中南民族大学学报》2009 年第 1 期。
③ 谢路军主编,郑同点校:《钦定协纪辨方书》,北京:华凌出版社,2009 年,第 272 页。
④《春秋左传正义》,阮元校刻《十三经注疏》,第 1918 页。
⑤ 尚秉和著,萧文、谭松林点校:《历代社会风俗事物考》,第 272 页。

兵,亦中国古法。① 也有论者引《司马法》云"月食班师,所以省战",指出战国以来的术家以月为太阴,军事行动为刑杀亦属阴道,所以月望时用兵吉利,月亏时则不吉。②

后世晦日有百官休假的习俗,《魏书·尔朱世隆传》云:"又此年正月晦日,令、仆并不上省,西门不开。"③《新唐书·宋申锡传》也说:"时二月晦,群司皆休,中人驰召宰相,马奔乏死于道,易所乘以复命。"④也有学者提到晦日民间禁忌制作衣服等习俗,可参看。⑤另外也可以认为,每月月底为晦日的习俗与年终的系列习俗有着直接的关联,例如东汉时期有在"先腊一日"举行大傩仪式的习俗,即在每年最后一个月的月底举行类似扫除秽恶的活动,据《续汉书·礼仪志》记载:"季冬之月,星回岁终,阴阳以交,劳农大享腊。先腊一日,大傩,谓之逐疫。"⑥《风俗通义·祀典》引用太史丞邓平的话说:"腊者,所以迎刑送德也。大寒至,常恐阴胜,故以戌日腊。戌者,土气也,用其日杀鸡以谢刑德。雄著门,雌著户,以和阴阳,调寒暑,节风雨也。"⑦

与晦日不同,朔日并非特别的凶日,但也不是明显的吉日。例如马王堆帛书《五十二病方》有朔日制作药物和饮药治病的记载,其

① 吕思勉:《吕思勉读史札记》,《吕思勉全集》。也有学者认为"陈不违晦"指的是"晦日列阵不可喧嚣",并认为"兵家以晦为忌"的说法是断章取义张冠李戴,参陆星原《卜辞月相与商王年代》第一篇第五节《"晦"的起源——殷虚卜辞所见月相考》,第46页。

② 邵鸿:《春秋军事术数考述——以〈左传〉为中心》,《南昌大学学报(人文社会科学版)》1999年第1期。

③《魏书》卷七五《尔朱世隆传》,北京:中华书局,1974年,第1760页。

④《新唐书》卷一五二《宋申锡传》,第4845页。

⑤ 刘道超:《易学与民俗》,北京:中国书店,2008年,第218页。

⑥《后汉书》,第3127页。

⑦ 应劭撰,王利器校注:《风俗通义校注》,北京:中华书局,1981年,第374页。

中提到："以朔日，葵茎靡（磨）又（疣）二七，言曰：'今日朔，靡（磨）又（疣）以葵戟。'"①李零指出此方是以葵茎磨疣十四遍，祝之，又以椒根或菌根投于泽渊。② 也有研究者指出，本方是采用祝由术结合磨疣方治疗疣病的记载。③ 朔日可以治疗疾病，显然并非是晦日那样的忌日。前引睡虎地秦墓竹简《日书》甲种说"朔日，利入室，毋哭"，是说朔日是可以入室的吉日。而《日书》乙种说："正月、七月朔日，以出母〔女〕、取妇，夫妻必有死者。以筑（築）室，室不居。（一一七）"④这里提到如果在正月和七月的朔日进行婚嫁和建筑房屋，都是不吉利的，显然与甲种所谓"利入室，毋哭"的吉日不同，这至少说明在朔日设置吉凶宜忌并没有统一。邓文宽指出，在敦煌历日中，弦、望、晦、朔日的宜忌也规定得明明白白的，其中《宋雍熙三年丙戌岁（986）具注历日并序》说："朔日不会客及歌乐，晦日不裁衣及动乐……弦、望日不合酒酢及杀生。"⑤虽然朔日不适合会客和歌乐，但也不是明显的忌日。

另外，魏晋时期文献中有"晦歌朔哭"的规定，《颜氏家训》引

---

① 马王堆汉墓帛书整理小组：《马王堆汉墓帛书五十二病方》，第55—56页。参马继兴《马王堆汉墓出土医书释文（二）》，《马继兴医学文集（1943—2009）》，北京：中医古籍出版社，2009年。

② 李零：《中国方术考（修订本）》第五章《炼丹术的起源和服食、祝由》，第334页。

③ 张雷：《马王堆汉墓帛书〈五十二病方〉集注》，北京：中医古籍出版社，2017年，第162—163页。

④ 睡虎地秦墓竹简整理小组：《睡虎地秦墓竹简》，图版第128页，释文第241页。本简与"凡月望，不可取妇、家〔嫁〕女、入畜生"一同，被命名为"朔望忌"，参刘乐贤《睡虎地秦简日书研究》，第357页。另参陈伟主编，彭浩、刘乐贤撰著《秦简牍合集·释文注释修订本（贰）》，第503页。

⑤ 邓文宽认为其中的差别反映了时代的推移引起的部分变化，但《日书》和敦煌具注历的立意是相通的。参邓文宽《敦煌历日与出土战国秦汉〈日书〉的文化关联》，《汉语史学报（第3辑）·姜亮夫蒋礼鸿郭在贻先生纪念文集》，上海：上海教育出版社，2003年。

"道书"曰"晦歌朔哭,皆当有罪,天夺其算",但《颜氏家训》认为:"丧家朔望,哀感弥深,宁当惜寿,又不哭也?亦不谕。"①《颜氏家训》所引的"道书"大概是当时社会流行的时日禁忌之类的书籍,其中强调晦日和朔日在禁忌设置上是相对的,如果晦日为凶日,那么朔日也就自然为吉日了。另外《抱朴子·微旨》说司命"夺算"的行为也包括"晦歌朔哭"。②

虽然朔日并无特别的宜忌,但朔日出现的现象经常被用来预测吉凶,例如睡虎地秦墓竹简《日书》甲种乙种的"稷辰篇"都有"正月以朔"的说法,例如甲种说:"秀……正月以朔,旱,岁善,有兵。(三三正)"③文意是如果正月的朔日天气较为干旱,会发生"岁善""有兵"等情况。整理小组注释说:"《史记·天官书》:'凡候岁美恶,谨候岁始。'又云'汉魏鲜集腊明正月旦决八风',均与此相近。正月朔即岁始,亦即正月旦。"王子今认为,这里的"岁善""岁恶"之说是就农业收成而言的,而"岁"其实也就是农人通常所说的"年景"。④ 显然这条简是根据正月初一的天气情况预测一年的收成,而这在民俗中较为常见。⑤

可以发现,古日者们在设计吉凶宜忌的时候,考虑到了一个月范围之内阴阳的势力的转换情况,大体上来说,月望的时候阴的势力比较强,对于需要阴阳和合的行为,例如婚姻嫁娶等,是不吉利的;而月晦日的时候阴的势力比较弱,可以进行清除秽厄之类的事情。相对来说月初的朔日并非特别的吉日,也不是特别的凶日,但人们通过观察朔日出现的现象来预测吉凶,这也是应当注意的问

① 颜之推撰,王利器撰:《颜氏家训集解》,第96—97页。
② 葛洪著,王明校释:《抱朴子内篇校释》,北京:中华书局,1985年,第126页。
③ 睡虎地秦墓竹简整理小组编:《睡虎地秦墓竹简》,图版第91页,释文第184页。
④ 王子今:《睡虎地秦简〈日书〉甲种疏证》,第95页。
⑤ 贾艳红:《汉代民间信仰与地方政治研究》,第234页。

题。总体上来说,阴阳和合为吉,阴强侵阳、阳强侵阴都是不吉利的,这是人们依据阴阳观念设定时日吉凶宜忌的最主要原则。

二、男日、女日与阴阳观念

《日书》文献中男日与女日以及相关吉凶的设定,也贯穿了阴阳和合为吉,阴阳失衡为凶的基本原则,这种原则在不同时期和不同地域的《日书》中基本统一,这说明阴阳相关的理论和学说在较大时空范围内被接受。

1. 男女与牝牡

"男日"与"女日"在出土的秦汉简牍《日书》中较为常见,与之相类似的还有男子日、女子日以及牝日、牡日等,可以与传世文献中的"刚日"与"柔日"对照考察。根据《日书》的说法,男日与女日搭配使用为吉,纯为男日或者纯为女日为凶,这正与文献中常见的刚日与柔日的用法相同。也就是说,传世与出土文献均遵循了阴阳和合为吉、阴阳失衡为凶的基本原则。

在文献记载之中,男女、牝牡经常用于表示人与动物的性别,例如《史记·龟策列传》说:"禽兽有牝牡,置之山原。鸟有雌雄,布之林泽……夫妻男女,赋之田宅,列其室屋。"①《汉书·司马迁传》说:"《诗》记山川溪谷禽兽草木牝牡雌雄,故长于风。"②而《日书》中的"男女"与"牝牡"显然也是借用自然界中的性别表示方法,来区分两种不同或者相互对立的日子。睡虎地、孔家坡等地出土《日书》中都有男日、女日和男子日、女子日以及牝日、牡日的简文,通过考察可以发现这三种日子的选择方式基本相同。

睡虎地秦简《日书》中有牝日、牡日,男日、女日,男子日、女子日以

---

① 《史记》卷一二八《龟策列传》,第3232页。
② 《汉书》卷六二《司马迁传》,第2717页。

及牝月、牡月等四类相关的说法,分别属于"取妻家女篇""葬日篇""人日篇"与"男子日篇",用于选择嫁娶之日、葬日,或者用于预测病愈之日等,其中选择葬日的内容占了主要部分。相关简文如下:

([取妻家女]篇):

子、寅、卯、巳、酉、戌为牡日,·丑、辰、申、午、未、亥为牝。牝日以葬,必复之。 (一一背)

十二月、正月、七月、八月为牡月,·三月、四月、九月、十月为牝月。牝月牡日取妻,吉。 (一二背)①

(葬日篇):

葬日,子、卯、巳、酉、戌,是谓男日·午、未、申、丑、亥、辰,是谓女日。女日死,女日葬, (三〇正贰)

必复之,男子亦然。·凡丁丑不可以葬,葬必参。

(三一正贰)②

人日篇:

凡子、卯、寅、酉男子日,·午、未、申、丑、亥女子日。以女子日病,病瘳,必复之。以女子日死,死以葬,必复之。男子日如是。 (一〇八)③

---

① 睡虎地秦墓竹简整理小组编:《睡虎地秦墓竹简》,图版第 103 页,释文第 209 页。这两段简文所在的篇章原本没有篇名,现在的篇名为王子今所加,见氏著《睡虎地秦简〈日书〉甲种疏证》,第 310 页。后来也有学者将本段简文称为"取妻出女"篇,见陈伟主编,彭浩,刘乐贤等撰著《秦简牍合集·释文注释修订本(贰)》,第 404 页。

② 睡虎地秦墓竹简整理小组编:《睡虎地秦墓竹简》,图版第 91 页,释文第 187 页。本篇原本也没有篇名,现在的篇名为王子今所加,见氏著《睡虎地秦简〈日书〉甲种疏证》,第 132 页。

③ 睡虎地秦墓竹简整理小组编:《睡虎地秦墓竹简》,图版第 127 页,释文第 240 页。本篇位于《日书》乙种,"人日"是原本的标题,刘乐贤认为本篇人日是男子日和女子日的合称,与"诸良日篇"的"人良日",以及后代民俗中的"人日"都有明显的区别,见氏著《睡虎地秦简日书研究》,第 355 页。

男子日篇：

　　男子日,寅、卯、子、巳、戌、酉,女子日,辰、午、未、申、亥、丑。
　　　　　　　　　　　　　　　　　　　　　　　　(一〇九)①

　　通过对以上简文的分析可以发现,睡虎地秦简《日书》中男日、女日和男子日、女子日以及牝日、牡日均以地支作为选择根据,这些地支虽然并未按常见的十二地支顺序排列,但搭配固定,即如果一个地支为男日所用,就不会出现在女日里;而一个地支为女日所用,也不会出现在男日里。②

　　在天水放马滩秦简《日书》甲种和乙种里也都有与睡虎地秦简《日书》类似的内容:

冈楺(刚柔)日篇

　　男日(子)卯寅巳酉戌,·女日午未申丑亥辰　　　(甲一)

　　以女日病以女日廖,必女日复之,以女日　　　　(甲二)

　　死以女日葬,必复之。男日亦如是　　　　　　　(甲三)

　　谓冈(刚)楺(柔)之日　　　　　　　　　　　　(甲四)③

牝牡月日篇

　　正月、二月、六月、七月、八月、十二月为牡月　(乙八四)

　　三月、四月、五月、九月、十月、十一月为牝月　(乙八五)

　　□□戌、子、寅为牡日　　　　　　　　　　　　(乙八六)

　　□□未、申、亥为牝日　　　　　　　　　　　　(乙八七)

―――――――――

① 睡虎地秦墓竹简整理小组编:《睡虎地秦墓竹简》,图版第128页,释文第240页。本篇位于《日书》乙种,"男子日"是原本的标题。

② 参孙占宇、鲁家亮《放马滩秦简及岳麓秦简〈梦书〉研究》,第176页。

③ 甘肃省文物考古研究所编:《天水放马滩秦简》,图版第7页,释文第1页。本篇原本没有篇题,现在的篇题是孙占宇所加,见氏著《天水放马滩秦简集释》,第72页。本篇的部分释文也依据孙占宇改定,孙占宇还认为,这批简牍中的"男女日""刚柔日""阴阳日""牝牡日"皆为一事,此说可参。另外放马滩秦简乙种之中也有大致相同的内容。

九月牡日牡月牡日取妻皆吉 （乙八八）

·牡日死必以牝日葬，牝日死必以牡日葬，不然必复之

（乙八九）①

冈楺（刚柔）日篇

男日子、卯、寅、巳、酉、戌；女日午、未、申、丑、亥、辰。以女日病以女日瘳，必女日复之；以女日死以女日葬，必复之。男日亦如是。谓冈（刚）〔楺（柔）之日〕。②

冈（刚）柔日篇

凡甲、丙、戊、庚、壬、子、寅、巳、酉、〔卯、戌〕，是胃（谓）冈（刚）日、阳〔日〕，牡日殹，女子之吉日殹；　　　　　（一一三）

凡乙、丁、己、辛、癸、丑、辰、午、未、申、亥，是胃（谓）柔日、阴日、牝日殹，男子之吉日殹。　　　　　（一一三）③

① 甘肃省文物考古研究所编：《天水放马滩秦简》，图版第25页，释文第83页。本篇位于《日书》乙种，原本没有篇题，主要内容是将十二月和十二地支划分为牝、牡两类，强调嫁娶丧葬择日时牝、牡月的搭配，现在的篇题是孙占宇所加，见氏著《天水放马滩秦简集释》，第129页。刘青将本篇析分为"牝牡月"（简84壹—简85壹）"牝牡日"（简86壹—简88）以及"葬日"（简89）三篇。刘青：《放马滩秦简〈日书〉乙种集释》，武汉大学硕士学位论文，2010。后来也有整理者认为这些简文之中牝牡月和牝牡日都是配合使用的，不应析分，见武汉大学简帛研究中心、甘肃简牍博物馆、四川省文物考古研究所编，陈伟主编《秦简牍合集（肆）》，第56页。

② 甘肃省文物考古研究所编：《天水放马滩秦简》，图版第26页，释文第91页。本篇位于《日书》乙种，释文参考了孙占宇，原本没有篇题，现有篇题为孙占宇所加，孙占宇指出："整理者所编乙九一号简实由两枚断简拼接而成，今析分为上、下两段。乙九三号简实由三枚断简拼接而成，今析分为上、中、下三段。"孙占宇：《天水放马滩秦简集释》，第131页。

③ 甘肃省文物考古研究所编：《天水放马滩秦简》，图版第28页，释文第92页。本篇位于《日书》乙种，原本没有标题，孙占宇命名为"冈（刚）柔日"，并指出本篇的主要内容是"列举了何日为冈（刚）日、何日为柔日，并对冈（刚）柔日的种种异名及其属性进行了简要的说明……前文所见刚柔皆以日支划分，本篇中又将日干分为刚、柔两类"，孙占宇还认为"本篇中以男日为女子吉日，女日为男子吉日，是古代阴阳学说的基本内核"，这样的判断是值得重视的，参孙占宇《天水放马滩秦简集释》，第140页。

与睡虎地秦简《日书》简文一样，放马滩简中的男女、牝牡也均以地支作为选择依据，而且地支的选择也基本与睡虎地秦简相同，牝月和牡月也与睡虎地秦简《日书》相似。

另外，相同的内容也可以在孔家坡汉简《日书》"牝牡月篇"和"牝牡日篇"见到：

牝牡月

十二月、正月、二月、六月、七月、八月为牡月。（一八四壹）

……十一月为牝月。　　　　　　　　（一八五壹）

……为牡日，牡日以死及葬，必复之。……为牝日，牝日以死及葬，必复之。　　　　　　　　　（一八六壹）①

通过对以上不同时期不同地域的《日书》有关男女日及牝牡日简文的考察，可以发现一些规律及共同之处。为便说明，本书根据以上简文将男日、女日与牝月、牡月分别制表如下：②

表2　男日女日表

出处	篇名	名称	地	支				名称	地	支				
睡虎地	取妻家女	**牡日**	子	寅	卯		酉	戌	**牝日**	丑	辰	午	未	申	亥
	葬日	**男日**	子		卯	巳	酉	戌	**女日**	丑	辰	午	未	申	亥
	人日	**男子日**	子	寅	卯		酉		**女子日**	丑		午	未	申	亥
	男子日	**男子日**	子	寅	卯	巳	酉	戌	**女子日**	丑	辰	午	未	申	亥

---

① 湖北省文物考古研究所、随州市考古队编：《随州孔家坡汉墓简牍》，图版第83页，释文第152页。

② 说明：简文中地支顺序凌乱，但考简文内容可发现其顺序与择日无必然联系，因而将其按照十二支顺序重新排列。

出处	篇名	名称	地　支					名称	地　支					
放马滩		**男日**		寅	卯	巳	酉	戌	**女日**	丑	辰	午	未	申	亥
		牡日	子	寅				戌	**牝日**				未	申	亥
		男日	子	寅	卯	巳	酉	戌	**女日**	丑	辰		未	申	亥

　　由表2可以发现：第一，上表中黑体字牡日、男日和男子日所使用的地支基本相同,牝日、女日和女子日也基本相同,可以认为这是同一种日子的不同的表述方式;第二,睡虎地秦简与放马滩秦简中,子、寅、卯、巳、酉、戌这六个地支固定为男日所用,丑、辰、申、午、未、亥这六个地支固定为女日所用,证明其并非任意组合。另外只有睡虎地秦简《日书》"男子日篇"使用了全部的十二个地支,其他的均不同程度缺少个别地支,这种残缺有可能属于漏抄,也有可能属于残断(例如孔家坡汉简《日书》中的牡日和牝日简就是残断的),但也有可能是特别的安排(例如放马滩《日书》的牝日和牡日仅各使用了三个地支,应当是别有用意),相关的内容仍有可以继续探讨的空间。

　　下面再看三种《日书》中牡月和牝月的排列情况：

表3　牡月牝月表

出处	名称	地　支						名称	地　支					
睡虎地	**牡月**	十二	正			七	八	**牝月**	三	四		九	十	
放马滩	**牡月**	十二	正	二	六	七	八	**牝月**	三	四	五	九	十	十一
孔家坡	**牡月**	十二	正	二	六	七	八	**牝月**						十一

由表3可知，牡月和牝月选择的情况是，十二月、正月、二月、六月、七月、八月固定为牡月，三月、四月、五月、九月、十月、十一月固定为牝月。牡月和牝月的选择比较有规律，即自十二月始，每隔三个月转换一次。①

从前述关于男日、女日的相关讨论，可以得出以下几个结论：

首先，子、寅、卯、巳、酉、戌这六个地支固定为男日（牡日、男子日）所用；丑、辰、申、午、未、亥这六个地支固定为女日（牝日、女子日）所用，而且从睡虎地秦简到放马滩秦简，再到孔家坡汉简关于男女牝牡日的记载大致相同，证明其自有传统，并非任意组合。然而男女牝牡这样的排列方式与《礼记》和《淮南子》等文献记载的刚日、柔日不同，显示两者属于不同的系统。

其次，正月、二月、六月、七月、八月、十二月固定为牡月，三月、四月、五月、九月、十月、十一月固定为牝月。可知牡月和牝月自十二月始，每隔三个月转换一次，与王充提到的"月之奇偶"不同。很明显，出土文献中男日女日以及牝月牡月排列方式与传世文献中日之刚柔、月之奇偶不同。

第三，《日书》中的男日、女日与传世文献中的刚柔日相同的是背后的数术思想及择日方式，即涉及到婚姻嫁娶之类的事情，以阴阳和合为吉，例如睡虎地秦简"取妻家女篇"中所谓"牝月牡日取妻"是阴阳和合的好日子，这其实也就是王充所谓的"日吉无害，刚柔相

① 程少轩认为牝牡月是按季节划分的，春秋为牝，夏冬为牡，也就是说程少轩认为十二月、正月、二月称为冬季，六月、七月、八月称为夏季，均为牡月；三月、四月、五月称为春季，九月、十月、十一月称为秋季，均为牝月。但也有学者就月份所属的季节有不同意见，例如刘乐贤就认为春季的三个月为正月、二月、三月（见氏著《睡虎地秦简日书研究》，第205页），所以程少轩关于牝牡与季节关系的看法姑且存疑。见程少轩《放马滩秦简"刚柔日"小考》，见复旦大学出土文献与古文字研究中心网站2010年2月5日首发（http://www.guwenzi.com/SrcShow.asp?Src_ID=1075）。

得,奇耦相应,乃为吉良"。可见阴阳和合为吉,阴阳失衡为凶的思想具有共通性。

2. 阴阳刚柔

男日和女日以及牡日、牝日乃至牡月、牝月这样的说法在文献中很少见到,文献中与之类似的是刚日与柔日。① 十天干和十二地支被古人按照奇偶分为阴阳刚柔,通常奇数为刚日,偶数为柔日。② 至于刚日和柔日的使用方式,《礼记·曲礼上》说"外事以刚日,内事以柔日",郑玄注认为"顺其出为阳,居内为阴",根据孔颖达疏,外事指的是郊外之事,内事指的是国内之事,孔颖达疏也说:"十日有五奇五偶,甲丙戊庚壬五奇为刚也,乙丁己辛癸五偶为柔也。"③孙希旦《集解》说:"田猎出兵,亦为外事,故《诗》言'吉日维戊,既伯既祷','吉日庚午,既差我马',《春秋》'甲午治兵',皆刚日也。冠、昏、丧、祭,亦为内事,故《士虞礼》三虞皆用柔日。《少牢礼》曰:'日用丁巳。'《春秋》书葬皆柔日。祭天为外事而用辛,卒哭为内事而用刚日,自为别义,不在此限也。"④可知刚柔的选择确实是考虑了择日事项的阴阳情况。《淮南子·天文》说:"凡日,甲刚乙柔,丙刚丁柔,以至于癸。"⑤也就是说刚日固定为甲、丙、戊、庚、壬,柔日固定为乙、丁、己、辛、癸。

到汉代以后与阴阳刚柔有关的择日术就要繁复得多了,王充

---

① 《医心方》引《素女论》说"五月十六日,天地牝牡日,不可行房",但这里所谓的天地牝牡日与《日书》中牝牡日的选择方式不同,见丹波康赖撰,翟双庆等校注《医心方》,第1156页。

② 有学者认为干支刚柔的划分可能在西周时期,见刘瑛《〈左传〉、〈国语〉方术研究》,第217页。

③ 《礼记正义》,阮元校刻《十三经注疏》,第2709页。

④ 孙希旦撰,沈啸寰、王星贤点校:《礼记集解》,第92页。

⑤ 刘安编,何宁撰:《淮南子集释》,第269页。

《论衡·讥日》引《葬历》说:"日之不害,又求日之刚柔,刚柔既合,又索月之奇耦。"①王充所说的"奇月"应该是正月、三月、五月、七月、九月、十一月;"耦(偶)月"应该是二月、四月、六月、八月、十月、十二月。另外王充还说:"葬避九空地臽,及日之刚柔,月之奇耦。日吉无害,刚柔相得,奇耦相应,乃为吉良。不合此历,转为凶恶。"②也就是说,汉代人在择日的时候也考虑了月份的奇偶状况,并与日的刚柔进行配合。以丧葬为例,如果死日是刚日,葬日是柔日,那么就是吉利的,而如果下葬之月是偶月,那也是吉利的,反之则为凶。可以发现,王充提到的情况与《日书》中关于男日和女日的说法更为接近。

由上可知,刚日和柔日是以天干作为选择依据,刚日和柔日排列较为有规律,即甲、丙、戊、庚、壬位于奇数位置的天干固定为刚日,乙、丁、己、辛、癸位于偶数位置的天干固定为柔日;而由天干与地支的搭配规律可知,地支子、寅、辰、午、申、戌也应该是刚日,丑、卯、巳、未、酉、亥也应该是柔日。刚日和柔日在秦汉以后的文献中较为常见,选择方式也与《淮南子》相同,也均以甲、丙、戊、庚、壬为刚日,称为"五奇";乙、丁、己、辛、癸为柔日,称为"五偶"。③ 很明显,刚日和柔日"五奇"及"五偶"与《日书》中的男日、女日、牝日、牡日的排列方式不同。

至于男女刚柔与阴阳的关系,《周易·系辞上》就有"乾道成男,坤道成女"的说法,同篇还说:"天尊地卑,乾坤定矣。卑高以陈,贵贱位矣。动静有常,刚柔断矣。"④而牝牡与阴阳的关系,扬雄《太玄

---

① 王充著,黄晖撰:《论衡校释(附刘盼遂集解)》,第989页。
② 王充著,黄晖撰:《论衡校释(附刘盼遂集解)》,第989页。
③ 王先谦:《诗三家义集疏》,北京:中华书局,1987年,第214页。
④《周易正义》,阮元校刻《十三经注疏》,第76页。

经》说:"昼以好之,夜以丑之,一昼一夜,阴阳分索。夜道极阴,昼道极阳。牝牡群贞,以摘吉凶,而君臣、父子、夫妇之道辨矣。"校释云:"贞,正。阴性为牝,阳性为牡。意为:阴阳配合适当,各得其所,以张舒吉凶之事。"①范望注曰:"阴为牝,阳为牡。阴阳牝牡,万物化生,各得其正。"②牝牡与阴阳的关系是非常明显的。另外,《史记·天官书》也说"金在南曰牝牡",《史记索隐》引晋灼曰:"岁,阳也,太白,阴也,故曰牝牡也。"《史记正义》引《星经》云:"金在南,木在北,名曰牝牡,年谷大熟。金在北,木在南,其年或有或无。"③也就是说,金星(太白)的五行属性为阴,阴在五行属阳的南方,为阴阳结合;同理,木星(岁)的五行属阳,在五行属阴的北方也同样为阴阳结合,所以被称为"牝牡"。④

阴阳刚柔择日术至后代继续发展,有学者认为《日书》中牝月牡日的说法与明清数术文献中的"阴阳不将"相似。⑤ 所谓"阴阳不将"是明清时期流行甚广的一种嫁娶吉日,卢央指出,阴阳不将是堪舆家的吉日,凡事可用,只有六月戊午为逐阵不可用。⑥ 黄一农采信敦煌具注历材料证明这样的吉日从唐代开始就已经盛行。⑦ 有学者注意到,元代司天监的考试题目中,有"婚书题一道":"假令问正月

①扬雄撰,郑万耕校释:《太玄校释》,北京:中华书局,2014 年,第 255 页。有论者以为,这段话的含义是扬雄用他的天文学知识,为三纲的理论提供证据,参黄开国《一位玄静的儒学伦理大师:扬雄思想初探》,成都:巴蜀书社,1989 年,第 106 页。另参解丽霞《扬雄与汉代经学》,广州:广东人民出版社,2011 年,第 120 页。

②范望:《太玄经解赞》卷七,明玉镜堂刻本。

③《史记》卷二七《天官书》,1320 页。

④参赵继宁《"史记·天官书"研究》,兰州:甘肃人民出版社,2015 年,第 389 页。

⑤黄启书:《出土日书资料与现存元明清通书内容比较研究》,国科会研究计划成果报告,NSC 91－2411－H－002－056,2002 年 8 月 1 日至 2003 年 7 月 31 日。

⑥卢央:《中国古代星占学》,第 129 页。

⑦黄一农:《嫁娶宜忌:选择术中的"亥不行嫁"与"阴阳不将"》,氏著《社会天文学史十讲》。

内阴阳不将日有几日?"可见"阴阳不将"需要一定的测算技巧。①
黄一农注意到,阴阳不将遁法的具体叙述,最早或见于元代司天算
历科管勾曹振圭所撰的《历事明原》。②《协纪辨方书·事类总集》
说:"凡嫁娶吉日,宜不将、天德、月德、天德合、月德合、母仓、黄道,
上吉。"③也就是说,在清代民间择日民俗中,已经将"阴阳不将"排
在所有嫁娶吉日的首位。

《协纪辨方书》引《天宝历》详述阴阳不将的选择方式:

> 阴阳不将者,以月建为阳,谓之阳建,正月起寅顺行十二
> 辰;月厌为阴,谓之阴建,正月起戌,逆行十二辰。分于卯酉,会
> 于子午,厌前枝干自相配者为阳将,厌后枝干自相配者为阴将,
> 厌后干配厌前枝者为阴阳俱将,厌前干配厌后枝者为阴阳不将
> 也。阳将伤夫,阴将伤妇,阴阳俱将夫妇俱伤,阴阳不将夫妇荣
> 昌。戊己之干位在中央,戊为阳土寄于艮,己为阴土寄于坤,经
> 曰:春冬己不将,秋夏戊不将。④

虽然"阴阳不将"的选择方式看起来非常繁琐,但基本原理就是
以月建和月厌两种神煞在式图上的运行来判定干与支的阴阳属性,
也就是说,"阴阳不将"日是同一日的天干与地支阴阳属性不同。
"阴阳不将"是择日术发展到一定阶段,神煞理论基本成熟之时的产
物,但吉凶设置的基本思路与前文提到的男女牝牡日和刚柔日相
同,即都以阴阳和合为吉,阴阳无法协调就会造成"夫妇俱伤"。

---

① 陈晓中、张淑莉:《中国古代天文机构与天文教育》,北京:中国科学技术出版社,
2008年,第300页。
② 黄一农:《嫁娶宜忌:选择术中的"亥不行嫁"与"阴阳不将"》,氏著《社会天文学
史十讲》。
③ 谢路军主编,郑同点校:《钦定协纪辨方书》,第975页。
④ 谢路军主编,郑同点校:《钦定协纪辨方书》,第261页。

3. 男女日实例考察

两汉史书中明确记载的婚姻之日主要是各个皇帝立皇后之日，本书从前四史中检索出两汉以及三国时期的皇帝立后的月份及日干支，并判断其牝牡、刚柔，制表如下。表4中月和日的牝牡的设定来自睡虎地、放马滩与孔家坡《日书》的规定，刚柔日来自《淮南子》中所谓的"甲刚乙柔"的说法，黑体字是《协纪辨方书》中规定的每个月的"阴阳不将"日。

表4　汉代立后日表

皇　帝	皇　后	立后月		立后日		
汉惠帝	张氏	十月	牝	**壬寅**	牡日	刚
汉景帝	王氏	四月	牝	乙巳	牡日	柔
汉武帝	卫氏	三月	牝	**甲子**	牡日	刚
汉昭帝	上官氏	三月	牝	甲寅	牡日	刚
汉宣帝	霍氏	三月	牝	乙卯	牡日	柔
	王氏	二月	牡	**乙丑**	牝日	柔
汉元帝	王氏	三月	牝	丙午	牝日	刚
汉成帝	赵氏	六月	牡	丙寅	牡日	刚
	许氏	三月	牝	丙午	牝日	刚
汉哀帝	傅氏	五月	牝	**丙戌**	牡日	刚
汉平帝	王氏	二月	牝	丁未	牝日	柔
汉光武帝	郭氏	六月	牡	**戊戌**	牡日	刚
	阴氏	十月	牝	**辛巳**	牡日	柔

续　表

皇　帝	皇　后	立 后 月		立 后 日		
汉明帝	马氏	二月	牡	甲子	牡日	刚
汉章帝	窦氏	三月	牝	癸巳	牡日	柔
汉和帝	邓氏	十月	牝	辛卯	牡日	柔
	阴氏	二月	牡	己丑	牝日	柔
汉顺帝	梁氏	正月	牡	乙巳	牡日	柔
汉桓帝	窦氏	七月	牡	辛巳	牡日	柔
	邓氏	八月	牡	壬午	牝日	刚
	梁氏	八月	牡	乙未	牝日	柔
汉灵帝	何氏	十二月	牡	己巳	牡日	柔
	董贵人	三月	牝	乙巳	牡日	柔
	宋氏	七月	牡	癸丑	牝日	柔
	许氏	十一月	牝	壬子	牡日	刚
汉献帝	曹氏	正月	牡	甲子	牡日	刚
	伏氏	四月	牝	甲午	牝日	刚
魏文帝	郭氏	九月	牝	庚子	牡日	刚
魏明帝	王氏	十二月	牡	辛巳	牡日	柔
孙休	朱氏	八月	牡	乙酉	牡日	柔
陈留王奂	卞氏	十月	牝	癸卯	牡日	柔
齐王芳	甄氏	四月	牝	乙卯	牡日	柔
孙亮	全氏	正月	牡	丙寅	牡日	刚

从这张表中可以得到以下几点信息：第一，在所有33位皇后的立后之日中，有18例选择了柔日，占总数的54.5%。婚姻同下葬一样属于《礼记》中所说的内事，所以可以认为，"内事以柔日"的原则没有被严格贯彻。第二，有19位皇后的立后之日选择了"牝月牡日"或者是"牡月牝日"这样的娶妻吉日，占了总数的57.6%，显然立后日的选择没有遵循《日书》中牝牡的规定。第三，这33位皇后立后日只有一例为戌日，无一日是亥日，可以说《日书》中所规定的"毋以戌亥嫁子，娶妇"的禁忌，以及后世常见"亥不行嫁"的禁忌在两汉时期应该是已经存在了。最后，统计上表中突出显示部分，可以发现有11位皇后的立后日是《协纪辨方书》中规定的"阴阳不将"日，这一比例并不能说明什么问题，因为按照《协纪辨方书》的说法，每个月都有十二到十三天是"阴阳不将"，所以无法确定阴阳不将日在汉代是否存在。作为参照，黄一农统计敦煌具注历中的42个嫁娶吉日，有37例属该月的"阴阳不将"日，[1]可以发现，与秦汉简牍《日书》相比，敦煌具注历之中"阴阳不将"确实存在。

史籍中保存的死日和葬日材料较为完整，可以通过补充考察葬日择日的实例，进一步探讨《日书》中的男日与女日在实际择日中的应用。本书通过检索《左传》中所记载的死月、死日、葬月、葬日制作表格如下，并根据《日书》中的说法判断死日和葬日是男日还是女日，以备参考。[2]

---

① 黄一农：《嫁娶宜忌：选择术中的"亥不行嫁"与"阴阳不将"》，氏著《社会天文学史十讲》。

② 刘绪也曾经列出春秋时期35位国君和夫人的葬日，发现了两条规律，第一就是宋共公的葬日使用的是刚日，第二是乙、丁、己、辛、癸五干必与丑、卯、巳、未、酉、亥六支相配。葬日既用乙、丁、己、辛、癸五干，那么与之相配的六支也当相应出现。然而在34例中，只见丑、巳、未、酉、亥五支，唯有卯支不见。另外刘绪还引出了《左传》中"辰在子卯，谓之疾日"的概念，见刘绪《春秋时期丧葬制度中的葬月与葬日》，北京大学考古文博学院编《考古学研究（二）》，北京：北京大学出版社，1994年。

前文还引用了《论衡》"刚柔相得，奇耦相应，乃为吉良"的说法，其中"刚柔"是死日和葬日天干"甲刚乙柔"，"奇耦（偶）"指的是死月与葬月，也就是说一、三、五、七、九、十一为奇，二、四、六、八、十、十二为偶。

表5 《春秋》葬日表

	死 月		死 日			葬 月		葬 日		
鲁文公	二月	偶	丁丑	女日	柔	六月	偶	癸酉	男日	柔
宋穆公	八月	偶	庚辰	女日	柔	十二月	偶	癸未	女日	柔
齐僖公						四月	偶	己巳	男日	柔
蔡桓侯						八月	偶	癸巳	男日	柔
鲁桓公	四月	偶	丙子	男日	刚	十二月	偶	己丑	女日	柔
纪伯姬						六月	偶	乙巳	男日	柔
齐襄公						七月	奇	丁酉	男日	柔
文姜						正月	奇	癸丑	女日	柔
纪叔姬						八月	偶	癸亥	女日	柔
鲁庄公						六月	偶	辛酉	男日	柔
哀姜						五月	奇	辛巳	男日	柔
齐桓公						八月	偶	丁亥	女日	柔
齐孝公	六月	偶	庚寅	男日	柔	八月	偶	乙未	女日	柔
晋文公	十二月	偶	己卯	男日	柔	四月	偶	辛巳	男日	柔
鲁僖公	十二月	偶	乙巳	男日	柔	四月	偶	丁巳	男日	柔
成风						三月	奇	辛亥	女日	柔
周襄王						二月	偶	辛丑	女日	柔

续　表

	死　月		死　日			葬　月		葬　日		
圣姜						四月	偶	癸亥	女日	柔
鲁文公	二月	偶	丁丑	女日	柔	六月	偶	癸酉	男日	柔
顷熊						十月	偶	己丑	女日	柔
鲁宣公	十月	偶	壬戌	男日	柔	二月	偶	辛酉	男日	柔
卫缪公						正月	奇	辛亥	女日	柔
宋文公						二月	偶	乙亥	女日	柔
宋共公						八月	偶	庚辰	女日	刚
鲁成公	八月	偶	己丑	女日	柔	十二月	偶	丁未	女日	柔
齐姜						七月	奇	己丑	女日	柔
定弋						八月	偶	辛亥	女日	柔
缪姜						八月	偶	癸未	女日	柔
鲁襄公	六月	偶	辛巳	男日	柔	十月	偶	癸酉	男日	柔
卫襄公						十二月	偶	癸亥	女日	柔
齐归						九月	奇	己亥	女日	柔
鲁昭公	十二月	偶	己未	女日	柔	六月	偶	癸亥	女日	柔
鲁定公	五月	奇	壬申	女日	刚	九月	奇	丁巳	男日	柔
定姒	七月	奇	戊子	男日	刚	八月	偶	辛亥	女日	柔

　　由表5可以得到三点认识：第一，顾炎武说"《春秋》葬皆用柔日"，[1]这一点可以得到证实。在本书统计的34例葬日中，只有宋共

---

[1] 顾炎武撰，黄汝成集释，栾保群点校：《日知录集释》，第337页。

公葬用刚日是例外,其他均用柔日,可以说明《礼记》中"外事以刚日,内事以柔日"的原则在春秋时期是得到贯彻和实施的;第二,在上表所示的死月、葬月、死日与葬日均有记载的 13 个例子中,死月与葬月奇偶相应的只有一例,这可以说明汉代人所认为的下葬吉日在春秋贵族的葬日选择中没有得到使用,也可能是春秋时期的人们相信偶数月死偶数月葬是吉利的,只是这一点还需要更多的材料证明;第三,在上表所列的死日和葬日均可得知的 13 个例子中,均为女日的有 3 例,均为男日的有 4 例,春秋贵族选择的葬日中超过一半的日子没有考虑《日书》中所谓"女日死,女日葬,必复之,男子亦然"的禁忌。王充说:"春秋之时,天子、诸侯、卿、大夫死以千百数,案其葬日,未必合于历。"①这样的判断是正确的。

　　总的来看,《日书》中的时日选择术显然并不为春秋贵族所使用。推测可能存在三个主要原因,第一是《日书》的时代较晚,现在看到的《日书》类文献大多为战国秦汉时期。第二是现在能看到的《日书》所反映的社会风俗以秦、楚为主,具有一定的地域性特征,其中的择日风俗是否与其他地域相同,目前还未可知,有关这一问题详见下文的讨论。第三是《日书》使用的范围主要在民间基层社会,春秋战国时期上层贵族所使用的择日方式与民间可能存在较大差异。

　　现存史料中也保存有汉代皇帝的丧葬时日,可以与《左传》中的相关记载对比。本书将两汉 22 位皇帝的死月、死日、葬月、葬日整理做表如下,并根据《日书》的规定判断日之奇偶,根据文献材料判断日之刚柔及月之奇偶:

---

① 注释也说:"言葬历以葬坟必求合日之刚柔,月之奇耦,今证之于古,无与相合者。下文引春秋与礼,即证其不合于古也。"王充著,黄晖撰:《论衡校释(附刘盼遂集解)》,第 990 页。

表6　汉代皇帝葬日表

	死　月		死　日			葬　月		葬　日		
汉高祖	四月	偶	甲辰	女日	柔	五月	奇	丙寅	男日	刚
汉惠帝	八月	偶	戊寅	男日	刚	九月	奇	辛丑	女日	柔
汉文帝	六月	偶	己亥	女日	柔	六月	偶	乙巳	男日	柔
汉景帝	二月	偶	甲子	男日	刚	二月	偶	癸酉	男日	柔
汉武帝	三月	奇	丁卯	男日	刚	三月	奇	甲申	女日	刚
汉昭帝	四月	偶	癸未	女日	柔	六月	偶	壬申	女日	刚
汉宣帝	十二月	偶	甲戌	男日	刚	正月	奇	辛丑	女日	柔
汉元帝	五月	奇	壬辰	女日	柔	七月	奇	丙戌	男日	刚
汉成帝	三月	奇	丙戌	男日	刚	四月	偶	己卯	男日	柔
汉哀帝	六月	偶	戊午	女日	柔	九月	奇	壬寅	男日	刚
汉光武帝	二月	偶	戊戌	男日	刚	三月	奇	丁卯	男日	柔
汉明帝	八月	偶	壬子	男日	刚	八月	偶	壬戌	男日	刚
汉章帝	二月	偶	壬辰	女日	柔	三月	奇	癸卯	男日	柔
汉和帝	十二月	偶	辛未	女日	柔	三月	奇	甲申	女日	刚
汉殇帝	八月	偶	辛亥	女日	柔	九月	奇	丙寅	男日	刚
汉安帝	三月	奇	丁卯	男日	刚	四月	偶	己酉	男日	柔
汉顺帝	八月	偶	庚午	女日	柔	九月	奇	丙午	女日	刚
汉冲帝	正月	奇	戊戌	男日	刚	正月	奇	己未	女日	柔
汉质帝	闰月	偶	甲申	女日	柔	七月	奇	乙卯	男日	柔

续　表

	死　月		死　日			葬　月		葬　日	
汉桓帝	十二月	偶	丁丑	女日	柔	二月	偶	辛酉	男日	柔
汉灵帝	四月	偶	丙辰	女日	柔	六月	偶	辛酉	男日	柔
汉献帝	三月	奇	庚寅	男日	刚	八月	偶	壬申	女日	刚

统计表 6 可以发现以下几个问题：第一，两汉 22 位皇帝中，有 10 位是在刚日下葬的，占了总数的 45.5%，可见汉代贵族在选择葬日的时候确实没有像春秋时期的贵族那样严格遵守葬日用柔日的规则。前引顾炎武说汉人在选择葬日的时候不知刚日与柔日，所谓"长陵以丙寅，茂陵以甲申，平陵以壬申，渭陵以丙戌，义陵以壬寅，皆用刚日"。[①] 顾炎武的判断大体上是正确的，汉代葬日确实有用刚日，也有用柔日的，并没有刻意遵循《礼记》中的规定。不仅如此，检索二十四史中汉代以后皇帝下葬日的干支，可以发现在刚日下葬的不在少数，可知葬日用柔日的规则在汉代以后也不再被遵守。第二，两汉有 5 位皇帝是在男日死男日葬，另外有 3 位皇帝是女日死女日葬，这 8 位皇帝的葬日选择并没有刻意避开《日书》中所述的禁忌，占了总数的 36.4%，其余多数皇帝的葬日选择了《日书》中所规定的吉日，即男日死女日葬，或者女日死男日葬。第三，汉代有 13 位皇帝葬月的选择考虑了奇偶相应，占了总数的 59.1%，这一比例远远高出《左传》所记载的葬日选择，可以作为《日书》在汉代影响逐渐扩大的例证。

另外，范志军辑录了汉代诸侯王以及大臣等 28 人的葬日，其中在男日下葬的有 21 人，女日下葬的有 7 人。他还认为男子死后葬于

[①] 顾炎武撰，黄汝成集释，栾保群点校：《日知录集释》，第 337 页。

男日,女子死后葬于女日才是吉利的。① 与此相反,刘乐贤则认为女子忌以女日病、葬,男子忌以男日病、葬。② 考察表6可以发现,有7位皇帝在女日下葬,只占总数的三分之一,也就是说,绝大多数的男性皇帝是在男日葬的,似乎说明男子在男日葬是吉利的。其实并不尽然,通过考察文献中的相关记载可以发现,在古人的观念中不论男女,只要所选择的日子阴阳结合就为吉,否则为凶,这也就是前文一直强调的阴阳和合为吉,阴阳失衡为凶。具体到丧葬日期的选择,按《日书》的说法,也就是在男日死女日葬,或者是在女日死男日葬为吉,否则为凶。

对于刚柔日的问题,有学者提出"历代朝廷祀典择日不受日书影响论",③认为尽管《日书》与黄历影响了后世人民的生活习惯与步调,但因受到某些流传长远的传统或礼书的制约,朝廷在择日行礼时,虽有部分受到民间习俗的渗透,但仍有部分礼仪,特别是朝廷祀典,仍然依据传统礼俗行事,不受《日书》或黄历影响。这样的观点是值得重视的。

三、《日书》中的五行三合局理论

"三合局"是古代择日术中的重要术语,其主要内容是申子辰合水局,亥卯未合木局,寅午戌合火局,巳酉丑合金局,主要描述的是五行生、壮、死的不同阶段,而其中的核心问题则是五行与十二地支搭配。传世文献中有关"三合局"的记载出现较晚,但经由对出土《日书》类文献的考察,可以发现相关内容可能在战国秦汉甚

---

① 范志军:《从日书看汉代人的葬日》,《河南社会科学》2006年第3期。
② 刘乐贤:《睡虎地秦简日书研究》,第71页。
③ 叶国良:《历代朝廷祀典择日不受日书影响论》,复旦大学上海儒学院编《儒学与古今中西问题》。

至更早的时间就已经基本成熟了,而且五行寄生十二宫也已经初具雏形。

1. 文献中的三合局理论

三合局有关的记载在传世和出土文献中都可以见到,例如《淮南子·天文》说:

> 木生于亥,壮于卯,死于未,三辰皆木也。
>
> 火生于寅,壮于午,死于戌,三辰皆火也。
>
> 土生于午,壮于戌,死于寅,三辰皆土也。
>
> 金生于巳,壮于酉,死于丑,三辰皆金也。
>
> 水生于申,壮于子,死于辰,三辰皆水也。[①]

也就是说,亥卯未合木局,寅午戌合火局,午戌寅合土局,巳酉丑合金局,申子辰合水局。另外《淮南子·地形》也说:"木壮,水老火生金囚土死;火壮,木老土生水囚金死;土壮,火老金生木囚水死;金壮,土老水生火囚木死。"[②]五行划为壮、老、生、囚、死五种状态,且没有和地支搭配,这可能是另外一个系统的三合局理论。俞正燮《癸巳存稿》有"三合说"篇,其中引《淮南子·天文》的相关记载,认为"是午戌寅土合,与寅午戌火合,各视盛衰得时占之"。另引《诗正义》引《诗纬泛历枢》云:"'大明'在亥为水始,'四牡'在寅为木始,'嘉鱼'在巳为火始,'鸿雁'在申为金始。"俞正燮认为这里"不合三辰之法,亦不言土"的原因是"用颛帝法时所推,就四孟比经义,土在四季也"。[③]另外,《汉书·翼奉传》载翼奉之言:"北方之情,好也;好行贪狼,申子主之。东方之情,怒也;怒行阴贼,亥卯主之。"颜师

---

① 刘安编,何宁撰:《淮南子集释》,第269页。
② 刘安编,何宁撰:《淮南子集释》,第354页。
③ 俞正燮:《癸巳存稿》,合肥:黄山书社,2005年,第253页。

古注引孟康曰："北方水,水生于申,盛于子……东方木,木生于亥,盛于卯。"①可知翼奉也使用三合局相关的内容。

出土《日书》类文献中三合局理论更为具体和丰富,也为认识三合局提供了直接的资料。睡虎地秦简《日书》乙种"五行篇"载:

丙丁火,火胜金 （七九贰）

戊己土,土胜水 （八〇贰）

庚辛金,金胜水 （八一贰）

壬癸水,水胜火 （八二贰）

丑巳金,金胜木 （八三贰）

（八四贰）

未亥【卯木,木】胜土 （八五贰）

辰申子水,水胜火 （八六贰）②

关于其中三合局的部分,饶宗颐先生补释如下:

丑巳【酉】金,金胜木

未亥【卯木,木】胜土

辰申子水,水胜火

戌寅午火,火胜金③

饶宗颐认为:"这即后来五行家所谓三合局,其说以生、旺、墓三

①《汉书》卷七五《翼奉传》,第 3168 页。

② 睡虎地秦墓竹简整理小组编:《睡虎地秦墓竹简》,图版第 125—126 页,释文第 239页,篇名为刘乐贤所加,后来也命名为"五胜篇",参陈伟主编,彭浩、刘乐贤撰著《秦简牍合集·释文注释修订本（贰）》,第 499 页。

③ 饶宗颐:《秦简中的五行说与纳音说》,《古文字研究》第 14 辑。另参刘乐贤《睡虎地秦简日书研究》,第 347 页;刘信芳《〈日书〉四方四维与五行浅说》,《考古与文物》1993 年第 2 期,后收入氏著《出土简帛宗教神话文献研究》。

者合局。申子辰合水局,亥卯未合木局,寅午戌合火局,巳酉丑合金局。以为水生于申,旺于子,墓于辰,故申子辰合为水局。"饶宗颐另外认为秦简中的三合局没有生、旺、墓三个阶段的明文,而以金、木、水、火、土代表墓的丑、未、辰、戌居前,代表生的五行居中,代表旺的列后,这表明五行三合局的配合在先秦时代就已经形成了。①

放马滩秦简《日书》乙种提到的五行三合局与《淮南子》相似:

　　▊火生寅,壮午,老戌。　　　　　　　　　(乙七三壹)

　　·金生巳,壮酉,老丑。　　　　　　　　　(乙七四壹)

　　·水生申,壮子,老辰。　　　　　　　　　(乙七五壹)

　　·木生亥,壮卯,老未。　　　　　　　　　(乙七六壹)

　　·水生木▊木生火▊火生土。　　　　　　(乙七七壹)②

本篇原本没有篇题,整理者称为"五行相生及三合局",后来孙占宇拟题为"五行",③也有学者题为"生壮老"。④ 有整理者指出,以上所述为火、金、木、水等五行在十二辰中"生""壮""老"三个发展阶段,是为"五行三合局"的主要内容,缺土局。⑤

刘乐贤参考《淮南子·天文》有关内容,将这段文字改释如下:

————————————

① 日本学者井上聪认为汉武帝建寅与三合局有关,他认为汉是火德,而寅是火初生之时(见氏著《先秦阴阳五行》,第239页)。
② 甘肃省文物考古研究所编:《天水放马滩秦简》,图版第24页,释文第90—91页。有整理者认为,本条文意未尽,其下或有缺简,《淮南子·天文》云"水生木,木生火,火生土,土生金,金生水",相对较为完备,可以参看。参武汉大学简帛研究中心、甘肃简牍博物馆、四川省文物考古研究所编,陈伟主编《秦简牍合集(肆)》,第58页。
③ 孙占宇:《天水放马滩秦简集释》,第125页。
④ 刘青:《放马滩秦简〈日书〉乙种集释》,武汉大学硕士学位论文,2010年,第18页。
⑤ 武汉大学简帛研究中心、甘肃简牍博物馆、四川省文物考古研究所编,陈伟主编:《秦简牍合集(肆)》,第58页。另参程少轩《放马滩简式占古佚书研究》第二章《放马滩简式占古佚书分篇研究》,第32页。

木生亥,壮卯,老未

火生寅,壮午,老戌

金生巳,壮酉,老丑

水生申,壮子,老辰①

另外,放马滩秦简《日书》乙种还有"日辰篇",应当也与五行三合局有关:

·甲九,木。	(乙一八零壹)
·乙八,木。	(乙一八一壹)
·丙七,火。	(乙一八二壹)
·丁六,火。	(乙一八三壹)
·戊五,土。	(乙一八四壹)
·己九,土。	(乙一八五壹)
·庚八,金。	(乙一八六壹)
【·辛七,金。】	(乙一八七壹)
·壬五〈六〉,水。	(乙一八八壹)
·癸五,水。	(乙一八九壹)
·日前,	(乙一九零壹)
·辰后。	(乙一九一壹)
子九,水。	(乙一八零贰)
丑八,金。	(乙一八一贰)
寅七,火。	(乙一八二贰)
卯六,木。	(乙一八三贰)
辰五,水。	(乙一八四贰)

---

① 刘乐贤:《睡虎地秦简日书研究》,第348页。

巳四,金。　　　　　　　　　　　　（乙一八五贰）

午九,火。　　　　　　　　　　　　（乙一八六贰）

【未八,木。】　　　　　　　　　　（乙一八七贰）

申七,水。　　　　　　　　　　　　（乙一八八贰）

酉六,金。　　　　　　　　　　　　（乙一八九贰）

戌五,火。　　　　　　　　　　　　（乙一九零贰）

亥四,木。　　　　　　　　　　（乙一九一贰）①

　　本篇原本没有篇题,整理者归入"纳音五行篇",孙占宇归入"数篇",②程少轩归入"干支表",③也有整理者认为本篇讲干支与数字、五行的搭配,应属于一个整体,所以命名为"日辰篇"。④

　　与本篇相关的内容也见于《淮南子·天文》:"甲乙寅卯,木也。丙丁巳午,火也。戊己四季,土也。庚辛申酉,金也。壬癸亥子,水也。水生木,木生火,火生土,土生金,金生水。"⑤可以发现,《淮南子》天干所属五行与放马滩简相同。地支方面,《淮南子》中地支所属五行恐有误,放马滩简中申、子、辰合水局,巳、酉、丑合金局,寅、午、戌合火局,卯、亥、未合木局,这其实也就是三合局,只是其中没有提及土局。关于天干配数,扬雄《太玄·玄数》曰:"甲己之数九,乙庚八,丙辛七,丁壬六,戊癸五。声生于日,律生于辰。声以情质,律以和声。声律相协,而八音生。"⑥显然十干所配之数与

① 甘肃省文物考古研究所编:《放马滩秦墓竹简》,图版第 35—36 页,释文第 126 页。
② 孙占宇:《天水放马滩秦简集释》,第 66 页。
③ 程少轩:《放马滩简式占古佚书研究》第二章《放马滩简式占古佚书分篇研究》,第 31 页。
④ 武汉大学简帛研究中心、甘肃简牍博物馆、四川省文物考古研究院编,陈伟主编:《秦简牍合集(肆)》,第 117—118 页。
⑤ 刘安编,何宁撰:《淮南子集释》,第 277 页。
⑥ 扬雄撰,郑万耕校释:《太玄校释》,第 290 页。

放马滩简相同。

有关三合局的内容也见于孔家坡汉简《日书》：

　　□生：
　　水：生申,壮子,老辰。木：生亥,壮卯,老未。　　（一〇三）
　　火,生寅,壮午,老戌。金,生巳,壮酉,老丑。　　（一〇四）①

整理者注释提到,"□生"写在一〇三号简首端,是原有的篇题。本篇以十二支与五行之水、木、火、金的生、壮、老三阶段相配,配置合于五行三合局。需要注意的是,睡虎地秦简、放马滩秦简和孔家坡汉简之中的五行三合局都没有土局,但都被笼统地称为"五行三合局"。② 可以推测,《淮南子·天文》中的土局,也大有可能是后世增补。

刘增贵曾将三合局理论绘图表示,原图如下：

图 3　刘增贵绘三合局图③

① 湖北省文物考古研究所、随州市考古队：《随州孔家坡汉墓简牍》,图版第 75 页,释文第 139 页。
② 参程少轩《放马滩简式占古佚书研究》第二章《放马滩简式占古佚书分篇研究》,第 34 页。
③ 图片来源：刘增贵：《睡虎地秦简〈日书〉〈土忌〉篇数术考释》,《历史语言研究所集刊》第 78 本第 4 分,2007 年。

　　总的来说,学者们关于三合局理论在先秦时期已经形成的判断是令人信服的。可以认为,三合局代表五行在各个阶段的生、壮、死等内容,例如亥卯未合木局可以理解为,木元素在亥与卯之间处于生长状态,在卯与未之间处于健壮的状态,在未与亥之间处于"死"或者是"老"的状态。这一过程也可以描述为五行由出生经过成长以达到健壮,然后由健壮逐渐走向衰亡,在衰亡中经过孕育再次走向新的生长的过程。通常来说,五种元素处于健壮阶段为吉,处于衰亡阶段为凶,而有了吉凶的判断,就可以用于择日了。

2. "啻篇"中的五行三合局

　　《日书》中使用五行三合理论择日最直接的例子是睡虎地秦墓竹简《日书》甲种的"啻篇",为了方便讨论,这里将本篇简文全文抄录如下:

　　　　春三月啻为室申,剟卯,杀辰,四废庚辛。　　　　　（九五上）

　　　　夏三月啻为室寅,剟午,杀未,四废壬癸。　　　　　（九六上）

　　　　秋三月啻为室巳,剟酉,杀戌,四废甲乙。　　　　　（九七上）

　　　　冬三月啻为室辰,剟子,杀丑,四废丙丁。　　　　　（九八上）

　　　　春三月,毋起东向室。　　　　　　　　　　　　　　（九六正壹）

　　　　夏三月,毋起南向室。　　　　　　　　　　　　　　（九七正壹）

　　　　秋三月,毋起西向室。　　　　　　　　　　　　　　（九八正壹）

　　　　冬三月,毋起北向室。有以者大凶,必有死者。　　　（九九正壹）

　　　　北向门,七月、八月、九月,其日丙午、丁酉、丙申垣之,其牲赤
　　　　　　　　　　　　　　　　　　　　　　　　　　　　（九五正叁）

　　　　南向门,正月、二月、三月,其日癸酉、壬辰、壬午垣之,其牲黑
　　　　　　　　　　　　　　　　　　　　　　　　　　　　（九六正叁）

　　　　东向门,十月、十一月、十二月,其日辛酉、庚午、庚辰垣之,

其牲白　　　　　　　　　　　　　　　（九七正叁）

　　西向门，四月、五月、十月，其日乙未、甲午、甲辰垣之，其

牲青　　　　　　　　　　　　　　　　（九八正叁）

　　凡为室日，不可以筑室。筑大内，大人死。筑右坿，长子妇

死。筑左坿，中子妇死。筑外垣，孙子死。筑北垣，牛羊死

　　　　　　　　　　　　　　　　　　（一〇〇正）

　　·杀日，勿以杀六畜，不可以　　　　（一〇〇正）

取妇、家女、祷祠、出货　　　　　　（一〇一正壹）

　　·四废日，不可以为室、覆屋　　　　（一〇一正壹）①

　　本篇相对较为完整，学者们对于本篇的讨论也较多，早年间饶
宗颐认为"啻"应当读为"适"，并引《诗经》"王事适我"和《说文解
字》"啻"云"一曰适也"，与"谛"云"审也"的意思相同，所以所谓"啻
为室"就是"适宜为室"的意思。② 何双全也将"啻"理解为"宜"，③
是适合筑室的意思。刘信芳认为"啻"应当读为"止"，所以"啻为
室"的意思就是"止为室"，也就是说不适合在这样的时日建造房
屋。④ 金良年将"啻"释为"帝"，并指出在出土的简牍文献中借"啻"
为"帝"的例子相对较多。⑤ 后来刘乐贤将"啻"篇命名为"帝"篇，认
为是"啻为室日"之省略，他根据前人的说法认为当时的术数家们大
概相信，上帝或神建房子的那一天，凡民是不能建房子的。⑥ 王子今
也认为"帝为室"这样的命名是合理的。⑦ 杨华认为刘乐贤的解释是

① 睡虎地秦墓竹简整理小组编：《睡虎地秦墓竹简》，图版第96—97页，释文第195页。
② 饶宗颐：《云梦秦简日书研究》，饶宗颐、曾宪通《楚地出土文献三种研究》。
③ 何双全：《天水放马滩秦简综述》，《文物》1989年第2期。
④ 刘信芳：《〈天水放马滩秦简综述〉质疑》，《文物》1990年第9期。
⑤ 金良年：《云梦秦简〈日书〉"啻"篇研究》，《中华文史论丛》第51辑。
⑥ 刘乐贤：《睡虎地秦简日书研究》，第128页。
⑦ 王子今：《睡虎地秦简〈日书〉甲种疏证》，第212—213页。

有道理的,但他另外指出"神以治室"的"治"应当训为"乱",其含义可以理解为鬼神在四季中的某些固定日子会来扰乱居室,为祟作害,害死室主以及其家人、牲畜,所以要避忌这样的日子。[1] 工藤元男认为这里的占辞是将"为室、剽、杀和四废"都当成是"帝"的行为。[2] 这样的看法应当是正确的。

总的来看,"啻篇"是《日书》中内容比较完整的一篇,大致分四个部分,第一部分是每个季节的"为室日""剽日""杀日"与"四废日";第二部分是分季节不能筑室的朝向;第三部分是筑不同方向的门的时间与祭祀用品的颜色;第四部分是"为室日""杀日""四废日"的具体行事宜忌。[3] 前三个部分是三种择日方式,第四部分属于占辞。本篇明显由"帝为室"和四季起室方向、四向门与牲畜颜色三个部分组成,分别抄写在简的上、中、下三个部分。这三个部分内容看似相同,其实还略有差异,应是《日书》抄写者刻意排列在一起的。另外,"凡为室日"一段其实应当紧跟冬三月之后,是对"帝为室"所产生影响的进一步解读,放马滩秦简之中有类似内容,详见下文的讨论。而根据放马滩秦简的记载,这里"凡为室"之后,"杀日"之前,应当还有"剽"日产生的禁忌,或者是抄手漏写所致。

本篇的第一部分叙述春三月、夏三月、秋三月和冬三月的"为室日""剽日""杀日"与"四废日",其中的主要内容应与五行三合局有关。首先应当注意,"啻为室"所在的地支可能有讹误,根据放马滩秦简《日书》乙种,以及数术运行的基本规律,"春三月啻为室申",应当是"为室亥";"冬三月啻为室辰",应当是"为室申"。也就是说,

---

[1] 杨华:《古礼新研》,第405页。
[2] 工藤元男著,广濑薰雄、曹峰译:《睡虎地秦简所见秦代国家与社会》第四章《睡虎地秦简〈日书〉的基础性研究》,第132页。
[3] "剽日"可能确实如刘乐贤所说是"利日",这一日是吉利之日,所以无所禁忌,见刘乐贤《睡虎地秦简日书研究》,第129页。

"啬为室"的铺设规律是顺时针(左行)运行亥、寅、巳、申四个地支。基于此可以认为,"剽日"是顺时针运行卯、午、酉、子四个地支;"杀日"是顺时针运行辰、未、戌、丑四个地支。前引《淮南子·天文》提到三合局中木生于亥,壮于卯,是说亥和卯是木生长和壮大的阶段。也就是说,春三月五行属木,"啬为室"所在的地支亥是木刚刚生长的状态。而春三月剽卯,卯是木气最旺的时刻,所以春三月的卯日是吉日。① 其他几个季节可以此类推,即夏三月啬为室寅,剽午,这是火的生和壮的阶段;秋三月啬为室巳,剽酉,这是金的生和壮的阶段;冬三月啬为室申,剽子,这是水的生和壮的阶段。

另外需要注意,简文的第二部分其实和第一部分也有密切关系,其中提到春三月不能起东向室,这是因为春三月的五行属木,而方位处于东方,所以有这样的禁忌。也正因为春三月五行属木,所以以木的三合局来判定"啬为室"和"剽"的吉凶。也就是说,季节、五行、方位之间的搭配是构成本篇择日术的基础,也就是有了五行的配物系统,择日术才获得了更为广阔的发展空间。

3. 四废日与五行寄生十二宫

值得注意的是其中的"四废日"。"四废"金良年释读为"四瀍",并把"瀍"训为"刑",认为它的含义是指与四时相配的五行日干相冲克的日子。② 另外,邓文宽指出敦煌历日文献中也有关于"四废"的记载,不同的是敦煌的四废日是以天干和地支共同确定,例如春三月的四废日是庚申和辛酉,夏三月在壬子、癸亥,秋三月在甲寅、乙卯,冬三月在丙午、丁巳。③ 刘乐贤指出四废日其实是月份(季

---

① 其实巳、午、未也是木气衰弱的日子,不过这几个地支位于南方,是金生、火旺的时刻,与春三月并无多大关联。

② 金良年:《云梦秦简〈日书〉"啬"篇研究》,《中华文史论丛》第51辑。

③ 邓文宽:《敦煌历日与出土战国秦汉〈日书〉的文化关联》,氏著《邓文宽敦煌天文历法考索》。

节)所属五行与其日干支所属五行相克。① 尚民杰也认为,"四废日"以四时天干为据,所列天干与四时本位天干正为对冲。② 也就是说,这段简文可以理解为:春三月四废庚辛、夏三月四废壬癸、秋三月四废甲乙、冬三月四废丙丁,原因是春三月五行属木,而庚辛两个天干的五行属金,金克木,其他几个季节原理相同。③

较早探讨睡虎地秦简《日书》"啬篇"中"四废日"与三合局原理的是刘增贵,他在《睡虎地秦简〈日书〉〈土忌〉篇数术考释》一文中依据"啬篇"内容,根据金良年考证更正后的文字,加上生、壮、死的干支及五行属性列表如下:④

表7 "啬篇"

季 节	帝为室(生)	剽(壮)	杀(死或老)	四 废
春三月(木)	亥(木)	卯(木)	辰(水)	庚辛(金)
夏三月(火)	寅(火)	午(火)	未(木)	壬癸(水)
秋三月(金)	巳(金)	酉(金)	戌(火)	甲乙(木)
冬三月(水)	申(水)	子(水)	丑(金)	丙丁(火)

可以注意到在表7中,"帝为室""剽""杀"三栏各使用一个地支,而"四废"一栏使用的却是两个天干。刘乐贤在讨论"四废日"的

① 刘乐贤:《睡虎地秦简日书研究》,第131页。
② 尚民杰:《睡虎地秦简〈日书〉中的"土神"与"土忌"》,周天游主编,陕西历史博物馆馆刊编辑部编《陕西历史博物馆馆刊》第7辑。
③ 刘乐贤还找出了睡虎地秦墓竹简《日书》中的多处四废日,并讨论了四废日的流变,见氏著《睡虎地秦简日书研究》,第131页。
④ 刘增贵:《睡虎地秦简〈日书〉〈土忌〉篇数术考释》,《历史语言研究所集刊》第78本第4分,2007年;金良年:《云梦秦简〈日书〉"啬"篇研究》,《中华文史论丛》第51辑。

时候曾指出后世数术文献中有时使用天干，有时使用地支，可知其使用方式并不固定，而且每一个天干均有五行属性相同的地支与其对应，[1]因此可以认为在一定情况下天干与地支是可以转换使用的，例如"四废"天干庚辛可以转换成地支申酉。金良年认为"五行寄生十二宫"之说已经出现，[2]但刘增贵认为"十二宫"是否已经全部出现并无证据，并且认为以"三合局"仍能解释得通，例如视"杀"一栏为上一季之"老"（墓）。[3]

本书根据睡虎地秦简《日书》"窨篇"、《淮南子·天文训》、《五行大义·论生死所》以及《协纪辨方书·五行生旺》绘制"四废日"与五行寄生十二宫简图如下，并尝试对其关系进行解读：[4]

表8　"四废日"与五行寄生十二宫

秦简日书	窨为室				剽	杀			四废			
淮南子	生				壮				死			
五行大义	生	沐浴	冠带	临官	旺	衰	病	死	葬	受气	胎	养
协纪辨方书	长生	沐浴	冠带	临官	旺	衰	病	死	墓	绝	胎	养
木	亥	子	丑	寅	卯	辰	巳	午	未	申	酉	戌
火	寅	卯	辰	巳	午	未	申	酉	戌	亥	子	丑

① 刘乐贤：《睡虎地秦简日书研究》，第130页。

② 金良年：《云梦秦简〈日书〉"窨"篇研究》，《中华文史论丛》第51辑。

③ 刘增贵：《睡虎地秦简〈日书〉〈土忌〉篇数术考释》，《历史语言研究所集刊》第78本第4分，2007年。

④《日书》四废日使用的是天干，填入此表中的地支是根据天干地支的五行属性的对应关系转换而来，例如十天干中戊己，十地支中辰、戌、丑、未五行均属土，其他天干甲乙与地支寅卯同属木，丙丁与午巳同属火，庚辛与申酉同属金，壬癸与子亥同属水。《日书》四废日并未提到五行中的土，因而表中并未列出。

续　表

金	巳	午	未	申	酉	戌	亥	子	丑	寅	卯	辰
水	申	酉	戌	亥	子	丑	寅	卯	辰	巳	午	未

由表8可以看出,《日书》中的"啻为室""剽"分别对应《五行大义》和《协纪辨方书》中的"生"或"长生"和"旺",也可以与《淮南子》中的"生"和"壮"相对应。所以前文讨论"啻为室"和"剽"是依据三合局确定吉凶宜忌。至于"杀"日所在的地支,刘增贵怀疑是上一个季节的"死",[1]此说可参。也就是说,春三月"杀日"所在的地支辰其实是冬三月也就是五行中水的"死"的阶段。由表8也可以发现,"杀日"对应《五行大义》和《协纪辨方书》中的"衰",从字面意思上看"杀"与"衰"其实没有区别,也就是说,十二宫中的"衰"在《日书》中就已经出现了。

经由表8也可以发现,"四废日"所在的地支对应的是后世的"绝"和"胎"。至于"绝"和"胎"所代表的意义,《协纪辨方书》说"绝胎养者,墓库以后,长生以前,《神枢经》所谓阴气是也"。[2]也就是说,"四废日"的地支申与酉、亥与子、寅与卯、巳与午位于木、火、金、水"死"以后、"生"以前的阶段。后世数术理论对这一阶段的解释是五行受气孕育,进而获得新的生命,为以后进行新的循环作准备。这也就意味着在这一阶段是不适合有所作为的,也就是《日书》中所说的"无可有为"。后世的数术家认为这一日"出军征伐,造舍,迎亲,封建拜官,纳财开市"都是不吉利的,而这也正与睡虎地秦简《日书》中"娶妻,不终。盖屋,燔。行,傅"等禁忌的设置基本相同。[3]

---

① 刘增贵:《睡虎地秦简〈日书〉〈土忌〉篇数术考释》,《历史语言研究所集刊》第78本第4分,2007年。

② 谢路军主编,郑同点校:《钦定协纪辨方书》,第292页。

③ 谢路军主编,郑同点校:《钦定协纪辨方书》,第292页。

另外，由前文所引《协纪辨方书》可以发现，《历例》所述四季"四废日"的地支申与酉、亥与子、寅与卯、巳与午分别位于上表"绝""胎"两栏，这就是曹振圭所谓的"支绝"；同理"四废日"所用天干庚与辛、壬与癸、甲与乙、丙与丁也位于上表"绝""胎"两栏，这或许就是曹振圭所谓的"干绝"。所以说，《日书》中的"四废日"也可以作为五行寄生十二宫雏形出现的证据。

总的来说，本书根据对"啻篇"之中"啻为室""剽日""杀日"和"四废日"的讨论，认为"啻为室""剽日"设置吉凶宜忌的理论基础是五行三合局。而"杀日"和"四废日"代表着五行寄生十二宫的基础内容已经出现了，即五行三合局已经无法满足时日选择的需要，是以古日者在原来基础上进一步细化。同时也应该注意到，五行寄生十二宫在《日书》的时代应该还没有完备，但是在生—壮—死的基础上敷衍出"绝""胎"以及"沐浴"之类，其实并没有太大难度。

应当说，《日书》中以五行观念为基础进行择日的例证不在少数，本书接下来也会继续进行相关的讨论。而睡虎地秦简《日书》"啻篇"之所以被刻意选择讨论，就在于本篇之中择日术相对较为成熟，其中吉凶宜忌的设置考虑了五行在不同阶段的变化，也考虑五行和季节以及所在方位之间的关系，后世择日术的核心内容都在本篇中有所体现。事实上，除了五行三合局以及五行寄生十二宫外，《日书》文献中还出现了五行纳音等，对此学者们已经有了较为丰富的研究，兹不赘述。[①]

① 例如饶宗颐就认为《日书》中已经出现了五行纳音，其实质是天干的五行与地支的五行结合，从而产生新的五行系统，例如五行中的水被拆分成天上水、大海水等。相关研究参见饶宗颐《秦简中的五行说与纳音说》，中华书局编辑部《古文字研究》第 14 辑；对这一问题刘乐贤也有所推进，见氏著《五行三合局与纳音说——读饶宗颐先生〈秦简中的五行说与纳音说〉》，《江汉考古》1992 年第 1 期；另参刘增贵《睡虎地秦简〈日书〉〈土忌〉篇数术考释》，《历史语言研究所集刊》第 78 本第 4 分，2007 年；唐继凯《纳音原理初探》，《黄钟——武汉音乐学院学报》2004 年第 2 期。

4. 余论：四废日的流变

放马滩秦简《日书》乙种之中也有与"啻篇"基本相同的内容，其中"啻为室、剽、杀和四废"所用的干支与睡虎地秦简基本一致，这里将相关简文罗列如下以便对比研究：

· 啻（帝）以春三月为室亥，杓（剽）卯，杀辰，四灖（废）庚辛。 （乙九五壹）

· 夏三月啻（帝）为室【寅】，杓（剽）午，杀未，四灖（废）壬癸。 （乙九六壹）

· 秋三月啻（帝）为室巳，杓（剽）酉，杀【戌】，四灖（废）甲乙。 （乙九七壹）

· 冬三月啻（帝）为室申，杓（剽）子，杀【丑】，四灖（废）丙丁。 （乙九八壹）

· 凡四时啻（帝）为室日殴，不可筑大室内，大人死之。 （乙九九壹）

· 以筑右序，【长子】……。□□□中子□□□死之。 （乙一〇〇壹）

· 筑宫垣，孙子死。筑外垣，牛马及羊死之。 （乙··〇一壹）

· 杀日勿以杀六畜，不可出女、取（娶）妻、祠祀、出财。 （乙一〇二壹）

· 四灖（废）日不可以为室□内，为困、仓及盖。 （乙一〇三壹）①

本篇原本没有篇题，整理小组将篇题拟为"四废日"并指出其主

---

① 甘肃省文物考古研究所编：《天水放马滩秦简》，图版第 26—27 页，释文第 91 页。释文参考了孙占宇《天水放马滩秦简集释》，第 133 页。

要内容是"记述春夏秋冬四季中八个不吉利的日子及其禁忌"。① 对于这样的篇名,有学者提出了不同的意见,认为从内容上看这章主要是讲春夏秋冬四季上帝筑室、击人、杀生及四废的禁忌,"四废"只是其中第一部分,以之作为篇名显然是不合适的,可命名为"帝"或者"帝为室"。② 后来孙占宇根据睡虎地秦简《日书》将本篇拟为"啻"篇,③是比较合适的。本篇之中与"杀"有关的内容,有学者将这部分内容单列一篇。④ 但"杀"日明显属于本篇中的内容,单列似乎并不合适。

确实如之前的学者所言,本篇与睡虎地秦简《日书》略同,讲述春夏秋冬四季之中"啻(帝)为室""杓(剽)""杀""四废"等忌日及相关的禁忌。⑤ 但两者还是有一些差别,主要体现在春三月"啻(帝)为室"天干选择上,睡虎地秦简作"帝为室申",而放马滩秦简作"帝为室亥",有学者指出,两地出土的简牍中"杓(剽)"和"杀"在日廷图上处于相对的位置,而"亥"与"巳"正相对,这样看来应以放马滩秦简为是。⑥ 这样的看法显然是正确的,前文已经提到睡虎地秦简中的"申"应当是书手抄写错误。

---

① 何双全称本篇为"四时啻",认为本篇是"四季筑室、杀牲、开地凿井、伐木、种植等活动必择之月",见何双全《天水放马滩秦简综述》,《文物》1989 年第 2 期。后来有学者对何双全文提出质疑,但也认可了"啻为室"这样的篇名,见刘信芳《〈天水放马滩秦简综述〉质疑》,《文物》1990 年第 9 期。李零在引用本篇相关内容的时候,也认为本篇是讲四季盖屋的方向吉凶,见氏著《中国方术考(修订本)》第三章《楚帛书与日书:古日者之说》,第 200 页。

② 王辉:《〈天水放马滩秦简〉标题小议》,《陕西历史博物馆馆刊》第 17 辑,西安:三秦出版社,2010 年。后来王辉在所著《秦出土文献编年订补》(西安:三秦出版社,2014 年)就将本篇命名为"帝为室"。

③ 孙占宇:《天水放马滩秦简集释》,第 133 页。

④ 刘青:《放马滩秦简〈日书〉乙种集释》,武汉大学硕士学位论文,2010 年。

⑤ 武汉大学简帛研究中心、甘肃简牍博物馆、四川省文物考古研究院编:《秦简牍合集(肆)》,第 60 页。

⑥ 孙占宇:《天水放马滩秦简集释》,第 133 页。

香港中文大学文物馆藏简牍中也有所谓"帝篇",其中也有"四废"相关的内容,可与本篇对比研究:

> 乙、丙丁、四废、日冲之日,不可入官,为室,囷盖,复(覆)内及行□　　　　　　　　　　　　　　　　　　　　(六一)
> 壬癸、庚辛、甲乙　　　　　　　　　　　　(六二正面)
> 为剽、凡生三月为□童,东壁为责,玄戈稿。　(六二背面)①

本篇没有篇题,"帝篇"为整理者所加,其中第六一简上半部分残损较为严重,下部也残缺不全,推测应当还有其他文字。而且第六一简的背面未公布照片,可能是因为整理者认为没有文字可以释读。值得注意的是,第六二简主要内容和"帝篇"没有关联,但整理者释读出"为剽"二字,认为这就是睡虎地秦简《日书》中的"剽"日。整理者同时认为,本简正面书写的天干"壬癸、庚辛、甲乙"应与四废日有关,而背面书写的"剽"日应该是记日的地支。但是这里的"为剽"应当与后文中的"为□童""为责"类似,是以东壁、玄戈等天文现象进行占测吉凶的文字。所以整理者将本简遽定为四废,恐有不妥,第六二简是否属于"帝篇"还应当存疑。

"四废日"在传世文献中也可以见到,例如《宋书·武帝纪》载:"江陵平,加领南蛮校尉。将拜,值四废日,佐史郑鲜之、褚叔度、王弘、傅亮白迁日,不许。"②同一史事在《南史·宋本纪上·武帝》中记载为:"将拜南蛮,遇四废日,佐史郑鲜之等白迁日,不许。"③此事也见于后世史料,宋代学者邢凯所著《坦斋通编》载:"郑鲜之启宋

---

① 陈松长:《香港中文大学文物馆藏简牍》,香港:中文大学文物馆,2001 年,第 34—35 页。
②《宋书》卷二《武帝纪》,第 35 页。
③《南史》卷一《宋本纪》,北京:中华书局,1975 年,第 15 页。

武：'明旦见蛮人，是四废日。'答曰：'吾初不择日。'"①余嘉锡《殷芸小说辑证》云："郑鲜之、王弘、傅亮启宋武云：'伏承明见南蛮，明是四废日，来月朔好，不审可从群情迁来月否？'宋武手答云：'劳足下勤至，吾初不择日。'"②可知南朝人相信"四废日"不适合拜官之类的事情。《朱子语类》载："或说历四废日。曰：'只是言相胜者：春是庚辛日，秋是甲乙日。温公《潜虚》亦是此意。'"③朱子所谓的"春是庚辛日，秋是甲乙日"与《日书》中的记载相同。

"四废日"在明清时期流传更为广泛，使用的天干也与《日书》基本相同。《永乐大典》卷二〇一九七《诸家选日八十三》引《阴阳备用》云："春以庚金为废，夏以壬水为废，秋以甲木为废，冬以丙火为废。"另外《阴阳备用》还提到有"正四废日""傍四废日"，所谓"又有正四废日者：春庚申、辛酉，夏壬子、癸亥，秋甲寅、乙卯，冬丙子、丁巳。此尤当避之也，其日只宜制棺立生坟，如破土安葬，则亦不忌"。④

至清代《协纪辨方书》说：

> 《广圣历》："四废者，四时衰谢之辰也，其日忌出军征伐，造舍、迎亲，封建拜官，纳财开市。"《历例》曰："春庚申、辛酉，夏壬子、癸亥，秋甲寅、乙卯，冬丙午、丁巳。"《蓬莱经》曰："四废者，是五行无气，福德不临之辰。百事忌用。"曹震圭曰："四废者，干支俱绝也。假令庚申辛酉，绝于春寅卯辰也。他仿此。"⑤

由此可知，从秦汉一直到明清时期，"四废日"所使用的天干基

① 邢凯撰，程郁整理：《坦斋通编》，郑州：大象出版社，2019 年，第 237 页。
② 余嘉锡：《殷芸小说辑证》，《余嘉锡文史论集》，长沙：岳麓书社，1997 年，第 273 页。
③ 黎靖德编，王星贤点校：《朱子语类》，北京：中华书局，1986 年，第 26 页。
④ 《永乐大典》第八册，北京：中华书局影印本，2000 年，第 7548、7506 页。
⑤ 谢路军主编，郑同点校：《钦定协纪辨方书》，第 292 页。

本上都是一致的,即春用庚辛、夏用壬癸、秋用甲乙、冬用丙丁。正如学者们所认为的那样,四废日可以说是中国历代选择家们最常用的一个项目。①

四、小结

本节主要讨论阴阳五行在择日术中的运用问题,总的来说,按照古日者在《日书》中的设计,男日与女日搭配使用为吉,纯为男日或者纯为女日为凶,而这正与文献中常见的刚日与柔日的使用方式相同,都可以认为是阴阳理论在择日中的体现。另外,本书通过对男日与女日在葬日和婚日中的使用方式的考察,发现从春秋时代直到汉代,择日方式发生了较为显著的变化,例如春秋时期贵族丧葬择日中严格使用的"内事以柔日"的原则在汉代以后不再被遵守,而《日书》则在汉代的丧葬择日中具有较大的影响力。尽管由于材料的限制,现在能够统计到的数据范围有限,但其中较为悬殊的比例也可以在一定程度上说明问题。可以发现,择日术的内核是阴阳观念,而基本操作模式是赋予时日阴阳属性,同时追求阴阳的协调,并以之作为吉凶判断的依据。另外,本书讨论的男日与女日,本质上是阴阳与干支相结合的问题,也就是赋予干支以阴阳属性,然后用于时日选择吉凶的判断。

同样,五行观念也被作为判断时日吉凶的依据。根据前文的讨论,五行三合局以及五行寄生十二宫本质上都是五行与十二地支的搭配问题,古日者根据五行与十二地支的配合,敷衍出五行生、壮、死等不同阶段,借以判断吉凶宜忌。其实也可以发现,五行理论有三个重要分支都直接与择日术相关,其一是五行的配物系统,其二

① 刘乐贤:《睡虎地秦简日书研究》,第130页。

是五行内部的生、克等关系,其三是五行中每一元素的变化循环,而这些正是择日术用来设置吉凶宜忌的基础。

第二节 择日术中的神煞体系

前文谈到择日需要避忌重要亲属以及古帝王、神话传说人物,乃至具有灵性的动物的死日,这些日子一般都是固定的,且每年需要避忌的日期有限。然而传世文献和《日书》中另外有一些需要避忌的日子,在一年中重复多次出现,类似的日子在后世的择日术中被称为"神煞",本书也姑且使用这种名称。[①] 但应当清楚的是,"神煞"只是一种择日术语,是对能够带来凶恶和吉利的日子的称呼,而且可以确定,古日者通常根据日廷图对神煞进行排列组合,其中主要的理论依据也就是阴阳五行观念。阴阳五行观念已见前述,有关日廷图的讨论详参下文。

一、"刑德"神煞

"刑德"之名见于《淮南子·天文》等文献,其基本含义有多种解释,[②]本书主要关注这种神煞的运行方式,并且把北斗之神、太岁和

---

① 有论者指出神煞的定义为:"神煞,是一种特殊符号,具有相对固定的运行周期,在占卜具体事项时会表现出特定的吉凶属性。"王强《出土战国秦汉选择数术文献神煞研究》,吉林大学博士学位论文,2018年。

② 何宁《淮南子集释》引《管子·四时篇》曰:"日掌阳,月掌阴;阳为德,阴为刑。"认为"此阴阳刑德之义也"。另引马宗霍云:"'阴阳相德'之'德',通作'得',言阴阳二气相得也。"《礼记·乐记篇》云:"德者得也。"又《乡饮酒篇》云:"德也者,得于身也。"皆德意为得之证。《诗·魏风·硕鼠篇》"莫我肯德",《吕氏春秋·举难篇》作"莫我肯得";《易·升卦·象辞》"君子以顺德",陆德明《释文》云:"姚本德作得";又"德"可通"得"之证也。钱塘《淮南天文训补注》径改"相德"为"相(转下页)

小岁、大时和小时以及建除等具有相同性质的神煞都称为"刑德诸神"。可以注意到,刑德诸神主要铺注方式就是沿十二地支运行,运行的方式有顺行、逆行十二辰,或者顺行逆行四仲或者四钩等等,而且"刑德"诸神铺设方式与日廷图有非常密切的关系,古日者很可能就是根据日廷图铺设了刑德诸神。

1. 刑德七舍与北斗之神

《淮南子·天文》有"阴阳刑德",从其基本运行方式来看也可以理解为一种神煞:

> 阴阳刑德有七舍。何谓七舍? 室、堂、庭、门、巷、术、野。
> 十二月德居室三十日,先日至十五日,后日至十五日,而徙所居
> 各三十日。德在室则刑在野,德在堂则刑在术,德在庭则刑在
> 巷,阴阳相德,则刑德合门。八月、二月,阴阳气均,日夜分平,
> 故曰刑德合门。德南则生,刑南则杀,故曰二月会而万物生,八
> 月会而草木死,两维之间,九十一度十六分度之五而升,日行一
> 度,十五日为一节,以生二十四时之变。①

王念孙指出,"十二月德居室"有误,应当是"十一月",②是说甚确。也就是说,"刑德"神煞的运行方式是自十一月始,德从室开始,每月顺行室、堂、庭、门、巷、术、野、术、巷、门、庭;刑则从野开始,每月

(接上页)得",其意虽是,其改字非也。相关的研究参陶磊《〈淮南子·天文〉研究——从数术史的角度》第七章《论〈天文〉所见刑德学说》,第 119 页;孙占宇、鲁家亮《放马滩秦简及岳麓秦简〈梦书〉研究》第三章第四节"居延数术残简丛考",第181 页;李天虹、蒋鲁敬《胡家草场汉简与尹湾汉简数术文献中的"刑德行时"》,《江汉考古》2020 年第 1 期;程少轩《马王堆帛书"刑德大游"与秦灭六国战争》,《史学集刊》2023 年第 2 期。

① 刘安编,何宁撰:《淮南子集释》,第 212 页。
② 何宁《淮南子集释》也说:上文云:"阴气极,阳气萌,故曰冬至为德。"又曰:"万物闭藏,蛰虫首穴,故曰德在室。"冬至为十一月中气,则此十一月无疑也。

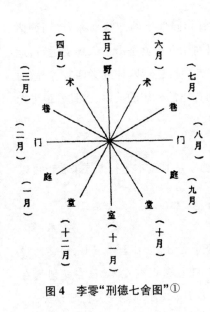

图 4 李零"刑德七舍图"①

顺行野、术、巷、门、庭、堂、室、堂、庭、门、巷、术，每年运行一周。这样，二月和八月的时候刑德都在"门"，所以说"八月、二月，阴阳气均，日夜分平，故曰刑德合门"。钱塘指出，室、堂、庭、门、巷、术、野是盖天说中标示日道远近的七衡，②陈维辉认为阴为刑杀，阳为德生，这都是从月亮晦明的道理而衍生。③ 李零认为刑德是相互对应的，并且绘制了刑德七舍图，④曾宪通指出《淮南子》中的七舍与秦简日夕的七式相当。⑤ 胡文辉以为"刑德七舍"其实是将代表阴阳的"刑德"概念具象化，将刑、德视为两个具体的事物，在其中不同的处所移动，以具象化的形式表示阴阳消长。⑥ 陶磊认为刑德互为阴阳，其运行也互为顺逆，⑦另外陶磊也指出这种刑德学说背后体现的是阴阳的消长，中间有一个总量的平衡。⑧ 另外汤用彤以

① 图片来源：李零《中国方术考（修订本）》第一章《占卜体系与有关发现》，第51页。
② 刘安编，何宁撰：《淮南子集释》，第212页。
③ 陈维辉：《中国数术学纲要》，上海：同济大学出版社，1994年，第34页。
④ 李零：《中国方术考（修订本）》第一章《占卜体系与有关发现》，第51页。
⑤ 曾宪通：《睡虎地秦简日书〈岁〉篇疏证》，氏著《古文字与出土文献丛考》，广州：中山大学出版社，2005年。
⑥ 胡文辉：《中国早期方术与文献丛考》，第258页。胡文辉另外认为"刑德"有从准数术化到数术化转变的历史过程，可参看。
⑦ 陶磊：《〈淮南子·天文〉研究——从数术史的角度》，第121页。
⑧ 陶磊：《从巫术到数术：上古信仰的历史嬗变》，第175页。

《淮南子》刑德对比《太平经》中室、明堂、庭、门、道巷、原野，[①]可参。

与"刑德"类似，《淮南子·天文》中还有所谓"北斗之神"：

> 北斗之神有雌雄，十一月始建于子，月从一辰，雄左行，雌右行，五月合午谋刑，十一月合子谋德。太阴所居辰为厌日，厌日不可以举百事。[②]

雄左行也就是沿着日廷图顺行十二辰，雌右行也就是逆行十二辰，五月的时候它们都运行到午的位置，十一月的时候又回到子的位置，所以叫"五月合午谋刑，十一月合子谋德"。[③] 有论者以为这是以"斗"之位置分别十二。[④] 冯时指出《史记·天官书》已经明言北斗具有分阴阳的功能，正因此《淮南子·天文》中的北斗才朝着相反的方向运行。[⑤] 陶磊认为这里的"北斗之神"就是"小岁"，可以用招摇指代，招摇也有左行右行。[⑥] 陶磊另外指出，左行的雌北斗之

---

① 汤用彤：《读〈太平经〉所见》，《汤用彤学术论文集》，北京：中华书局，1983 年。

② 刘安编，何宁撰：《淮南子集释》，第 278 页。蒙文通认为这可能是苌弘之术，和落下闳属于一派，参氏著《巴蜀古史论述》，第 121 页。

③ 参刘康德《淮南子直解》，上海：复旦大学出版社，2001 年，第 150 页。也有学者解释"左旋""右旋"为：以北极为中心，以北斗斗柄旋转的为准的全部天体周日、周年视运动，自东向南向西，即左旋；岁星（相当于雌的北斗）和日、月、五星的周年视运动，是自西向南向东，即右旋。参陈广忠《淮南子科技思想》，合肥：安徽大学出版社，2000 年，第 44 页。

④ 刘朝阳：《〈史记·天官书〉之研究》，刘朝阳著，李鉴澄、陈久金主编《刘朝阳中国天文学史论文选》，郑州：大象出版社，2000 年。

⑤ 冯时：《中国古代物质文化史·天文历法》，第 173 页。

⑥ 陶磊：《〈淮南子·天文〉研究——从数术史的角度》，第 66 页。陶磊还指出，《淮南子·时则》提到孟春之日，招摇指寅，仲春之月指卯，季春之月指辰，这也就是"左行"。睡虎地秦简《日书》甲种"玄戈"十月招摇系未，十一月系午，十二月系巳，此为右行。招摇之雌雄二月八月会于酉，与阴阳刑德之行相类似。张铭洽也有相似的看法，另参刘次沅、马莉萍《睡虎地秦简〈日书·玄戈篇〉新探》，吴永琪主编，秦始皇兵马俑博物馆《论丛》编委会编《秦文化论丛》第 13 辑。

神,体现的是天空二十八宿的左行;右行的雄北斗之神,体现的是岁星的右转。① 孙占宇和鲁家亮认为这里说的是"厌日",也就是月厌。② 有学者研究"月厌"和"月建"的问题,认为"月厌"就是北斗雌神所居,"月建"就是北斗雄神所居。③

总的来看,刑德七舍和北斗之神都可以理解为按照一定规律运行的神煞,而神煞运行的基本时间单位是"月",室、堂、庭、门、巷、术、野以及十二地支代表神煞所在的方位,即某月神煞在某处。然十二地支同时也可以表示时间,所以也可以根据"月"和地支的配合,判断某月神煞在某一日。

2. 小岁与太岁

在《淮南子·天文》中有"小岁"和"太岁"的说法,也是沿着十二辰运行的神煞,其中提到:

> 斗杓为小岁,正月建寅,月从左行十二辰。咸池为太岁,二月建卯,月从右行四仲,终而复始。太岁迎者辱,背者强,左者衰,右者昌,小岁东南则生,西北则杀,不可迎也,而可背也,不可左也,而可右也,其此之谓也。大时者,咸池也;小时者,月建也。天维建元,常以寅始起,右徙一岁而移,十二岁而大周天,终而复始。④

关于"月从左行十二辰",《淮南鸿烈集解》引陶方琦云:"《文选》谢庄《月赋》注引许注'历十二辰而行',《占经》六十七引作'越历十二辰而行'。按:《说文》岁字下'越历二十八宿',越字应增。"⑤

---

① 陶磊:《从巫术到数术:上古信仰的历史嬗变》,第 171 页。
② 孙占宇、鲁家亮:《放马滩秦简及岳麓秦简〈梦书〉研究》,第 195 页。
③ 廖宇:《道教时日禁忌探源》,第 176 页。
④ 刘安编,何宁撰:《淮南子集释》,第 219 页。
⑤ 刘安编,刘文典撰,冯逸、乔华点校:《淮南鸿烈集解》,第 102 页。

所谓"历十二辰"也就是说小岁顺行十二地支,即正月在寅,二月卯,三月辰,四月巳,五月午,六月未,七月申,八月酉,九月戌,十月亥,十一月子,十二月丑,经由孔家坡汉简《日书》日廷图可以对"小岁"的运行方式有直观的认识,详图5。可以发现,这也正是日廷图上地支排列的顺序,所以可以说"小岁"其实是神煞运行最基础的模式。而《淮南子·天文》所谓的"帝张四维,运之以斗,月徙一辰,复返其所。正月指寅,十二月指丑,一岁而匝,终而复始",描述的其实正是"小岁"的运行方式。②

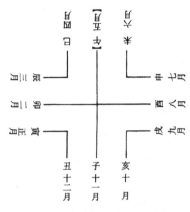

图 5 孔家坡《日书》日廷图①

　　而在《淮南子·天文》的记载之中,"太岁"的运行方式是右行四仲,也就是在日廷图上顺行卯、子、午、酉四个地支,是说"太岁"的运行方式就是二月在卯,三月在子,四月在酉,五月在午,其他逐月类推:六月在卯,七月在子,八月在酉,九月在午,十月在卯,十一月在子,十二月在酉,正月在午。四仲代表的是东、北、西、南四个方位,所以可以说太岁每个月运行一个方位,每年循环三次。由图5孔家坡汉简《日书》日廷图也可以对"太岁"的这种运行方式有直观的认识。

　　需要注意的是,"太岁"的名称非常容易引起误解,因为这里的"太岁"与同在《淮南子·天文》中的"岁星",以及睡虎地秦墓竹简《日书》甲种"岁篇"中"岁"名称相同。但如果仔细观察,可以发现

---

① 图片来源:湖北省文物考古研究所、随州市考古队编:《随州孔家坡汉墓简牍》,图版第77页,释文第144页。

② 刘安编,何宁撰:《淮南子集释》,第238页。

这几种"岁"的运行方式都不相同,显然来自不同的数术体系。① 另外,"咸池为太岁"也给后来的学者带来许多困扰,何宁《淮南子集释》也注意到这里"太岁"和"太一"并不相同,《集释》引钱塘补曰:"淮南有两太岁,此太岁非太一也。或说'太'当为'大',然义则同。"另引王念孙引钱晓徵《答问》云:"问《淮南》以咸池为太岁,与它书所言太岁异,何故? 曰:《淮南》书云'斗杓为小岁,咸池为太岁','大时者咸池也,小时者月建也',皆以大小相对,初未尝指咸池为太岁。其作太岁者,乃后人转写之误。吴斗南《两汉刊误》谓《淮南》不名天一为太岁,又自以咸池名之,则南宋本已误矣。"②钱晓徵认为"咸池为太岁"原本应当作"咸池为大时",后来人在转写的过程之中出现了错误,这样的推测有一定道理,但需要更多资料的证明,所以虽然王念孙以及后来的何宁对这种说法都比较赞同,但并未在原文中修改"太岁"为"大时"。无论如何,传世文献和《日书》中同被称为"岁"的神煞其实来源于不同的传说体系,这一点是需要特别留意的。③

此外,明清时期数术文献中的神煞有所谓"月太岁",其运行方式与本书提到的"太岁"有相似之处。孙星衍有《月太岁旬中太岁考》一文,其中提到古代有年太岁、月太岁、旬中太岁,而关于"月太岁"的运行方式,孙星衍说:"一为月太岁,二月起卯,三月子,四月酉,五月午,六月复至卯,终十二月。右行四正,亦谓之咸池,亦曰小〈大〉时。《天文训》……今阴阳家引李鼎祚则以大时为正月起卯,月

---

① 有学者认为,此处太岁的运行遵循实际岁星运行的方向,见潘远根《马王堆帛书埋胞图考证》,《中华医史杂志》第 19 卷第 4 期,1989 年。

② 刘安编,何宁撰:《淮南子集释》,第 219 页。

③ 刘乐贤也认为《日书》中的"岁"可能是一种我们并不熟悉的神煞,见氏著《睡虎地秦简日书研究》,第 104 页。

行四仲。明以来通书皆用其说。《遁甲书》推大时法……则大时三月起卯……与《淮南》二月起卯及通书正月起卯两说不同。"所以孙星衍怀疑《淮南子》中的"二月"应当作"正月"。① 这样的说法也得到了后来很多学者的支持,例如裘锡圭就引用敦煌汉简中"正月大时在东方舍卯,小时并在东方舍寅"的说法,认为《淮南子》中的"二月"应当是"正月",②胡文辉也认为《淮南子》中的"二月建卯"应当是"正月建卯"。然而也有学者反对这种意见,例如晏昌贵认为《淮南子》中的相关记载可能是另外的数术系统,未必一定要与明清时期的数术系统吻合,③陶磊也认为古代数术支派繁复,以彼校此,未必允当。④

九店楚简有"太岁篇",其中提道:"太岁:十月、屈□、享月在西。爨月、远□、夏□在北。献马、荆□、[八月在东。冬]□、夏□、[九月在南]。"⑤李零认为这里的"岁"指的是"天一""太一""太岁"等神煞的游行,这类神煞与岁星有关,而其运行方式分两类,一类是行四位或五位,一类是行十二位,前者是"大岁""大时",后者是"小岁"或"小时"。⑥

另外,睡虎地秦墓竹简《日书》甲种"岁篇"中"岁"的运行:

① 孙星衍:《问字堂集》卷一《月太岁旬中太岁考》,《岱南阁丛书》第　册,乾隆五十九年刻本,第13—16页,本书转引自晏昌贵《略论睡虎地秦简〈日书〉对楚〈日书〉的继承与改造》,收入氏著《简帛数术与历史地理论集》。

② 裘锡圭:《考古发现的秦汉文字资料对于校读古籍的重要性》,《中国社会科学》1980年第5期;后收入氏著《古代文史研究新探》,南京:江苏古籍出版社,1992年。

③ 晏昌贵:《略论睡虎地秦简〈日书〉对楚〈日书〉的继承与改造》,氏著《简帛数术与历史地理论集》。

④ 陶磊:《〈淮南子·天文〉研究——从数术史的角度》,第230页。

⑤ 湖北省文物考古研究所、北京大学中文系编:《九店楚简》,第53页。

⑥ 李零:《读〈九店楚简〉》,氏著《待兔轩文存·说文卷》,桂林:广西师范大学出版社,2015年。

岁

刑夷、八月、献马,岁在东方,以北大祥,东旦亡,南遇殃,西
数反其乡。 (六四正壹)

夏夷、九月、中夕,岁在南方,以东大祥,南旦亡,西遇殃,北
数反其乡。 (六五正壹)

纺月、十月、屈夕,岁在西方,以南大祥,西旦亡,北遇殃,东
数反其乡。 (六六正壹)

七月、爨月、援夕,岁在北方,以西大祥,北旦亡,东遇殃,南
数反其乡。 (六七正壹)①

本篇后半部分的内容是秦楚月份的对照表,或可看作秦统治下
楚地《日书》的特色。② 曾宪通认为本篇提到的"岁"就是岁星,③张
闻玉认为"岁"也就是"太岁"的简称。④ 晏昌贵以本简和九店楚简
《日书》"太岁篇"对比,发现"太岁"或"岁"每月所在的方位是一致
的,但两者的起始点和各月的次序并不相同,九店简"太岁"始自楚
十月在西,然后爨月在北,献马在东,冬夕在南,再从屈夕回到西方。
而睡虎地简"岁"则始于刑夷在东方,夏夷在南,以下类推。⑤

本篇的吉凶与岁所在的方位有直接的关系,例如岁所在的方向

---

① 睡虎地秦墓竹简整理小组编:《睡虎地秦墓竹简》,图版第 94 页,释文第 190 页。
② 王子今认为其中的"数"应当读为"速",参氏著《睡虎地秦〈日书〉甲种"以见君
  上数达"解》,周天游主编,陕西历史博物馆馆刊编辑部《陕西历史博物馆馆刊》第 7
  辑。本简是讨论秦简和楚简异同的重要材料,很早引起了学者们的注意,相关的研
  究参工藤元男著,广濑薰雄、曹峰译《睡虎地秦简所见秦代国家与社会》第九章
  《〈日书〉所反映的秦、楚的目光》;另参见琴载元《秦汉择日术的流行与普遍化过
  程》,韩国中国古中世史学会编《中国古中世史研究》第 25 辑,2011 年。
③ 曾宪通:《睡虎地秦简日书〈岁〉篇疏证》,氏著《古文字与出土文献丛考》。
④ 张闻玉:《云梦秦简〈日书〉初探》,《江汉论坛》1987 年第 4 期。
⑤ 晏昌贵:《略论睡虎地秦简〈日书〉对楚〈日书〉的继承与改造》,氏著《简帛数术与
  历史地理论集》。

（如东方），岁将要运行到的方向（南方），以及岁所在位置相对的方向（西方），都是不吉利的；而只有岁刚刚离去的方向（北方）是吉利的。至于岁的运行情况，简单来说就是每月运行一个方位，正月在东方、二月在南方、三月在西方、四月在北方，五月又回到东方，然后沿着这一轨迹继续运行，每年循环三次。其运行的规律与前面提到的正月建卯，顺行四仲的"大时"几乎完全相同，也就是说"岁篇"中的"岁"很可能就是前面的"大时"，①是同一种神煞在不同地域的不同称呼。根据学者们的说法，"岁"很可能是在楚地盛行的某种神煞，②那么"大时"或者就是秦地的神煞。

另外，睡虎地秦简《日书》甲种之中有"徙篇"，其数术原理与"岁篇"也较为相似：

> 正月五月九月，北徙大吉，东北少吉，若以是月殿（也）东徙，毁，东南刺离，南精，西南室毁，西困，西北辱。 （五九正壹）
>
> 二月六月十月，东徙大吉，东南少吉，若以是月殿（也）南徙，毁，西南刺离，西精，西北毁，北困辱。 （六〇正壹）
>
> 三月七月十一月，南徙大吉，西南少吉，若以是月殿（也）西徙，毁，西北刺离，北精，东毁，东北困，东南辱。 （六一正壹）
>
> 九月八月十二月，西徙大吉，西北少吉，若以是月殿（也）北徙，毁，东北刺离，南精，东南毁，南困辱。 （六二正壹）③

再者，马王堆汉墓帛书有《式法》，其中有一篇整理者命名为"徙"：

> ［正月、五月、九月，岁在］东，东徙死，西徙反，南徙寡央

---

① 陶磊：《〈淮南子·天文〉研究——从数术史的角度》，第 64 页。另参胡文辉《释岁——以睡虎地〈日书〉为中心》，氏著《中国早期方术与文献丛考》。

② 刘乐贤：《睡虎地秦简日书研究》，第 103 页。

③ 睡虎地秦墓竹简整理小组编：《睡虎地秦墓竹简》，图版第 93—94 页，释文第 189 页。

（殃），北徙吉，东南谁，西南斗，西北辟道，东北小吉。

　　［二月、六月、十］月，岁才（在）南，南徙死，北徙反，西徙寡央（殃），东徙吉，西南谁，西北斗，东北辟道，东南小吉。

　　［三月、七月、十一］月，岁才（在）西，西徙死，东徙反，北徙寡央（殃），南徙吉，西北谁，［东］北斗，东南辟道，西南小吉。

　　［四月、八月、十］二月，岁才（在）北，北徙死，南徙反，［东徙］寡央（殃），西徙吉，东北谁，［东］南斗，西［南辟道］，西北小吉。①

　　本篇中"岁"的运行方式与秦简《日书》基本相同，即每月运行一个方位，正月在东方、二月在南方、三月在西方、四月在北方，五月又回到东方，然后沿着这一轨迹继续运行，每年循环三次。而这与前引《淮南子》中提到的"大时"的运行方式也基本相同。晏昌贵指出，只需要将秦简中的楚月名换成秦月名，即可得出《式法》"徙篇"的运行规律，而从九店楚简到睡虎地秦简，再到帛书《式法》之间的演变关系也就一目了然了。②

　　此外，"家（嫁）子□篇"也是睡虎地秦简《日书》乙种之中较为完整的内容，其性质与本书提到的"岁"有相似之处：

　　正月、五月，正东尽，东南央丽，西南执辱，正西郄逐，西北续光，正北吉富，东北　　　　　　　　　　　　　（一九七）

　　二月、六月、十月，正南尽，西南斲（斗），正西央丽，西北执辱，正北郄，北续光，正东吉富，东南反乡　　　（一九八）

　　三月、七月、十一月，正西尽，北斲（斗），正北央丽，东北执辱，正东郄逐，东南续光，正南吉富，西南反乡　　（一九九）

① 马王堆汉墓整理小组编：《马王堆帛书〈式法〉释文摘要》，《文物》2000年第7期。
② 晏昌贵：《略论睡虎地秦简〈日书〉对楚〈日书〉的继承与改造》，氏著《简帛数术与历史地理论集》。

四月、八月、十二月,正北尽,□□魝(斗),正东央丽,南执辱,正南续充,正西吉富,西北反乡　　　　　　　　(二〇〇)①

本篇在抄写过程之中原本就有许多脱误,工藤元男以列表的方式进行复原,另外刘乐贤也曾经复原本篇,并命名为"嫁子刑",可参看。②在本篇之中,如果将"尽"理解为一种神煞,那么它的运行方式就是正月在正东,二月在正南,三月在正西,四月在正北,五月回到正东,这和前面提到的"大时""正月建卯""顺行四仲"的运行方式是相同的。

3. 小时与大时

除了小岁和太岁之外,文献记载中还有所谓小时和大时,这对于认识刑德神煞也有重要的意义。《淮南子·天文》说:"大时者,咸池也;小时者,月建也。"而出土简帛中也有大时、小时,有学者怀疑两者之间可能存在某种联系,例如何宁《淮南子集释》就引杨树达云:"敦煌出土汉简云:'正月,大时,害卯。小时,丑在东方,害寅。'"③杨树达所引的"敦煌出土汉简",应当就是《流沙坠简》小学数术方技书的"吉凶宜忌残简",其中提到:"正月大时在东方害卯小时丑在东方害寅子朔巳反支辰解律。"④这条简虽然残断较甚,但根据"正月大时在

---

① 睡虎地秦墓竹简整理小组编:《睡虎地秦墓竹简》,图版第 135 页,释文第 248—249 页。

② 工藤元男著,广濑薰雄、曹峰译:《睡虎地秦简所见秦代国家与社会》第九章《〈日书〉所反映的秦、楚的目光》,第 319 页;刘乐贤还认为,本篇与"岁""迁徙"等篇是性质相同的文献,参刘乐贤《睡虎地秦简日书研究》,第 384 页。

③ 刘安编,何宁撰:《淮南子集释》,第 219 页。

④ 罗振玉、王国维:《流沙坠简》,第 93 页。本简之中"小时丑在东方"于文意不通,推测"丑"字应为"并",相同的意见参刘玉环《〈流沙坠简〉释文商酌》,氏著《秦汉简帛字词札记》,北京:知识产权出版社,2016 年。裘锡圭也将"害"字释读为"舍",并将本简断句释读为:"正月大时在东方舍卯,小时并在东方舍寅。"(见氏著《考古发现的秦汉文字资料对于校读古籍的重要性》,《中国社会科学》1980 年第 5 期,后收入氏著《古代文史研究新探》)。陈直认为其中的"舍"字诸家释为"害",未确(《摹庐丛著七种》,济南:齐鲁书社,1981 年,第 291 页)。胡文辉后来也(转下页)

东方""小时丑在东方",推测其中大时与小时的运行也与《淮南子·天文》的记载基本相同。这条简现藏于大英图书馆,是斯坦因第二次在中亚考察时得到的。① 张培瑜认为,这可以说明汉代大时、小时是历书上侧重方位选择的条目。②

另外,敦煌悬泉汉简之中也出现了"大时"相关的记载,其中提到:"大时,南方卯,北方子,西方……"整理者认为:"此'大时'即所谓'月太岁',一月一徙,既非岁星,也非虚拟的、与岁星相应的太岁。《日书》甲种《岁》:'刑夷、八月、献马,岁在东方,以北大羊(祥),东旦亡,南遇英(殃),西数反其乡……'即运用'月太岁',亦即大时占卜吉凶者。"③本简残断较为严重,但大时在南方居卯,北方居子的说法也确实与《淮南子》中的太岁"大时"的运行方式基本相同。

马王堆帛书《胎产书》中有关于埋藏胞胎要"避小时、大时"的说

(接上页)指出,"各家释文都将此简的'舍'释作'害','并'释作'丑',皆误",据胡文辉介绍,裘锡圭在原文之中并未解释释读的原因,他曾经去信询问裘锡圭释读为"舍"的缘由,裘锡圭先生回信说:"我根据字形('害'上的'宀'从无作'人'者,应是'舍'字多写一横)、字义(《流沙坠简·吉凶宜忌简2》,亦即疏勒河628有'舍酉'、'舍子'之语,'舍'字用法与此相同)定为'舍'。"(见氏著《释岁——以睡虎地〈日书〉为中心》)承故宫博物院熊长云告,本简"丑"字写法特殊,疑确实当作"并",北京大学藏汉代竹简之中有相似写法释读为"并"者,然"害"字与"舍"字差别较大,罗振玉、王国维应当并未误释,另承中国社会科学院古代史研究所曾磊告,汉简中"害"之字体与"舍"相差确实较大。另外王国维原注说"反支之法子丑朔六日反支故子朔巳反支也",这是对反支之法进行了解释,而所谓"辰解律"的"解律"应当也是神煞之名。

① 冨谷至指出,本简"丑"字右侧有楔形刻槽,和书籍简同类,并引森鹿三的说法,认为这条简是记载反支法的历者或者占书类的简。冨谷至:《大英图书馆藏敦煌汉简》,中国社会科学院简帛研究中心编《简帛研究译丛》,长沙:湖南出版社,1996年。
② 张培瑜:《出土汉简帛书上的历注》,国家文物局古文献研究室编《出土文献研究续集》。
③ 胡平生、张德芳编撰:《敦煌悬泉汉简释粹》,上海:上海古籍出版社,2001年,第181页。另参胡文辉《释岁——以睡虎地〈日书〉为中心》,氏著《中国早期方术与文献丛考》。何双全《汉简〈日书〉丛释》,甘肃省文物考古研究所、西北师范大学文学院历史系编《简牍学研究》第2辑,第49页。

法,另外附录有"南方禹藏图"(见图6),对于了解"大时"和"小时"的运行也有非常重要的意义。有学者也已经指出,关于"禹藏图"的说明不见于《胎产书》,而位于《杂疗方》之中,其中提到:

> 禹藏埋胞图法:埋胞,避小时、大时所在,以产月,视数多者埋胞□。①

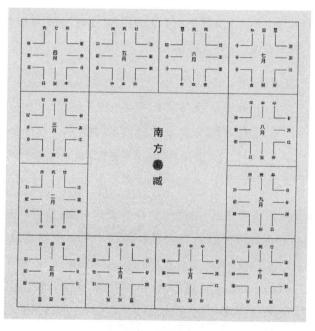

图6　南方禹藏复原图②

---

① 释文参考了魏启鹏、胡翔骅著《马王堆汉墓医书校释》(成都:成都出版社,1992年,第72页)和马继兴著作《马王堆古医书考释》(长沙:湖南科学技术出版社,1992年,第763页)。

② 周一谋等:《马王堆医书考注》,天津:天津科学技术出版社,1988年,第347页。相关的研究参李建民《生命史学:从医疗看中国历史》,第169页。黄儒宣认为这类图形虽然与"日廷图"结构相同,但表示的是方位与年份,称之为"钩绳图"或许未尝不可,参氏著《〈日书〉图像研究》,第57页。

根据研究者的说法,"大时"每月均按照东、南、西、北四方的顺序运行,由一月在卯开始,依次是二月在午,三月在酉,四月在子,也就是每月逆行四仲;"小时"则是每月顺行十二辰。另外研究者指出,以上这些月份相应的方位在"禹藏"图中都记以"死"字。①

孔家坡汉简《日书》有"时篇",其中也有与"大时"和"小时"相关的内容,这也是出土文献中关于"大时"和"小时"最为详细和完整的记载,其中提到:

> 正月,小时居寅,大时 居 卯,不可东徙。　　　　（一一一壹）
>
> 二月,小时居卯,大时居子,不可北徙。　　　　（一一二壹）
>
> 三月,小时居辰,大时居酉,不可东〈西〉徙。　　（一一三壹）
>
> 四月,大时、小时并居南方,不可南徙。　　　　（一一四壹）
>
> 五月,小时居午,大时居卯,不可东南徙。　　（一一五壹）②

本简虽然也有残断,但因为本身有规律可循,所以六月到十二月大时和小时所在的干支也可以推演出来。也就是说,从正月到五月,小时所在的地支是寅、卯、辰、巳(南方)、午,推测从六月到十二月所在的地支应该是未、申、酉、戌、亥、子、丑,是说这里"小时"的运行方式是正月建寅,顺行十二辰。另外从正月到五月,大时所居地支是卯、子、酉、午(南方)、卯,推测从六月到十二

---

① 马继兴:《马王堆古医书考释》,第 764 页。相关的研究也参李零《中国方术考（修订本）》第六章《出土行气、导引文献概说》,第 374 页;胡文辉《释岁——以睡虎地〈日书〉为中心》指出《禹藏图》中有两种"死",分别对应"大时"和"小时",可参看。

② 湖北省文物考古研究所、随州市考古队编:《随州孔家坡汉墓简牍》,图版第 120 页,释文第 141 页。释文参考了孙占宇、鲁家亮《放马滩秦简及岳麓秦简〈梦书〉研究》,第 169 页。

月所在的地支应该是子、酉、午、卯、子、酉，是说大时的运行方式是正月建卯，顺行四仲。而这正是《淮南子·天文》之中小岁和太岁的运行方式。

《居延新简》中也有关于"大时"和"小时"的内容：

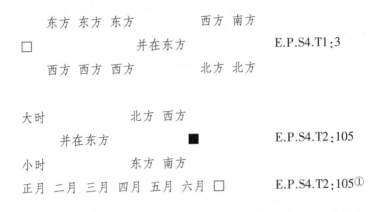

以上几条简都出自甲渠候官第四燧，其中第一条出土于探方一，后面两条都出土于探方二，尤其是最后一条书写的月份，显然是和方位搭配使用的。② 孙占宇认为本篇为《时》篇残册。③ 而且根据前述孔家坡汉简《日书》中关于大时和小时运行的基本方式，可以推知"并在东方"是正月，大时在北方、小时在东方的时间是二月，而大时在西方、小时在南方的时间是三月，所以释文之中的"南方"应当

① 甘肃省文物考古研究所、甘肃省博物馆、文化部古文献研究室、中国社会科学院历史研究所编：《居延新简：甲渠候官与第四燧》，北京：中华书局，1994年，第562页。

② 胡文辉对这几条简之间的关系进行了进一步的考释，他认为第一、二枚简应当是同一枚简断裂而成的，而且显然在抄写过程中出现了很多错误，例如三月、七月、八月都搞错了方位，而且七月大时、小时皆在西方，应当作"并在西方"才对，见氏著《释岁——以睡虎地〈日书〉为中心》。

③ 孙占宇：《居延新简数术残简再探》，田澍、张德芳主编《简牍学研究》第5辑，兰州：甘肃人民出版社，2014年。

作"东方"。是知大时的运行方式是东方、北方、西方、南方,也就是逐月顺行四仲;小时的运行方式则是正月、二月和三月都在东方,四月、五月、六月都在南方,七月、八月、九月都在西方,十月、十一月、十二月都在北方,也就是逐月顺行十二辰。除了正月的时候大时和小时"并在东方"之外,四月的时候"并在南方",七月的时候"并在西方",十月的时候"并在北方",详见表9。

表9　居延新简中的大时与小时

	正月	二月	三月	四月	五月	六月
大时	东方	北方	西方	南方	东方	北方
小时	东方	东方	东方	南方	南方	南方

《居延新简》中的相关内容对于认识西汉中后期以后"大时"和"小时"具有比较重要的意义。

另外,放马滩秦简《日书》中有"咸池会月",其中提到:

> 正月东方,四月南方,七月西方,十月[北方],凡是谓咸池会月殴,不可垣其乡(向)。垣高厚,死;取谷,兵,男子死;垣坏,女子死。　　　　　　　　　　　　　　　(乙一三九)①

孙占宇认为放马滩秦简与孔家坡汉简《日书》中的相关内容大体相同,即正月大时居卯,小时居寅,二者并在东方;四月大时居午,小时居巳,二者并在南方;七月大时居酉,小时居申,二者并在西方;十月大时居子,小时居亥,并在北方。因此正月、四月、七月、十月均

---

① 甘肃省文物考古研究所编:《天水放马滩秦简》,图版第30页,释文第94页。释文另参武汉大学简帛研究中心、湖北省博物馆、湖北省文物考古研究所编,陈伟主编《秦简牍合集(肆)》,第87页。

为大时(咸池)、小时相会于某方之月,或即"咸池会月"。①

也就是说,"大岁"与"大时"的运行方式相同,都是正月建卯,顺行四仲;而"小时"和"小岁"的运行方式相同,都是正月建寅,顺行十二辰,这两种类型的神煞运行方式相同但名称不同,应当属于不同地域的数术系统,前文提到,如果说"大岁""小岁"为楚系择日术,那么"大时"和"小时"很可能出自秦系,有关秦楚择日术的异同详参下文的讨论。

4. 建除十二神

根据前文的讨论,顺行十二辰也就是所谓的"月从一辰",从地支寅的位置开始,每月运行一个地支,每年运行一周,而这正与"建除十二神"之中"建"的运行方式相同。

"建除"是出土《日书》文献中比较常见的内容,学者们之前也进行过较多的讨论。以睡虎地秦墓竹简《日书》甲种"秦除篇"为例,建除十二神分别是建、除、盈、平、定、执、破、危、成、收、开、闭,其中神煞"建"正月在寅、二月在卯、三月在辰、四月在巳、五月在午、六月在未、七月在申、八月在酉、九月在戌、十月在亥、十一月在子、十二月在丑。而根据《淮南子·天文》中的"斗杓为小岁,正月建寅",以及孔家坡汉简《日书》中的"正月,小时居寅,大时│居│卯,不可东徙",可以发现神煞"建"和"小时"的运行方式基本相同。

然而从吉凶宜忌的设定情况来看,"小时"和"建"是两种不同的神煞,睡虎地秦简《日书》甲种之中有关于"建"日的宜忌,其中提到:"建日,良日也。可以为啬夫,可以祠。利枣(早)不利莫(暮)。可以入人、始寇(冠)、乘车。有为也,吉。(一四正贰)"②而《淮南子·天文》中对"小时"和"小岁"的宜忌描述则是:"小岁

① 孙占宇:《天水放马滩秦简集释》,第159页。
② 睡虎地秦墓竹简整理小组编:《睡虎地秦墓竹简》,图版第90页,释文第183页。

东南则生,西北则杀,不可迎也,而可背也,不可左也,而可右也,其此之谓也。"①

另外,《论衡》有"难岁篇",其中有"式上十二神"之名,对于认识建除十二神有所帮助:

> 或(式)上十二神,登明、从魁之辈,工伎家谓之皆天神也,常立子、丑之位,具有冲抵之气,神虽不若太岁,宜有微败。移徙者虽避太岁之凶,独触十二神之害,为移徙〔时〕者,何以不禁?②

《论衡校释》引《五行大义》卷五《论诸神篇》引《玄女拭经》云:"六壬所使十二神者:神后主子,水神。大吉主丑,土神。功曹主寅,木神。太冲主卯,木神。天罡主辰,土神。太乙主巳,火神。胜光(《黄帝龙首经》《金匮玉冲经》《授三子元女经》《太白阴经》《吴越春秋》《梦溪笔谈》《宋史·律历志》并作"胜先"。)主午,火神。小吉主未,土神。传送主申,金神。从魁主酉,金神。河魁主戌,土神。登明主亥,水神。"另引《梦溪笔谈》卷七《象数类》云:"六壬,天十二辰之名。古人释其义曰:正月阳气始建,呼召万物,故曰登明。二月物生根魁,故曰天魁。三月华叶从根而生,故曰从魁。四月阳极,无所传,故曰传送。五月草木茂盛,逾于初生,故曰胜先。六月万物小盛,故曰小吉。七月百谷成实,自能任持,故曰太一。八月枝条坚刚,故曰天罡。九月木可为枝干,故曰太冲。十月万物登成,可以会计,故曰功曹。十一月月建在子,君复其位,故曰太吉。十二月为酒醴以报百神,故曰神后。"③黄晖认为:"班《志》所载转位十二神之书既不可见,以

---

① 刘安编,何宁撰:《淮南子集释》,第 219 页。

② 王充著,黄晖撰:《论衡校释(附刘盼遂集解)》,第 1021—1023 页。

③ 但沈括认为这种解释为无稽之谈,他认为:"登明者,正月三阳始兆于地上,见龙在田,天下文明,故曰登明。天魁者,斗魁第一星也。斗魁第一星抵于戌,故曰天魁。从魁者,斗魁第二星也。斗魁第二星抵于酉,故曰从魁。(斗杓一星建方,(转下页)

其名义与《论衡》所载参证之，疑十二神者，本以配十二辰之方向，故亦称为十二辰也。占卜者准以干支，应以诸神。其取名也，或以星辰，或以旧占吉凶之语，定之时令之说，疑五行之家所演出也。"①

　　黄晖提到的班《志》"转位十二神"见于《汉书·艺文志》，其中五行家有"《转位十二神》二十五卷"，②其书已经亡佚，但《转位十二神》有二十五卷之多，内容应当相当丰富。《汉书补注》引沈钦韩曰"《淮南·天文训》，太阴在寅，朱鸟在卯，句陈在子，元武在戌，白虎在酉，苍龙在辰。寅为建，卯为除，辰为满，巳为平，主生。午为定，未为执，主陷。申为破，主衡。酉为危，主杓。戌为成，主少德。亥为收，主大德。子为开，主太岁。丑为闭，主太阴。《隋志》，梁有《十二属神图》一卷。《论衡·难岁篇》十二神登明从魁之辈。"③《淮南子集释》引钱塘补曰："此建除法也。《史记·日者传》有建除家。《太公·六韬》云：'开牙门当背建向破。'《越绝书》云：'黄帝之元，执辰破巳。霸王之气，见于地户。'《汉书·王莽传》云：'十一月壬子直建，戊辰直定。'《论衡·偶会篇》云：'正月建寅，斗魁破申。'是也。"④显然《淮南子》中十二神之名与《太公·六韬》《越绝书》以及《王莽传》类似，而且同《日书》中的相关记载一样，都

（接上页）斗魁二星建方，一星抵戌，一星抵西。）传送者，四月阳极将退，一阴欲生，故传阴而送阳也。小吉，夏至之气，大往小来，小人道长，小人之吉也，故为婚姻酒食之事。胜先者，王者向明而治，万物相见乎此，莫胜莫先焉。太一者，太微垣所在，太一所居也。天罡者，斗刚之所建也。（斗杓谓之刚，苍龙第一星亦谓之刚，与斗刚相直。）太冲者，日月五星所出之门户，天之冲也。功曹者，十月岁功成而会计也。大吉者，冬至之气，小往大来，君子道长，大人之吉也，故主文武大臣之事。十二子位北方之中，上帝所居也。神后，帝君之称也。天十二辰也，故皆以天事名之。"沈括撰，金良年点校：《梦溪笔谈》，北京：中华书局，2015年，第60—61页。

① 王充著，黄晖撰：《论衡校释（附刘盼遂集解）》，第1023页。
②《汉书》卷三〇《艺文志》，第1769页。
③ 班固撰，颜师古注，王先谦补注：《汉书补注》，第3210页。
④ 刘安编，何宁撰：《淮南子集释》，第261—262页。

属于建除系统;而《论衡·难岁》"十二神登明、从魁之辈"则属于另外的数术系统。

总的来说,北斗之神、"大岁""小岁"和"大时""小时"以及建除十二神,都可以归属于刑德神煞。刑德神煞是古日者根据日廷图,以月为单位铺设的神煞体系,其基本原理并不复杂,而且是一个相对开放的系统,此后的许多神煞都是在这个基础之上演化和发展而来的。另外,从现在出土的秦汉时期《日书》以及传世文献的记载来看,包括"大岁""小岁""大时"和"小时"在内的刑德诸神的时日吉凶宜忌的设定考虑了月份和方位之间的关系,而表示方位的地支又可以表示时间,这也是刑德神煞的重要特点。

另外可以发现,十二月与十二地支的搭配是神煞运行的基本轨迹,也就是说,"正月起寅,顺行十二辰"是最基础、最原始的神煞运行方式。《淮南子·天文》说"帝张四维,运之以斗,月徙一辰,复返其所。正月指寅,十二月指丑,一岁而匝,终而复始",①其实即就此而言的。而以"正月起寅,顺行十二辰"为基础进行各种变化,就产生了各类神煞。建除十二神就是最简单的例子,"正月起寅,顺行十二辰"说的也是作为神煞的"建"的运行方式,既然能顺行自然也可逆行,月徙一辰也可月徙二辰,或二月徙一辰,或月徙一方;或顺行四仲、或顺行四钩。而为了与具体的择日事项搭配,某些神煞的运行也加入阴阳五行的因素,使之更具说服力。这些神煞的铺设自然要归功于日者以及形形色色的数术家。

二、"具注历"神煞

所谓"具注历"神煞,也就是被铺注于历日之中的神煞。从秦汉

---

① 刘安编,何宁撰:《淮南子集释》,第 238 页。

时代开始,"具注历"神煞除了最为常见的建除十二神之外,还有天李、八魁、反支、血忌、往亡、四敫等。

与刑德诸神不同的是,具注历神煞被标注于历书之中,人们可以根据历书方便知晓某日神煞所在,并以此判定吉凶,并进行时日选择,与后世之黄历关系密切。① 如果说刑德神煞是在日廷图上逐月运行的,那么具注历神煞则是位于每月具体的日子之中,可以说是逐日运行的。例如《居延新简》E.P.T65:425A-B中不仅铺注有连续九天的建除信息,还有包括血忌在内的天李、八魁、往亡、反支、四敫等神煞,这也是目前所见历谱铺注神煞较为丰富的一种,本书以下围绕本简涉及的具注历神煞展开讨论。需要注意的是,历谱中铺设神煞应当是为了择日避忌的方便,通常采用两种方式,第一种是类似居延新简那样,标注每日的干支,在干支下注明当日"值日"的神煞;还有一种是尹湾汉简中的例子,先写神煞,然后标出它们所在的地支,例如"五月小。建日:午;反支:未;解衍:丑;复:丁、癸;臽日:乙;月省:未;月杀:丑;□□,子。"②相对来说后一种使用起来要复杂一点,毕竟后者还是要借助历书了解当日的地支。

《居延新简》425A简的主要内容是:

① 相关的研究参邓文宽《从"历日"到"具注历日"的转变》,氏著《敦煌吐鲁番天文历法研究》,兰州:甘肃教育出版社,2002年。而李零《与邓文宽先生讨论"历谱"概念书》提出的历谱类文本的概念应当重视,参氏著《简帛古书与学术源流》,北京:读书·生活·新知三联书店,2020年。相关的研究另参黄一农《敦煌本具注历日新探》,《新史学》1992年第3期,后收入氏著《制天命而用:星占、术数与中国古代社会》;晏昌贵《敦煌具注历日中的"往亡"》,氏著《简帛数术与历史地理论集》。另参工藤元男著,薛梦潇译《具注历的渊源——"日书"·"视日"·"质日"》,武汉大学简帛研究中心主办《简帛》第9辑,上海:上海古籍出版社,2014年。也有学者对敦煌具注历的定名进行反思,见陈昊《"历日"还是"具注历日"——敦煌吐鲁番历书名称与形制关系再讨论》,《历史研究》2007年第2期。
② 连云港市博物馆、东海县博物馆、中国社会科学院简帛研究中心、中国文物研究所编:《尹湾汉墓简牍》,北京:中华书局,1997年,第127页。

	四月小
	一日辛巳建重☐
永元二年	二日壬午除复☐
	三日癸未满☐
	☐☐☐①

425B 简的主要内容是：

九日☐

十日己丑破四☐☐☐　卅日☐

十一日庚寅危仲伏

十二日辛卯成天李

十三日壬辰收八塊

十四日癸巳开厌☐

十五日甲午闭亡

十六日乙未建反支

十七日丙申除

十八日丁酉满血忌往亡②

① 从原简的情况来看，"永元二年"仅有"永"字能部分辨析，其他字很难看得出来，有学者根据简文中包含的历法信息推断本简为"永元二年"历日，所以释读为"永元二年"，相关的研究见邓文宽《居延新简〈东汉永元二年（90 年）历日〉考》，收入氏著《邓文宽敦煌天文历法考察》，另参张德芳主编，韩华著《居延新简集释　六》，兰州：甘肃文化出版社，2016 年，第 169 页。

② 甘肃省文物考古研究所、甘肃省博物馆、文化部古文献研究室、中国社会科学院历史研究所编：《居延新简：甲渠候官与第四燧》，第 448 页。原注释提到，"原简下部尚有其他杂书文字，不录"，本简释文参考了马怡、张荣强《居延新简释校》，天津：天津古籍出版社，2013 年，第 710 页。另外本简释文也参考了孙占宇《居延新简数术残简再探》，田澍、张德芳主编《简牍学研究》第 5 辑。孙占宇文不仅对相关的内容进行了重新的释读和考证，还将时日干支和建除、具注历神煞分开讨论，对于许多问题都有新的见解，另参孙占宇、鲁家亮《放马滩秦简及岳麓秦简（转下页）

这条简被称为"永元二年具注历日残牍",有学者推测这条简是利用废旧习字简牍重新抄写的,其中425A 四月小,辛巳朔,而425B六月建未,庚辰朔。① 邓文宽根据神煞"往亡"等信息推断出本简的年代是公元90 年,也就是汉和帝永元二年。②

经由本简可以清楚了解具注历神煞的基本铺设方式,下文分别对本简之中提到的四敫、血忌、天李、往亡等具注历神煞,与《日书》文献中的类似神煞进行对比,同时参考后世择日文献中的相关记载,尝试总结分析具注历神煞的基本特征。

1. 复日与重日

永元二年四月一日辛巳后有一个"重"字,四月二日壬午后有一个"复"字,这应该就是"重日"和"复日"。关于这两种神煞,学者们也进行了一定的研究,例如黄一农梳理自尹湾汉墓简牍以来的资料,认为尹湾汉墓简牍中所行用的复日铺设规则,很可能被官方一直沿用至清初。③ 陈昊也认为,从尹湾汉墓和《协纪辨方书》中的记载可以认为,"重复"神煞从汉代一直延续到清代,虽然铺注方式略有不同,但可以说明这种神煞的延续性。④ 而有关"重日"的记载较

(接上页)〈梦书〉研究》,第191—192 页。事实上,这条简的内容非常重要,学者们的关注也很多,尤其是其中涉及到的大文历法方面的内容,也很早引起了学者们的注意,例如邓文宽就曾对其中的释文和历注问题进行了细致的讨论,并推断本简的年代为东汉永元二年,参氏著《居延新简〈东汉永元二年(90 年)历日〉考》,《邓文宽敦煌天文历法考察》。另外晏昌贵在讨论"往亡"问题的时候,也重点参考了本简的相关内容,参晏昌贵《敦煌具注历日中的"往亡"》,《魏晋南北朝隋唐史资料》第19 辑,武汉:武汉大学出版社,2002 年,第226 页。

① 孙占宇、鲁家亮:《放马滩秦简及岳麓秦简〈梦书〉研究》,第191—192 页。

② 邓文宽:《居延新简〈东汉永元二年(90年)历日〉考》,氏著《邓文宽敦煌天文历法考察》。

③ 黄一农:《从尹湾汉墓简牍看中国社会的择日传统》,《历史语言研究所集刊》第70本第3 分,1999 年;后收入氏著《社会天文学史十讲》。

④ 陈昊:《疾之成殇:秦宋之间的疾病名义与历史叙事中的存在》,上海:上海古籍出版社,2020 年,第201 页。

少，刘昭瑞曾经注意到《臞仙肘后经》中的"天地重复日"是每个月的己亥日，①不知是否与"重日"有关。

除了永元二年四月二日这个复日之外，《居延新简》E.P.T27：2也有复日，其中提到："复日：甲庚、乙辛、戊己、丙壬、丁癸、未、戊己、甲庚、乙辛、戊己、丙壬、丁癸。"②抄写者应是忽略了月份，正确的读法应当是"复日：正月甲庚、二月乙辛……"其中地支"未"应当是衍文，刘乐贤指出这里缺少了十二月的天干戊己，可以根据文例补充。③ 另外，尹湾汉墓简牍有元延三年（前10）的历谱，其中写道："五月小。建日：午；反支：未；解衍：丑；复：丁、癸；咎日：乙；月省：未；月杀：丑；□□，子。"④这里明确标示元延三年五月的复日是丁和癸两个天干。

另外，建除之中的"复日"也应当引起注意。《九店楚简》和睡虎地秦简"建除"之中都有关于"复日"的内容，《九店楚简》"建除篇"载【刑】夷……复于丑"，另外还说："凡复日，不吉，无为而可。"整理者认为，建除"复"在秦简《日书》甲种楚除作"复"，与楚简同；乙种作"甬"，并考证这个字应当也是"复"。⑤ 睡虎地秦简之中除了甲种"建除篇"有与复日相关的内容之外，《日书》乙种建除篇还有"复秀"，所谓："复秀之日，利以乘车、寇〈冠〉、带剑、裚（制）衣常（裳）、

① 刘昭瑞：《"承负说"缘起论》，《世界宗教研究》1995 年第 4 期。
② 甘肃省文物考古研究所、甘肃省博物馆、文化部古文献研究室、中国社会科学院历史研究所编：《居延新简：甲渠候官与第四燧》，第 78 页。
③ 刘乐贤：《尹湾汉简出土历谱及其相关问题》，饶宗颐主编《华学》第 3 辑，北京：紫禁城出版社，1998 年，第 255—256 页。
④ 连云港市博物馆、东海县博物馆、中国社会科学院简帛研究中心、中国文物研究所编：《尹湾汉墓简牍》，第 127 页。
⑤ 湖北省文物考古研究所、北京大学中文系编：《九店楚简》，第 46 页。释文参考了刘乐贤《九店楚简日书研究》，饶宗颐主编《华学》第 2 辑，广州：中山大学出版社，1996 年，第 61 页。

祭、作大事、家（嫁）子，皆可，吉。（二五壹）"①从简文内容来看"复秀"是吉日，与明显是凶日的"复日"不同。

秦简《日书》之中还有"必复之"的说法，也应当与"复日"的信仰有关，例如睡虎地秦简《日书》甲种"葬日篇"说：

> 葬日，子、卯、巳、酉、戌，是谓**男日**·午、未、申、丑、亥、辰，
> 是谓**女日**。女日死，女日葬，　　　　　　　　　（三〇正贰）
> 必复之，男子亦然。·凡丁丑日不可以葬，葬必参。
>
> （三一正贰）②

前引睡虎地秦简《日书》乙种"人日篇"也说：

> 凡子、卯、寅、酉男子日，·午、未、申、丑、亥女子日。以女
> 子日病，病瘳，必复之。以女子日死，死以葬，必复之。男子日
> 如是。　　　　　　　　　　　　　　　　　（一〇八）③

刘乐贤认为"人日篇"的完整说法是"女子以女子日病，病瘳，必复之"。④ 王子今指出，这里"必复之"的含义是重复发生死丧事件。⑤ 而这应当正是"重复"禁忌产生的根源。另外也有学者关注"解除"与"注"的问题，例如前引刘昭瑞提到的《臞仙肘后经》，其中就有关于解除"天地重复日"的方法："用桑木一段、甘草一两，安棺内，又于岁德方上取土，造泥人五个，同敛棺内。"⑥人们对于"复日"

---

① 睡虎地秦墓竹简整理小组编：《睡虎地秦墓竹简》，图版第 121 页，释文第 232 页。
② 睡虎地秦墓竹简整理小组编：《睡虎地秦墓竹简》，图版第 91 页，释文第 187 页。
③ 睡虎地秦墓竹简整理小组编：《睡虎地秦墓竹简》，图版第 127 页，释文第 240 页。
④ 刘乐贤：《睡虎地秦简日书研究》，第 355 页。
⑤ 王子今：《睡虎地秦简〈日书〉甲种疏证》，第 132 页。
⑥ 朱权：《臞仙肘后经》卷下，北京图书馆藏明刻本，北京：中华全国图书馆文献缩微中心，1988 年，叶 93A。

的恐惧主要是因为根据相关信仰,如果在该日发生灾难事件——尤其是死亡,则可能会发生"重复"的现象,所以需要"解除",同样"重日"也有类似禁忌。[1]

复日的铺设方法一直较为稳定,邓文宽根据敦煌吐鲁番出土历日,经过比对研究,确定当时复日的安排规则是:正月在甲、庚日,二月在乙、辛日,三月在戊、己日,四月在丙、壬日,五月在丁、癸日,六月在戊、己日。而七月到十二月与正月到六月相同。[2]《协纪辨方书》引《历例》,也提到了复日的铺设方式,即:"正月、七月,甲、庚;二月、八月,乙、辛;四月、十月,丙、壬;五月、十一月,丁、癸;三、九、六、十二月,戊己日也。"[3]由此可知清代复日的铺设方式与《居延新简》中的记载,以及邓文宽整理的敦煌吐鲁番历日中的铺设规则完全一致。所以学者们才会认为从秦汉到清代复日的铺设方式是一以贯之的。数术知识的源远流长值得注意。

2. 敫日及臽日

前引居延新简提到"十日己丑破四□",其中的"四□"应当就是"四敫",敫日和臽日也是较为常见的神煞,和复日类似,这两种神煞也同时出现于秦汉简牍以及明清数术类文献之中。

睡虎地秦墓竹简《日书》甲种"臽日"和"敫日"被抄写在一起,或者是因为这两种神煞有相似之处:

四月甲臽。 （一三六正肆）

---

[1] 相关的研究参姜守诚《香港所藏"松人"解除木牍与汉晋墓葬之禁忌风俗》,《成大历史学报》2006 年 12 月 1 日,后收入氏著《出土文献与早期道教》。

[2] 邓文宽:《尹湾汉墓出土历谱补说》,氏著《敦煌吐鲁番天文历法研究》。另参氏著《敦煌天文历法文献辑校》,南京:江苏古籍出版社,1996 年。

[3] 谢路军主编,郑同点校:《钦定协纪辨方书》,第 224 页。《协纪辨方书》另引曹震（振）圭曰:"复者,重见也。为本建之辰与所遇之干同也。假令正月寅,即甲也,而又见甲,是复也。又如辰戌即戊也,丑未即己也,而又见戊己,是复也。余仿此。"

五月乙卣。　　　　　　　　　　　　（一三七正肆）

七月丙卣。　　　　　　　　　　　　（一三八正肆）

八月丁卣。　　　　　　　　　　　　（一三九正肆）

九月己卣。　　　　　　　　　　　　（一三六正伍）

十月庚卣。　　　　　　　　　　　　（一三七正伍）

十一月辛卣。　　　　　　　　　　　（一三八正伍）

十二月己卣。　　　　　　　　　　　（一三九正伍）

正月壬卣。　　　　　　　　　　　　（一三六正陆）

二月癸卣。　　　　　　　　　　　　（一三七正陆）

三月戊卣。　　　　　　　　　　　　（一三八正陆）

六月戊卣。　　　　　　　　　　　　（一三九正陆）

夏三月丑敫。　　　　　　　　　　　（一三六正柒）

春三月戌敫。　　　　　　　　　　　（一三七正柒）

秋三月辰敫。　　　　　　　　　　　（一三八正柒）

冬三月未敫。　　　　　　　　　　　（一三九正柒）

凡卣日，可以取妇、家女，不可　　　（一三六正捌）

以行，百事凶。　　　　　　　　　　（一三七正捌）

凡敫日，利以渔猎、请谒、责　　　　（一三八正捌）

人、执盗贼，不可祠祀、杀牲。　　　（一三九正捌）①

　　整理者指出，"四敫也是一种比较重要的神煞。在文献中四敫也写作'四激'"，《医心方》引汉代《虾蟆经》云："四激日：春戌、夏丑、秋辰、冬卯（未）。"并加按语说："右四时忌日，今古传讳，不

————————

① 睡虎地秦墓竹简整理小组编：《睡虎地秦墓竹简》，图版第 100 页，释文第 202 页。释文参考了陈伟主编，彭浩、刘乐贤撰著《秦简牍合集·释文注释修订本（贰）》，第391—392 页，本篇原本没有标题，刘乐贤命名为"卣日敫日"篇，见氏著《睡虎地秦简日书研究》，第 177 页。本简从四月开始，应当是与楚地行用的历法有关。

合药、服药也。"《黄帝九鼎神丹经决》有关于"作药"的时日禁忌，其中提到"月杀、反支、天季、四孟仲季、月收、壬午、丙戌、癸亥、辛巳、月建、诸朔望，皆凶，不可用以起火合神药"。①刘乐贤指出今本《黄帝虾蟆经》中的"四激日"以及《星历考原》《协纪辨方书》中的"四击日"，都是"四敫日"的别称，②此说可参。邓文宽注意到，在敦煌具注历之中，"四敫"也写作"四击"，但出现的次数并不很多，《宋宝祐四年（1256）会天万年具注历》也写作"四击"，而其排列规则则与《日书》相同。③郑刚认为"四敫"和"四徼"也就是后来的虚星四击，④王子今则指出"四徼"之名后来似乎有了新的含义，例如《抱朴子内篇》卷四《登涉》说："山水之间见吏人者，名曰'四徼'"，"呼之即吉。"⑤刘信芳指出，徼与交古音相通，这里可以理解为季节之交。⑥

敫日的铺设方式较为简单，只使用了丑、戌、辰、未四个地支。而且可以发现，四敫日是以季节为时间单位运行的，也就是夏季在丑、春季在戌、秋季在辰、冬季在未。前引《居延新简》中，六月是夏三月之一，根据"夏三月丑敫"的说法，六月十日己丑是敫日。丑、戌、辰、未所属五行与所在季节的五行相克，这或许是四敫被认为是凶日的主要原因。

---

① 《黄帝九鼎神丹经决》，《道藏》第18册，天津：古籍出版社；上海：上海书店；北京：文物出版社，1998年，第795页。相关的研究参廖宇《道教时日禁忌探源》，第126页。

② 刘乐贤：《睡虎地秦简日书研究》，第178—179页。

③ 邓文宽：《敦煌历日与出土战国秦汉〈日书〉的文化关联》，氏著《邓文宽敦煌天文历法考索》。邓文宽原注《宋宝祐四年会天万年具注历》见于《中国科学技术典籍通汇·天文卷》第1册三月七日历注，郑州：河南教育出版社，1997年，第694页。

④ 郑刚：《论睡虎地秦简日书的结构特征》，《中山大学学报》1993年第3期。

⑤ 王子今：《睡虎地秦简〈日书〉甲种疏证》，第503页。

⑥ 刘信芳：《〈日书〉四方四维与五行浅说》，《考古与文物》1993年第2期。

睡虎地秦简《日书》甲种之中也有与"敫日"相关的记载：

> ·凡不可用者,秋三月辰,冬三月未,春三月戌,夏三月亥。
>
> （一贰）①

本简虽然没有明确出现"敫日"的说法,但春戌、夏丑、秋辰、冬未的铺设方法与"敫日"完全一致,而且本简具有"不可用"的禁忌,也与敫日的禁忌相同,可能正因此后来整理者将本篇命名为"四敫日"。② 有学者认为本篇是"除篇"的一部分,例如刘信芳认为本简"夏三月亥"应当作"夏三月丑",并认为本简当四维地支所在,不可用建除表推算吉凶时日。③ 刘乐贤则认为本篇与"除篇"无关,这一条简讲的就是四敫日。④

类似的内容也见于睡虎地秦简《日书》甲种"土忌篇"：

> ·凡入月七日及夏丑、秋辰、冬未、春戌,不可坏垣、起之,必有死者。以杀豕,其肉未索必死。 （一〇七壹）⑤

---

① 睡虎地秦墓竹简整理小组：《睡虎地秦墓竹简》,图版第 89 页,释文第 181 页。本篇原本没有标题,现标题为整理者根据文意所取,见武汉大学简帛研究中心、湖北省博物馆、湖北省文物考古研究所编,陈伟主编《秦简牍合集（壹）》,第 360 页。关于"夏三月亥",刘信芳指出应当作"夏三月丑",见氏文《〈日书〉四方四维与五行浅说》,《考古与文物》1993 年第 2 期。

② 武汉大学简帛研究中心、湖北省博物馆、湖北省文物考古研究所编,陈伟主编：《秦简牍合集（壹）》,第 360 页。

③ 刘信芳：《〈日书〉四方四维与五行浅说》,《考古与文物》1993 年第 2 期。李家浩也将本篇归入"楚除",参《睡虎地秦〈日书〉"楚除"的性质》,《著名中年语言学家自选集·李家浩卷》,合肥：安徽教育出版社,2002 年。

④ 刘乐贤：《睡虎地秦简日书研究》,第 24 页。

⑤ 睡虎地秦墓竹简整理小组：《睡虎地秦墓竹简》,图版第 97 页,释文第 196 页。本篇释文参考了陈伟主编,彭浩、刘乐贤撰著《秦简牍合集·释文注释修订本（贰）》,第 377 页。

"土忌"是本篇原有的标题,整理者认为,这部分内容从简首重新写起,仍属于"土忌篇",刘乐贤以及后来的整理者都认为应当另起一篇,理由是本篇记载的是和"敫日"有关的内容,虽然其中可见"坏垣、起之"等和土功有关的内容,但另外作为一篇也是合适的。①

另外,《日书》甲种"门篇"也有相关的内容:

> 入月七日及冬未、春戌、夏丑、秋辰,是胃(谓)四敫,不可初穿门、为户牖、伐木、坏垣、起 （一四三背）
>
> 垣、彻屋及杀,大凶;利为啬夫。丁亥不可为户。
>
> （一四四背）②

"门"是本篇原有的标题,主要说的是建筑方面的吉凶宜忌,但本篇之中明确出现了"四敫"的说法,而且与前引"刍日敫日篇"中地支与季节的搭配一致,可以确认就是四敫日。而其中提到建筑方面的禁忌值得注意。

大致相同的内容也出现于放马滩秦简《日书》乙种"土功篇":

> ·凡入月七日及春戌、夏丑、秋辰、冬未,不可垣及□▨ （乙三六三）③

从内容上来看,本篇与睡虎地秦简《日书》甲种"土忌篇"以

---

① 陈伟主编,彭浩、刘乐贤撰著《秦简牍合集·释文注释修订本(贰)》,第377页。
② 睡虎地秦墓竹简整理小组编:《睡虎地秦墓竹简》,图版第114页,释文第226页。
③ 甘肃省文物考古研究所编:《天水放马滩秦简》,图版第53页,释文第105页。后来整理者指出,"及"字之下还有一个字,原整理者没有释出,应是"坏"字,而且本篇原本没有标题,"土功"是后来整理者所加,见武汉大学简帛研究中心、湖北省博物馆、湖北省文物考古研究所编,陈伟主编《秦简牍合集(肆)》,第91页。孙占宇将本简归入"土忌"篇,认为本简的内容和睡虎地秦简《日书》甲种"土忌"篇内容相似,见氏著《天水放马滩秦简集释》,第161页。

及孔家坡汉简《日书》"土功篇"基本相同。[①] 但本简原本没有篇题,整理者归入"问病篇",后来也有整理者归入"土攻篇"或者"土功篇"。[②]

总体来看,敫日固定为春季的戌日、夏季的丑日、秋季的辰日、冬季的未日,地支和季节的搭配比较稳定;从方位上来看,春季所在方位为东方,而戌日在日廷图上位于西方,两者相对,这或许是敫日被认为是凶日的原因。另外,敫日的禁忌基本都与建筑有关,这一点是需要特别注意的。

臽日在文献中很少见到,从前述睡虎地秦简《日书》甲种之中提到臽日"百事凶"的禁忌来看,这样的日子不适合有所作为,但独独适合举行婚姻礼仪,这在出土文献的禁忌设置之中较为少见。此外,睡虎地秦简《日书》乙种也有臽日相关的内容,与甲种相比只有月份排列方面的差异,相关的简文如下:

正月壬臽。 （八八贰）

二月癸臽。 （八九贰）

三月戊臽。 （九〇贰）

四月甲臽。 （九一贰）

五月乙臽。 （九二贰）

六月戊臽。 （九三贰）

七月丙臽。 （九四贰）

八月丁臽。 （九五叁）

[①] 孙占宇:《天水放马滩秦简集释》,第 161 页。

[②] 参刘青《放马滩秦简〈日书〉乙种集释》,武汉大学硕士学位论文,2010 年。另参武汉大学简帛研究中心、甘肃省博物馆、四川省文物考古研究院编,陈伟主编《秦简牍合集(肆)》,第 78 页。

九月己艮。　　　　　　　　　　　　　　　（九六叁）

十月庚艮。　　　　　　　　　　　　　　　（九七叁）

十一月辛艮。　　　　　　　　　　　　　　（九八叁）

十二月己艮。　　　　　　　　　　　　　　（九九叁）①

放马滩秦简《日书》乙种也有艮日相关的内容：

正月壬艮，日七夜九；　　　　　　　　　　（乙七八贰）

二月癸艮，日八夜八；　　　　　　　　　　（乙七九贰）

三月戊艮，日九夜七；　　　　　　　　　　（乙八〇贰）

四月【甲艮，日十夜六】；　　　　　　　　（乙八一贰）

五月乙艮，日十一夜五；　　　　　　　　　（乙八二贰）

【六月戊艮】，日十夜六；　　　　　　　　（乙六五贰）

七月丙【艮，日九夜七】；　　　　　　　　（乙三六二贰）

【八月丁艮，日八夜八】；　　　　　　　　（乙三七二贰）

九月己艮，日七夜九；　　　　　　　　　　（乙八三贰）

十月庚艮，日六夜十；　　　　　　　　　　（乙八四贰）

十一月辛艮，日五夜十一；　　　　　　　　（乙八五贰）

十二月己艮，日六夜十；　　　　　　　　　（乙八六贰）②

---

① 睡虎地秦墓竹简整理小组编：《睡虎地秦墓竹简》，图版第126—127页，释文第239页。《日书》甲种从四月开始，应当是考虑楚地的历法，而本简从正月开始，则和秦地的历法有关。另外，睡虎地《日书》乙种有"十一月乙卯天艮"的内容，不知是否与艮日有关。

② 甘肃省文物考古研究所编：《天水放马滩秦简》，图版第24—25页，释文第91页。本书释文参考了孙占宇《天水放马滩秦简集释》，第130页，本篇原本没有标题，孙占宇命名为"艮日及昼夜长短"，另外孙占宇还注意到，放马滩秦简《日书》乙种"行忌"篇乙三一二及三一四号中逐月不利出行的日干与本篇中的"艮日"完全一致，"行忌"篇的主要内容是："入月正月壬、二月癸、三月戊、四月甲、五月乙、六月戊、七月丙、八月丁、九月己、十月庚、十一月辛、十二月己，此日行卅里，遇言（转下页）

　　放马滩秦简《日书》乙种和睡虎地秦简《日书》乙种关于"刍日"的内容基本相同,显示两者具有共同源头。而放马滩秦简之中昼夜长短相关的内容,与"刍日"没有关系,分为两章更为合适。①

　　对于刍日的含义以及吉凶设置的原因,学者们也进行过思考,饶宗颐认为"刍日"相当于睡虎地秦简《日书》甲种"除篇"中的"陷日"和乙种"徐篇"中的"窨日",也就是后来建除术中的定日,②但刘乐贤并不同意这样的看法。③ 刘信芳认为,"正月壬刍,二月癸刍"的含义是,正月、二月为春季,而天干壬和天干癸则属于冬季,冬季已过,所以壬、癸为刍。④ 刘增贵则认为"刍日"的意思是春天当为甲乙,木气已发,而日干却为上一季之壬癸冬水,所以正月、二月以壬癸为刍,与地支陷相当。⑤ 这两种意见大致相同,显然刍日和前文提到的敫日一样,铺设的基础都是季节和干支方位之间的关系。另外黄一农注意到尹湾汉简中有"行得三阳……不辟执、刍"的说法,认为这是告诉想要择吉的人,只要选择在三阳之日出行,就不需要去避执日或刍日。⑥ 邓文宽也注意到尹湾汉简中有

―――――――――

（接上页）语,百里遇将,三百里不复归。"见甘肃省文物考古研究所编《天水放马滩秦简》,第102页;释文参考孙占宇《天水放马滩秦简集释》,第149页。再者,有学者根据尹湾汉简《元延二年五月历谱》"(五月)刍日乙"的记载,认为放马滩秦简原本释文中的"五月己刍"应当是"五月乙刍",这个说法也得到了学者们的认可,见吕亚虎《〈天水放马滩秦简〉识小》,武汉大学简帛研究中心主办《简帛》第5辑。另参程少轩《放马滩简式占古佚书研究》,第182页。

① 武汉大学简帛研究中心、甘肃简牍博物馆、四川省文物考古研究所编,陈伟主编:《秦简牍合集(肆)》,第57页。

② 饶宗颐:《云梦秦简日书研究》,饶宗颐、曾宪通《楚地出土文献三种研究》。

③ 刘乐贤:《睡虎地秦简日书研究》,第176页。

④ 刘信芳:《〈日书〉四方四维与五行浅说》,《考古与文物》1993年第2期。

⑤ 刘增贵:《睡虎地秦简〈日书〉〈土忌〉篇数术考释》,《历史语言研究所集刊》第78本第4分,2007年。

⑥ 黄一农:《从尹湾汉墓简牍看中国社会的择日传统》,《历史语言研究所集刊》第70本第3分,1999年,后收入氏著《社会天文学史十讲》。

"刍日乙"的记载,认为睡虎地秦简中的"五月乙刍"与尹湾汉简中的"刍日乙"正好一致。① 晏昌贵也介绍了香港中文大学藏三支陷日简,可参看。② 除此之外,张家山汉简《盖庐》中也有"日刍十二日"的说法。③

刍日的铺设方式是以天干为基础,依据日廷图可以从中找出一些规律,例如可以注意到日廷图上刍日所使用的天干可以与地支搭配,戊己两天干通常是位于中央的,在铺排刍日的运行方式的时候,戊、己各被使用两次,分别置于图上东、南、西、北四方。④ 这样刍日的运行方式就是正月起壬,顺行十二天干(戊己出现两次)。

3. 天李

前引居延汉简说"十二日辛卯成天李",天李在文献中通常写作"天理",这种神煞也很早就引起了学者们的注意,张培瑜认为"天李"是非常重要的"丛辰类目",《史记》中有"丛辰家"。⑤ 刘昭瑞认为"天李"是《协纪辨方书》中的"天吏",主要是因为"李"和"吏"同音。⑥ 但刘乐贤认为,天李应当不是天吏,⑦郑刚指出《星历考原》中

---

① 邓文宽:《尹湾汉墓出土历谱补说》,氏著《敦煌吐鲁番天文历法研究》,第301页。

② 晏昌贵:《香港中文大学文物馆藏汉简〈日书〉中的"人"字》,氏著《简帛数术与历史地理论集》。

③ 许学仁:《张家山M247汉简〈盖庐〉篇释文补定》,谢维扬、朱渊清主编《新出土文献与古代文明研究》,上海:上海大学出版社,2004年。

④ 刘信芳认为这说明先秦就已经有了土居四维的思想,见氏文《〈日书〉四方四维与五行浅说》,《考古与文物》1993年第2期。

⑤ 张培瑜:《出土汉简帛书上的历注》,国家文物局古文献研究室编《出土文献研究续集》。

⑥ 刘昭瑞:《考古发现与早期道教研究》,北京:文物出版社,2007年,第387页。刘昭瑞注引《协纪辨方书》中有"天吏者,正月起酉,逆行四仲",刘昭瑞认为天吏所在的地支也是"子卯午酉"四支,与汉简相同。但显然天吏的铺设方式与天李并不相同,推测来源于不同的数术体系。

⑦ 刘乐贤:《简帛数术文献探论》,第384页。

的"天狱"也就是《日书》中的"天李"。① 但后来李零在马王堆帛书中发现同时存在着"天李"和"天狱",证明两者不应混同。② 对于这一点,刘乐贤认为马王堆帛书中的"天李"和《日书》文献中的"天李"未必就来源于相同的数术体系,"天李"为"天狱"的意见还是正确的。③ 邓文宽以为宋代以后已经不用"天李"注历,而改成了"天狱","天理"是主管天上牢狱的神名,所以改成"天狱"是顺理成章的。④ 刘信芳认为楚帛书中也有"天李",帛书所谓"李岁八(?)月入"指的是火星于是月入西方。⑤

　　从文献的记载来看,"天理"为星象的名称,也被认为是上天的牢狱所在,《史记・天官书》有"在斗魁中,贵人之牢"的说法,《史记集解》引孟康曰:"《传》曰'天理四星在斗魁中。贵人牢名曰天理'。"《史记索隐》引《乐汁图》云:"天理理贵人牢。"⑥《晋书・天文》也说:"魁中四星为贵人之牢,曰天理也。"⑦而《管子・法法》说"禹为司空,契为司徒,皋陶为李",戴望注释说:"古治狱之官,作此李官。"⑧由此可知"李"本身就与监狱有关。后世医术类文献中有

---

① 郑刚:《〈睡虎地秦简日书疏证〉导论》,中山大学硕士学位论文,1989年。另外,郑刚《战国文字中的"陵"和"李"》(收入氏著《楚简道家文献辨证》,汕头:汕头大学出版社,2004年)一文,认为《日书》中的"天李"其实是以大埋星在天空十二宫的位置来决定行事的占星术。

② 李零:《中国方术续考》,第328页。

③ 刘乐贤:《简帛数术文献探论》,第378—384页。相关的研究也可参见廖宇《道教时日禁忌探源》,第136页。

④ 邓文宽:《敦煌历日与出土战国秦汉〈日书〉的文化关联》,《汉语史学报(第3辑)・姜亮夫蒋礼鸿郭在贻先生纪念文集》。

⑤ 刘信芳:《从爻之字汇释》,《容庚先生百年诞辰纪念文集(古文字研究专号)》,广州:广东人民出版社,1998年。

⑥《史记》卷二七《天官书》,第1393页。

⑦《晋书》卷一一《天文上》,北京:中华书局,1974年,第291页。

⑧ 黎翔凤撰,梁运华整理:《管子校注》,第313页。

"天季"的说法,学者们根据出土文献怀疑应当是"天李"之讹,例如《黄帝九鼎神丹经决》有关于"作药"的时日禁忌,其中提到"月杀、反支、天季、四孟仲季、月收、壬午、丙戌、癸亥、辛巳、月建、诸朔望,皆凶,不可用以起火合神药",注释者认为这里的"天季"应当作"天李",另外注释者还引用了《医心方》卷二"针灸服药吉凶日第七"引《湛余经》中的相关记载:"天季日:正月子、二月卯、三月午、四月酉、五月子、六月卯、七月午、八月酉、九月子、十月卯、十一月午、十二月酉。右日不可用。"①

神煞天李也见于睡虎地秦墓竹简《日书》甲种,这也是有关天李运行和禁忌较为详细的记载:

> 天李正月居子,二月居子,三月居午,四月居酉,五月居子,六月居卯,七月居午,八月居酉, (一四五背)
>
> 九月居子,十月居卯,十一月居午,十二月居辰。·凡此日不可入官及入室,入室必威(灭),入官必有罪。
>
> (一四六背)②

根据敦煌汉简《永元六年历谱》"十一日甲午血忌天李"的相

---

① 韩吉绍校释:《黄帝九鼎神丹经诀校释》,北京:中华书局,2015年,第95页。相关的研究也参刘乐贤《简帛数术文献探论》,第268—272页。谶纬文献之中对"天理"有不同的解释,《后汉书·李固传》李贤注引《春秋合诚图》云:"天理在斗中,司三公,如人喉在咽,以理舌语。"宋均注曰:"斗为天之舌口,主出政教。三公主导宣君命,喻于人,则宜如人喉在咽,以理舌口,使言有条理。"《后汉书》卷六三《李固传》,第2077页。

② 睡虎地秦墓竹简整理小组编:《睡虎地秦墓竹简》,图版第115页,释文第226页。本书释文参考了陈伟主编,彭浩,刘乐贤等撰著《秦简牍合集·释文注释修订本(贰)》,第469页。另外,王子今认为"此日不可""入室","入室必威(灭)"的禁忌似乎过于严苛,或许"威"另外有其他含义(王子今《睡虎地秦简〈日书〉甲种疏证》,第503—506页)。

关记载,①以及上引《居延新简》中"十二日辛卯成天李",另外还有《居延新简》E.P.T65:196 中"天李子、壬卯、午、酉、子、卯、午、酉、子、卯、午、酉"的说法,②可以判断神煞天李沿着子、卯、午、酉四仲逐月运行,即正月起子,顺行四仲。那么据此也可以修订睡虎地秦简中的讹误,其中"二月居子"就应当是"二月居卯","十二月居辰"应当是"十二月居酉"。③ 可以注意到,天李是每月有一地支,每月有两天或者三天为天李。

天李的运行是正月居子,顺行四仲,与前文提到的"太岁"也就是"大时"的运行方式大体上相同,但这两种时日禁忌显然并不同源,应当来自于不同的数术体系。另外,汉魏镇墓文之中有"天李(理)子解尸注"等文字,有学者考证认为天李子一指东宫苍龙房宿左角一星,也可以指北斗魁中的四颗星,称"天理"。④除此之外,汉魏解除镇墓文中还有"八魁九坎""黄神北斗"等等,学者们曾经将相关的内容进行了整理,⑤可参看。现在看来,镇墓文中的"天李(理)子"之类,应当也是神煞名,但到了魏晋南北朝时期神煞的功能发生了明显的变化,"天李子"被认为具有解除

---

① 李均明:《流沙坠简释文校正》,中华书局编辑部编《文史》第 12 辑,北京:中华书局,1981 年。另参方诗铭《汉简"历谱"程式初探》,《方诗铭文集》第 2 卷,上海:上海社会科学出版社,2010 年。

② 甘肃省文物考古研究所、甘肃省博物馆、文化部古文献研究室、中国社会科学院历史研究所编:《居延新简:甲渠候官与第四燧》,第 433 页。

③ 张培瑜已经指出了这一点,见氏著《出土汉简帛书上的历注》,国家文物局古文献研究室编《出土文献研究续集》。

④ 李朝阳:《咸阳市东郊出土东汉镇墓瓶》,《考古与文物》2021 年第 1 期。

⑤ 参刘昭瑞《考古材料所见早期道教的星宿崇拜》,潘崇贤、梁发主编《道教与星斗信仰》,济南:齐鲁书社,2014 年。另参姜守诚《香港所藏"松人"解除木牍与汉晋墓葬之禁忌风俗》,《成大历史学报》第 31 号,2006 年 12 月;陈昊《疾之成殇:秦宋之间的疾病名义与历史叙事中的存在》第四章《模糊的"注"》。

的功能。

4. 往亡与归忌

上引居延新简中六月"十五日甲午闭亡",下文又有"十八日丁酉满血忌往亡",这里"亡"与"往亡"也是神煞,而与之相似还有所谓的"归忌",都是与人们的交通行为有关的神煞,经由对这两种神煞的认识,可以对战国秦汉时代人们在出行方面的信仰有较为丰富和具体的了解。

文献中多有关于"往亡"的记载,例如《论衡·辨祟》说"涂上之暴尸,未必出以往亡;室中之殡柩,未必还以归忌",《论衡校释》征引文献中关于"往亡"和"归忌"的记载,具列如下:

> 孙曰:《后汉书·郭躬传》:"汝南有陈伯敬者,行必矩步,坐必端膝。呵斥狗马,终不言死。目有所见,不食其肉。行路闻凶,便解驾留止。还触归忌,则寄宿乡亭。"章怀注云:"阴阳书历法曰:归忌日,四孟在丑,四仲在寅,四季在子,其日不可远行、归家及徙也。"《礼记·王制》正义引《后汉书·郭躬传》云:"有陈伯子者,出辟往亡,入辟归忌。"此盖别家《后汉书》。非范书也。晖按:晋武帝攻慕容起。诸将曰:"往亡之日,兵家所忌。"帝曰:"我往彼亡,吉孰大焉?"遂平广固。又唐李愬攻蔡吴房。吏曰:"往亡,日法当避。"愬曰:"彼谓吾不来,此可击也。"又《颜氏家训·杂艺篇》曰:"世传术书,皆出流俗。言辞鄙陋,验少妄多。如反支不行,竟以遇害;归忘寄宿,不免凶终。拘而多忌,亦无益也。"①

晏昌贵和刘乐贤等学者都曾经讨论过"往亡"的问题,其中的许

---

① 王充著,黄晖撰:《论衡校释(附刘盼遂集解)》,第 1013 页。

多观点具有启发意义。① 王子今统计《日书》中所列行忌有 14 种,除去其中重复的内容,全年的行忌日多达 151 日,可见当时出行禁忌之苛烦严密。② 这样的统计虽然忽略了不同数术体系杂糅的情况,但仍有一定的说服力。

睡虎地秦墓竹简《日书》甲种"归行篇"之中有归家和出行方面的禁忌,其中提到:

> 入正月七日,入二月四日,入三月廿一日,入四月八日,入五月十六日,入六月廿四日,入七月九日,入八月□□日,入九月廿七日,入十月十日,入十一月廿日,入十二月卅日,凡此日以归,死;行,亡。　　　　　　　　　　　　　(一三三正)③

简文之中明确说"凡此日以归,死;行,亡",显然这些时日都是不利于出行的。大致相同的内容也见同样位于睡虎地秦简《日书》甲种的"行忌篇":

---

① 晏昌贵:《敦煌具注历日中的"往亡"》,武汉大学学报编辑部《魏晋南北朝隋唐史资料》第 19 辑,另收入氏著《简帛数术与历史地理论集》。刘乐贤《睡虎地秦简〈日书〉中的"往亡"与"归忌"》,李学勤主编《简帛研究》第 2 辑,北京:法律出版社,1996 年。

② 王子今:《睡虎地秦〈日书〉所见行归宜忌》,《江汉考古》1994 年第 2 期。另参黄红军《车马·溜索·滑竿——中国传统交通运输习俗》,成都:四川人民出版社,1993 年,第 171 页。

③ 睡虎地秦墓竹简整理小组编:《睡虎地秦墓竹简》,图版第 100 页,释文第 201 页。本篇位于睡虎地秦简《日书》甲种"归行"篇,整理小组认为《后汉书·郭躬传》以及李贤注释中所引《阴阳书历法》中的相关记载与本简所述类似。但刘乐贤认为《后汉书》及《阴阳书》中所说的归忌是一种神煞的名称,与本篇所说尚有区别。见刘乐贤《睡虎地秦简日书研究》,第 158 页。本书所列释文参考了王子今《睡虎地秦简〈日书〉甲种疏证》,第 255 页,以及陈伟主编,彭浩、刘乐贤撰著《秦简牍合集·释文注释修订本(贰)》,第 389 页。另外关于这部分内容涉及到的序数纪日问题参张闻玉《古代天文历法论集》,第 166 页。另参陈侃理《序数纪日的产生与通行》,中华书局编辑部编《文史》2016 年第 3 辑。

正月七日、二月十四日、三月廿一日、四月八日、五月十六日、六月廿四日、七月九日、八月十八日、九月廿七日、十月十日、十一月廿日、十二月卅日、· （一〇七背）

是日在行不可以归,在室不可以行,是是大兇(凶)。

（一〇八背）①

基本相同的内容也见于睡虎地秦简《日书》乙种"亡日篇":

正月七日,二月旬,三月旬一日,四月八日,五月旬六日,六月二旬,七月九日,八月旬八日,九月二旬七日,十月旬,十一月旬,十二月二旬, （一四九）

凡以此往亡必得,不得必死。 （一五〇）②

本篇之后又有"亡者篇",内容亦大致相同:

正月七日,二月旬四日,三月二日,四月八日,五月旬六日,六月二旬四日,七月九日,八月旬八日,九月二旬七日,☒

（一五一）

二旬,凡是往亡【必得】,不得必死。 （一五二）③

以上四篇的内容基本相同,饶宗颐已经指出这些内容也就是后世的"往亡"。④ 晏昌贵也注意到,睡虎地秦简《日书》中"往亡"的源头可以追溯到湖北江陵《九店楚简》的"往亡归死篇":

---

① 睡虎地秦墓竹简整理小组编:《睡虎地秦墓竹简》,图版第 111 页,释文第 223 页。本篇原本没有篇题,后来有整理者命名为"行忌(一)",见陈伟主编,彭浩、刘乐贤撰著《秦简牍合集·释文注释修订本(贰)》,第 458 页。

② 睡虎地秦墓竹简整理小组:《睡虎地秦墓竹简》,图版第 131 页,释文第 244 页。

③ 睡虎地秦墓竹简整理小组:《睡虎地秦墓竹简》,图版第 131 页,释文第 244 页。

④ 饶宗颐、曾宪通:《楚地出土文献三种研究》,第 442—454 页。另外参见刘乐贤《睡虎地秦简〈日书〉中的"往亡"与"归忌"》,李学勤主编《简帛研究》第 2 辑。

往亡、归死：刑夷[入月七日、夏夷入月旬四日,享月入月二旬]一日,夏夕入月八日,八月[入月旬六日,九月入月二旬四日,十月]入月旬〈九日〉,爨月入月旬[八日,献马入月二旬七日],冬夕入月旬,屈夕入月二旬,远夕入[月三]旬。①

晏昌贵认为,根据睡虎地秦简《日书》之中的秦楚月名对照表,楚国的刑夷也就是秦的正月,夏夷也就是秦二月,享月也就是秦三月,其他以此类推。由此可以发现,楚地《日书》关于"往亡"日的规定与秦简《日书》完全相同,显示两者来自同一数术系统。

另外也可发现这些日子的选择也是有规律的,它们大致可以分为四组,第一组是七的倍数,第二组是八的倍数,第三组是九的倍数,第四组是十的倍数。② 明乎此,其中的一些讹误也就可以订正了。

此外,工藤元男曾经征引中村璋八《日本阴阳道书研究》中的关于"往亡日"的相关记载:

往亡日

正,七日。二,十四日。三,廿一日。四,八日。五,十六。六,廿四。七,九日。八,十八。九,廿七。十,十日。十一,廿日。十二,三十日。依节日计之。此日不可远行、归家、呼女、娶妇、拜官、移徙。远行五日里忧死不还,大凶也。一名天门

---

① 湖北省文物考古研究所、北京大学中文系编:《九店楚简》,第54页。本书释文参考了晏昌贵《敦煌具注历日中的"往亡"》,氏著《简帛数术与历史地理论集》,第124页。相关的研究也参见李零《读〈九店楚简〉》,氏著《待兔轩文存·说文卷》。
② 刘乐贤认为往亡日是根据五行成数安排每月的数字的,但季节所属五行与五行之数之间无生克关联,此说很难令人信服,见氏著《睡虎地秦简〈日书〉中的"往亡"与"归忌"》,李学勤主编《简帛研究》第2辑。

日。不可行兵之。①

可以发现，以上都是根据数字纪日法确定的时日禁忌。另外，睡虎地秦简《日书》甲种之中还有"到室篇"，是基于地支的择日术，其中提到：

> 正月丑，二月戌，三月未，四月辰，五月丑，六月戌，七月未，八月辰，九月辰〈丑〉，十月戌、丑，十一月未，十二月辰。·凡此日不可以行，不吉。已酉从远行入，有三喜。　　（一三四正）②

本简讨论的其实是"出行"，却命名为"到室"，颇令人费解。关于地支的选择，刘信芳认为本简是以四维所在的地支辰、未、戌、丑为行忌。③ 陶磊认为戊己于十干之中五行属土，而丑、辰、未、戌于十二支中五行属土，干支结合，禁忌产生。④ 另外，邓文宽则认为本简是"月煞"的运行方式，可备一说。⑤ 相似的内容也见于睡虎地秦简《日书》甲种的"行忌篇"：

> 正月乙丑、·二月丙寅、·三月甲子、·四月乙丑、·五月丙寅、·六月甲子、·七月乙丑、·八月丙寅、·九月甲子、·十月乙丑、·十一月丙寅、·十二月甲子以　　（一〇九背）

---

① 工藤元男著，广濑薰雄、曹峰译：《睡虎地秦简所见秦代国家与社会》第六章《先秦社会的行神信仰和禹》，第225页。

② 睡虎地秦墓竹简整理小组编：《睡虎地秦墓竹简》，图版第100页，释文第201页。关于其中"九月辰"的问题，原本是整理小组脱漏，刘乐贤根据照片确定补足，并且认为根据文例，"九月辰"应当是"九月丑"，而且"十月戌、丑"的"丑"是衍文，见刘乐贤《睡虎地秦简日书研究》，第161页。

③ 刘信芳：《〈日书〉四方四维与五行浅说》，《考古与文物》1993年第2期。

④ 陶磊：《〈淮南子·天文〉研究——从数术史的角度》，第155页。

⑤ 邓文宽：《敦煌历日与出土战国秦汉〈日书〉的文化关联》，氏著《邓文宽敦煌天文历法考索》。

以行,从远行归,是谓出亡归死之日也。 （一一〇背）①

饶宗颐认为,"出亡"可以理解为"往亡"。往亡之日,兵家所忌,后代尚然,并根据简文提供的信息指出四时的孟月乙丑、仲月丙寅、季月甲子不能出行,也不能归家,这叫"出亡归死之日"。② 刘乐贤认为"出亡归死之日"就是《后汉书·郭躬传》注引《阴阳书》所说的归忌日。③

另外,《居延新简》有所谓"归死",应当也与往亡与归忌有关,其中提到"归死：丑、癸、寅、子,丑、寅、子,丑、寅、子,丑、寅、子□"（E.P.T65：22）。④ 简文中天干癸应当与"归死"无关,推测是衍文。也就是说,"归死"是正月从丑开始,逐月顺行丑、寅、子三个地支,而这正与睡虎地秦简《日书》甲种"行忌篇"的"出亡归死之日"的运行方式相同,显示两者具有同一渊源。

另外《四时纂要》以及明清时期的数术文献之中也有基于地支的往亡日,其运行方式是：正月在寅,二月在巳、三月在申、四月在亥、五月在卯、六月在午、七月在酉、八月在子、九月在辰、十月在未、十一月在戌、十二月在丑。⑤ 这里"往亡"的运行方式在日延图上的

---

① 睡虎地秦墓竹简整理小组编：《睡虎地秦墓竹简》,图版第112页,释文第223页。本简原本没有标题,现在的标题来自于陈伟主编,彭浩、刘乐贤撰著《秦简牍合集·释文注释修订本（贰）》,第458页。

② 饶宗颐、曾宪通：《楚地出土文献三种研究》,第442—454页。相关的研究也参工藤元男著,广濑薫雄、曹峰译《睡虎地秦简所见秦代国家与社会》第六章《先秦社会的行神信仰和禹》,第198页。

③ 刘乐贤：《睡虎地秦简日书研究》,第288页。

④ 甘肃省文物考古研究所、甘肃省博物馆、文化部古文献研究室、中国社会科学院历史研究所编：《居延新简：甲渠候官与第四燧》,第420页。

⑤ 有学者指出,这种地支和月份的搭配方式也见于睡虎地秦墓竹简《日书》甲种"土忌"："正月寅、二月巳、三月申、四月亥、五月卯、六月午、七月酉、八月子、九月辰、十月未、十一月戌、十二月丑,当其地不可起土功（一三一背）。"是不可动（转下页）

体现是：先顺行四钩，再顺行四仲，再顺行四钩。六月往亡在午，而前引《居延新简》中也出现了"（六月）十五日甲午闭亡"的记载，这或许并非巧合。实际上《四时纂要》中还存在第三种往亡日，其铺排方式与《协纪辨方书》类似，即："立春后七日，惊蛰后十四日，清明后二十一日，立夏后八日，芒种后十六日，小暑后二十四日，立秋后九日，白露后十八日，寒露后二十七日，立冬后十日，大雪后二十日，小雪后三十日。"[①]那么前引居延新简中的"十八日丁酉满血忌往亡"，可能就是从小暑后二十四日推算而来的。[②]

也就是说，文献中至少有三种按照不同方式运行的"往亡"神煞，第一种和第三种都是以数字为基础，显然具有渊源关系。而《居延新简》中的往亡可能同时来源于两个系统，第一个"亡"应当是以地支为基础的往亡；第二个"往亡"是以节气结合数字纪日而推算的，或许为区别两者才有"亡"和"往亡"的不同称谓。

5. 八魁

前引《居延新简》中说"十三日壬辰收八塊"，这里"八塊"应当是"八魁"。[③] 这种神煞并不常见，敦煌《永元六年历谱》有"十二月大……二月甲寅除、八魁……十七日己巳平□、八魁"，《流沙坠简》说"八魁无考"，没有加以说明。[④] 陈槃认为本简记载十二月恶日甲

（接上页）土的日子，而它之所以成为往亡日，是后世术士不知它们的来历，分辨不清，张冠李戴的结果。见刘乐贤《睡虎地秦简〈日书〉中的"往亡"与"归忌"》，李学勤主编《简帛研究》第 2 辑。有关土忌篇的数术原理参见刘增贵《睡虎地秦简〈日书〉〈土忌〉篇数术考释》，《历史语言研究所集刊》第 78 本第 4 分，2007 年。

① 谢路军主编，郑同点校：《钦定协纪辨方书》，第 266 页。

② 见晏昌贵《敦煌具注历日中的"往亡"》，《魏晋南北朝隋唐史资料》第 19 辑。

③ 姜守诚详细讨论了"八魁九坎"这一术语及其在墓葬文字中的意义，参见氏著《香港所藏"松人"解除木牍与汉晋墓葬之禁忌风俗》，《成大历史学报》第 31 号，2006 年 12 月。

④ 罗振玉、王国维：《流沙坠简》，第 91 页。

寅为八魁，与《后汉书·苏竟传》中关于八魁的铺设相同。[①] 陈梦家指出两个八魁分属冬、春两季。[②]

《后汉书·苏竟传》说："夫仲夏甲申为八魁。八魁，上帝开塞之将也，主退恶攘逆。"由此处的记载来看，八魁是较为吉利的日子，李贤注释引《历法》有八魁的铺设方法："春三月己巳、丁丑，夏三月甲申、壬辰，秋三月己亥、丁未，冬三月甲寅、壬戌，为八魁。"[③]《后汉书集解》引王会汾曰："监本壬戌作壬寅。案上文言春三月己巳丁丑，夏三月甲申壬辰，秋三月己亥丁未，则十二支中，皆越四位取之，独除去子午卯酉不用也。冬甲寅，当配以壬戌，作壬寅者非是，定从宋本。惠栋曰：案《元珠密语》八魁云，春己巳丁巳，夏甲子壬戌，秋己亥丁未，冬甲午壬辰，与此异也。"[④]陈遵妫总结，八魁的铺设方法是用十天干的己、丁、申、壬四字，而十二支则按照春夏秋冬各从巳、丑开始，有规定地各取四字，这样可以推想八魁原本是按照十二支来安排的。[⑤] 事实上八魁的地支分别是巳、丑、申、辰、亥、未、寅、戌，这些地支正是《淮南子·天文》所谓的"四钩"。[⑥] 所以也可以说八魁是沿着日廷图上的"四钩"运行的。然八魁同时也有天干，情况就会复杂很多，举例来说，夏三月的八魁是甲申和壬辰，但这三个月中并非每个月都有甲申、壬辰，所以《后汉书·苏竟传》特别强调"仲夏甲申

---

① 陈槃：《汉晋遗简偶述》，《历史语言研究所集刊》第 16 本，1947 年。另参《汉晋遗简偶述之续》，《历史语言研究所集刊》第 23 本下，1952 年。相关的研究参方诗铭《汉简"历谱"程式初探》，《方诗铭文集》第 2 卷。

② 陈梦家：《汉简年历表叙》，《考古学报》1965 年第 2 期；后收入氏著《汉简缀述》。

③《后汉书》卷三〇上《苏竟传》，第 1045 页。

④ 王先谦：《后汉书集解》，第 1098—1099 页。

⑤ 陈遵妫：《中国天文学史》，第 1148 页。

⑥《淮南子》提到"子午、卯酉为二绳，丑寅、辰巳、未申、戌亥为四钩"。刘安编，何宁撰：《淮南子集释》，第 207 页。

为八魁"。①

《素问六气玄珠密语》有八魁的铺设方法:"八魁日者,春己巳丁丑,夏甲子壬戌,秋己亥丁未,冬甲午壬辰也。"②可以发现,春秋二季八魁的铺设方式与《日书》及《后汉书》所载相同,冬夏二季有别。③后世文献记载中八魁较为少见,宋代以后的通书中就已经见不到八魁了,现存元代、明代和清代的通书之中,也没有八魁相关的记载。张培瑜认为,现在能够看到的历法之中,《敦煌掇琐》87《北宋雍熙三年(986)历》及《后晋开运二年(945)历》序言之中还有关于八魁的记载,但南宋宝祐四年丙辰(1256)的历书之中,已经没有八魁了。④

6. 血忌

"血忌"也是较为常见的神煞,前引《居延新简》说:"十八日丁酉满血忌往亡",血忌的原意可能是不适合见血的日子,例如不应当杀牲等等,王充《论衡·四讳》篇云:"移徙言忌岁月,祭祀言触血忌,丧葬言犯刚柔,皆有鬼神凶恶之禁。"《讥日》篇说:"假令血忌、月杀之日固凶,以杀牲设祭,必有患祸。"《论衡校释》引《黄帝元辰经》云:"血忌,阴阳精气之辰,天上中节之位,亦名天之贼曹,尤忌针灸。"⑤根据王充的说法,血忌和月杀之类的日子不可以杀生,也

---

① 《后汉书》卷三〇上《苏竟传》,第 1045 页。也有学者指出,一个甲子之中应有两个当季八魁的日子,而在一个季节九十天内则可能出现不止两个八魁日,全年的八魁日则不止八个,见廖宇《道教时日禁忌探源》,第 144—145 页。

② 《素问六气玄珠密语》,《道藏》第 21 册,第 578 页。

③ 廖宇:《道教时日禁忌探源》,第 144 页。

④ 张培瑜:《出土汉简帛书上的历注》,国家文物局古文献研究室编《出土文献研究续集》。相关的研究另参张勋燎、白彬《中国道教考古》,北京:线装书局,2006 年,第 167 页;刘昭瑞《谈考古发现的道教解注文》,《敦煌研究》1991 年第 4 期。

⑤ 王充著,黄晖撰:《论衡校释(附刘盼遂集解)》,第 992 页。

不可以举行祭祀活动。①

汉简《永元六年历谱》中也有"血忌",其中说:"(闰十一月)十一日甲午破血忌天李。"罗振玉、王国维引《阴阳书》曰:"日凶占法。"②董作宾《汉简永元六年历谱考》认为:"《协纪辨方书》引《历例》,以血忌日即九神中之续世,续世为月中善神,不宜杀生见血,故亦即以是日为血忌。其推求之法,正月丑,二月未,三月寅,四月申,五月卯,六月酉,七月辰,八月戌,九月巳,十月亥,十一月午,十二月子。"③可以发现《永元六年历谱》"(闰十一月)十一日甲午破血忌天李"符合《协纪辨方书》血忌铺设于"十一月午"。④ 姜守诚统计出土文献所见的"血忌",包括《居延新简》"(六月)十八日丁酉满血忌往亡";《敦煌汉简》(敦1968B)"(闰月)十一日甲午破血忌天李";《孔家坡汉简》(孔397)"血忌:春心,夏舆鬼,秋娄,冬虚,不可出血若伤,必死。血忌,帝启百虫口日也。甲寅、乙卯、乙酉不可出血,出血,不出三岁必死";《香港中文大学文物馆藏简牍》(港73):"娄、虚,是胃血忌,出血若伤死。"⑤可见相关的禁忌在秦汉时代流布广泛。马继兴介绍海外收藏敦煌历日残卷中有"血忌"相关内容。⑥ 此外,《太平经》也说:"先时为恶,殃咎下及。故令

---

① 吴荣曾根据《论衡》中"海内屠肆,六畜死者,日数千头,不择吉凶,早死者未必屠工"的说法,认为东汉时屠家似不必忌讳(血忌),避忌者乃祭祀之家,参吴荣曾《汉简中所见的鬼神迷信》,李学勤、谢桂华主编《简帛研究》第3辑,南宁:广西教育出版社,1998年。

② 罗振玉、王国维:《流沙坠简》,第90页。

③ 董作宾:《汉简永元六年历谱考》,《董作宾学术论著》,台北:世界书局,2008年。

④ 相关的研究参方诗铭《汉简"历谱"程式初探》,《方诗铭文集》第2卷。

⑤ 姜守诚:《汉代"血忌"观念对道教择日术之影响》,《宗教学研究》2014年第1期。另参见陆平《试论汉代日书残简的整理与利用》,赵生群、方向东主编《古文献研究集刊》第3辑,南京:凤凰出版社,2009年。

⑥ 马继兴:《海外收藏古代中医文献研究》,《马继兴医学文集(1943—2009)》。

生子,必不良之日;或当怀妊之时,雷电霹雳,弦望朔晦,血忌反支,以合阴阳。"①可见在血忌日生育可能会导致恶劣的后果。②

从现有的资料来看,血忌是依据地支铺设的。根据《赤松子章历》的说法,血忌的铺设方式是:"正丑、二未、三寅、四申、五卯、六酉、七辰、八戌、九巳、十亥、十一午、十二子。右十二月血忌日不可用。"③血忌相同的铺设方式也见于《四时纂要》和《外台秘要》,可知这种禁忌的铺设方式具有一定的稳定性。《协纪辨方书》引《历例》,将血忌称为"续世",铺设方式也同样是"正月丑、二月未、三月寅、四月申、五月卯、六月酉、七月辰、八月戌、九月巳、十月亥、十一月午、十二月子"。④ 也就是说,血忌的铺设方式自汉至明清都没有变化,也可见其流布长远。

血忌神煞的运行自有规律可循,单数月也就是正、三、五、七、九、十一月从丑开始沿着日廷图右行,每月运行一个地支,至十一月到午;双数月从未开始同样沿着日廷图右行,每月运行一个地支,至十二月到子,如此每年循环一次。也就是说,每月有一个地支是血忌,一般有两天或三天。

前文考察了简牍历谱中复日与重日、敫日与旨日、天李、往亡与归忌、八魁、血忌等神煞,虽然并没有包括全部的具注历神煞,但通过前文的梳理也可以对秦汉时期的相关神煞有基本的认识。具注历神煞标记于历法之中,但其运行方式与前文提到的刑德神煞并没有本质的区别,仍然是使用"月"和"日"配合,这也正是战国秦汉时期时空认知中最基本的时间单位。

---

① 王明:《太平经合校》,北京:中华书局,2014 年,第 588 页。

② 参廖宇《道教时日禁忌探源》,第 60 页。

③《赤松子章历》,《道藏》第 11 册。

④ 谢路军主编,郑同点校:《钦定协纪辨方书》,第 253 页。参陈遵妫《中国天文学史》,第 1148 页。

三、小结

通过对汉代神煞的梳理可以发现,神煞的运行并非凭空而来,而是建立在对天文现象,如北斗七星及岁星运行的观察的基础上的,也可以说它是对天文星象的模拟,只不过这种模拟更多采用了"数术"的手段,看起来和实际的天文已经没有直接的关系了。另外也可以发现,"神煞"通常都沿着日廷图以不同的方式运行,这其中包含有人们为了方便时日选择而刻意增添的内容,而日廷图本质上可以说是对天文现象的模拟。而且神煞是一个开放的体系,不同时代的人们都可以根据日廷图模拟和创造出新的神煞,这也就导致历史后期神煞系统的泛滥,而秦汉时代则是神煞体系形成的初始阶段。但同时也应当认识到,自秦汉到明清时期的数术家一直在扩展神煞系统的内容,但极少有人试图改变神煞系统的大框架,也就是说神煞千变万化,但以十二月和天干地支为基本符号、基于日廷图的神煞运行的基本模式几乎没有发生改变。

可以认为,铺设神煞其实是试图构建指导实践的宇宙模型,而阴阳五行的运用则是试图以更为完善的理论指导择日实践,两者都可以说是巫术思维摆脱基于鬼神的较为原始的思维模式的重要标志。择日的思维模式建立于"避忌凶恶"和"尊天顺时"之上,尚有一定的合理性,然而铺设神煞其实是试图使用可以同时表示时间和空间的天干地支模拟宇宙(时间与空间)的运行方式,并利用模拟出来的运行方式指导实际择日活动,在科技尚不昌明的古代社会,对宇宙的认知尚停留在十分原始的阶段,对宇宙规律的模拟也是基于想象的巫术思维,很难谈得上合理性。然而这种巫术思维不仅强调对宇宙的认知,还试图指导人们生活,其中的谬误也就在所难免了。

本章小结

本章讨论阴阳五行与神煞,阴阳五行观念是择日术的核心思想,与此同时人们也经由对天文现象的模拟铺设神煞并设置吉凶宜忌,择日术也因此而更趋成熟和完善。择日术是阴阳五行在实践中的运用,事实上阴阳本身就含有吉凶判定的含义,具体到择日术中则是阴阳和合为吉,阴盛阳衰或者阴衰阳盛都是不吉的现象,尤其是在关涉个人发展和人生命运的时间选择过程中,注重阴阳和合是极为关键的内容;至于五行理论,至汉代已经发展出了一个极为庞大的系统。五行理论有三个重要分支都直接与择日术相关,其一是五行的配物系统,其二是五行内部的生、克等关系,其三是五行中每一元素的变化循环,而这些正是择日术用来设置吉凶宜忌的基础。

人们在已有认识的基础上,也改造时间为己所用,具体表现在择日术上面,就是发明或者铺设各类"神煞"。所谓神煞并不是具有一定形象的鬼神,它只是一种择日术语,是对能够带来凶恶和吉利并按照一定规则运行的日子的特殊称呼。神煞原本来源于人们根据需要对天文现象的模拟,但后来择日术中的神煞与实际天象渐行渐远,在完成天文星象数术化建构以后,择日术相关的数术体系逐渐建立和完善。也要注意到,基于数术的神煞铺设是一个相对"开放"的系统,只要掌握一定的规律,任何人都可以按照自己的理解创造新的神煞,这样也就导致了历史后期神煞系统的急剧膨胀。

总而言之,阴阳五行理论与神煞系统相结合,使得择日术的体系更加严密和完善,并对后世的择日术也产生了重要影响,可以说秦汉以后择日术的主要内容都是基于神煞和阴阳五行展开的。另外经由本章对择日术的讨论可以发现,阴阳五行理论的运用是试图以理论指导择日实践,而铺设神煞则是试图构建指导实践的宇宙模型,也就是说人们对时空的认知经历了由简单观察到模拟和建构的过程,而就在这个过程之中人们的思维方式也逐渐摆脱巫鬼的束缚,向着更为理性的方向发展。

第三章　日廷图与时空认知的宇宙图式

　　前文在讨论阴阳五行以及神煞铺设的时候已经涉及到了日廷图，这种图形为阴阳五行用于时日选择提供了条件，也是众多神煞敷衍和铺设的基础。可以发现，日廷图以及相似的图形起源于实际的测绘工具规矩和准绳，被认为是能够体现人们时空认知的宇宙图式。日廷图由"钩绳图"以及天干和地支以及二十八宿等文字构成，其中"钩绳图"中垂直交叉的"二绳"起源于测绘横平竖直的准绳，位于四维的"四钩"则是朝向不同方向的矩尺；而在日廷图的文字部分中，干支和二十八宿既可以用来表示时间，也可以用来表示空间，自产生之日起就在中国传统思想中具有重要的地位，深刻影响着中国古人对时间和空间的认知和思维方式。可以说，日廷图为择日术在实际中的运用提供了基础，本书重点讨论的时日选择之术有很多都是建立在日廷图的基础之上的。

　　是以本章首先梳理规矩准绳和日廷图的起源问题，然后分析日廷图中的时间系统和空间系统，并进一步探讨日廷图和人们时空认知之间的关系，同时通过对《日书》文献中出现的几种特殊类型的择日术分析日廷图在实际择日中的运用问题。

第一节　规矩准绳与日廷图
的起源

日廷图的图形部分被称为"钩绳图",这种图形除了出现在日廷图中之外,还出现于式盘、博局之上,显然战国秦汉以来人们对这种图形都较为熟悉。本节尝试在前人研究的基础上,梳理日廷图中的"二绳""四钩"与传统测绘工具规矩准绳之间的联系,并尝试讨论日廷图神秘性特征的来源。

一、为方以矩——矩尺与四钩

从文献的记载来看,"规矩"是起源较早的测绘工具,例如《墨子·法仪》说:"百工为方以矩,为圆以规。"[1]《荀子·不苟》也说:"五寸之矩,尽天下之方也。"[2]另外《吕氏春秋·分职》也说:"巧匠为宫室,为圆必以规,为方必以矩,为平直必以准绳。"[3]由这些记载来看在历史早期人们的认识中,"规矩"就是测量和绘制方形以及圆形的工具。

1. 矩尺的起源与演变

"矩"也称"矩尺""曲尺",除了绘制方形,也就是"为方以矩"之外,"矩"也可以用以测定角度,例如《周礼·考工记·冶氏》有"倨句中矩"的说法,[4]这里"倨"的意思是钝,"句"的意思是锐,分别指

---

[1] 孙诒让撰,孙启治点校:《墨子间诂》,第20页。

[2] 王先谦撰,沈啸寰、王星贤点校:《荀子集解》,第49页。

[3] 吕不韦编,许维遹集释,梁运华整理:《吕氏春秋集释》,第669页。

[4] 《周礼注疏》,阮元校刻《十三经注疏》,第915页。

的是钝角和锐角，而"矩"则指的是直角，所以有学者认为这条材料的意思是"矩"可以被用于测定是否为直角。① 另外，《考工记·车人》说"半矩谓之宣"，意思是说矩为九十度，而矩的一半是"宣"，也就是四十五度。②《周髀算经》中有多处关于"矩"的记载，其中有商高曰："数之法出于圆方，圆出于方，方出于矩，矩出于九九八十一。"然后就提到了"勾股之法"，即"折矩以为勾广三，股修四，径隅五"。同样，《周髀算经》关于矩的使用方式说道："平矩以正绳，偃矩以望高，覆矩以测深，卧矩以知远，环矩以为圆，合矩以为方。"③也就是说，矩能够校正水平，测高度、深度以及距离，并能够画圆和画方。刘东瑞曾对文献记载中矩的使用方式有过详尽的讲解，他认为测高、测深和距离都采用的是三角形相似比的原理，④可参看。

　　文献记载与考古发现矩的形状基本相似，即有一个九十度的折角和两条边，与今天的矩尺差别不大。《说文解字·工部》说："巨，规巨也，从工象手持之。巨或从木矢，矢者其中正也。"⑤《战国古文字典》提到"巨"字写作"![字]"，其实就是人手持"工"，也就是画直角的工具。⑥ 甲骨文中"工"字写作"![字]"，或许这就是早期的矩的形状。马叙伦认为"工"字就是"巨"的初文，并认为这就是早期形态的

---

① 李浈著：《中国传统建筑木作工具》，上海：同济大学出版社，2004年，第211页。
②《周礼注疏》，阮元校刻《十三经注疏》，第2018页。
③ 川边信一著，徐泽林、刘丽芳译：《〈周髀算经图解〉译注》，上海：上海交通大学出版社，2015年，第5页。另参考程贞一、闻人军《周髀算经译注》，上海：上海古籍出版社，2012年。
④ 刘东瑞：《矩和矩尺》，中华书局编辑部编《文史》第10辑，北京：中华书局，1980年。
⑤ 许慎撰，段玉裁注：《说文解字注》，第201页。
⑥ 何琳仪著：《战国古文字典》，第495页。也有学者提出了不同的看法，例如谷衍奎就认为这个字的甲骨文、金文皆像古人筑墙用的石杵形，上边是木制横把，下为石制杵头。金文填实，篆文线条化就看不出了。隶变后楷书写作工。见氏著《汉字源流字典》，北京：语文出版社，2008年，第17页。

"规矩",这一观点也得到了高鸿缙的认可。① 而陈政均引用长沙马王堆汉墓出土《经法》中的"矩之内方曰"一句,证明古人其实是用矩的内侧画直角的,并指出实际上汉代的矩只是截取了古矩的部分,古矩的功用要比矩尺用途广泛得多。② 另外需要注意的是,金文中的"工"字简化为"⊥",仍保留了规矩的形状。也有一种说法认为"工"乃象矩形,规矩为工具,故引申有工作、事功、工巧等诸意,③这种说法也应当引起注意。

也有一种观点认为早期的矩可能是三角形的,例如天津市文化局收集有一件商代的青铜器名"圕父觯",研究者认为这个字读作"疆",就是《说文解字》中的"畕"字,它中间的三角形就是丈量田亩的矩,这种丈田用的矩,在汉武梁祠画像中亦有所见,即伏羲手持之器。④ 然而矩本来是用来绘制直角或者圆形图案的,早期的矩一般都没有刻度,且即便有刻度,一般的矩的长度也就是一尺或者五尺,用来丈量土地并不合适,所以这个字中的三角形和矩尺之间到底有没有关系,是应当存疑的。

图7　安徽李三孤堆楚墓出土青铜矩⑤

1933年安徽寿县朱家集李三孤堆楚墓出土了一件战国楚国的青铜矩,现藏安徽博物院,这是现今能看到的早期矩的实物(图7)。根据介绍,这件矩的两边长度

---

① 马叙伦著:《读金器刻词》,北京:中华书局,1962年;另参高鸿缙著《中国字例》,台北:三民书局,2008年。

② 陈政均:《试释"巨乘马"》,《文博》1984年3期。

③ 方述鑫著:《甲骨金文字典》,成都:巴蜀书社,1993年,第344页。

④ 天津市文化局文物组:《天津市新收集的商周青铜器》,《文物》1964年9期。

⑤ 图片来源:董伯信编著《中国古代家具综览》,合肥:安徽科学技术出版社,2004年,第18页。

相等,均长 23.3 厘米,约等于楚国一尺;边宽 2.5 厘米,边厚 2.7 厘米,通体素面,没有刻度,折角为九十度。① 总体来看,这件铜矩与文献记载中矩的形状大致相符,刘东瑞征引《墨子》以及《考工记》等材料,认为矩本来就是没有刻度的等腰三角形,寿县出土的这件矩就是这种形态。② 另外,和这件青铜矩共同出土的还有青铜锯、铜刀和铜斧等多件加工木制品的实用工具,证明这件青铜矩确实也有实用的功能。

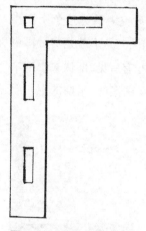

图 8　国家博物馆藏汉代铜矩尺⑤

根据出土文物和画像石等材料,可以发现到了汉代矩的形状发生了变化,例如根据实际的需要,矩的两边不再相等(如图 8),而且有的矩上出现刻度,其实就是矩和尺结合在一起,成为矩尺。③ 前文提到,矩最初的作用是绘制方形和圆形,因而是否有刻度并不重要,但两边不等长以及有刻度显然更多考虑了矩的实用性。例如根据学者的推测,两边长短不等是为了便于手持操作,而刻度可以当作量尺使用,在观测的时候可以随时读出数据,便于计算。④ 在文献记载之中,矩的长边被

---

① 李景聃:《寿县楚墓调查报告》,国立中央研究院历史语言研究所《田野考古报告》第 1 册,上海:商务印书馆,1936 年。另参刘景龙主编《安徽省文物志稿》,安徽省文物志编辑室,第 94 页,据说当时出土的时候有两件铜矩,其中一件现藏于安徽省博物馆,另一件现藏于国家博物馆。

② 刘东瑞:《矩和矩尺》,中华书局编辑部编《文史》第 10 辑。

③ 李浈著:《中国传统建筑木作工具》,第 211 页。

④ 眭秋生:《"规""矩"与我国古代数学》,《南京师大学报(自然科学版)》1987 年第 3 期。

⑤ 图片来源:金岷等著:《文物与数学》,北京:东方出版社,2000 年,第 210 页。

称为股,短边被称为勾,前面引文提到《周髀算经》中说"故折矩以为
勾广三,股修四,径偶五",这也就是所谓的"勾股定理"。

汉代的矩目前出土了多件,其中现藏于国家博物馆的一件青铜
矩最有代表性。这件青铜矩两边分别长 22.5 厘米和 37.6 厘米,其中
短边大概是汉代一尺的长度,而长边大约是汉代一尺半的长度。[①]
这应当是汉代矩尺常见的形态。

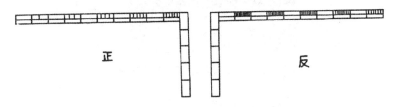

图9　陕西子长县出土汉代铜矩[②]

1994 年 4 月陕西省子长县城关桃园村出土了一件汉代铜矩,现
藏于陕西历史博物馆,据介绍,这件铜矩两边分别长 23 厘米和 11.5
厘米,大约相当于汉代一尺和半尺的长度。这件铜矩长边的两面均
有刻度,分为 10 等份,每份约合汉代一寸。短边两面也都有刻度,分
为 5 等份。[③]

另外,山东省计量科学研究院也藏有一件类似的铜矩,据介绍,
这件矩边有刻度,分五格,长 11.6 厘米,合汉代一尺的一半,也就是
五寸。[④]

----

① 参见李浈著《中国传统建筑木作工具》,第 211 页。另参刘东瑞《矩和矩尺》,中华
　书局编辑部编《文史》第 10 辑。
② 图片来源:师小群、韩建武:《陕西历史博物馆新征集文物选释》,周天游主编,陕
　西历史博物馆馆刊编辑部编《陕西历史博物馆馆刊》第 3 辑。
③ 师小群、韩建武:《陕西历史博物馆新征集文物选释》,周天游主编,陕西历史博物
　馆馆刊编辑部编《陕西历史博物馆馆刊》第 3 辑。
④ 张颂斌:《五寸之矩,尽天下之方》,《齐鲁晚报》2009 年 6 月 22 日 C12 版。

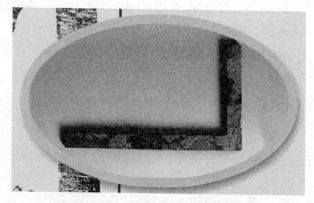

图 10　山东省计量科学研究院藏青铜矩①

　　日本人嘉纳治兵卫《白鹤帖》收录了一件铜矩尺,罗振玉将时代定为南朝,这件铜矩尺两边分别为 24.9 厘米,9.96 厘米,长边约合一尺,短边约为半尺,这和前述汉代铜尺形制基本相同。② 另外,这件铜矩尺长边平均分成十个格子,短边平均分成五个格子,每个格子的长度约为一寸,格子中间镂刻精美的凤纹,边缘装饰点状连续纹样,推测这些纹样应当也具有测量的功能。

　　此外,汉代画像石中也经常出现"矩"的形象。伏羲女娲是汉代画像石的重要题材,在画像石中伏羲女娲会手持"规矩",其中比较重要的是山东嘉祥武梁祠画像石,可以看到女娲手持圆规,而伏羲手持曲尺形的矩的形象。可以注意到,伏羲手中所持的这件矩有一长一短两边,大体上符合之前讨论的汉代矩的通常形状,只是连接长边和短边有一道斜梁,类似形状的矩也出现在其他相关主题的画像砖中,但在出土的青铜矩实物中还没有见到过。推测斜梁的作用

---

① 图片来源:张颂斌:《五寸之矩,尽天下之方》,《齐鲁晚报》2009 年 6 月 22 日 C12 版。
② 有关这件铜矩的详细介绍参丘光明等著《中国科学技术史·度量衡卷》,北京:科学出版社,2001 年,第 285 页。

图 11 武氏祠左石室后壁小龛西侧画像①

可能和矩的质地有关,现在出土的几件矩都是青铜铸造的,但不排除早期的矩有竹、木质地的可能性;而如果矩是竹、木质地,那么长边和短边结合不牢固就会导致无法获得理想的直角,斜梁就能起到固定作用。当然这种推测是否能够成立,还需要更多史料的支撑。

①图片来源:俞伟超主编,中国画像石全集编辑委员会编,蒋英炬卷主编:《中国画像石全集》第 1 卷《山东汉画像石》,济南:山东美术出版社;郑州:河南美术出版社,2000 年,第 56 页。

图 12　四川合江画像石①

　　四川省合江县出土了一件东汉时期的画像砖,画面中位于右侧的女娲右手持矩,左侧的伏羲左手持规。只是与出土文物中所见的矩尺不同的是,女娲手中的这件短边向下略有突出,使得这件矩看起来有点像"门"字形。这样形状的矩在四川合江出土的画像砖中也可以见到,位于画面左侧的女娲手持的矩已经比较接近"门"字形了。这两件画像石中的规也与其他地方略有不同,相关问题详见下文的讨论。

　　唐代"伏羲女娲"主题绢画中,经常会出现伏羲女娲一人持规,一人持矩的形象。其中矩的形状和汉代大致相同,都有一长一短两边,而在有的图像之中,连接矩的两边通常会绘制有"墨盒"的形状。

---

① 图片来源:俞伟超主编,中国画像石全集编辑委员会编,高文卷主编:《中国画像石全集》第 7 卷《四川汉画像石》,济南:山东美术出版社;郑州:河南美术出版社,2000 年,第 146 页。

其实唐代的矩被称为"曲尺"，后来到宋代也沿用了这一说法，例如《营造法式·取正之则》说"用曲尺校令方正"，[2]其中的"曲尺"也就是矩尺，"令方正"的功能并没有变化，而"曲尺"也是现在通行的称呼。史料记载中也提到，南宋以后曲尺与鲁班尺配合使用，在测绘的同时也可以判定吉凶宜忌，例如天一阁藏明代《鲁班营造正式》提到："曲尺者有十寸，一寸乃十分。凡遇起造至营、开门高低长短度量皆在此上。须当凑对鲁班尺八寸吉凶相度，则吉多凶少为佳。匠者但用仿此。"[3]

总体而言，从战国到秦汉，矩的形状并未发生太大的变化，长边和短边的区分是为了手持的方便，而长边一尺、短边半尺的设定，也是为了测量的方便。另外，汉代以后矩上出现刻度，也是为了在测量的时候直接读出长度。刻度的一

图 13　吐鲁番阿斯塔那墓
伏羲女娲绢画[1]

① 图片来源：巫新华主编：《新疆绘画艺术品》，济南：山东美术出版社，2013 年，第94 页。

② 李诚编修，梁思成注释：《营造法式注释》，北京：中国建筑工业出版社，1983 年，第11 页。

③ 李浈著：《中国传统建筑木作工具》，第 215 页。

般单位是"寸",但也出现了更小的单位"分",这说明矩尺在精度上已经达到了较高的水平。

2. 为圆以规

规的出现显然要晚于矩。上文征引《周髀算经》关于矩的使用方式说道"平矩以正绳,偃矩以望高,覆矩以测深,卧矩以知远,环矩以为圆,合矩以为方",也就是说,矩能够校正水平,测高度、深度以及距离,也能够画圆和画方。刘东瑞曾对矩的使用方式有过详尽的讲解,他认为测高、测深和距离都采用的是三角形相似比的原理。[1]也就是说,在历史早期几乎所有的几何学测绘可以由"矩"这一种工具完成,甚至在绘制圆形的时候都不必使用"规"。那么"规"相对晚出也就可以理解了。

而从文字学的角度来看,古文字中的"规"和画圆的工具并无直接关联。《说文解字·夫部》说:"规,规巨,有法度也。"段玉裁注云:"法者,刑也。度者,法制也。规矩者,有法度之谓也……凡有所图度匡正皆曰规。"[2]可以注意到,金文中的"规"字最突出的特征是大眼睛,可能取注视、规谏之意,也就是段玉裁所谓的"凡有所图度匡正皆曰规"。显然"规"的字形无法和汉代以后画图的所谓"圆规"联系在一起。另外也有学者指出,"规"的本意是树枝,而树枝在早期被作为画圆的工具使用,[3]这种说法恐不足为信。

"规"的出现大约是在春秋战国到秦汉之间。在古籍中关于"规"和"矩"的相关记载中,有时并称指一种工具,例如《孟子》说"离娄之明,公输子之巧,不以规矩,不能成方圆",赵岐注曰"虽天下

---

[1] 刘东瑞:《矩和矩尺》,中华书局编辑部编《文史》第 10 辑。

[2] 许慎撰,段玉裁注:《说文解字注》,第 499 页。

[3] 李守奎:《释楚简中的"规"——兼说"支"亦"规"之表意初文》,氏著《汉字学论稿》,北京:人民美术出版社,2016 年,第 57 页。

至巧,亦犹须规矩也。"①《荀子》说:"设规矩,陈绳墨,便备用,君子
不如工人。"②再如《史记·五帝本纪》说大禹治水的时候"左准绳,
右规矩"。③ 这些记载其实是将"规矩"作为一种工具,与"准绳"并
称。另外也有一些记载说"规"和"矩"分别指代两种工具,例如《淮
南子·天文》中有东方太皞之佐句芒,"执规而治春";南方炎帝之佐
朱明,"执衡而治夏";中央黄帝之佐后土,"执绳而制四方";西方少
昊之佐蓐收,"执矩而治秋";北方颛顼之佐玄冥,"执权而治冬"。④
这里规、矩,与权、衡、绳是五种不同的工具。另,谶纬文献也有类似
的说法,例如《尚书考灵耀》说:"岁星为规,荧惑为矩,镇星为绳,太
白为衡,辰星为权,权衡规矩绳并皆有所起,周而复始。"⑤在这里岁
星、荧惑所对应的分别为规和矩,自然指的是两种工具。大抵来说,
汉代以后的文献记载中,规和矩的分别愈发分明,而这也正好旁证
规、矩分离是在春秋战国至秦汉之际的观点。

目前考古发现中没有确切证明为圆规的实物出土,但在一些文
物中却有使用圆规的痕迹,其中最明显的就是铜镜背面纹饰的绘
制。有学者对铜镜的铸造工艺进行了细致的分析和研究,认为铜镜
背面的纹饰显然是使用了圆规和直尺等制图工具完成的,而且在某
些铜镜背面的几何纹饰中,也的确能够找到一些当初制模过程中用
圆规画的圆,以及圆中心画出的十字线,可以证明这些铜镜在制模
时使用圆规进行了机械制图。⑥ 另外也有学者指出,汉代铜镜上的

---

① 焦循撰,沈文倬点校:《孟子正义》,第 475 页。

② 王先谦撰,沈啸寰、王星贤点校:《荀子集解》,第 123 页。

③《史记》卷二《夏本纪》,第 51 页。

④ 刘安编,何宁撰:《淮南子集释》,第 184、186、188 页。

⑤ 赵在翰辑,钟肇鹏、萧文郁点校:《七纬(附论语谶)》,第 203 页。

⑥ 董亚巍,郭永和:《从汉代铜镜纹饰看圆规在制图中的应用》,《江汉考古》2003 年
第 4 期。

几何绘图已经达到了较高的水平，可以对圆进行标准的三等分、六等分、八等分或者十二等分，等分的目的是在铜镜边缘绘制圆弧的需要，这些都表明汉代铜镜制图已经形成了规范的制图体系，①显然也都需要圆规与直尺等制图工具。

另外需要使用到圆规的工艺是铜钱的铸造，有学者指出，汉代钱模铸造的时候要"先以规画圆，于中刻四界成形"。② 陕西省长安县窝头寨遗址被认为是汉代上林三官国家铸币工场之一，这里出土有大量红陶钱范，其中有的钱范"穿"的中心有圆心点，是刻制时使用圆规的痕迹。③ 另外，山东齐国临淄古城遗址内也出土有汉代钱范，其中两枚无字，考古工作者推测是用圆规画好的钱模外廓。④

正如前文所述，汉代"伏羲女娲"主题的画像石和绢画中，有时会出现伏羲女娲一人持规，一人持矩的形象。其中规的形状较为奇特，从画面上看它应当是在矩尺的长边垂直增加一个横杠。这种规显然与西方以及现代常用的两脚规有较大的差异，有学者推测其基本形制是在一根细长的木片或者竹片一端安装固定的脚，另一端装上笔，使用的时候固定住圆规的脚，旋转笔的一端获得圆形。⑤ 到唐代还有对这种形制圆规使用方法的介绍，例如《新唐书·天文志》记

---

① 参刘克明著《中国工程图学史》第二章第三节"汉代几何作图的科学成就"，武汉：华中科技大学出版社，2003 年，第 21 页。另参氏著《汉代画像石规矩的图学及其文化意义》，西安碑林博物馆编《碑林集刊》总第 16 辑，西安：三秦出版社，2011年，第 157 页。

② 王献唐：《中国古代货币通考》，济南：齐鲁书社，1979 年，第 1638 页。

③ 陕西省博物馆、文管会考古调查组：《长安窝头寨汉代钱范遗址调查》，《考古》1972年第 5 期。

④ 张龙海：《山东临淄近年出土的汉代钱范》，《考古》1993 年第 3 期。

⑤ 李迪：《我国历史上的一种圆规》，吴文俊主编《中国数学史论文集（三）》，济南：山东教育出版社，1987 年，第 55 页。

载:"削篾为度,径一分,其厚半之,长与图等,穴其正中,植针为枢,令可环运。"①所谓"穴其正中,植针为枢,令可环运"正是对这种类型圆规使用方式的形象描述。如果由此观察画像中的矩的形象,可以发现矩完全可以完成这种规的功能,也就是将矩的一端固定,另一端绕其转动一圈,或者这就是文献中所谓的"环矩以为圆"。② 显然这也可以证明矩的出现确实要早于圆规。

前文曾经提到四川合江县出土了伏羲女娲为主题的画像砖(图12),另外四川崇庆县也出土有一件类似主题的画像砖,这两件画像砖中矩的形制类似,但又与其他地区画像砖中的矩有明显区别。同样,合江画像砖中伏羲手中所持的圆规也与其他地区不大相同,这件圆规整体呈"T"字形,在使用的时候应当也是一端固定,另一端旋转成圆形。而崇庆画像砖中伏羲手中所持器物不易分辨,但与合江画像砖类似,这件器物的顶端可以看到为圆形,而且有较细的直线突出,应当可以判定两者是形制相同的圆规。可以推测,画像砖的制作者虽然根据传统或者当时的流行,要在伏羲女娲手中加上"规矩"等道具,但是对矩尺和圆规的形制和用途未必真切了解,所以导致这两件圆规呈现出特异的形制。

这种类型的圆规使用细长的竹

图14　《三才图会·器用》中的圆规③

---

①《新唐书》卷三一《天文志》,第811页。
②孔国平著:《中国数学思想史》,南京:南京大学出版社,2015年,第34页。
③图片来源:王圻、王思义著《三才图会》,上海:上海古籍出版社,1988年,第1111'页。

片或者木片制作而成,因而可以就地取材,随意加工,所绘制的圆形的半径也就可长可短,这为数学的运算也提供了较大的便利。例如《周髀算经》中有"七衡图",有学者用规定的比例进行了换算,得出这种图的半径小的有4.2寸,大的有8.4寸,这样大的圆形,显然在绘制的时候特意选取了较长的竹片或者木片进行辅助才能够完成。①而这种形制的圆规在后来明代人绘制的《三才图会》中也可以见到(图14),这件圆规的主体是一个细长的木条,木条的一端有两个小

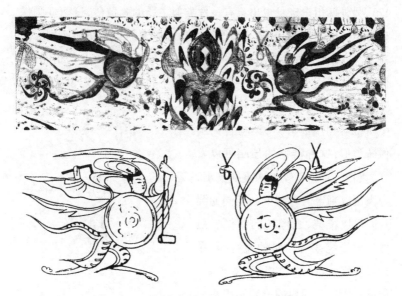

图 15　敦煌莫高窟 285 窟伏羲女娲图②

---

① 相关的研究参曲安京《黄道与盖天说的七衡图》,《自然辩证法通讯》1994 年第 6 期;石璋如《读各家释七衡图、说盖天说起源新例初稿》,《历史语言研究所集刊》第 90 本第 1 分,1997 年。

② 图片来源:王元林《伏羲女娲文化西渐的图像学试论》,敦煌研究院编《敦煌壁画艺术继承与创新国际学术研讨会论文集》,上海:上海辞书出版社,2008 年,第 637 页。根据王元林介绍,上图来自《中国美术全集(14)·绘画编》"敦煌壁画"上,图 111;下图来自巫鸿编《汉唐之间文化艺术的互动与交融》马世长文插图部分。

孔,另一端有六个小孔。圆规还有两个附件,一个是固定一端的圆形的枢轴,应当就是圆规的脚,另一个是画圆规的笔。可知木条上的六个小孔,应当是插销固定附件所用的,通过附件在小孔上的间距来控制圆的半径大小。

需要注意的是,画像材料中也有类似现在常用的两脚规的圆规。例如山东沂南北寨汉墓出土的画像石中,伏羲女娲夹盘古而立,女娲手中所持的明显就是一个两脚。再例如开凿于西魏时期的敦煌莫高窟第285窟壁画中,可以清楚看到伏羲手中所持的两脚规,另外前文插图中的吐鲁番阿斯塔那墓伏羲女娲绢画中的圆规也都是两脚规,这说明秦汉以及隋唐时期两脚规也确实是存在的。敦煌壁画中两脚规的形制非常清晰,可以推测这种两脚规应该是使用一根柔韧性较强的竹条或者木条,对折之后将交叉点固定,在使用的时候一脚固定,另一脚旋转。在实际使用的过程中,可以根据需要改变交叉点的位置,控制圆规两脚之间的距离,因此可以得到不同直径的圆形。

通过以上的论述,可以发现矩的形状大体保持不变,而圆规却至少有两种基本形制,其他形态的变化就更多了,不同时期的人们都会根据对圆形的需要而改变圆规的形制,这显然是因为古人在使用工具的时候更注意其实用性。但同时也应当注意到,今天之所以能够对"规矩"形制的变化有如此多的了解,是因为它们的形象反复出现在伏羲女娲主题的画像石、画像砖、壁画以及帛画之中,"规矩"是表现伏羲女娲形象的重要象征性道具,而在文献记载中,"规"和"矩"分别是大禹、句芒和蓐收等历史和神话人物手持的道具,有关"规矩"背后的思想观念,下文再作详细的讨论。

根据前文的讨论,"规"和"矩"本来都是具有实用性的工具,矩的形制经过一系列的演变,大约在汉代基本上固定下来,规则是从矩分离出来的。而日廷图上的"四钩"显然就是四个朝向不同方向的矩尺,可以表示东北、东南、西南、西北四个方位。

二、准绳与横平竖直的观念

和前文提到的"规矩"一样,在古代文献的记载中,"准"和"绳"也是两种重要的测绘仪器,其中"准"是用来测绘横平的仪器,而"绳"则是用来测绘竖直的仪器,正如《墨子·法仪》所言,"百工为方以矩,为圆以规,直以绳,正以县",孙诒让《墨子间诂》引《考工记·舆人》也说:"圆者中规,方者中矩,立者中县,衡者中水。"孙诒让另引《庄子·马蹄篇》说:"匠人曰:我善治木,曲者中钩,直者应绳。"①这里提到的以规矩测绘方圆已见前文叙述,而所谓"直以绳,正以县"以及"立者中县,衡者中水",就是以绳悬挂垂球测量竖直,而以水平特性测量横平。

1. 衡者中水

"水平"是人们在日常生活中总结出的经验,现代测量工具中有所谓"水平仪"和"水准仪",前者可以测量水平,后者也可以通过运算测量两点的高差,然其根本原理都是通过水来确定横平。对于"水平"的特性,古人早就有较为直观的认识,例如《庄子·天道》说"水静则明烛须眉,平中准,大匠取法焉",成玄英疏曰:"夫水,动则波流,止便澄静,悬鉴洞照,与物无私,故能明烛须眉,清而中正,治诸邪枉,可为准的,纵使工倕之巧,犹须仿水取平。"②《白虎通义·五行》也说"水之为言准也,养物平均,有准则也",陈立《疏证》引《释名·释天》说"水,准也。准,平物也",另引《说文·水部》说:"水,准也,北方之行,象众水并流,中有微阳之气。"另引《尔雅疏》云:

---

① 孙诒让撰,孙启治点校:《墨子间诂》,第 21 页。
② 郭庆藩撰,王孝鱼点校:《庄子集释》,第 459 页。

"水,准也。言水之平均而可准法也。"陈立《疏证》指出或者正是因为水性平的特性,所以《周礼·考工记·轮人》提到制作轮子的时候"水之以视其平,沈之均",《考工记·匠人》也记载说:"匠人建国,水地以县。"①这些其实都是利用水来测定平准的方式。

关于《考工记·轮人》中提到的测试方法,《周礼注疏》解释说:"两轮俱置水中,观视四畔,入水均否。若平深均则斫材均矣。"②也就是将车轮沉入水中,观察车轮是否平衡下沉,这种方法不仅可以测量水平,还可以测量木材的质地是否均匀。另外,《考工记》记载古人选择都城的时候要先"水地以县,置槷以县,视以景。为规,识日出之景,与日入之景,昼参诸日中之景,夜考之极星,以正朝夕"。这一句中"水地以县"是确定地表平整的方法,郑玄认为所谓"水地以县"就是在四角立直木,以水望其高下,如果高下定了,那么这块地方就是水平的。贾公彦疏说得更为详尽,指出要使用悬绳的办法确定立木是否垂直于地面,然后在远处用水平之法遥望,确定木的高低,最后确定地表的高低平整,所谓:"在地曰槷,以绳县于槷上,然后从傍以水望县,即知地之高下而平之也。"③实际上,现代水准仪也正是根据水准测量的原理,利用一条水平视线,借助水准尺,测量两个地点的高差。

不过本书认为,郑玄和贾公彦的解释可能都太繁复了,"水地以县"在实际中的运用应该要简单得多。有学者指出,在商代的时候就开始以水来确定平准,例如有学者讨论甲骨文中的"癸"字,认为这个字就是以水测平的水沟体系,并推测当时的测量方法是:"其测平之法为,先挖直交之二条干沟成 X 形,再在沟之两端挖直

---

① 班固撰集,陈立疏证,吴则虞点校:《白虎通疏证》,第 167 页。
②《周礼注疏》,阮元校刻《十三经注疏》,第 909 页。
③ 原文详见《周礼注疏》,阮元校刻《十三经注疏》,第 927 页。

交之小沟,遂成 ✕ 形,灌水其中,即可测地面之水平。癸字本意即为测度水平,为揆之初义。故《说文》训:癸,冬时水土平,可揆度也,象水从四方流入地中之形。"①据说在 20 世纪二三十年代殷墟的考古发掘过程中,也发现了类似的干沟和枝沟,就是匠人以水测平用的。② 显然如果以"癸"字形水沟解释"水地以县",应当更符合实际。

而郑玄所谓立直木,然后通过"望"的办法确定地面水平和高差,也是经常使用的一种测量方法,例如《史记·河渠书》记载"天子以为然,令齐人水工徐伯表,悉发卒数万人穿漕渠,三岁而通",《史记索隐》认为"徐伯表"是人名,所谓"徐伯表水工姓名也。小颜以为表者,巡行穿渠之处而表记之,若今竖标,表不是名也"。③ 颜师古的说法见于《汉书·沟洫志》注释,他解释"表"为"巡行穿渠之处而表记之,若今竖标"。④ 显然颜师古的看法是正确的,"表"不是人的名字,而是测量工具,即"立表测影"的"表",也就是颜师古所谓的"标"。

同样是修建水利工程,表的使用也见于《汉书·西域传》:"汉遣破羌将军辛武贤将兵万五千人至敦煌,遣使者案行表,穿卑鞮侯井以西,欲通渠转谷,积居庐仓以讨之。"颜师古注引孟康曰:"大井六通渠也,下泉流涌出,在白龙堆东土山下。"⑤在这两条材料中,"表"的作用显然都是测量方位,而对于河渠的修建而言,水平高差的测定非常重要,这关系到水流的落差问题,是河渠能否成功的关键,例

---

① 温少锋、袁庭栋:《殷墟卜辞研究——科学技术篇》,成都:四川社会科学院出版社,1983 年,第 381—382 页。
② 李亚农著:《殷代社会生活》,上海:上海人民出版社,1962 年,第 109 页。
③《史记》卷二九《河渠书》,第 1410 页。
④《汉书》卷二九《沟洫志》,第 1679 页。
⑤《汉书》卷九六下《西域传下》,第 3907 页。

如《汉书·沟洫志》也说:"可案图书,观地形,令水工准高下,开大河上领,出之胡中,东注之海。"①这里所谓"准高下"就是测量水平高差的意思。《汉书》记载中"表"的使用方法应该与郑玄的描述基本相同,即使用固定长度的标杆,通过水面获得水平,也就是现代水准仪工作中使用的水平视线,准确测量两个地点的高差。

实际上,这其实就是"重差术"在实际中的运用。《九章算术》和《周髀算经》都提到了这种测量高度和距离的技术,后来刘徽又有所谓"重差九问",对重差的基本公式和运用进行了推广,也就有了《海岛算经》一书,基本操作方式是通过表的不同位置求得山高水深等。其中《周髀算经》明确提出"二表下地,依水平法定其高下"的方法,之所以特意强调"水平法",就是考虑了水作为平准测量工具的特性。②

《汉书·律历志》提到使用井水测量器测量水平的问题:"量者,龠、合、升、斗、斛也,所以量多少也。本起于黄钟之龠,用度数审其容,以子谷秬黍中者千有二百实其龠,以井水准其概。"颜师古注引孟康曰:"概欲其直,故以水平之。井水清,清则平也。"师古曰:"概所以概平斗斛之上者也。"③可见这也是一种使用水获得准平的方法。

至魏晋南北朝时期,某些天文仪器上出现了用于测量水平的水平槽,据《隋书·天文志》记载:"至明元永兴四年壬了,诏造太史候部铁仪,以为浑天法,考璇玑之正。"④永兴是北魏明元帝的年号,永兴四年也就是公元412年。这件天文仪器的重要特点是用水测定水平,《隋书·天文志》还说:"其制并以铜铁,唯志星度以银错之。南

---

① 《汉书》卷二九《沟洫志》,第1686页。
② 相关研究参钱宝琮《周髀算经考》,《科学》1929年第1期;后收入氏著《钱宝琮科学史论文选集》,北京:科学出版社,1983年,第135—136页。
③ 《汉书》卷二一上《律历志上》,第967页。
④ 《隋书》卷一九上《天文上》,第518页。

北柱曲抱双规,东西柱直立,下有十字水平,以植四柱。十字之上,以龟负双规。"①所谓"十字水平",就是制作十字形的沟槽,然后注入水以测定水平,与前文提到商代工程建设中用到的"癸"字形水沟原理类似。至唐代制作的游仪也有水平槽,《旧唐书·天文志》记载:"柱在四维,龙下有山云,俱在水平槽上,并铜为之。"②特意提到测定水平的十字水平槽。《宋史·天文志》把这种十字水平槽称为"水臬",所谓"十字为之,其水平满,北辰正。以置四隅,各长七尺五寸,高三寸半,深一寸。四隅水平,则天地准"。③

另外史料中也记载有南北朝时期祖暅在圭表上设置水平槽的实例,《隋书·天文》说:"造八尺铜表,其下与圭相连。圭上为沟,置水,以取平正。揆测日晷,求其盈缩。"④河南登封古观象台的土圭部分有两道凹槽,祖暅铜表上测量水平的凹槽大概也就是这种形制。与之类似,南京紫金山天文台有明清时期的圭表,土圭部分也有两道凹槽,应当就是水平槽,这与今天"水平仪"的原理基本相同。另外唐代史料中还记载了被称为"水平"的水准仪,北宋《营造法式》也详细记载了"定平之制",元明清各时期也都有测定水平的相关仪器,有学者已经进行了讨论,⑤此不赘述。

总体而言,魏晋南北朝以后出现的"水平仪",主要用于天文仪器的水平测量方面,在工程中用到所谓"水准仪"可能是更晚历史时期的事情。但这并不妨碍在历史早期重要工程修建过程中"水平"精密测量的实现,事实上古人在长期实践中探索出了简单实用的工具,充分利用水的特性实现"平"的精度完成测绘。所以,虽然在早

①《隋书》卷一九上《天文上》,第 518 页。

②《旧唐书》卷三五《天文上》,北京:中华书局,1975 年,第 1298 页。

③《宋史》卷四八《天文志》,第 954 页。

④《隋书》卷一九上《天文上》,第 524 页。

⑤李浈著:《中国传统建筑木作工具》,第 215 页。

期历史中并没有所谓"水平仪"或者"水准仪"之类的工具,但"平准"的获得是毫无问题的,而与之相伴,古人对"横平"观念的认识也是较为深刻的。

2. 立者中县

与水可以测量平准类似,人们发现绳索加上垂球可以测绘竖直,当然也可以与墨斗配合引出直线,用于切割木料,另外也可以测量距离和高度,甚至可以结绳记事,因而"绳"在古人观念中就有非同寻常的意义。也正是因为"绳"这种工具,人们在思想中逐渐产生了所谓"直"的观念,"直绳"也就随之具有了严厉和严格的含义。

绳是人类较早掌握的工具之一,《说文解字》"糸部"说"绳,索也",段玉裁注说:"索,下云绳也。草有茎叶,可作绳索也。故从木糸。绳可以悬,可以束,可以为闲。"①甲骨文中这个字像是两手搓粗草绳,指的是制作绳索的方法。另外,段玉裁注释提到除了草之外,制作绳索可以用竹,也可以用木。

在确定竖直的时候,绳索一般配合垂球使用,这也就是所谓的"悬",有时候在文献中直接写作"县"。前引《考工记》有"水地以县,置槷以县"的说法,其中"县"也就是"悬",这其实是说在用表测量日影变化的时候,确保表与地面的垂直是极为关键的因素,因而"水地"也就是利用水的特性取得精准的水平面,然后利用从表顶端垂直而下的绳索,通过观察绳索与表是否平行,来确定表与地面是否垂直。

现代垂球一般为圆锥形,由金属制作而成,在使用的时候以圆锥的尖端对准地面,另一端系以细绳,其自由下垂的方向就是地球重力线的方向。古代垂球也是利用了基本相同的原理。虽然在考古发掘中绳索是极难保存的,但近些年来却出土了若干件垂球,其

---

① 许慎撰,段玉裁注:《说文解字注》,第657页。

中年代最早的是出土于江西省德安县陈家墩商周遗址的木制垂球,根据介绍,这件垂球是用一根直径 4.5 厘米,长 7.2 厘米的小圆木制作而成,整体分为两段,上段为圆顶平面,下段修成尖锥形,质地为杂木(当地人称为"斗栗木"),制作较为精良。① 这件木质垂球和木质觇墩共同出现于水井之中,考古工作者分析可能用于水井修造工程,并推测其具体使用方法为:水井每开挖到一定深度,都以细绳悬挂垂球,测量井壁和细绳是否平行。而觇墩则是用于校准中心,确定水井的圆周。② 由此可见,在商代的时候人们对于工程中使用绳索和垂球已经有了较为成熟的技术。

另外,湖北省大冶市铜绿山古铜矿也出土了春秋时期的木垂球,根据介绍,这件木垂球由坚硬致密的木材制作而成,整体为桃形,表面打磨光滑,全长 7.7 厘米,横断面为椭圆形,长径 6 厘米,短径 5.4 厘米。垂球的中心凿有长方形的穿孔,下端中心削尖,穿孔中心刻有线状凹槽,与垂球下端的尖端位于同一直线上。③

出土文物中也有秦汉时期的类似木质垂球,广州秦汉时期的造船工场遗址中发现了一件木制的垂球,垂球为方锥形,上端如方榫形凸起,已残断,残高 5.8 厘米,宽 3.5 厘米,考古工作者推测这可能是造船时取垂直用的吊线工具。同时出土的还有铅块,被认为是切割木料时划线用的。④ 孙机指出汉代文献中有"怀铅"的说法,铅在历史早期是较为常用的书写和绘画工具。⑤

---

① 于少先:《木质垂球及木质觇标墩——测量工具的始祖》,《寻根》1997 年第 5 期。

② 彭明瀚:《吴城文化水井初探》,《考古与文物》2003 年第 5 期。

③ 政协大冶市委员会编:《图说铜绿山古铜矿》,北京:中国文史出版社,2011 年,第 38 页。

④ 广州市文物管理处等:《广州秦汉造船工场遗址试掘》,《文物》1977 年第 4 期。

⑤ 孙机还指出各地出土的汉代铜质和铅质、木质坠件已有多件,应当就是所谓的悬垂,参氏著《汉代物质文化资料图说》,上海:上海古籍出版社,2011 年,第 24 页。

图 16　安徽天长县祝涧村汉墓出土木工工具①

　　我们所熟知的木工划线则是使用墨斗,这样能够得到较为标准的直线。墨斗通常由墨池、线轮和棉线等部分组成,棉线经过墨水浸泡,在使用的时候抽出棉线,固定在木料一端,通过弹线的方式得到笔直的墨线。另外墨斗中的棉线也可以做测量垂直的吊线,与前文所述垂球的功能类似。1993 年安徽省天长县祝涧村汉墓出土了一套 28 件木工工具,其中就有所谓"墨斗线陀"。② 根据介绍,这件"墨斗线陀"为束腰六边形器,断面呈六边形,显然这件器物与现在常见的墨斗有较大的区别,推测可能只是其中的一部分,也就是绕轮。另外,与这件"墨斗线陀"同出的,还有一件木质长方形的器物,这件器物呈案形,长 32 厘米,宽 16 厘米,通高 14 厘米,背部鼓起,正面平,中间刻一长方形平面,两端各设三个方形的穿孔,每个穿孔上都有可起伏的活动木构件。对于这件器物的用途,有研究者猜测可能就是所谓的"水准

①图片来源:邓朝源《天长汉墓群出土大批珍贵文物》,《中国文物报》1992 年 7 月 5 日。
②邓朝源:《天长汉墓群出土大批珍贵文物》,《中国文物报》1992 年 7 月 5 日。

仪",①可备一说。

古代墨斗实物虽不多见,但考古发掘工作中却多见使用墨斗绘制直线的实例,例如北京大葆台汉墓中,黄肠木的开料比较规整平直,有些大黄肠木的内向一端平面上留有清晰的"十"字形墨线,有些黄肠木的扁平面上,也留有墨色直线。根据介绍,这些墨线都很直,推测可能是使用了墨斗之类的工具。② 另外,甘肃武威磨咀子东汉墓出土的木棺内侧的木板上,留有多处清晰的墨线痕迹。这些墨线粗细均匀,线的边缘还有毛刺,显然是弹上去的,和现在木工用墨斗弹的墨线完全相同。③

魏晋南北朝以后也出土了多幅伏羲女娲画像,与秦汉时期的画像不同,伏羲女娲手中不仅有规矩,还多了墨斗的图像。例如前文提到开凿于西魏时期的敦煌莫高窟第 285 窟,窟顶东坡中央有伏羲和女娲相对的形象,伏羲女娲均为人首兽身,伏羲在右,一手持规,女娲在左,一手持矩,而另一手所持的应当就是墨斗。可以注意到,女娲手持墨绳的另一端垂吊着的是一件束腰形的器物,与前文提到的"墨斗线陀"形状类似,大概这就是早期墨斗的基本形制。另外新疆阿斯塔纳地区有唐代高昌国遗址,这里出土了三十多幅伏羲女娲画像,伏羲女娲手中一般都会持有一件墨斗,或者算筹之类。而与莫高窟壁画不同的是,新疆伏羲女娲画像中墨斗呈现更为显著的束腰形,有的壁画中墨斗直接悬挂在矩上,这也是较为少见的形式。

可以发现,以水测横平和以垂球测竖直都是利用了物理学上的

---

① 周崇云:《天长三角圩汉代木工工具刍议》,安徽省文物考古研究所、安徽省考古学会主办《文物研究》第 11 辑,合肥:黄山书社,1998 年。

② 靳宝著:《大葆台西汉墓研究》,北京:燕山出版社,2012 年,第 55 页。

③ 赵吴成:《平木用"刨"新发现》,《文物》2005 年第 11 期。

重力原理,古人在长期的生产和生活实践中发现了这样的原理,并加以利用,所以在工具并未成熟和完善的情况下,依然能够获得较为精确的横平和竖直。当然更应引起注意的是,人们经由对横平和竖直这两种现象的认识,在理念上也对准绳和工具进行了神化,所以这两种工具就有了更多神秘化的特征。

三、规矩准绳的符号化

如果仅仅是作为实用的测绘工具,"规矩"和"准绳"自然不会引起人们太多的注意,然而这几种工具显然被刻意赋予了神秘意义,而这种神秘性的起源,很可能就与古帝王和神人的传说有关,至于宣扬这些传说的人,应当就是早期工具的使用者。

1. 神圣的道具

前文已经提到,"规矩"和"准绳"在秦汉到隋唐时期的画像中是伏羲女娲手持的重要道具,然而在传世文献中却并没有见到相关的记载。在古人的观念中,伏羲一直都是三皇之一,而女娲的身份逐渐演变,大约在东汉时期也成为三皇之一。[1] 战国秦汉的文献中常见伏羲女娲的记载,例如《山海经·大荒西经》说"有神十人,名曰女娲之肠,化为神",[2]《楚辞·天问》说"登立为帝,孰道尚之? 女娲有体,孰制匠之",王逸注云:"传言女娲人头蛇身,一日七十化,其体如此,谁所制匠而图之乎?"[3]《列子》《淮南子》等文献中都记载了女娲炼石补天的故事,《说文解字》《风俗通义》中也出现了关于女娲抟土造人的记载。然而在古典文献的记载之中,都没有提到伏羲女娲与

---

① 有关这一问题较早的研究参闻一多《伏羲考》,氏著《神话与诗》,长春:吉林出版集团股份有限公司,2017 年,第 1 页。另参宋超《战国秦汉时期女娲形象的演变》,《咸阳师范学院学报》2004 年第 1 期。

② 袁珂:《山海经校注》,北京:北京联合出版公司,2014 年,第 445 页。

③ 洪兴祖撰,白化文等点校:《楚辞补注》,北京:中华书局,1983 年,第 104 页。

"规矩"或者"准绳"有关。

东汉王延寿《鲁灵光殿赋》记载汉代宫殿中有关于伏羲女娲人首蛇身的画像，说"伏羲鳞身，女娲蛇躯"，[①]可见其形象与汉代画像石中的伏羲女娲类似，只是并没有提到手中持有规矩或者准绳、日月等。唐代张彦远《历代名画记》记载有陈思王曹植为伏羲女娲画像所作之"赞"，其中提到女娲"人首蛇形"，[②]形象也与秦汉时期画像石相似，但同样也没有提到伏羲女娲所持的道具。有学者指出，"规矩"或者"准绳"本身可能确实和伏羲女娲没有关系，只是到汉代被用于画像石中作为图像表现的有机成分，是图像的设计者刻意增加上去的。[③] 这样的说法应当是有一定道理的。另外需要注意的是，伏羲女娲以"规矩"为道具应当是汉代出现的，而以"准绳"为道具，则应当晚至魏晋南北朝才出现。

图 17　武梁祠画像石中的大禹形象[④]

汉代文献记载中大禹治水的时候曾手持"规矩"和"准绳"，例如《史记·夏本纪》说："左准绳，右规矩，载四时，以开九州，通九道，陂九

---

① 严可均编：《全上古三代秦汉三国六朝文》，北京：中华书局，1958 年，第 6187 页。

② 张彦远撰，承载译：《历代名画记全译》，贵阳：贵州人民出版社，2009 年，第 228 页。

③ 龙红：《古老心灵的发掘——中国古代造物设计与神话传说研究》，重庆：重庆大学出版社，2014 年，第 61 页。

④ 图片来源：蒋英炬主编《中国画像石全集》第 1 卷《山东汉画像石》，第 29 页。

泽,度九山。"《史记集解》引王肃曰"左右言常用也",意思是大禹以准绳和规矩作为常用的工具,但《史记索隐》则认为"左所运用堪为人之准绳,右所举动必应规矩也。"①强调规矩和准绳的象征含义。结合大禹治水的历史事实,这里的准绳和规矩如果解释为常用的工具,应当是更合情理的,《史记索隐》的解释显得有些迂曲了。大禹"左准绳,右规矩"的记载也见于《大戴礼记》和《孔子家语》以及战国秦汉时期的其他古籍,显然大禹手持"规矩"和"准绳"进行治水活动,是人们关于大禹形象的共同印象。然而现在能够看到的大禹治水题材的画像石中,大禹手持的多是实用的生产工具,而不是"规矩"或者"准绳"。例如在武梁祠画像石中,大禹是头戴斗笠、手持耜的形象(图17),另在徐州地区出土的画像石中,大禹手中所持的应当是锸,同样是用于生产的工具。这至少说明,在对传说人物形象特征的认识中,不同地域和不同人群之间也存在着不小的差异。

《淮南子·天文》以五行为基础,详述五帝所在的方位,以及五帝之佐,例如东方帝为太皞,其佐句芒,执规管理春天;南方炎帝,其佐朱明,执衡管理夏天;中间黄帝,其佐后土,执绳管理四方;西方少昊,其佐蓐收,执矩管理春天;北方颛顼,其佐玄冥,执权管理冬天。显然《淮南子》想要构建的是五方五帝的体系,应当引起注意的是五帝之佐手中所执的五种工具,它包括本书讨论的"规""矩"和"绳",以及另外两种测量重量的工具,即"权"和"衡"。②《淮南子》中五帝和五行、五方的搭配方式显然和《礼记·月令》以及《吕氏春秋·十二纪》同源,对后来王莽也有重要影响,王莽的主要官员之中也有类似的"道具"。总的来看,《淮南子》等文献记载之中将"规矩""绳""权衡"与方位神灵对应,显示出一定程度上的刻意性,这或许是当

①《史记》卷一《夏本纪》,第51页。
②刘安编,何宁撰:《淮南子集释》,第184—188页。

时的知识阶层尝试对当时不同地域和不同人群中存在的信仰观念进行整合的结果。①

2. 巧倕的故事

在文献记载中,"规矩"和"准绳"的发明者是"倕",有时候也写作"垂",或者称为"工倕""巧倕"。根据《尚书》《史记》和刘向《说苑》的说法,他的特点是善于巧思,因而受到尧和舜的赏识,例如《史记·五帝本纪》将"倕"与"禹、皋陶、契、后稷、伯夷、夔、龙、益、彭祖"等人并列,说他们都是帝尧和帝舜时代的贤臣。司马迁另引《尚书》说"舜曰:谁能驯予工?皆曰垂可。于是以垂为共工",《史记集解》引马融曰:"为司空,共理百工之事。"②《汉书·扬雄传》引扬雄《甘泉赋》提到"般、倕弃其剞劂兮,王尔投其钩绳",颜师古注释说:"般,公输般也。倕,共工也。"③《后汉书·崔骃传》李贤注也说倕是"舜时为共工之官",④《山海经·海内经》说:"又有不距之山,巧倕葬其西",又云"帝俊生三身,三身生义均,义均是始为巧倕,是始作下民百巧",袁珂校注认为"巧倕"应该就是舜之子商均,并引《路史·后纪十一》说:"女罃(英)生义均,义均封于商,是为商均。"⑤

另外,《墨子》《荀子》《庄子》《楚辞》《吕氏春秋》和《淮南子》中都曾经提到过工倕,认为他是许多器物的发明者,其中就包括"规矩"和"准绳"。例如《墨子·非儒》说"巧垂作舟",⑥是舟船的发明

---

① 有关五方和五帝,前人已经进行了较为系统的研究,参刘信芳《〈日书〉四方四维与五行浅说》,《考古与文物》1993年第2期。

② 《史记》卷一《五帝本纪》,第39页。

③ 《汉书》卷八七上《扬雄传上》,第3529页。

④ 《后汉书》卷五二《崔骃传》,第1705页。

⑤ 袁珂:《山海经校注》,第533页。

⑥ 孙诒让撰,孙启治点校:《墨子间诂》,第293页。

者。《荀子·解蔽》说巧倕是弓的发明者，所谓"倕作弓，浮游作矢，而羿精于射"。① 另外《吕氏春秋·古乐篇》说："帝喾命……有倕作为鼙、鼓、钟、磬、吹苓"，②是说巧倕也是乐器的发明者。《世本》也提到"倕作规矩准绳。倕作耒耨。倕作粝。倕作钟。倕作铫"。③ 看来"倕作规矩准绳"确实是广为接受的观念了。另外《庄子·胠箧》说"毁绝钩绳而弃规矩，攦工倕之指，而天下始人有其巧矣"，成玄英疏云"工倕是尧工人，作规矩之法"，并说"工倕禀性机巧，运用钩绳，割刻异端，述作规矩"。④ 这里其实也是说倕是"规矩"和"准绳"的发明者。

至东汉王符《潜夫论·赞学》也说"昔倕之巧，目茂圆方，心定平直，又造规绳矩墨以诲后人"，明确指出工倕是"规绳矩墨"的发明者，并说"故圣人之制经以遗后贤也，譬犹巧倕之为规矩准绳以遗后工也"。⑤ 说巧倕发明规矩绳墨对后来工人的作用，就像圣人制作经典对于后来读书人的作用那样。由此可见"倕"是战国秦汉时代人们较为熟悉的能工巧匠，人们因此认为类似"规矩"和"准绳"之类的工具就是"倕"发明的。

其实"规矩"和"准绳"这样的生产工具，都是在漫长的生产实践过程中产生的，未必真有一个发明者。根据前文引述的材料可以发现，倕因为是被帝舜任命做过管理工程事务的工师，所以人们就认为他一定具备"巧"的特性，能够制造出如准绳规矩之类的工具，或者是舟船、弓以及乐器等等。另外因为"规矩"和"准绳"是工人们日常所使用的，所以在普通民众的思想观念之中其发明者必然

---

① 王先谦撰，沈啸寰、王星贤点校：《荀子集解》，第 401 页。
② 吕不韦编，许维遹集释，梁运华整理：《吕氏春秋集释》，第 124 页。
③ 宋衷注，秦嘉谟等辑：《世本八种》，第 360 页。
④ 郭庆藩撰，王孝鱼点校：《庄子集释》，第 356 页。
⑤ 汪继培笺，彭铎校正：《潜夫论笺校正》，北京：中华书局，2014 年，第 12 页。

就是工倕了。

墨家被认为和工人有密切关系,应当是"规矩"和"准绳"之类工具较早的实际使用者,《墨子》一书中也多有以"规矩"和"准绳"举例进行讨论的内容,显示墨家对类似的工具非常熟悉。例如《墨子·法仪》载墨子之言:"百工为方以矩,为圆以规,直以绳,正以县。无巧工、不巧工,皆以此五者为法。巧者能中之,不巧者虽不能中,放依以从事,犹逾己。故百工从事,皆有法所度。"孙诒让以《考工记》校之,认为"直以绳"之前应当有"平以水",①此说甚确。另外,《墨子·天志》也说:"我有天志,譬若轮人之有规,匠人之有矩,轮匠执其规矩,以度天下之方圜,曰:'中者是也,不中者非也。'"《天志》另外也说:"是故子墨子之有天之,辟人无以异乎轮人之有规,匠人之有矩也。今夫轮人操其规,将以量度天下之圜与不圜也,曰:中吾规者谓之圜,不中吾规者谓之不圜。是以圜与不圜,皆可得而知也。"②《法仪》和《天志》都是《墨子》中重要的章节,也是阐述墨子思想核心内容的部分,墨子反复以"规矩"和"准绳"作为类比进行说理,确实显示墨家对这两种工具异常熟悉。墨者的主体是居住于城中的工人,自然就包括使用"规矩"和"准绳"等工具进行木制品生产的工匠,所以墨家对"规矩"和"准绳"有着特殊的情结,也就顺理成章了。

也就是说,"规矩"和"准绳"是能够测绘方圆以及横平和竖直的基本工具,也是古代工程中所必须要用到的,因而自古以来包括墨者在内的工匠们都十分重视这些工具。然而也正是因为这些工具具备测绘方圆以及横平和竖直的特征,所以在理念上逐渐被升华,再加上方形和圆形是人们认识地和天的基本形状,而横平和竖直也

---

① 孙诒让撰,孙启治点校:《墨子间诂》,第 21 页。
② 孙诒让撰,孙启治点校:《墨子间诂》,第 191 页。

是人们在认识和改造世界中极力想要获得的基本形状,所以这些工具就逐渐被赋予更多的神秘色彩。是以人们会认为只有最为"巧"的人才会是这些工具的发明者,而上古帝王手持的道具,也非这些工具莫属。

四、小结

本节讨论了规矩准绳与日廷图的起源问题,可以发现,因为"规矩"和"准绳"具有绘制和测量方圆的功用,又与古人天圆地方的观念能够对应,所以被战国秦汉时期的人们认为是具有神秘主义特征的符号,广泛运用于包括日廷图、式图、博局图以及日晷等具有神秘主义色彩的图形或者器物之上。"规矩"和"准绳"组成的图形和器物的神秘性特征和当时人们对"宇宙"的认识和探索有关,正如前文所述,方形和圆形是大地和天空的形状,而横平和竖直是人们孜孜以求的基本图形,当人们把这些形状组合起来,就逐渐具有了模拟时空的特征。另外,人们在绘制这种样式图形的时候,也会将表示时间和空间的天干和地支等元素增添在图形之中,使这样的图形对宇宙特征的模拟更具有操作性,而基于天干和地支的时日选择之术得益于这种图形逐渐成熟和完善。

第二节 日廷图及相关图形

根据前文的讨论,日廷图其实就来源于"规矩"和"准绳"这两种测绘工具的符号化,在日廷图中"规矩"和"准绳"也可以用于表示空间和时间,所以这种图形也称为"时空图式"。就空间层面来说,两条垂直交叉的准绳表示的是东、西、南、北四个方向,文献中称为"四仲";而四个矩尺形则表示东南、西南、东北、西北四个方向,被称为"四维"或者"四隅"。就时间层面来讲,规矩和准绳的十二个顶端表示十二个月、十二个干支,顶端中间的位置表示十天干。这样,勾绳图与天干地支搭配,就构成了包含时间与空间的完整宇宙模型。①

一、简牍文献中的日廷图

日廷图一般由图形和文字组成,图形是由"二绳"和"四钩"组成的钩绳图;文字是按照固定规律排列的天干、地支,以及五行、五音、十二月、二十八宿及其他相关文字。日廷图中最为重要的内容是天干地支和二十八宿,既可以代表时间,又可以代表空间。"日廷图"的名称见于王充《论衡·诘术》篇,其中提到:

> 日廷图甲乙有位,子丑亦有处,各有部署,列布五方,若王者营卫,常居不动。今端端之日中行,旦出东方,夕入西方,行而不已,与日廷异,何谓甲乙为日之名乎。②

王充以之作为论据,可以认为"日廷图"在汉代是广为人知的,③所以尽管传世文献中很少见到日廷图相关的记载,但结合《日书》中的内容,可知以"日廷图"之名表示类似图形是没有问题的。而且从"日廷"这样的命名来看,这种图形与时间和空间都有着极密切的关

---

① 也有学者研究四川汉墓中的仙人六博图,认为博者为仙人(天神、天帝),处所为神山仙境,所用的"钩绳"博局是时人观念中宇宙基本框架的直接表现,见王煜《四川汉墓画像中"钩绳"博局与仙人六博》,《四川文物》2011 年第 2 期。

② 王充著,黄晖撰:《论衡校释(附刘盼遂集解)》,第 1027 页。

③ 陶磊认为这种图式有专名,可见是可以独立使用的,参氏著《从巫术到数术:上古信仰的历史嬗变》,第 151 页。黄儒宣认为这种图案过去被称为"钩绳图"的依据是《淮南子·天文》中"子午、卯酉为二绳"的相关记载,参氏著《〈日书〉图像研究》,第 55 页。

系,对于认识秦汉时期的时空观念也有着重要意义。以下分别介绍目前见到的几种日廷图及相似图形。

1. 放马滩秦简《日书》日廷图

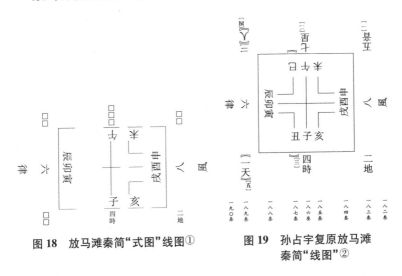

图 18　放马滩秦简"式图"线图①　　　图 19　孙占宇复原放马滩
秦简"线图"②

　　放马滩秦简《日书》乙种有一幅线图,绘制在简一七九至一九二上,简一八七残断,但可根据已有形制进行复原。这张图可以命名为"日廷图",③除了十二地支以外,其他相关的文字均成行抄写在图像旁边,简文一般都含有四、五、六、七、八、九等数字,推测是用于确

---

① 甘肃省文物考古研究所编:《天水放马滩秦简》,图版第34—36页,释文第96页。
② 孙占宇:《天水放马滩秦简集释》,第192页。另参程少轩《放马滩秦简式图补释》,复旦大学出土文献与古文字研究中心网站,2010年3月30日;修改后收入《中国文字》第36期,台北:艺文印书馆,2011年。
③ 孙占宇将本篇命名为"线图",认为其中的图形与周家台秦简四种"线图"以及孔家坡汉简《日书》"日廷图"相似,图中及四周有文字说明。孙占宇:《天水放马滩秦简集释》,第192页。陈伟认为本图与《占病祟除》关系密切,黄儒宣则认为本图是一幅配合钟律学说的图画,表达特定的宇宙模式,不过这幅图的主题是竹简上面的文字(黄儒宣《〈日书〉图像研究》,第43页)。

定简文与钩绳图的位置关系。

这幅图外侧写有二地、四时、六律、八风等文字，图形周围还抄写有天干、地支、五行、五音、二十四时称、二十八宿、十二月等文字，其中与天干有关的是"甲九木，乙八木，丙七火，丁六火，戊五土，己九土，庚八金，辛七金，壬六水，癸五水"；与地支有关的是"子九水，丑八金，寅七火，卯六木，辰五水，巳四金，午九火，未八金，申七水，酉六金，戌五火，亥四木"；与时称、音律相关的是"平旦九徵水，日出八宫水，蚤食七栩火，莫食六角火，东中五商土，日中五宫土，西中九徵土，昏市八商金，莫中七羽金，夕中六角水，日入五□，莫食后鸣七，昏时九徵□。安食大辰八，蚤食□□七，人奭中鸣六，夜半后鸣五，日出日失八，食时市日七，过中夕时六，日中入五，安食大晨八，夜半后鸣五"；①与二十八宿相关的是"角十二，氐十七，胃十四十三，心十七十二，毕十五，虚十四，昴廿，房五，亢十二，娄十二，箕十一，参九，尾九，此（觜）六，南张十三，翼十三，轸十五，七星十三"；与十二月有关的是"正月、二月、三月、四月、五月、六月、七月、八月、九月、十月、十一月、十二月"。② 放马滩秦简的这幅日廷图文字部分是最全面的，这幅图与式占的关系参看程少轩的研究。③

2. 周家台秦简《日书》线图

周家台秦简线图（一）位于简一五六至简一八一，整理者介绍本图由二十六枚竹简拼合，以两个大小不等的同心圆构成，方向为上东下西。整幅图由分成二十八个部分的圆环和一个钩绳图组成。圆

---

① 相关的研究参戴念祖《试析秦简〈律书〉中的乐律与占卜》，《中国音乐学》2001 年第 2 期，另参氏著《秦简〈律书〉的乐律与占卜》，《文物》2002 年第 1 期。
② 甘肃省文物考古研究所编：《天水放马滩秦简》，图版第 34—36 页，释文第 96 页。
③ 程少轩：《放马滩简式占古佚书研究》，第 35 页。

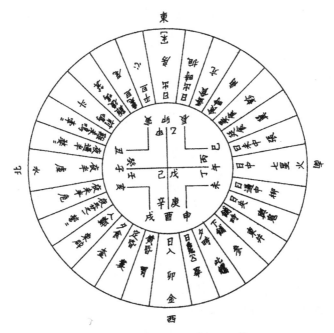

图 20　周家台秦简线图（一）①

环内的文字分为两层，靠内一层为二十八个时称，圆环靠外的一层为二十八宿，与二十八时对应。② 另外，圆圈的外侧有"东""西""南""北"四个方位，在圆圈内侧相应的位置有"木""金""火""水"四个元素名称。圆圈内部的"钩绳图"，以及十二地支的排列方式都与常见的日廷图基本相似。

_____

① 湖北省荆州市周良玉桥遗址博物馆编：《关沮秦汉墓简牍》，第 107 页。

② 整理者指出，如果以"夜半"作为一日之始，其次第为：夜半、夜过半、鸡未鸣、前鸣、鸡后鸣、才旦、平旦、日出、日出时、蚤食、食时、晏时、廷时、日未中、日中、日过中、日失(昳)、餔时、下餔、夕时、日之入、日入、黄昏、定昏、夕食、人郑(定)、夜三分之一、夜未半。整理者认为，这种将一天时间平分为二十八个时分的"一日分时之制"，是迄今为止关于二十八时称的最早记载。然而如果没有刻漏的辅助，将一天的时间"平分"成二十八份是很难实现的。

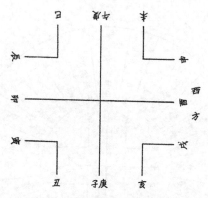

图 21　周家台秦简《日书》线图(二)①

　　周家台秦简《日书》线图(二)位于简二六六至简二七九,十二支的排列方式与孔家坡三幅日廷图相同,且子和午的右侧各有一个天干"庚"。据整理者介绍,本图和线图(一)的钩绳图部分基本相同,而从竹简的编连次序看,本图和线图(三)、线图(四)原本是按次编连在一起的,图与图之间仅为空白简所间隔,同时线图(四)中的简文所云"甲子""丙子""戊子""壬子"亦表明这三图是相连的一个整体。

　　周家台秦简《日书》线图(三)位于简二八一至简二九三,三幅图的图形以及地支的排列基本相同,不同的是,由上而下子和午的右侧分别是"丙""戊""壬"等天干。

　　周家台秦简《日书》线图(四)位于简二九六至简三〇八,子和午的右侧是"甲",这幅图的上下都有占文。

　　周家台秦简三幅图可以复原如图24,其中的钩绳图部分,以及方位和地支排列方式都与下文孔家坡日廷图相同,所不同的是五个天干甲、丙、戊、庚、壬的位置。从图24看,这五个天干都和地支子和

---

① 图片来源:湖北省荆州市周良玉桥遗址博物馆编:《关沮秦汉墓简牍》,第122—124 页。

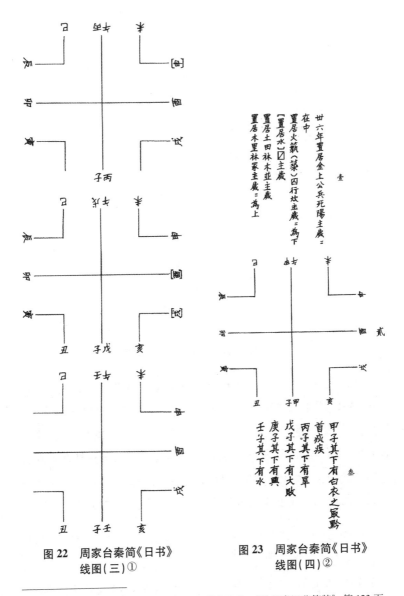

图22　周家台秦简《日书》线图(三)①

图23　周家台秦简《日书》线图(四)②

① 图片来源：湖北省荆州市周良玉桥遗址博物馆编：《关沮秦汉墓简牍》，第123页。
② 图片来源：湖北省荆州市周良玉桥遗址博物馆编：《关沮秦汉墓简牍》，第124页。

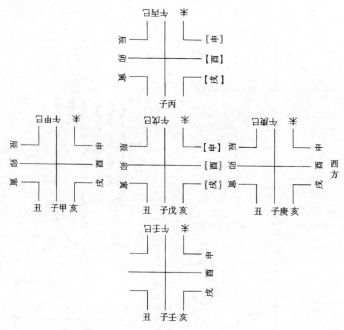

图 24　周家台秦简《日书》线图复原①

午靠近，甲子、丙子、戊子、庚子、壬子也就是六十甲子中的"五子"，
甲午、丙午、戊午、庚午和壬午也就是六十甲子中的五个"午"。可以
认为，这三组图是配合使用，使用六十甲子占卜。② 陶磊认为，这里
讲的是"置神"在五年中的不同位置，并且是遵循着五行徙所不胜的
规则移徙的。③ 至于占卜的具体方式，需要用到图 23 上下两端的
占文。另外胡平生和李天虹认为五个线图可能也是配合式盘用以

① 图片来源：武汉大学简帛研究中心、湖北省博物馆、湖北省文物考古研究所编，陈
　伟主编：《秦简牍合集（叁）》，第 44 页。
② 晏昌贵认为"置居金上公"中的"上公"就是《史记》《汉书》中记载的西方太白星
　精，参《读〈日书〉札记九则》，氏著《简帛数术与历史地理论集》。另参杨华《楚国
　礼仪制度研究（修订版）》，第 287 页。
③ 陶磊：《〈淮南子·天文〉研究——从数术史的角度》，第 42 页。

择日占贞吉凶的,或许与孤虚有关。[①] 夏德安认为五幅线图分别代表"五子",即甲子、丙子、戊子、庚子、壬子,代表"甲子"的第五个线图之上和之下的文本段落解释了图表的用法,似是说在这一年中"五子"和"五行"相应决定"岁"的运行方位,"五行"与"主岁"的神灵之间存在对应关系。[②] 刘国胜认为五个日廷图上所标示的"甲子""丙子""戊子""庚子""壬子""甲午""丙午""戊午""庚午""壬午",与马王堆汉墓帛书《刑德》甲篇有关汉高祖十一年刑德日徙的内容中,用来指示刑德所徙日期的十个干支日相同,推测五个日廷图上所标的这十个干支日可能与秦始皇三十六年刑德有关,是以本篇也被命名为"三十六年置居"。[③]

3. 孔家坡汉简《日书》日廷图

2000 年出土于湖北随州孔家坡的汉代简牍《日书》中有一幅线图(图25),上端有"日廷"二字,被认为是原有的篇题,另外,图26 和图27 与图25 结构基本一致,可以确认都是秦汉时期的日廷图。[④]

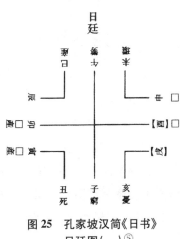

图 25　孔家坡汉简《日书》日廷图(一)[⑤]

---

① 胡平生、李天虹:《长江流域出土简牍与研究》,第 303 页。

② 夏德安:《周家台的数术简》,武汉大学简帛研究中心主办《简帛》第 2 辑。

③ 刘国胜:《秦简〈日书〉零拾》,武汉大学简帛研究中心主办《简帛》第 6 辑,上海:上海古籍出版社,2011 年。另参武汉大学简帛研究中心、湖北省博物馆、湖北省文物考古研究所,陈伟主编《秦简牍合集(叁)》,第 45 页。

④ 湖北省文物考古研究所,随州市考古队编:《随州孔家坡汉墓简牍》,图版第 77 页,释文第 144 页。

⑤ 图片来源:湖北省文物考古研究所、随州市考古队编:《随州孔家坡汉墓简牍》,图版第 77 页,释文第 144 页。

图 25 绘制在简一二四到简一三四等十一支简的上端,整理小组认为这幅日廷图的基本格局是一种干支方位配置的模式,并将图 26 和图 27 合并为"日廷篇"。② 图 25 中简一二四、简一三三残断,推测这两支简上相应位置的内容应该和丑、子、亥、巳、午、未六个地支下的死、穷、忧、产、彻、环类似,都是相应地支的吉凶情况。简一三四漫漶不清,释文寅和卯两个地支对应的位置均为"产"字,但似乎和本图没有太大关联。

图 26 孔家坡汉简《日书》日廷图(二)①

图 26 位于简一二三至简一二六,简一三四至简一三七的中部,简一三〇上有"子十一月"内容,但缺少中间竖绳,是否与本图相关,姑且存疑。这幅图的特异之处在于,简一二三至简一二六与简一三四至简一三七并未编连在一起,且两者图画部分的大小和线条的疏密程度明显不同。整理小组在重新编连的时候可能考虑了这些简上端的内容,因而将之作为同一幅图,这样的处理基本上是可靠的。而且从内容上看,图 26 是将十二地支与十二月对应,子对应十一月,其他依次类推,所以这些内容属于同一幅图还是基本可信的。

---

① 图片来源:湖北省文物考古研究所、随州市考古队编:《随州孔家坡汉墓简牍》,图版第 77 页,释文第 144 页。

② 相关的研究参晏昌贵《孔家坡汉简〈日书〉的篇题与分篇》,武汉大学简帛研究中心主办《简帛》第 3 辑,上海:上海古籍出版社,2008 年,后收入氏著《简帛数术与历史地理论集》。黄儒宣认为孔家坡汉简的《日廷》《斗击》和《击》应属于同一篇,参氏著《〈日书〉图像研究》,第 239 页。

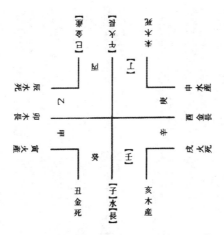

图 27　孔家坡汉简《日书》日廷图(三)①

　　图 27 位于简一二一至简一二二,简一二三至简一二五,简一三三至简一三七上,其中简一三〇上有一个"水"字,但缺少中间竖绳,是否与本图相关,姑且存疑。图 27 的情况和图 26 大致相同,也是分成两部分,且距离较远;所不同的是,图 27 的大小和线条的疏密程度大致相同。图 27 主要是规定五行的"死、长、产"的状态。图中抄有甲、乙、丙、丁、庚、辛、壬、癸等八个天干,缺少天干戊己。

4. 北大汉简日廷图与"大罗图"

　　北大汉简《日书》中有一幅日廷图(图 28),李零引述马克教授(Marc Kalinowski)的观点称这种图形为"钩绳图",但他认为从孔家坡汉简《日书》类似的插图看,这种图形应该叫"日廷图"。② 从公布的图版来看,日廷图由朱笔绘制的"钩绳图"以及墨书的天干地支组

① 图片来源:湖北省文物考古研究所、随州市考古队编:《随州孔家坡汉墓简牍》,图版第 77 页,释文第 144 页。
② 李零:《北大汉简中的数术书》,《文物》2011 年第 6 期。

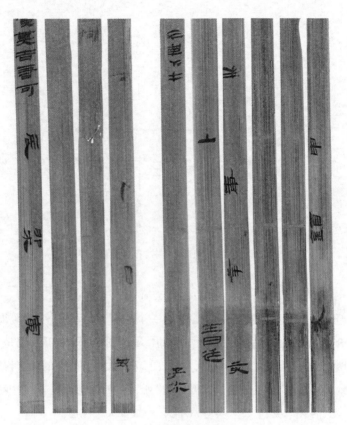

图 28　北大汉简日廷图①

成,其中地支书写在"钩绳图"顶端,天干书写在内侧。这幅图中代表北方的"子"位于下方,代表南方的"火"位于上方,取的是上南下北的方位,这与孔家坡汉简日廷图相同。

另外北大汉简《堪舆》中有一幅"大罗图"(图29),这幅图位于简四九壹至六五壹,根据陈侃理的介绍,这幅图由内到外布列十干、

① 图片来源:朱凤瀚、韩巍、陈侃理:《北京大学藏西汉竹书概说》,《文物》2011 年第 6 期。

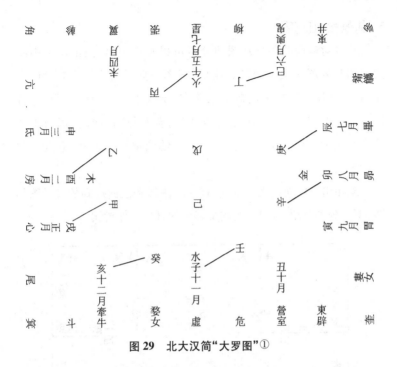

图 29　北大汉简"大罗图"①

十二支、二十八宿,分别对应于"大罗"章所谓的日、辰、星。图中天干顺时针排列,十二支对应十二月代表阴建,同二十八宿一起逆时针排列。陈侃理还指出,图中甲—戌、乙—酉、丙—午、丁—巳、庚—辰、辛—卯、壬—子、癸—亥这八个干与支位置相邻的组合之间,各有一条直线将干支两两相连,所表示的正是八个阴阳大会。② 与前文提到的日廷图相比,这幅图没有"钩绳"部分,但天干地支和二十八宿的排列,以及上南下北的方位都与日廷图相同。

---

① 图片来源: 北京大学出土文献研究所编:《北京大学藏西汉竹书(伍)》,上海:上海古籍出版社,2014 年,第 140 页。

② 陈侃理:《北大汉简所见的古堪舆术》,北京大学出土文献研究所编《北京大学藏西汉竹书(伍)》,第 229 页。相关的研究参张婷、程少轩《堪舆"八会"异说考辨——利用出土数术文献及实物验证传世典籍之一例》,《汉学研究》2023 年第 4 期。

5. 其他相似图形

通过对前面几幅日廷图的分析可以知道,日廷图由位于中间的线图和外侧的文字两部分组成,线图一般是含有"四钩"和"二绳"的"钩绳图",文字包括十二地支、十天干、十二月、五行、五音以及二十八宿等。基于此也可以认为,含有与"钩绳图"以及十二地支相关的图形与文字组合应当与日廷图都有所关联,应当一并进行考察。

现在出土的简帛文献中,也有几幅图形和前面提到的日廷图相似,下文分别介绍,也可以与前文提到的日廷图作对比。

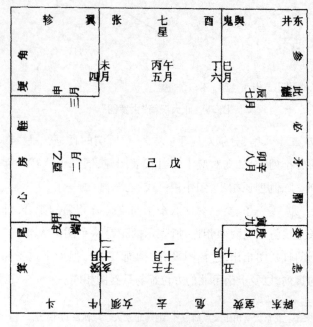

图30 马王堆帛书"式图"①

① 图片来源:马王堆帛书整理小组:《马王堆帛书〈式法〉释文摘要》,《文物》2000年第7期。

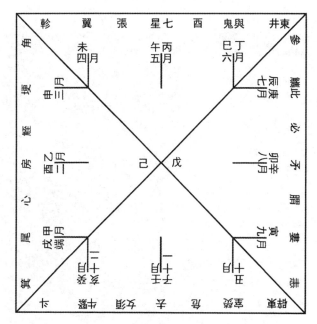

图31 马王堆帛书"式图"复原①

马王堆帛书"式图"整体为矩形(图30),其中"四钩"位于矩形的四角,但图中没有"二绳"。矩形的正中心有"戊己"二字,明确标明天干戊己在出土的日廷图及相似图形中很少见到。② 该图取上南下北方位,图中的其他文字方向均朝外书写,与竹简日廷图中文字方

---

① 程少轩:《马王堆帛书〈阴阳五行〉甲篇〈堪舆〉章的重新复原》,湖南省博物馆编《纪念马王堆汉墓发掘四十周年国际学术研讨会论文集》,长沙:岳麓书社,2016 年。另参名和敏光、广濑薰雄《马王堆汉墓帛书〈阴阳五行〉甲篇整体结构的复原》,中国文化遗产研究院编《出土文献研究》第 15 辑,上海:中西书局,2016 年。

② 周家台秦简《日书》"二十八宿占"图中"二绳"相交的部位有"戊己"二字,见湖北省荆州市周良玉桥遗址博物馆编《关沮秦汉墓简牍》,第 107 页。也有学者注意到江陵王家台 15 号秦墓出土的一件式的实物应与之有某种关联,参刘玉堂、刘金华《马王堆帛书〈式法〉"徙""式图"篇讲疏》,《江汉论坛》2002 年第 4 期。

图 32　马王堆帛书"胎产书"中的"禹藏图"①

---

① 图片来源：裘锡圭主编，湖南省博物馆、复旦大学出土文献与古文字研究中心编：《长沙马王堆汉墓简帛集成》，北京：中华书局，2006 年，第 138 页。

向朝内书写不同。① 这些文字自里而外可以分为三层，第一层是十二个月，其排列方式与孔家坡日廷图（图26）相同；第二层是地支和天干，地支的排列方式和孔家坡《日书》日廷图（图27）基本相同，天干的位置略有差异；第三层是二十八宿。②

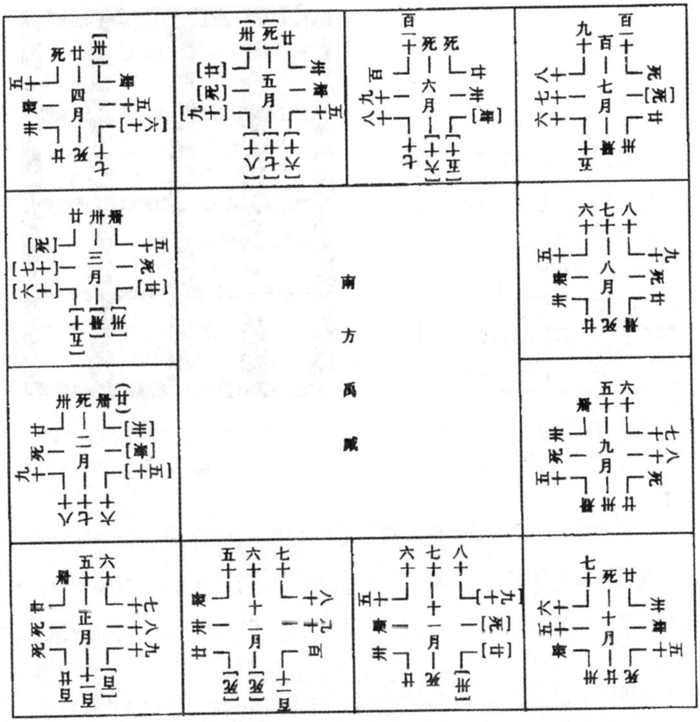

图33　南方禹藏复原图③

① 汪涛：《马王堆帛书〈式法〉中的"二十八宿"与"式图"》，艾兰、邢文编《新出简帛研究》，北京：文物出版社，2004年。

② 相关的研究参陶磊《马王堆帛书"式法"与五家历》，氏著《〈淮南子·天文〉研究——从数术史的角度》。另参李若晖《马王堆帛书〈式法·刑日〉式图初探》，艾兰、邢文编《新出简帛研究》。

③ 周一谋等：《马王堆医书考注》，第347页。

与"式图"类似,马王堆帛书"禹藏图"(图32)也是矩形,线条为朱砂绘制,文字由墨笔书写,由中心一个较大矩形和周围十二个较小矩形组成,较大矩形中心有"南方禹藏"四个字。十二个较小矩形中各有一幅"钩绳图",其中"二绳"交汇之处留白,墨笔书写十二月份的名称。①

图 34　睡虎地秦简《日书》　　　　图 35　睡虎地秦简《日书》
　　　　甲种《视罗图》②　　　　　　　　　乙种"视罗图"③

图 34 书写于睡虎地秦墓竹简《日书》甲种简八三背贰至九○背贰,和周围的简文关系不大,没有命名,李零认为本图也应当命名为"视罗图"。④ 这幅图和孔家坡汉简"死失图"相似,不同的只是九宫

① 相关的研究参潘远根《马王堆帛书埋胞图考证》,《中华医史杂志》1989 年第 4 期;李零《中国方术考(修订本)》第七章《马王堆房中书研究》,第 400 页;陈建明《马王堆汉墓研究》,长沙:岳麓书社,2013 年,第 440 页。另参李建民《马王堆汉墓帛书"禹藏埋胞图"笺证》,氏著《生命史学:从医疗看中国史》;胡文辉《释岁——以睡虎地〈日书〉为中心》,氏著《中国早期方术与文献丛考》。

② 图片来源:睡虎地秦墓竹简整理小组编:《睡虎地秦墓竹简》,图版第 109—110 页,释文第 223 页。

③ 睡虎地秦墓竹简整理小组编:《睡虎地秦墓竹简》,图版第 136—137 页,释文第 250 页。

④ 李零认为此图和乙种的不同在方向上,此图是左南右北侧置,类似帛书,参《中国方术考(修订本)》第三章《楚帛书与日书:古日者之说》,第 204 页。

格而非十六宫格,但本书认为中间一列应为两格,也就是说此图应
当是十二宫格,每个月和相应的干支占一格。

　　睡虎地秦简《日书》乙种"视罗图"(图35)位于简二○六贰至二一
八贰,简二二三贰有"视罗"二字,注释小组认为是本图的标题,也有整
理者命名为"死失图"。[1] 李零认为"视罗"中"视"的含义与银雀山汉
简《元光元年历谱》中的"视日"的"视"相同,而"罗"可能指的是网络
格式的图式。[2] 刘乐贤认为"视罗"二字与上下文的关系不是很清
楚,赞同李零的意见命名为"视罗图"。尔后刘乐贤支持命名为"死
失图",主要是因为这张图和下文孔家坡《日书》"死失图"相似。[3]

图36　孔家坡汉简《日书》"死失图"以及复原图[4]

　　孔家坡汉简《日书》"死失图"(图36)位于简三○○贰至三○六
贰,原图是一个格状矩形,包含十六个小矩形,其中十二个小矩形内
填写十二月份及每月搭配的地支,另外四个小矩形被涂成黑色。右
侧是本书用灰线标示出的与"钩绳图"相关的部分,可知"死失图"中

---

① 陈伟主编,彭浩、刘乐贤撰著:《秦简牍合集·释文注释修订本(贰)》,第523页。
② 李零:《中国方术考(修订本)》第三章《楚帛书与日书:古日者之说》,第199页。
③ 刘乐贤:《睡虎地秦简日书研究》,第392页。另参刘乐贤《悬泉汉简中的建除占
　 "失"残文》,《文物》2008年第12期。
④ 湖北省文物考古研究所、随州市考古队编:《随州孔家坡汉墓简牍》,图版第86页,
　 释文第168页。

存在"二绳"和"四钩"等元素,与日廷图的构图原理相同,两者的作用可能也有相似之处。另外,图中黑色方格可能用于指示东、西、南、北四个方位。整理小组认为"死失图"是"供查找死失在某月出现或者不出现的日子",①而且从图后面的简文来看,"死失图"的使用可能兼顾了时间和空间两种维度,至于具体使用方式,则有待更深入研究。②

总的来说,日廷图及相似图形都是与相应的文字搭配使用的,以便于使用《日书》的人能迅速准确地确定日期的吉凶,是一种早期的"图书"形式。这种图形一般由两条垂直交叉的直线,和位于交叉点四角,朝向不同的四个"∟"组成。两条垂直交叉的直线就是传世文献中常见的"二绳",而四个不同朝向的"∟"就是所谓的"四钩"。《淮南子·天文》说:"子午、卯酉为二绳,丑寅、辰巳、未申、戌亥为四钩。"钱塘补注说:"南北为经,东西为纬,故曰二绳。"丑寅、辰巳、未申、戌亥为四钩,又说丑寅在东北方,为报德之维;辰巳在东南方,常羊之维;未申在西北,为蹄通之维;戌亥在西南方,为背阳之维,是为"四维"。③ 现在见到的几幅日廷图中(如图25、图26及图27),子午、卯酉分别位于两条直线的两端,而丑寅、辰巳、未申、戌亥等分别位于四个"∟"的两端,与《淮南子·天文》的记载基本相符。

可以发现,受限于书写载体,日廷图一般结构较为简单,基本元素是线条和文字,线条包括直线和斜线两种,粗细程度与文字相似。线条一般都未使用制图工具,为手工绘制而成,颜色一般为黑色,北大汉简与马王堆帛书禹藏图的线图部分均由红色朱砂绘制。日廷图的文字部分通常位于图形附近,与线图配合使用,用于配合图形

①　湖北省文物考古研究所,随州市考古队编:《随州孔家坡汉墓简牍》,第170页。
②　已有成果见凡国栋《日书〈死失图〉的综合考察——从汉代日书对秦楚日书的继承和改造视角》,卜宪群、杨振红主编《简帛研究2007年》。
③　刘安编,何宁撰:《淮南子集释》,第207页。

进行时日占测。常见的文字有两种情况，一种是图形内的文字，这种情况下一般较简洁，常见的有数字、月份和干支等，多朝向图形中心书写；①另一种是图形外的文字，一般是与图形相关的"占文"，这种文字略微复杂，详细说明不同情形下的吉凶情况。从周家台秦简《日书》所附复原图（图24）来看，②图形和文字是绘制和书写在事先编连或者排列好的竹简上的，前面提到的日廷图就有同一个字书写在不同竹简上的情形，可以证明确实是先编连后绘图书写。

日廷图中最重要的文字是天干和地支，其中地支书写在二绳和四钩的十二个端点，天干则相对比较复杂，王充说"日廷图甲乙有位，子丑亦有处，各有部署，列布五方，若王者营卫，常居不动"，但有的日廷图有地支而没有天干，例如孔家坡汉简《日书》的三幅日廷图和周家台秦简《日书》五幅日廷图都只有地支。在周家台秦简"二十八宿占"图中，天干甲的位置在地支寅和卯之间，乙的位置在卯和辰之间，与《淮南子·天文》中所谓"东方木也……其日甲乙"正好照应。其他的几个天干丙丁位于地支巳、午、未之间，庚、寅位于申、酉、戌之间，壬、癸位于亥、子、丑之间。天干戊和己位于图形的中央，也就是"二绳"相交的位置。

二、日廷图与式图、博局图

式盘是起源很早的占卜工具，通常由圆形的天盘和方形的地盘组成，天盘和地盘绘制和书写有图形和文字；博局是进行博戏的工具之一，博局上也绘制有与"二绳"和"四钩"相似的图形，被称为博局纹；另外，一些铜镜的背面也装饰有博局纹，被称为博局镜。日廷图与式盘、博局纹的共同之处在于图形中均存在"二绳"和"四钩"等基本元素，

① 例外的情况见前引马王堆帛书"式图"。
② 湖北省荆州市周良玉桥遗址博物馆编：《关沮秦汉墓简牍》，第44—47页。

其中日廷图与式盘侧重实用功能,"二绳"和"四钩"可能用于标识方位。博局纹也具有一定的实用功能,与"二绳"和"四钩"类似的图形是行棋的轨道,而博局镜上相应的纹饰则更多侧重于装饰功能。

1. 式盘与式图

式盘一般分为天盘和地盘两部分,天盘和地盘均绘制有图形,这些图形可以被称为"式图"。① 式盘的地盘上通常绘制有"钩绳图",并按照顺序书写天干和地支,式盘和日廷图的天干和地支的排列顺序基本相同。

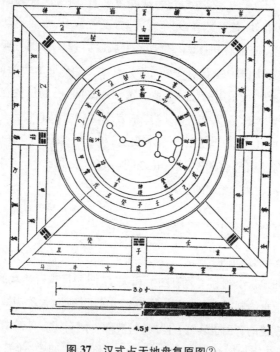

图 37　汉式占天地盘复原图②

① 李零:《中国方术考(修订本)》第二章《式与中国古代的宇宙模式》,第 89 页。
② 图片来源:王振铎:《科技考古论丛》,北京:文物出版社,1989 年,第 107 页。

式盘的天干和地支一般绘制在地盘之上,由安徽阜阳双古堆西汉汝阴侯墓出土的两件漆木式来看,天干位于地盘第一层,地支位于第二层,二十八宿位于第三层最靠外。[①] 而且在出土的式盘中,天干和地支一般位于由直线和斜线组成的曲线之内,这些直线和曲线显然就是"二绳"和"四钩"。例如在双古堆西汉汝阴侯墓出土的漆木式地盘上,可以明显发现"二绳"和"四钩",不过"二绳"位于地盘和天盘结合的位置被隐藏。另外,出土于甘肃武威磨嘴子汉墓 M62和朝鲜乐浪遗址的两个漆木式,"二绳"的位置很明显,只是"四钩"开口方向朝内,与常见的"四钩"开口朝外的形式不同,可以理解为"四钩"的变形样式。[②]

　　周家台秦简《日书》日廷图和孔家坡汉简《日书》日廷图的年代大约为秦代至西汉早中期,与出土的时代最早的西汉文帝时期的式盘时代相差不远,因而可以认为,日廷图和式盘在西汉早期形制基本成熟,但出现时间肯定要早于西汉。[③] 另外,日廷图起源于历史早期的制图工具规矩和准绳,后来逐渐成为模拟宇宙和时空的基本图式,因而它与同样用于占测时日的式盘互相影响是可能的。关于式盘和式图的研究,李零搜集和整理了式盘实物,并对前贤研究进行了梳理。[④] 黄儒宣研究《日书》图像对式盘进行了更为细致的搜集和

---

① 有关出土式盘的介绍见王襄天、韩自强《阜阳双古堆西汉汝阴侯墓发掘简报》,《文物》1978 年 8 期;殷涤非《西汉汝阴侯墓出土的占盘和天文仪器》,《考古》1978 年 5期;另外,李零《中国方术考》也有相关记载和研究,可参看。李零:《中国方术考(修订本)》第二章《式与中国古代的宇宙模式》,第 90 页。

② 甘肃省博物馆:《甘肃武威磨嘴子三座汉墓发掘简报》,《文物》1972 年 12 期;另见李零:《中国方术考(修订本)》第二章《式与中国古代的宇宙模式》,第 91 页。

③ 李零研究式盘,亦持相似观点,见氏著《中国方术考(修订本)》第二章《式与中国古代的宇宙模式》,第 110 页。

④ 李零:《中国方术考(修订本)》第二章《式与中国古代的宇宙模式》,第 89 页。

图 38　博戏图④

上、中、下图分别是：山东滕县西户口画像石上的六博戏图；四川新津出土汉画像砖上的六博图；山东微山县两城画像石上的六博图。

整理工作,其中著录有式盘十一件。① 程少轩在黄儒宣基础上补充著录相关的式盘和式图,并对前贤的研究进行了更为细致的梳理,可参看。②

2. 博局图

博局图是博戏所用棋局上的纹饰,这种纹饰除了出现于博局上之外,还出现于博局镜以及日晷等。博局图上的纹饰也主要由"钩绳"组成,这种图式和日廷图应当也有某种渊源。

博戏起源也很早,例如《史记·殷本纪》就记载商王武乙与天神博,所谓:"帝武乙无道,为偶人,谓之天神。与之博,令人为行。天神不胜,乃僇辱之。"③《史记·吴王濞列传》记载:"孝文时,吴太子入见,得侍皇太子饮博。吴太子师傅皆楚人,轻悍,又素骄,博,争道,

---

① 黄儒宣:《〈日书〉图像研究》第二章《〈日书〉表示时空的图式》,第 28 页。
② 程少轩:《放马滩简式占古佚书研究》第一章《绪论》,第 19 页。
③《史记》卷三《殷本纪》,第 104 页。
④ 图片来源:傅举有:《论秦汉时期的博具、博戏兼及博局纹镜》,《考古学报》1986 年第 1 期。

不恭,皇太子引博局提吴太子,杀之。"①类似的例子也见于《史记·刺客列传》:"荆轲游于邯郸,鲁勾践与荆轲博,争道,鲁勾践怒而叱之,荆轲嘿而逃去,遂不复会。"②《魏略》也说:"(杜)畿尝与(卫)固博而争道。"③这里的"争局""争道"意思相同,秦汉时期人们常因博戏"争道"而发生争执的细节给人留下深刻的印象,这也显示博戏的核心内容就是依据博局图上的线图行棋。④

　　现在发现的博戏图像和实物多出现于秦汉墓中,博局图一般绘制于博具的局上(局或者写为"梮"),⑤形状与日廷图类似而较为复杂。博局图的线图有的阴刻,有的朱砂绘制,也有的象牙镶嵌,这些纹饰在汉代被称为"曲";又因为是行棋所用,所以也被称为"曲道"。"曲道"有不同的名称,例如尹湾汉简中也有一幅类似的博局图,绘制在一块木牍之上,其中方、廉、揭、道、张、曲、诎、长、高等九字应与这些"曲道"的名称有关。⑥

　　尹湾汉简和北大汉简中都有博局占相关的内容,应是利用博局进行占卜。尹湾汉简博局占书写在 9 号木牍的背面,上面是博局图(图 39),下面是占文,根据占文可知其具体使用方式。根据介绍,博局图分为内外两层,内层是方框,内书写有一个"方"字,外有四组

<hr />

① 《史记》卷一〇六《吴王濞列传》,第 2823 页。

② 《史记》卷八六《刺客列传》,第 2527 页。

③ 《三国志》卷一六《魏书·杜畿传》,第 496 页。

④ 傅举有:《论秦汉时期的博具、博戏兼及博局纹镜》,《考古学报》1986 年第 1 期。

⑤ 傅举有指出江陵凤凰山 8 号西汉墓遣策中"局"也写作"梮",长沙马王堆 3 号西汉墓的遣策写作"博局",云梦西汉墓遣策写作"画",其实是一种东西,局一般是一块方形或长方形的木板制成,一般边长 30—45 厘米,髹漆,多数有底足。局上面的图案,当时人一般称为"曲",参氏著《论秦汉时期的博具、博戏兼及博局纹镜》,《考古学报》1986 年第 1 期。

⑥ 李零:《跋中山王墓出土的六博棋局——与尹湾〈博局占〉的设计比较》,《中国历史文物》2002 年第 1 期,后收入氏著《入山与出塞》,北京:文物出版社,2004 年。

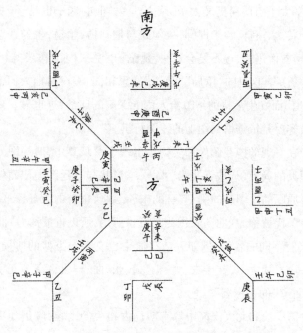

图 39 尹湾汉简博局图①

T 形线,代表四方;外层省去方框,内标 L 线于四正,V 形线于四隅,代表八方。内外两层之间形成一条走廊,外层四隅与内层四隅有直线相连,书写有六十甲子于各条线的内外两侧。②

北大汉简有《六博》,据李零介绍这部分数量较少,有朱书的篇题,卷首有博局图(图 40)。③ 陈侃理介绍本篇现存竹简 49 枚,经过初步缀合知本篇原由 38 枚简编成,篇题"六博"二字题写在第 3 支简的背面。篇首有博局图,图中布列六十甲子,其后按"亡人""行"

① 图片来源:连云港市博物馆、中国社会科学院简帛研究中心、中国文物研究所编:《尹湾汉墓简牍》,第 125 页。
② 李零:《中国方术续考》,第 337 页。
③ 李零:《北大汉简中的数术书》,《文物》2011 年第 6 期。

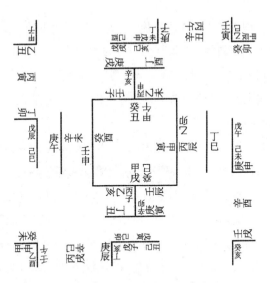

图40　北大汉简博局图①

"系及会论""病""取妇"等占卜事项罗列占辞。陈侃理认为北大汉简六博与尹湾汉墓出土《博局占》木牍大体相似,但仍有诸多不同之处值得关注。②

尹湾汉简的占文部分有"方、廉、揭、道、张、曲、诎、长、高"等九字,李学勤指出这九个字与许博昌博戏口诀相似。③《西京杂记》载有西汉时人许博昌的博戏口诀:"其术曰方畔揭道张,张畔揭道方,张究屈元高,高元屈究张;又曰张道揭畔方,方畔揭道张,张究屈元高,高元屈究张。"④尹湾汉简图的中心矩形之内有一个"方"字,可以认为矩形内部的一组四个干支所在的位置被称为"方",另外可以推测矩形外部的一组干支可能是"廉",矩形上下左右的四个"T",位

① 图片来源:北京大学出土文献研究所编:《北京大学藏西汉竹书(伍)》,第209页。

② 陈侃理:《北大汉简数术类〈六博〉、〈荆决〉等篇略述》,《文物》2011年第6期。

③ 李学勤:《〈博局占〉与规矩纹》,《文博》1991年第1期。

④ 周天游撰:《西京杂记校注》,北京:中华书局,2021年,第204页。

于四个"丨"附近的一组干支可能是"揭","一"附近的干支是"道",矩形四个角上的斜线是"张",斜线顶端的四组"L"分别是"曲"和"诎",另外四组"L"分别是"长"和"高"。事实上,这些复杂的图形的结构其实也就是由前文提到的"绳"和"钩"组成的,同样可以认为是一种基本的宇宙模式。

至于为何博戏和博局占使用相同的博局图,李约瑟指出游戏和占卜在原始社会很难分别清楚,美洲印第安人即将游戏视为体现神意的占卜的一种形式。[1] 李零认为中国人也有类似的观念。[2] 萧兵认为六博不单是游戏或者赌博,还用来卜筮、测算宇宙及其运动。[3] 冯时指出,正因此中国古人才会将博局图与计时用的日晷刻在一起,巧妙体现占卜择日的古老思想,尹湾汉墓出土木牍博局图与六十甲子的配合也是坚实的佐证。[4]

3. 博局镜与日晷

另外需要注意的图形是博局镜。博局镜也被称为 TLV 纹镜、规矩纹镜等,目前出土数量众多。TLV 纹镜这一名称可能出自沙畹,他在《北中国考古图录》一书中公布了博局镜的拓片,欧洲人才得以见到这种铜镜纹饰,并在之后几十年的研究中取得重要推进。劳佛见到武氏祠画像石中的博戏图,认为这是方术表演,六博局可能是占卜用的式盘。[5] 另外应当一提的是美国学者坎曼(S. Cammann)所进行的研究,也正是他提出了博局纹镜蕴含着中国古人的宇宙观

---

① Joseph Needham, Science and Civilization in China, vol,Ⅲ, The science of The Heavens, Cambridge, University Press, 1959.

② 李零:《中国方术考(修订本)》第二章《式与中国古代的宇宙模式》,第 89 页。另参李零《北大汉简中的数术书》,《文物》2011 年第 6 期。

③ 萧兵:《宇宙的划分与中国神秘构型》,第 223 页。

④ 冯时:《中国天文考古学》,第 207 页。

⑤ B. Laufer, Chinese Grare-Scruptures of Han Period, London, 1911.

念,他还认为铜镜中间的纹饰象征明堂,T形符号象征四门,V形符号象征五方,L形符号象征四季。[1] 李学勤认为规矩纹是古人观念中宇宙模型的一个重要证据,他指出 T 形符号为二绳,L 为四仲,V 为四钩,并认为这种图形明确指示着四方或八方,其体现阴阳四时五行学说的功能即由此而来。[2]

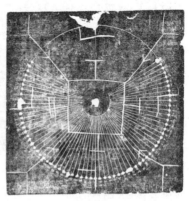

图 41　尚方铭四灵博局镜[3]　　　　图 42　托克托日晷拓片[4]

　　另外一种带有"规矩"和"准绳"符号的器物是日晷。汉代的日晷流传至今的很少,其中较为著名的有三件,一件是端方旧藏,1897 年出土,现藏中国历史博物馆(图 42),端方在《匋斋藏石记》中称之为"测

① S. Cammann, "The TLV Pattern on the Cosmic Mirrors of the Han Dynasty", *Journal of the American Oriental Society*, 1948, p.68,159.法国学者马克的研究也应当注意,见《关于 TLV 镜与六壬关系之我见》,*Numen*, 29, 1982, pp.114－120;《汉代天文纪年用具与六壬式》,《法国远东学院学刊》第 72 卷,1983 年,第 309—419 页。

② 李学勤:《〈博局占〉与规矩纹》,《文物》1997 年第 1 期。

③ 这件铜镜直径 13.7 厘米,重量 457 克,铭文为:"尚方御竟大毋伤,巧工刻之文章,朱鸟玄武顺阴阳,子孙备具居中央,长保二亲乐富昌。见清华大学艺术博物馆编《必忠必信:清华大学艺术博物馆藏铜镜》,上海:上海书画出版社,2017 年,第 69 页。

④ 图片来源:陈遵妫:《中国天文学史》,第 1239 页。

景日晷","盘高八寸九分,宽九寸,日晷直径七寸九分半,字径二寸,篆书"。后来陈梦家根据日晷背面的铭文,推测这件日晷出土于"山西托克托城",也就是现在内蒙古呼和浩特市南部。① 另一件怀履光旧藏,1932 年出土于洛阳金村,现藏加拿大多伦多皇家安大略博物馆,也有学者认为这件日晷可能是赝品。② 还有一件是周进旧藏,出土于山西右玉,也被称为右玉日晷。③ 日晷的用途是根据太阳的运行测度一日之内的时间,其图案的意思应当是如孙机先生所说是"象征天宇"。④ 马怡根据日晷上的篆文,推测它们都是汉代的物品。⑤ 李学勤认为,日晷与博局纹镜一样,都代表着古人的宇宙观念。⑥

可以发现,"二绳"与"四钩"构成的图形是日廷图和式图及博局图等共同的特征,这种图式出现在博局占以及博局镜、日晷等器物上,显然与古人对宇宙的认知有关,而根据所谓"四方上下曰宇,古往今来曰宙"的说法,对于"宇宙"的认识也反映了古人的时间和空间概念,其中包含的时间与空间系统应当引起特别的注意。

三、小结

综合以上的讨论,可以认为日廷图一般由"二绳""四钩"组成的钩绳图,以及天干地支二十八宿等文字组成。天干和地支的位置是相对固定的,十二地支位于"二绳"和"四钩"的十二个顶端;四组天

---

① 陈梦家:《汉简年历表叙》,《考古学报》1965 年第 2 期。相关的研究参李鉴澄《晷仪——现存我国最古老的天文仪器之一》,中国天文学史整理研究小组编《科技史文集》第 1 辑《天文学史专辑》,上海:上海科学技术出版社,1978 年。

② 孙机:《汉代物质文化资料图说》,第 290 页。

③ 冯时:《中国天文考古学》,第 205—207 页。

④ 孙机:《托克托日晷》,《中国历史博物馆馆刊》1981 年第 3 期。

⑤ 马怡:《汉代的计时器及相关问题》,《中国史研究》2006 年第 3 期。

⑥ 李学勤:《〈博局占〉与规矩纹》,《文物》1997 年第 1 期。

干位于"二绳"的四端,较地支稍靠内,另外一组天干"戊己"位于"二绳"相交的位置;五行与天干、地支也有固定的搭配,有时还标有五行的生、壮、死等"三合"内容;有的最外一层会有二十八宿,东西南北七宿各依方位排列。"钩绳图"以及文字部分的天干、五行和二十八宿都有时不出现,但十二地支是组成日廷图的最基本元素。

第三节　日廷图的时空系统

前文提到,日廷图由二绳四钩图形以及附着在图形附近的天干地支和二十八宿等文字组成,天干和地支原本就能用来表示时间和空间,与代表宇宙图式的二绳和四钩相结合,是人们对时空认知的形象体现。与此同时,日廷图也为时日选择提供了便利,许多相关的神煞也就是在这基础上铺设出来,人们对日廷图的实际使用也应当引起重视。

一、日廷图中的时间与空间

日廷图中包含的大干和地支等元素,既可以标识时间,也可以标识空间,先秦秦汉时期的日者或者其他数术家就可以通过日廷图确定时间和空间,进而进行时日选择。此外,日廷图可以清晰表明十二地支之间的关系,因而时间和时间,空间和空间之间的相对关系也可以通过日廷图进行确认,而这些对于日者或者其他数术家的时日选择工作同样是必不可少的内容。

1. 日廷图的时间系统

秦汉时日选择术的时间单位包括年、月、日、时等,事实上这也是秦汉时代人们日常所使用的时间。从文献记载来看,最常见的时间单位是月、日,而"月"和"日"以及之间的相对关系都可以在日廷图中得到呈现。"年"的时间单位较大,很少用于时日选择;"时"的单位相对较小,也很少用于时日选择,但以"时"为单位的择日术也已经出现。

日廷图最为重要的功能就是呈现"月"和"日"之间的相对关系,这一点已见前述。以建除术为例,日廷图文字部分的核心内容是十二支和十二月,在日廷图上十二地支和十二月的对应关系基本上是固定的,即正月对应寅,二月对应卯,三月对应辰,四月对应巳,五月对应午,六月对应未,七月对应申,八月对应酉,九月对应戌,十月对应亥,十一月对应子,十二月对应丑,而这些地支恰好又是每个月的月建。这也就是说"月"和"日"存在着固定的对应关系。另外睡虎地秦简《日书》"秦除篇"也说:"正月建寅……二月建卯……三月建辰……四月建巳……五月建午……六月建未……七月建申……八月建酉……九月建戌……十月建亥……十一月建子……十二月建丑。"同样在放马滩秦简《日书》和孔家坡汉简《日书》中也有相似的内容。① 在实际使用的过程中,根据月份和地支的搭配,在认识月建的基础上,就可以知晓每日的建除,进而确定每日的吉凶宜忌等情况。

需要注意的是日廷图的时间系统中更小的时间单位"时"。显而易见,对于"时"的认知需要借助更为先进的时间计量工具,而汉代社会"时称"和"时制"都还没有完全定型,主要的原因就是测量

---

① 相关的研究参金良年《建除研究——以云梦秦简〈日书〉为中心》,《中国天文学史文集》第 6 集。另参孙占宇《战国秦汉时期建除术讨论》,《西安财经学院学报》2010 年第 5 期;程少轩《放马滩简〈钟律式占〉"建除占疾"复原》,《中国文字研究》第 28 卷,上海:上海书店出版社,2018 年;丁媛《出土文献与传世典籍涉医内容中的"建除"术及其应用》,《古籍整理研究学刊》2018 年第 5 期。邓文宽指出敦煌数术文献中也有建除相关的内容,参邓文宽《敦煌数术文献中的"建除"》,《敦煌吐鲁番研究》第 21 卷,上海:上海古籍出版社,2022 年。

"时"的日晷、圭表、漏刻等工具还没有完全定熟定型，也没有被广泛接受和认可，人们对于"时"的认知更多来源于个人感受。① 但时间精确到"时"是从春秋战国时代就已经出现了的，而进入汉代以后，也开始用于择日术之中，例如睡虎地秦简《日书》甲种说："子，旦北吉，日中南得。"其中"旦"和"日中"显然是一日之内的时称，这种基于"时"的占卜内容也包括了方位的选择。② 这支简应属于"禹须臾行日"，在时日选择方式上与"禹须臾所以见人日"性质基本相同，放马滩秦简中也有相似篇章。③

孔家坡汉简《日书》中"击篇"讲十二个月中十二支斗所击的时间，与日廷图的时间系统密切相关。现根据孔家坡汉简整理者的注释，并根据固有体例，将释文补充完整，重新整理如下：

正月二月三月四月五月六月七月八月九月十月十一月十二月　　　　　　　　　　　　　　　　　　　　　　　　（七八）

寅卯辰巳午未申酉戌亥子丑击昏　　　　　　　　　（七九）

卯辰巳午未申酉戌亥子丑寅击夕　　　　　　　　　（八〇）

辰巳午未申酉戌亥子丑寅卯击人郑　　　　　　　　（八一）

巳午未申酉戌亥子丑寅卯辰击夜半　　　　　　　　（八二）

午未申酉戌亥子丑寅卯辰巳击夜过半　　　　　　　（八三）

未申酉戌亥子丑寅卯辰巳午击鸡鸣　　　　　　　　（八四）

申酉戌亥子丑寅卯辰巳午未击平旦　　　　　　　　（八五）

---

① 相关的研究参见马怡《汉代的计时器及相关问题》，《中国史研究》2006 年第 3 期。另参董涛《漏刻与汉代时间观念》，《史学月刊》2021 年第 2 期。

② 王子今：《睡虎地秦简〈日书〉秦楚行忌比较》，秦始皇陵兵马俑博物馆《论丛》编委会编《秦文化论丛》第 2 辑。

③ 相关的研究参刘乐贤《睡虎地秦简日书研究》，第 60 页；孙占宇《天水放马滩秦简集释》，第 22—24 页。

酉戌亥子丑寅卯辰巳午未申击日出　　　　　　　　（八六）

戌亥子丑寅卯辰巳午未申酉击食时　　　　　　　　（八七）

亥子丑寅卯辰巳午未申酉戌击日中

子丑寅卯辰巳午未申酉戌亥击日昳　　　　　　　　（八八）

丑寅卯辰巳午未申酉戌亥子击日入　　　　（八九）①

"击"是整理者所拟的标题,整理者还指出,本篇的主要内容是一年十二个月中,每月十二支所击的时段,所以本篇所述的可能与斗建有关,十二时指的也可能是方位。根据周家台秦简"二十八宿占"中的有关内容,这里的读法应当是某月某时击某支,例如"正月昏击寅,二月夕击卯"等。同时也可以发现,每个月击昏的都是月建所在的地支,这样的安排显然是有日廷图作为依据。

另外需要注意的是本篇中的十二时制问题,顾炎武曾认为古无十二时,或者十二时始于汉,②但出土的睡虎地秦简中已存在十二时,而且这种计时方式在汉代已普遍使用。③ 释文整理者认为孔家坡汉简《日书》"击篇"虽然记载了十二时,但采用的可能是十六时制,十二时用于指示方位。李零的研究指出,原始的时间分割其实是将一天按子、午、卯、酉分为夜半、平旦、日中、日入或朝、昼、昏、夜的四分时制,其他都是由此派生而来,例如十二时制是将四分日再三分,十六时制是将四分日再四分。④ 这样的意见是非常值得重视的。孔家坡汉简简文中的昏、夕、人郑、夜半、夜过半、鸡鸣、平旦、日出、食时、日中、日昳、日入是完整的一天,且夜半、平旦、日中与日入

① 湖北省文物考古研究所、随州市考古队编:《随州孔家坡汉墓简牍》,图版第72—73页,释文第136—137页。
② 顾炎武撰,黄汝成集释,栾保群点校:《日知录集释》,第1018页。
③ 参陈梦家《汉简年历表叙》,《考古学报》1965年第2期。
④ 李零:《中国方术考(修订本)》第二章《式与中国古代的宇宙模式》,第144页。

也差不多可以四分一整天。从下表中也可以发现，虽然孔家坡汉简、睡虎地秦简、《论衡》以及《左传》中所见到十二时名称都有一定的差异，但基本的几个名称，例如夜半、平旦、日中和日入大致可以相互对应，因而说它们是四分时制再三分是可以成立的。

本书参考李零《中国方术考》中的表格，将在孔家坡汉简《日书》"击篇"和《论衡·调时》以及《左传》宣公十二年、昭公五年杜注，放马滩秦简《日书》甲种和乙种，《淮南子·天文》见到的十二时制、十六时制、二十四时制和二十八时制制作成表格，以作对比。①

表 10　时制表

十二时制			二十八时制		十六时制		二十四时制
孔家坡	论衡 / 左传	睡虎地乙种	周家台		放马滩甲种	淮南子	放马滩乙种
寅　昏	黄昏	牛羊入	黄昏	胃	昏	县车	莫食
			定昏	娄			昏时
卯　夕			夕食	奎	夜莫	黄昏	夕时
辰　人郑		黄昏	人郑	东辟			人奠
巳　夜半	夜半	人定	夜三分之一	营	夜未中	定昏	夜半
			夜未半	危			
			夜半	虚	夜中	桑榆	
午　夜过半			夜过半	婺	夜过中	晨明	过中

---

① 十二时制、十六时制、二十四时制和二十八时制的时称并非一一对应，本表为绘制方便，仅使之大致对应，以资参考。

续 表

十二时制				二十八时制		十六时制		二十四时制
未	鸡鸣	鸡鸣		鸡未鸣	牵牛	鸡鸣	胐明	中鸣
				前鸣	斗			后鸣
				鸡后鸣	箕			大晨
申	平旦	平旦		才旦	尾	平旦	旦明	平旦
				平旦	心			
酉	日出	日出	日出	日出	房	日出	蚤食	日出
				日出时	搋			
戌	食时	食时	食时	蚤食	亢	凤食	晏食	蚤食
				食时	角			食时
		隔中	暮食	晏食	轸	莫食	隔中	安食
				廷食	翼			廷食
亥	日中	日中	日中	日未中	张	日中	正中	东中
				日中	七星			日中
				日过中	柳	日过中	小迁	西中
子	日映	日映	皋	日失	舆鬼	日昃	铺食	日失
				铺食	东井	日下昃	大迁	昏市
		晡时	下市	下铺	参	日未入	高春	莫中
				夕时	此(觜)			夕中
丑	日入	日入	春日	日才入	毕	日入	下春	市日
				日入	卯			日入

274

　　可见在汉代时制与时称并不统一,至于其中的原因,则是相关的时间测量工具还没有成熟和完善,有关于"时"的制度还没有得到广泛的认可,不同地域会根据各自不同的情况使用时制,历史早期官方也无由进行规范。

　　然而尽管如此,时间制度也不是完全随意的,例如不管是十二时制、十六时制、二十四时制还是二十八时制,夜半、平旦、日中、日入这四个时称都是存在的,其他的时称可以说是在这四个时称的基础上根据需要添加的,例如其中用餐的时间,例如蚤食、晏食、莫食、廷食等显然是在以上四个时称基础上进行的拓展。再例如周家台秦简"二十八宿占"中的二十八个时称是为了与二十八宿对应,而刻意将某些时称再细分,比如十二时制中的"夜半",在周家台秦简中被分为了"夜三分之一""夜未半""夜半"和"夜过半"四个时称,分别与"营""危""虚""娄"四个星宿对应。① 同样的例子是十二时制中的"日中",在十六时制中划分出了"日过中"或者"小迁",而在二十八时制中则被划分为"日未中""日中"和"日过中"三部分。所以可以认为,不管十二时制、十六时制还是二十八时制,都是根据需要对原有的时制进行的重新划分,而如此划分的原因,除了出于精确化的考虑之外,更重要的原因是择日数术的需要。

　　总的来说,秦汉时代择日术以及社会生活中最为常用的是"月"和"日",而经由十二月和十二地支之间的对应关系,日廷图中的时间系统就可以方便用于时日的选择,这一点前文已经进行了讨论。至于"年"和"时"则相对使用较少,"年"是较大的时间单位,人们日常的社会生活中并不常用,而"时"则是偏小的时间单位,当时的时间测量技术还不足以快捷方便地得到精确的"时",所以"时制"呈现

---

① 孔家坡汉简中被分为"夜半"和"夜过半"两种,在十六时制中被分为"夜未中""夜中"和"夜过中"三部分。

出并不统一的情况。但是需要的时候日者及其他从事相关活动的人员,也可以判断一天中不同"时"的吉凶宜忌等情况。而秦汉时代其实也已经出现了更小的时间单位——"分",主要用于邮书传递等领域,但在《日书》中还没有出现。

2. 日廷图的空间系统

在日廷图上,通常以子、丑、亥三支表示北方,寅、卯、辰三支表示东方,巳、午、未三支表示南方,申、酉、戌三支表示西方。也有的情况下以子、卯、午、酉表示北、东、南、西四个方位,也就是"四正";丑和寅、辰和巳、未和申、戌和亥分别表示东北、东南、西南、西北,也

图43　六冲、六合、六害图①

就是"四维"或者"四隅"。这两种指示方位的方式在日廷图中是兼而有之的。同时需要注意的是,十二地支在日廷图上的不同位置可以形象地表明它们之间相克、相合以及相害等不同的关系,而且这样的做法一直具有深远的影响,直到明清时期的数术文献中依然能够见到类似的图形。

其中"相克"是人们比较熟悉的地支之间的方位关系,由此也衍生出来许多时日禁忌。图43来源于刘增贵《睡虎地秦简〈日书〉〈土忌〉篇数术考释》一文,是作者依据《五行大义》绘制而成,图中虚线为对冲(冲),粗直线者为相合,两头有箭头者为相害。可以发现,这张图方位以及地支的排列和日廷图基本相同,尤其是表现相克的虚线,是将"四钩"转换成四条斜线,其目的是使相克的关系更为明显。事实上,到

---

① 图片来源:刘增贵:《睡虎地秦简〈日书〉〈土忌〉篇数术考释》,《历史语言研究所集刊》第78本第4分,2007年。

了历史后期,"钩绳图"很少出现,类似的对角线图时常可以见到。

由刘增贵图可以看出,所谓相克指的是虚线两端位置相对的六对地支,这在《日书》中也被称为"反支",睡虎地秦简《日书》甲种有"反枳篇":

反枳(支):

子丑朔,六日反枳(支);寅卯朔,五日反枳(支);辰巳朔,四日反枳(支);午未朔,三日反【支】;申酉朔,二日反　（一五三背）

枳(支);戌亥朔,一日反枳(支),复卒其日,子有(又)复反枳(支)。一日当有三反枳(支)·毋以子、丑傅户。　（一五四背）①

孔家坡汉简《日书》也有"反支篇":

反支

【子朔,巳、亥反】支。　　　　　　　　　　（一二三贰）

【丑朔,午、子反】支。　　　　　　　　　　（一二四贰）

寅朔,午、子反支。　　　　　　　　　　　　（一二五贰）

【卯】朔,未、丑反支。　　　　　　　　　　（一二六贰）

辰朔,未、丑反支。　　　　　　　　　　　　（一二七贰）

巳朔,申、寅反支。　　　　　　　　　　　　（一二八贰）

午朔,申、寅反支。　　　　　　　　　　　　（一二九贰）

未朔,酉、卯反支。　　　　　　　　　　　　（一三〇贰）

申朔,酉、卯反支。　　　　　　　　　　　　（一三一贰）

---

① 睡虎地秦墓竹简整理小组编:《睡虎地秦墓竹简》,图版第 115 页,释文第 227 页。这段简文与《后汉书·王符传》李贤注基本相同,而且应当与睡虎地秦简《日书》"艮山图"关系密切,相关研究见李学勤《睡虎地秦简中的〈艮山图〉》,《文物天地》1991 年 4 期;刘乐贤《睡虎地秦简日书研究》,第 97 页;森和《从离日与反支日看〈日书〉的继承关系》,武汉大学简帛网发表(http://www.bsm.org.cn/show_article.php?id = 867) ,2008 年 8 月 22 日。

酉朔，戌、辰反支。 （一三二贰）

戌朔，戌、辰反支。 （一三三贰）

亥朔，亥、巳反支。 （一三四贰）①

也就是说，地支午和子、未和丑、申和寅、酉和卯、戌和辰、巳和亥构成了六对反支，也就是六对两两相克地支。文献中有"公车以反支日不受章奏"的记载，②根据《日书》等文献，可以发现在一个月之内有相克的两个干支的日子是需要忌讳的。根据推算，平均每个地支在一个月内出现 2.5 次，那么两个地支也就是 5 次，是说文献中提到的"公车"一个月内是有 5 天不工作的。另外，汉人有"五日洗沐"的规矩，平均每个月大概休息 5 天。洗沐日和反支日之间是否有关联，还需要进一步探讨。

另外日廷图上地支两两相对也被称为"相冲"，睡虎地秦简《日书》乙种有"除篇"：正月，建寅……冲申……二月，建卯……冲酉……三月，建辰……冲戌……四月，建巳……冲亥……五月，建午……冲子……六月，建未……冲丑……七月，建申……冲寅……八月，建酉……冲卯……九月，建戌……冲辰……十月，建亥……冲巳……十一月，建子……冲午……

图 44　地冲（作者自绘）

① 湖北省文物考古研究所、随州市考古队编：《随州孔家坡汉墓简牍》，图版第 77—78页，释文第 143 页。据整理小组释文直接补正，标点略有不同，相关研究见刘增贵《"左右""雌雄"与"反"——孔家坡〈日书·反支〉考释》，武汉大学简帛研究中心主办《简帛》第 3 辑。
② 《后汉书》卷四九《王符传》，第 1640 页。

十二月,建丑……冲未。①"冲"在甲种"除篇"写作"破"。另外位置
相冲在睡虎地秦简《日书》中也被称为"相逆","稷辰篇"有"六甲相
逆"之说,即如果子为秀日,则午为徹日,徹日就是和秀日相逆之日,
秀日为吉日,徹日是见人、取妇、嫁女的忌日。

　　后世数术文献中"冲"也经常被称为"破",例如隋代《五行大
义》中就有"论冲破"一篇,②其中的核心内容就是讲日廷图上地支
之间相对的关系。到清代数术类文献《星历考原》说"月破者,月建
所冲之日也,与岁破意同",③这里的"月建"即为"正月建寅"之月
建。而不论是"冲"还是"破",其地支与月建地支在方位上是相对
的,这一点可以引用孔家坡汉简《日书》中的"日廷图"来说明:

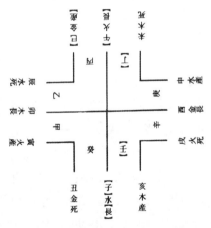

图45　孔家坡汉简《日书》日廷图

---

① 睡虎地秦墓竹简整理小组编:《睡虎地秦墓竹简》,图版第121页,释文第232页。

② 刘国忠校:《五行大义研究》附录五《五行大义校文》,沈阳:辽宁教育出版社,1999
年,第145页。

③《御定星历考原》,收入四库术数类丛书,上海:上海古籍出版社,1991年,第59页。
但《协纪辨方书》卷四引洞源经曰"对七为冲,隔三为破",这里的"冲"与"破"意思
不同,可备一说。但同卷也引《考原》说"月破者建所冲之日也"。见谢路军主编,
郑同点校《钦定协纪辨方书》,第243页。

在这张图中,地支子与午,丑与未,寅与申,卯与酉,辰与戌,巳与亥位置相对,因而月建为子,午为破日;月建为丑,未为破日;月建为寅,申为破日;月建为卯,酉为破日;月建为辰,戌为破日;月建为巳,亥为破日。同样,天干甲与庚,乙与辛,丙与壬,丁与癸的方位也两两对冲。

在《日书》中出现的相克,除了地支之间相克,还有天干及地支所属的五行和它所在方位的五行相克,例如睡虎地秦简《日书》甲种"取妻家女篇":

> 春三月季庚辛,夏三月季壬癸,秋三月季甲乙,冬三月季丙丁,此大败日。娶妻,不终。盖屋,燔。行,傅。毋可有为,日冲。
> (一背)①

由简文可以看出,春三月季庚辛,夏三月季壬癸,秋三月季甲乙,冬三月季丙丁之所以为大败日,且"毋可有为"的原因即在于"日冲"。《日书》中也有所谓"地冲",例如"土忌篇"说:"春三月戊辰、己巳,夏三月戊申、己未,秋三月戊戌、己亥,冬三月戊寅、己丑,是谓地冲,不可为土攻。(一三五背)"②刘乐贤指出张家山汉简《盖庐》有"地橦八日、日橦八日"之说,并认为这里的"地橦"与"日橦"就是秦简《日书》中的"地衝(冲)""日衝(冲)",并将"日"解释为天干,"地"解释为地支。③ 刘增贵认为:"日冲"应理解为大败日所在方位与季节所在方位相冲,且所属五行相克。④ 例如春三月所在方位为

---

① 睡虎地秦墓竹简整理小组编:《睡虎地秦墓竹简》,图版第 103 页,释文第 208 页。
② 睡虎地秦墓竹简整理小组编:《睡虎地秦墓竹简》,图版第 114 页,释文第 225 页。
③ 刘乐贤:《谈张家山汉简〈盖庐〉的"地橦""日橦"和"日臽"》,氏著《战国秦汉简帛丛考》,北京:文物出版社,2010 年。
④ 刘增贵:《睡虎地秦简〈日书〉〈土忌〉篇数术考释》,《历史语言研究所集刊》第 78 本第 4 分,2007 年。

东,庚辛所在方位为西,东与西相冲;春三月五行属木,而日干庚辛的五行属金,金克木,因此以庚辛日为春三月的大败日,其他几个季节的大败日以此类推,古日者就是根据这样的原则设置"日冲"导致娶妻不终。①

另外需要注意的是地支之间的"相合"关系。由前引刘增贵图可以看出,所谓相合指的是无箭头的粗直线连接的六对地支,分别是午和未、巳和申、辰和酉、卯和戌、寅和亥、丑和子。至于相合的原因,根据《五行大义》卷二《论合》的说法,是"阴阳相配"。天干和地支都有阴阳,就地支来说:"子阳,丑阴,寅阳,卯阴,辰阳,巳阴,午阳,未阴,申阳,酉阴,戌阳,亥阴。"但《五行大义》认为并非所有的阴阳相配就是相合:"支合者,日月行次之所合也。正月日月会于诹訾之次,诹訾,亥也,一名豕韦,斗建在寅,故寅与亥合。"②也就是说,相合还要考虑有关天文方面的内容,刘增贵将其解读为"各月斗建之地支与日月在各月相会处之地支为合"。③ 其实在《日书》中只要符合阴阳和合就能被认为是"相合",也就是说只要天干之间、地支之间阴阳相配,就能称为相合;另外,天干、地支和它们所在的方位和季节能够相配,也能称为相合。

相比"相克"和"相合",地支之间"相害"关系一般很少引起人们的注意。文献中关于"相害"的关系也见于《五行大义》卷二《论害》篇,其中提到:"相害者,逆行相逢,于十二辰两两相害,名为六害。戌与酉、亥与申、子与未、丑与午、寅与巳、卯与辰,是六害也。"④

① 参见刘增贵、刘信芳对"盖屋"的论述。刘增贵文同上,刘信芳《〈日书〉四方四维与五行浅说》一文见《考古与文物》1993年第2期。
② 刘国忠校:《五行大义研究》附录五《五行大义校文》,第145页。
③ 刘增贵:《睡虎地秦简〈日书〉〈土忌〉篇数术考释》,《历史语言研究所集刊》第78本第4分,2007年。
④ 刘国忠校:《五行大义研究》附录五《五行大义校文》,第145页。

相害在刘增贵图中是由两端有箭头的直线连接起来的六对地支,刘增贵还在睡虎地秦简《日书》乙种"土忌篇"中找到了相害的例子:

> 正月乙卯,四月丙午,七月辛酉,十月壬子,是胃(谓)召(招)榣(摇)合日,不可垣,凶。　　　　　　　　(一三七背)①

可见在《日书》之中,"相害"是不可以筑造房屋的凶日。针对这段简文,刘乐贤指出,正月、四月、七月和十月是一年四季每个季节的首月,春正月乙卯,季节春,天干乙和地支卯五行均属木,是木盛之日;同样夏四月辛酉季节、天干和地支均属火,是火盛之日;秋七月辛酉季节、天干和地支均属金,金盛之日;冬十月季节、天干和地支均属水,水盛之日。② 刘增贵认为,虽然正月乙卯、四月丙午、七月辛酉、十月壬子被称为是"招摇合日",但实际上却是"招摇害日"。③

相害很可能是在相克的基础上演变而来的。有关相害的说法在《五行大义》以后的文献中经常可以见到,后来也深入民众生活,现在依然流传有关结婚的属相禁忌"鸡狗不到头,白马犯青牛。羊鼠一旦休,蛇虎如刀错","青龙见兔泪交流",说的是十二生肖鸡(酉)和狗(戌),马(午)和牛(丑),羊(未)和鼠(子),蛇(巳)和虎(寅),龙(辰)和兔(卯)不适合结婚,原因正是这些地支之间的关系为相害。

可以发现,十二地支所代表的十二个方位,以及地支所代表方位之间的关系,共同构成了日廷图的空间系统。日廷图为认识十二地支及其之间的方位关系提供了便利,而许多相关的择日术也是基于此产

---

① 睡虎地秦墓竹简整理小组编:《睡虎地秦墓竹简》,图版第114页,释文第225页。

② 刘乐贤:《睡虎地秦简日书研究》,第72页。

③ 刘增贵:《睡虎地秦简〈日书〉〈土忌〉篇数术考释》,《历史语言研究所集刊》第78本第4分,2007年。

生的。基于方位的择日术在《日书》文献中是极为关键的内容,有关这一点下文还会详细讨论。另外日廷图上的二十八宿也可以表示时间和空间,前文已经讨论过二十八宿择日术的相关内容,兹不赘述。

二、季节方位与五行：日廷图的运用

在出土的日书类文献中,可以看到许多基于季节和方位进行时日选择的内容。例如前文提到的"四废日"等,都是通过季节和方位的搭配进行时日禁忌的设置,其中显然有日廷图作为依凭。需要注意的是,本篇所要谈到的"大败日"等,根据前文讨论日廷图时间系统的说法,基本上都属于"月"和"日"的搭配,其中"月"也包括季节,诸如春三月、夏三月之类;而"日"通常是以干支表示,例如最为常见的选择方式"春三月甲乙"等等,其中甲乙可以表示时间,也可以表示空间(方位)。

1. 大败日

"大败日"是《日书》文献中重要的禁忌之日,从名称来看,这一时日不适合有所作为,否则会出现各种不吉利的局面,所谓"败"可以理解为"毁坏"。"大败日"和前文提到的"四废日"在传世文献尤其是明清数术类文献中经常可以看到,可以将传世文献和出土文献进行对比研究。

睡虎地秦墓竹简《日书》甲种"取妻家女篇"有"大败日"相关的内容：

> 春三月季庚辛,夏三月季壬癸,秋三月季甲乙,冬三月季丙丁,此大败日。娶妻,不终。盖屋,燔。行,傅。毋可有为,日冲。
>
> （一背）①

---

① 睡虎地秦墓竹简整理小组编：《睡虎地秦墓竹简》,图版第103页,释文第208页。

本篇整理小组的编号是简一,内容书写于睡虎地秦简《日书》甲种第一支简的背面,本简正面也就是"除篇"。睡虎地秦简《日书》中有的篇题会顶格书写,然本简的顶部磨泐不清,暂时无法判断原本是否有篇题。本篇有"娶妻,不终"的禁忌,有学者指出,这里所谓的"不终"有可能是年寿,也有可能是婚姻关系。① 本篇之后的其他内容也与嫁娶择日有关,例如从简二到简九分上下两栏,都是与婚姻嫁娶相关的内容;简十、十一、十二没有分栏,但主要内容也与婚姻嫁娶有关。显然在简文书写的过程中相似的内容刻意被整理在一起,以供查阅嫁娶吉凶之时需要。② 所以刘乐贤把整段简文命名为"取妻出女篇"及"取妻嫁女篇",③王子今把这篇命名为"取妻家女篇",同样强调关于婚姻嫁娶方面的禁忌。④ 吴小强将这段简文归入"吏篇",并把"大败日"解释为"大败坏的日子"。⑤ 后来彭浩和刘乐贤也把这条归入"娶妻"条,⑥另外也有学者把这条记载归入婚姻六礼的"请期"之礼,⑦或者归入婚姻禁忌。⑧ 另外有的学者把这部分内容归入"不成系统的禁忌日",⑨强调这些日子"毋可有为"。事实上,这篇的主要内容除了娶妻之外,还包括盖屋和出行两个重要方

---

① 王子今:《睡虎地秦简〈日书〉甲种疏证》,第313—314页。
② 从简一到简十三的正面分上下两栏,是关于"除"的部分,所以这部分竹简的排列顺序显然是没有问题的,更可证明有关嫁娶的择日宜忌是刻意被书写在一起的。
③ 刘乐贤:《睡虎地秦简日书研究》,第128页。
④ 王子今:《睡虎地秦简〈日书〉甲种疏证》,第312页。
⑤ 吴小强:《秦简日书集释》,第117页。
⑥ 陈伟主编,彭浩、刘乐贤撰述:《秦简牍合集(贰)》,第404页;另参孙楷著,杨善群校补《秦会要》,上海:上海古籍出版社,2012年,第206页。
⑦ 苏冰、魏林:《中国婚姻史》,台北:文津出版社,1994年,第87页。
⑧ 赵兰香:《从睡虎地秦简〈日书〉看秦人的生命意识观》,《西安财经学院学报》2016年第5期。
⑨ 魏德胜:《〈睡虎地秦墓竹简〉词汇研究》,北京:华夏出版社,2003年,第197页。

面,是不适合有所作为的日子,并非专为嫁娶设置的禁忌,这种忌日的性质和汉代时日信仰中的"伏日"之类相似。① 另外"大败日"与秦的历法制度密切相关,例如张闻玉已经指出由秦简《日书》可知秦行寅正,用序数纪月,民用日书月序从正月到十二月,或按春夏秋冬顺序纪出。② 邓文宽也注意到,"大败日"如果要正常使用,就一定要结合历谱,否则就没有意义。③

简文中的"春三月"指的是正月、二月和三月,在日廷图上位于东方,对应的天干为甲乙,地支为寅卯辰,对应的五行为木,这在日廷图上是非常明确的。其他几个季节依此类推,即夏三月是四月、五月和六月,在日廷图上位于南方;秋三月是七月、八月和九月,在日廷图上位于西方;冬三月是十月、十一月和十二月,在日廷图上位于北方。每个季节的三个月又通常被分为孟、仲和季,例如春三月中正月为孟、二月为仲、三月为季。

关于"季庚辛"的"季",整理小组认为可能是四季的季。但对于这种说法也有学者提出了不同的意见,例如刘乐贤就认为"季"字在先秦文献中没有季节之意,而且本简春三月就已经有季节的含义,这里不应该再重复,这里的"季"指的是春季三个月的季庚日和季辛日,也就是每个月第三个庚日和第三个辛日。每个月三十天,每个天干大约会循环三次,古人常以孟、仲、季称之,所以就有了"季庚辛"的说法。刘乐贤同时指出"这里的忌日比四废日少,它已经把春

---

① 《后汉书》卷四《孝和帝纪》李贤注引《汉官旧仪》说:"伏日万鬼行,故尽日闭,不干它事。"这说明禁忌一切行为的忌日存在范围较为广泛。

② 张闻玉:《云梦秦简〈日书〉再探》,氏著《古代天文历法论集》。

③ 邓文宽:《敦煌吐鲁番天文历法研究》,第 139 页。也有学者认为历忌之学长期未与历谱发生直接结合,历谱中虽有少数历忌项目之历注,但始终未能为日常行事宜忌提供直接指示。见江晓原《历书起源考》,《中国文化》总第 6 期,1992 年,第150—159 页。

天每月的孟庚孟辛、仲庚仲辛等排除在外(夏、秋、冬各季也是这样)。显然只有'帝篇'四废日的三分之一。正因为本篇把四废日限定小了,所以叫它大败日,又称之为日冲。"①

简文最后一部分解释大败日不适合有所作为是因为"日冲"。前文提到,根据《日书》日廷图所示,"日冲"的意思是天干所在的方位与春三月所在的方位相对。这种"冲"的概念在后世的数术文献中也比较常见,例如《五行大义》中有所谓"干冲破"的说法,其实就是因天干相冲而得名,而数术文献中也常见"日冲、月破、空亡"的说法,其中的"日冲"与本篇讨论的含义大体相同。也有学者从五行之间关系的角度解释"日冲",例如刘信芳就认为日冲就是水与火冲,金与木冲。② 刘增贵也认为"日冲"不利于出行的原因是春属东方甲乙木,与西方之庚辛金正相对,故春之庚辛日不吉。③ 此外,也有学者采用五行生克的理论解释本篇中的"日冲"。④

另外,孔家坡汉简《日书》"四季日篇"注释也指出,孔家坡汉简中的"四季日"指春三月季庚辛,夏三月季壬癸,秋三月季甲乙,冬三月季丙丁,而这正与大败日相同。或者可以认为,睡虎地秦简《日书》中的"大败日"在汉代被称为"四季日"或"废日"。此后四废日范围进一步缩小,《协纪辨方书》"四废篇"中有四废天干与四废地支结合而来的"四废日",也就是刘乐贤所谓的"正四废日"。⑤ 王子今

---

① 刘乐贤:《睡虎地秦简日书研究》,第 205—206 页。
② 刘信芳:《〈日书〉四方四维与五行浅说》,《考古与文物》1993 年第 2 期。
③ 刘增贵:《睡虎地秦简〈日书〉〈土忌〉篇数术考释》,《历史语言研究所集刊》第 78 本第 4 分,2007 年。
④ 朱玲、杨峰:《睡虎地秦简〈日书〉医疗疾病史料浅析》(《秦汉医学学刊》2007 年第 6 期)认为《日书》中以天干论吉凶的内容都是遵循五行相胜规律,此说可参。相关的研究也可参见张文智《孟、焦、京易学新探》,济南:齐鲁书社,2013 年。
⑤ 刘乐贤:《睡虎地秦简日书研究》,第 128 页。

引用《武经总要》中的"咸池日",《六壬大全》中的"十恶大败日",《御定星历考原》中的"无禄日",《协纪辨方书》中的"大败日"加以说明,指出"大败日"的说法在数术系统中有长久的影响。[①]

后世数术文献中也有"大败日"的记载,但与秦汉简牍《日书》明显不同。例如宋代曾公亮等《武经总要》后集卷二一"六壬占法·择岁月日时法"写道:"凡大败日,与咸池日同,不宜出军,正月起卯逆行四仲。"[②]"四仲"指的是式图上卯、酉、子、午四个地支所在的位置,"正月起卯逆行四仲"可以解释为"大败日"在正月的卯日、二月的子日、三月的酉日、四月的午日,然后继续循环,可知其选择方式与秦汉简牍《日书》并不相同。另外,明代《六壬大全》卷五《出师择吉》也说:"大败日,与咸池日同,不宜出军,正月起卯逆行四仲。"同卷还说:"六不成日,一云大败日,正寅,二午,三戌,四巳,五酉,六丑,七申,八子,九辰,十亥,十一卯,十二未。"同书卷一〇还说:"十恶大败日乃无禄之日也。盖甲辰、乙巳、壬申、丙申、丁亥、庚辰、戊戌、癸亥、辛巳、己丑,此十日内禄神空亡,故为无禄之日。"[③]也与秦汉简牍《日书》不同。清代《协纪辨方书·奏议》中说:"大败乃月建三合五行沐浴,如寅、午、戌月合火局,火长生在寅、沐浴在卯,故寅、午、戌月以卯日为大败日。"[④]这里以五行沐浴之日为"大败日",明显与秦汉简牍《日书》中"大败日"数术原理不同。所以说后世择日文献中的"大败日"与秦汉简牍《日书》名同而实异。

总而言之,本篇中所谓的"大败日"的数术原理是天干所在的方位与季节所在的方位在日廷图上"相冲",考虑的是日廷图的基本时

① 王子今:《睡虎地秦简〈日书〉甲种疏证》,第 312 页。

② 曾公亮等:《武经总要》,刘鲁民主编《中国兵书集成》,北京:解放军出版社,1993年,第 2164 页。

③ 郭载騋:《秘藏大六壬大全》,西安:西北大学出版社,1993 年,第 147 页。

④ 谢路军主编,郑同点校:《钦定协纪辨方书》,第 292 页。

间单位"月"和"日"在方位上的关系。需要注意到,这种吉凶设定是
基于日廷图进行的数术推演,其中的合理性也就是建立在日廷图的
基础之上,所以说"大败日"是日廷图在实际择日运用中的典型例
证。另外前文已经讨论过"四废"相关的内容,可以发现四废日的天
干庚辛、壬癸、甲乙、丙丁在日廷图上所处的位置正好与春、夏、秋、
冬四季相对,联系前文所述"大败日"所谓"春三月季庚辛,夏三月季
壬癸,秋三月季甲乙,冬三月季丙丁",可见"四废日"与"大败日"具
有相同的数术原理,两者是同一种类型的禁忌。

2. 剽日与杀日

前文曾讨论睡虎地秦墓竹简和放马滩秦简《日书》都有"啻篇",
涉及到"剽日"与"杀日"相关的内容,[1]睡虎地秦墓竹简整理小组将
"啻"释读为"帝",这已经广为接受,篇中主要内容是"帝为室"而产
生的禁忌。前引工藤元男认为这里的占辞是将"为室、剽、杀和四
废"都当成是"帝"的行为。[2]

关于"剽",放马滩秦简《日书》作"杓",放马滩秦简整理者将这个
字释读为"利",[3]柯秋白将这个字释读为"材",[4]有整理者认为"剽"
和"杀"的意思相近,并引《史记·老子韩非列传》"用剽剥儒墨",《史
记正义》说"剽,犹攻击也",《玉篇·刀部》也说"剽,行剽杀人也"。[5]

---

① 睡虎地秦墓竹简整理小组编:《睡虎地秦墓竹简》,图版第 96—97 页,释文第
   195 页。

② 工藤元男著,广濑薰雄、曹峰译:《睡虎地秦简所见秦代国家与社会》第四章《睡虎
   地秦简〈日书〉的基础性研究》,第 132 页。

③ 甘肃省文物考古研究所编:《天水放马滩秦简》,第 92 页。

④ 柯秋白:《〈天水放马滩秦简〉札记》,简帛网首发(http://www.bsm.org.cn/show_
   article.php?id=1269)。

⑤ 武汉大学简帛研究中心、甘肃简牍博物馆、四川省文物考古研究院编,陈伟主编:
   《秦简牍合集(肆)》,第 60 页。另参孙占宇、鲁家亮《放马滩秦简及岳麓秦简〈梦
   书〉研究》,第 48 页。

尚民杰也认为"剽"字本身有攻击的意思,并认为"剽"日之所以是禁忌是因为与春、夏、秋、冬四仲月所在的酉、子、卯、午所在的位置相对。① 应当认为,"剽"确实可以理解为"利",是一种吉日而非凶日。而且前文也已经讨论过,四季的"剽日"是五行"壮"的阶段,"剽日"显然是吉日。而且在日廷图上,酉位于西方,与春三月所在的东方相对,这正是"剽日"设置的依据。

"剽"也见于睡虎地秦简《日书》乙种"除篇",但与"啻篇"的"剽"有明显的区别。《日书》乙种"除篇"载:"正月,建寅,余(除)卯,吉辰,实巳,窨午,徼未,冲申,剽酉,虚戌,吉亥,实子,开〈闭〉丑。(二六壹)"②也就是说,"剽"日为正月酉,二月戌,三月亥,四月子,五月丑,六月寅,七月卯,八月辰,九月巳,十月午,十一月未,十二月申,即后世数术文献中常说的正月建酉,顺行十二辰。"除篇"还说:"剽日,不可以使人及畜六畜,它毋有为也。(四四壹)"③显然这里的"剽日"也是一种禁忌之日,刘乐贤认为,乙种的"剽日"与甲种有别,不可以混淆。④ 而在《日书》甲种"秦除篇"之中,正月建酉顺行十二辰的是"危",其日禁忌为:"危日,可以责挚(执)攻毄(击)。(二一正贰)"⑤

至于本篇中提到的"杀日",根据学者们的研究,应当作"啻杀日"。关于帝之杀日也可以参见《墨子》中所谓:"帝以甲乙杀青龙于东方,以丙丁杀赤龙于南方,以庚辛杀白龙于西方,以壬癸杀黑龙

① 尚民杰:《睡虎地秦简〈日书〉中的"土神"与"土忌"》,周天游主编,陕西历史博物馆馆刊编辑部编《陕西历史博物馆馆刊》第7辑。
② 睡虎地秦墓竹简整理小组编:《睡虎地秦墓竹简》,图版第121页,释文第232页。
③ 睡虎地秦墓竹简整理小组编:《睡虎地秦墓竹简》,图版第122页,释文第233页。
④ 刘乐贤:《睡虎地秦简日书研究》,第129页。
⑤ 睡虎地秦墓竹简整理小组编:《睡虎地秦墓竹简》,图版第90页,释文第183页。

于东方。"①这说明有关"杀日"的禁忌在春秋战国时期就已经出现了。"啻篇"中"杀日"选择的是春三月辰、夏三月未、秋三月戌、冬三月丑，前文提到，在五行寄生十二宫理论中，辰、未、戌、丑分别是木、火、金、水衰亡之时，也有学者理解为上一个季节的五行死亡的日子。然而从方位上来讲，辰位于东方、未位于南方、戌位于西方、丑位于北方，这与季节所在的方位一致，显然这样设计的依据也是五行理论。然而前文提到"月"与"日"方位相对或者"相冲"的"剽日"是吉日，这里方位一致的"杀日"则是凶日，这与通常的理解不同。

睡虎地秦简《日书》甲种之中又有所谓"杀忌"，与本篇中的"杀日"也有所关联，可以一并考察：

> ·春三月甲乙，不可以杀，天所以张生时。　　（一〇二背）
>
> 夏三月丙丁，不可以杀，天所以张生时。　　（一〇三背）
>
> 秋三月庚辛，不可以杀，天所以张生时。　　（一〇四背）
>
> 冬三月壬癸，不可以杀，天所以张生时。　　（一〇五背）
>
> ·此皆不可杀，小杀小央，大杀大央。　　（一〇六背）②

---

① 孙诒让撰，孙启治点校：《墨子间诂》，第 448 页。关于其中是否有中央黄帝，注释云："毕本此下增'以戊己杀黄龙于中方'，云：'此句旧脱，据《太平御览》增。'王云：'毕增非也。原文本无此句，今刻本《御览·鳞介部》一有之者，后人不知古义而妄加之也。古人谓东西南北为四方者，以其在四旁也。若中央为四方之中，则不得言中方，一谬也；行者之所向，有东有西，有南有北，而中不与焉，二谬也。钞本《御览》及《容斋续笔》所引皆无此句。'"闻一多以为，"帝"应当就是中央的黄帝，这是中央的黄龙杀死四方四色的龙，参闻一多《神话与诗》，第 217 页。另参姜亮夫《楚辞通故》，昆明：云南人民出版社，2002 年，第 168 页。也有学者注意到银雀山汉简《孙子兵法·黄帝伐赤帝》记载黄帝曾经"南伐赤帝""东伐青帝""北伐黑帝""西伐白帝"，"已胜四帝，大有天下"，可以证明《墨子》中杀四帝之说无误。参张固也《〈管子〉研究》，济南：齐鲁书社，2006 年，第 291 页。

② 睡虎地秦墓竹简整理小组编：《睡虎地秦墓竹简》，图版第 111 页，释文第 222 页。

本篇原本没有篇题,刘乐贤根据其中的内容命名为"忌杀",①后来彭浩和刘乐贤等整理秦简牍,又将本篇命名为"杀忌"。② 文献中多见杀生的禁忌,例如《论衡·讥日》说:"祭祀之历,亦有吉凶。假令血忌、月杀之日固凶,以杀牲设祭,必有患祸。"③另外也有学者注意到楚帛书中的"不可昌□杀",认为与本简中的"不可以杀"可以对读。④

至于本篇中"杀忌"的数术原理,是说春三月甲乙、夏三月丙丁、秋三月庚辛和冬三月壬癸,都是不可以杀生的,如果执意杀生,则会发生大小不同的祸殃。而春季甲乙日不能杀生的原因,是因为甲乙五行属木,春天是木气较旺的时候,所以"天所以张生时",五行理念在择日吉凶宜忌设计中的作用值得注意。前文提到《墨子》说"帝以甲乙杀青龙于东方",与本篇中的春三月甲乙不可以杀,虽然在宜忌设置上不同,但基本的数术原理都是考虑了五行配物以及方位所在之间的关系。然"月"与"日"所在方位相同则被设定为不吉之日,也是应当引起注意的。

另外,《居延汉简》中也有关于忌杀六畜的记载,只是采用的是数字纪日进行的择日:

> 三日不可以杀六畜见血
>
> 日不可以杀六畜见血

---

① 刘乐贤:《睡虎地秦简日书研究》,第 280 页。
② 陈伟主编,彭浩、刘乐贤撰著:《秦简牍合集·释文注释修订本(贰)》,第 455 页。
③ 王充著,黄晖撰:《论衡校释(附刘盼遂集解)》,第 992 页。校释提到,《四讳》篇云:"祭祀言触血忌。"《黄帝元辰经》云:"血忌,阴阳精气之辰,天上中节之位,亦名天之贼曹,尤忌针灸。"(《路史后纪》五注)《三余帖》曰:"六甲乃上帝造物之日,是日杀生,上帝所恶。"
④ 李零:《楚帛书研究(十一种)》,上海:中西书局,2013 年,第 142 页。

十八日不可以杀六畜见血

八日不可以杀六畜见血

不可以杀六畜见血

（以上为第一栏）

九月三日、十九日、廿四日不可以杀六畜见血

十月朔日、廿日、廿二日、廿九日不可以杀六畜见血

十一月四日、廿六日不可以杀六畜见血

十二月二日、十一日、廿四日、卅日不可以杀六畜见血

（以上为第二栏）①

本简残断较为严重，暂时无法根据简文判断其中的数术原理，但每个月的"不可以杀六畜见血"应当也是固定的。另外，吴荣曾增补了简牍中"杀日"相关的记载，可参看。② 从某种意义上讲，"杀忌"和前文提到的"血忌"有相似之处，但"血忌"的铺设方式是"正月丑，二月未，三月寅，四月申，五月卯，六月酉，七月辰，八月戌，九月巳，十月亥，十一月午，十二月子"，与本篇提到的杀忌的铺设又有明显的不同。

根据前文的讨论，"剽日"属于五行"壮"的阶段，是吉利的日子，设置"剽日"的理论依据是五行三合局，但"剽日"所在的方位与季节方位"相冲"，被设定为吉日；而"杀日"与季节所在的方位一致，则被设定为凶日。可以认为古日者在设定时日吉凶的时候，以日廷图作为参考依据，另外应当也参考了五行三合局以及五行寄生十二宫等理论。

---

① 甘肃省文物考古研究所、甘肃省博物馆、文化部古文献研究室：《居延新简：甲渠候官与第四燧》，第 350 页。释文另外参考马怡、张荣强主编《居延新简释校》，第 551 页。

② 吴荣曾：《汉简中所见的鬼神迷信》，李学勤、谢桂华主编《简帛研究》第 3 辑。

3. 日冲与地冲

通过前文的讨论可以注意到，"大败日"与"四废日"使用的天干在日廷图上的位置与季节的方位相对，这也就是"相冲"，这应当就是《日书》中所谓的"日冲"。放马滩秦简和张家山汉简之中也有与"日冲""地冲"相关的内容，可以与睡虎地秦简对比研究。

放马滩秦简《日书》乙种有"日冲篇"，简文为：

> 三月庚辛，六月壬癸，九月乙甲，十二月丙丁，不可兴垣、盖屋、上材、为祠、大会，凶。虽(唯)利坏彻，日谓日冲。　（乙九四壹）①

本篇原本没有标题，放马滩秦简的整理者也没有进一步讨论。或者是因为简文中提到"坏彻"，其内容和筑造行为相关，所以李零认为此篇应当归入"室忌"。② 李零文章完成的时候放马滩秦简《日书》的全部简文还未公布，因为睡虎地秦简《日书》甲种有"室忌篇"，内容与本篇大体相同，是以李零将本篇也命名为"室忌"。后来晏昌贵把这段简文单列一篇，③刘青也将此篇命名为"室忌"，④显然也是受到了睡虎地秦简《日书》的影响。孙占宇取本篇最后二字将篇名拟为"日冲"，并且认为"《啻》篇中的四废与本篇中的日冲之日基本一致，禁忌亦相似"。⑤ 后来秦简集释的整理者也采用了这种做法，将本篇命名为"日冲"。⑥ 本篇中的"九月乙甲"有学者

① 甘肃省文物考古研究所编：《天水放马滩秦简》，图版第26页，释文第91页。释文参考了孙占宇《天水放马滩秦简集释》，第132页。
② 李零：《中国方术考(修订本)》第三章《楚帛书与日书：古日者之说》，第189页。
③ 晏昌贵：《天水放马滩秦简乙种〈日书〉分篇释文(稿)》，武汉大学简帛研究中心主办《简帛》第5辑。
④ 刘青：《放马滩秦简〈日书〉乙种集释》，武汉大学硕士学位论文，2010年。
⑤ 孙占宇：《天水放马滩秦简集释》，第123页。
⑥ 武汉大学简帛研究中心、甘肃简牍博物馆、四川省文物考古研究院编，陈伟主编：《秦简牍合集(肆)》，第58页。

认为应当改为"九月甲乙",①此说甚确。九月是秋三月的第三个月,显然这种择日术的基本时间单位还是"月"。至于"冲"的含义,有学者认为在数术理论中是对应之义,例如子与午相对,卯与酉相对等。②

前引孙占宇的研究提到,本篇的基本内容与睡虎地秦简《日书》甲种以及香港中文大学藏汉简《日书》简六一中的内容相似。事实上,本篇选取三月、六月、九月和十二月的庚辛日、壬癸日、甲乙日和丙丁日作为修建房屋等方面的禁忌,与睡虎地秦简《日书》"大败日"在天干与季节关系的设定上确实基本相同,只不过这里选择的是春夏秋冬每个季节的最后一个月,而睡虎地《日书》选择的是每个月的最后一个天干。这显示放马滩秦简和睡虎地秦简的《日书》在数术上同源,所以孙占宇认为"日冲"与"大败日"和"四废日"同神异名,这样的看法应当是正确的。③

"地冲"的说法见于睡虎地秦简《日书》"土忌篇"中,简一三五背说:"春三月戊辰、己巳,夏三月戊申、己未,秋三月戊戌、己亥,冬三月戊寅、己丑,是胃(谓)地冲,不可为土攻(功)。"④本篇使用了戊己两个天干,以及辰、巳、申、未、戌、亥、寅、丑八个地支,在日廷图上,这八个地支位于"四钩"的位置。对于其中的数术原理,刘信芳

① 王明明:《〈汉语大词典〉义项增补十三则——以秦汉简为主要语料》,《简帛语言文字研究》第 8 辑,成都:巴蜀书社,2016 年。
② 尚民杰:《睡虎地秦简〈日书〉中的"土神"与"土忌"》,周天游主编,陕西历史博物馆馆刊编辑部编《陕西历史博物馆馆刊》第 7 辑。
③ 孙占宇:《天水放马滩秦简集释》,第 132 页。
④ 睡虎地秦墓竹简整理小组:《睡虎地秦墓竹简》,图版第 114 页,释文第 225 页。"土忌"是原本的标题,王子今认为"土忌"在当时是非常普遍的迷信,《太平御览》卷九二引《续汉书》曰:"帝为太子,四岁避疾,当阿母王圣弟新治,乳母王男、厨监邴吉以为犯土忌,不可御,与江京、樊丰及圣二女永等相是非。"参王子今《睡虎地秦简〈日书〉甲种疏证》,第 496 页。

认为，其中所使用的地支辰、未、戌、丑位于四维，剩下的己巳中巳属金，为金旺之日，金胜木，故为春三月己巳；另外夏三月戊申，申属水，为水旺之日，水胜火，故为夏三月土忌。① 另外，尚民杰也对这一篇的数术原理进行了解读，他认为戊和己两个天干代表的是中央土，春之辰、巳与秋之戌、亥是对冲关系；夏之申、未与冬之寅、丑也是对冲的关系。尚民杰同时还提到，辰对戌，于五行为水对火；巳对亥，于五行为金对木；未对丑，于五行为木对金；申对寅，于五行为水对火。就四季而言，春秋相对，于五行是木金相对；冬夏相对，于五行是水火相对，这在五行之中属于相克，自然是一种不吉利的情况。② 陶磊认为本简中的"地冲"和阴阳相配的八会之日性质相近。③ 另外徐富昌引《说文》："衝，通道也，从行，童声。"认为这里的"地衝"应当就是管理通道的土神地祇，④可备一说。

睡虎地秦简《日书》简一三八背则说："正月申，四月寅，六月巳，十月亥，是胃（谓）地构，神以毁宫，毋起土攻（功），凶。"⑤尚民杰认为本简提到的"神以毁宫"与前引"啻篇"中的"啻为室"意思相同。⑥事实上本简使用了申、寅、巳、亥四个地支，同样位于"四钩"的位置，而正月、四月、六月和十月则分别是春、夏、秋、冬三个月的第一个月。这显示"地冲"和"地构"等不适宜进行"土攻"的时日在数术原理上是相同的。

① 刘信芳：《〈日书〉四方四维与五行浅说》，《考古与文物》1993 年第 2 期。
② 尚民杰：《云梦〈日书〉与五行学说》，《文博》1997 年第 2 期。
③ 陶磊：《〈淮南子·天文〉研究——从数术史的角度》，第 157 页。
④ 徐富昌：《睡虎地秦简〈日书〉中的鬼神信仰》，《张以仁先生七秩寿庆论文集》，台北：学生书局，1999 年。
⑤ 睡虎地秦墓竹简整理小组：《睡虎地秦墓竹简》，图版第 114 页，释文第 225 页。
⑥ 尚民杰：《睡虎地秦简〈日书〉中的"土神"与"土忌"》，周天游主编，陕西历史博物馆馆刊编辑部编《陕西历史博物馆馆刊》第 7 辑。另参沈刚《睡虎地秦简〈日书〉所见的秦时民间信仰活动探微》，《西安财经学院学报》2009 年第 1 期。

放马滩秦简也有"地杓","土忌篇"说：

> 寅、巳、申、亥、卯、午、酉、子、辰、未、戌、丑，凡是谓地杓，不可垣。穿地井，到膝少子死，到要（腰）中子死，到夜（腋）长子死，
>
> （一三六）
>
> 到翌（颈）妻死，没入母父死。以它辰垣杓乡（向），不死大凶；以辰垣它乡（向），咨（咎）。延行以杓辰乡（向），必死亡。
>
> （一三七）①

晏昌贵释读出本简中的"地杓"，②孙占宇认为本简中"地杓"的逐月所在方位与睡虎地秦简《日书》不同，两者虽名称相同但应来自不同的数术体系。本简中缺乏月份，其原本数术形态应当是某月寅、次月巳、再次月申……凡是谓地杓。

此外，在张家山汉简《盖庐》中出现了"地橦八日，日橦八日"的记载，整理者认为这里的"橦"应当读为"冲"。③ 刘乐贤认为这和"地冲""地杓"应当是有所关联的。④ 尚民杰认为"地杓神"是北斗神的一个变种，实际上也是土神的一个名字，而所谓的"土神"也就是"填星神"。⑤ 这样的论点也是值得注意的。

---

① 甘肃省文物考古研究所编：《天水放马滩秦简》，图版第 30 页，释文第 91 页。释文参考了孙占宇：《天水放马滩秦简集释》，第 156 页。

② 晏昌贵：《天水放马滩秦简乙种〈日书〉分篇释文（稿）》，武汉大学简帛研究中心编《简帛》第 5 辑。

③ 张家山二四七号汉墓竹简整理小组：《张家山汉墓竹简（二四七号墓）》，北京：文物出版社，2006 年，第 277—278 页。

④ 刘乐贤：《谈张家山汉简〈盖庐〉的"地橦""日橦"和"日岳"》，《战国秦汉简帛丛考》。相关的研究也可参邵鸿《张家山汉简〈盖庐〉研究》，北京：文物出版社，2007年，第 60 页；另参许学仁《张家山 M247 汉简〈盖庐〉释文订补》，谢维扬、朱渊清主编《新出土文献与古代文明研究》，上海：上海大学出版社，2004 年。

⑤ 尚民杰：《睡虎地秦简〈日书〉中的"土神"与"土忌"》，周天游主编，陕西历史博物馆馆刊编辑部编《陕西历史博物馆馆刊》第 7 辑。

可以发现，所谓"日冲"与"地冲"的基本问题是天干地支与季节所在方位之间的相对关系，依据日廷图提供的方位关系，"日冲"主要是天干与季节相对，而"地冲"则主要是地支与季节相对，其基本的数术理论与前文的大败日等相同。

4. 室忌与土忌

睡虎地秦墓竹简《日书》甲种中有"室忌篇"，其中关于筑造房屋时间的选择也考虑了干支和季节所在方位的关系，详细简文如下：

> 春三月庚辛，夏三月壬癸，秋三月甲乙，冬三月丙丁，勿以筑室。以之，大主死；不死，瘅，弗居。　　　　（一○二正壹）

> 凡入月五日，月不尽五日，以筑室，不居；为羊牢马厩，亦弗居；以用垣宇，闭货贝。　　　　（一○三正壹）①

"室忌"就是本篇的篇题，书写于一○二简正面上方，顶格书写，与正文部分有大约一个字符的空格。② 本篇讨论房屋修建时间的选择问题，之前较少引起学者们的注意。③ 事实上本篇的主要内容跟前文"啻篇"基本相同，例如"室忌"的时间是春季的天干庚辛、夏季的壬癸、秋季的甲乙和冬季的丙丁，在日廷图上这些天干和所在的季节恰好相对，而这与前文提到的"四废日"和"大败日"的数术原理

---

① 睡虎地秦墓竹简整理小组编：《睡虎地秦墓竹简》，图版第 97 页，释文第 196 页。

② 这里的空格应当是编绳所在的位置，有关编绳问题的讨论参见张荣强《湖南里耶所出"秦代迁陵县南阳里户版"研究》，《北京师范大学学报（社会科学版）》2008 年第 4 期；侯旭东《长沙走马楼吴简"嘉禾六年（广成乡）弦里吏民人名年纪口食簿"集成研究：三世纪初江南乡里管理一瞥》，氏著《近观中古史》，上海：中西书局，2015 年。有关简牍标题的研究参张显成《简帛标题初探》，谢维扬、朱渊清主编《新出土文献与古代文明研究》。

③ 王子今解释了简文中的"用"以及"闭货贝"等问题，参王子今《睡虎地秦简〈日书〉甲种疏证》，第 219、220 页。

几乎如出一辙。① 另外,本篇中的"入月五日"和"月不尽五日"属于序数纪日的择日术,其中"入月五日"指的是本月的第五日,"月不尽五日"指的是每月倒数第五日。②

而在睡虎地秦简《日书》乙种中也有"室忌篇":

> 室忌,春三月庚辛,夏三月壬癸,秋三月甲乙,冬三月丙丁,勿筑室,大主死,瘅(癃),弗居。　　　　　　　　(一一○)③

同样,"室忌"也是本篇的标题,本篇的内容和甲种只有略微的差异,应该是根据甲种抄写而成,或者两者有共同的底本。乙种"室忌"略去了序数纪日有关的内容。

所谓"室忌"通常理解为建造房屋方面的禁忌,"室忌篇"里的"大主",吴小强理解为"大家长",④刘乐贤认为就是"啻篇"中的"大人",⑤也就是房屋的成年主人,也就是说如果在这些日子筑造房屋,就可能造成主人死亡的严重情况,这显然也属于"死忌"的一种。

春三月每个月大约有三个庚日和三个辛日,那么本简中所涉及不适合筑造房屋的时间范围就要比"大败日"广。另外一个方面的不同是,"娶妻家女篇"说如果在忌日修建房屋就会"燔",也就是房屋被烧毁,针对的是建筑本身。而"室忌篇"则指出如果一定要在这些日子修建房屋,房屋的主人就会死亡或者"癃",即身患严重的疾病,反正结果都是无法在新修建的房屋中居住。也就是说,"室忌

---

① 也有论者据此认为"室忌"是"土忌"的另外一种形式,参尚民杰《睡虎地秦简〈日书〉中的"土神"与"土忌"》,周天游主编,陕西历史博物馆馆刊编辑部编《陕西历史博物馆馆刊》第 7 辑。
② 相关的研究参刘乐贤《睡虎地秦简日书研究》,第 137 页。
③ 睡虎地秦墓竹简整理小组:《睡虎地秦墓竹简》,图版第 128 页,释文第 240 页。
④ 吴小强:《秦简日书集释》,第 81 页。
⑤ 刘乐贤:《睡虎地秦简日书研究》,第 137 页。

篇"所涉及的禁忌对象也针对的是修建房屋的人。另外，从"羊牢马厩"相关的内容来看，本篇所谓的"室忌"不仅指的是人的居所，动物的居所也被包含在内。

睡虎地秦简《日书》乙种之中还有"盖屋篇"，其天干与所在季节的搭配与"室忌"几乎完全相同：

> 盖屋：□□春庚辛，夏壬癸，季秋甲乙，季冬丙丁，勿以作事、复（覆）内、暴屋。以此日暴屋，屋以此日为盖　　　　（一一一）
> 屋，屋不坏折，主人必大伤。　　　　　　　　　　　　（一一二）①

本篇的篇题"盖屋"残损较为严重，从现存的内容来看，简文应该也是顶格书写，与正文内容中间有空格，其中"春庚辛"之前应当还有两个字，但已经无法辨认，但根据文意推测其中应有一个"季"字。本篇之中关于盖屋禁忌时间的设置也是春天的庚辛日、夏天的壬癸日、秋天的甲乙日和冬天的丙丁日，与前述天干与季节搭配的操作方式毫无二致。尚民杰认为本篇中所谓的"室忌"与"土忌"相似，此说可参。② 事实上，本篇与"室忌篇"以及简一一三"盖忌"、简一一四"垣墙日"、简一一五"除室"、简一一六"除室"，被睡虎地秦简日书整理小组刻意整理在一起，人概是认为这几篇内容相似，所以后来又有整理者将本篇和其他相关章节合并命名为"室忌篇"，其中包括：

> 盖忌　五酉、甲辰、丙寅，不可以盖，必有火起若或死焉。
> 　　　　　　　　　　　　　　　　　　　　　　　（一一三）
> 垣墙日　凡申、酉▨　　　　　　　　　　　　　　　（一一四）

---

① 睡虎地秦墓竹简整理小组编：《睡虎地秦墓竹简》，图版第 128 页，释文第 240—241 页。

② 尚民杰：《睡虎地秦简〈日书〉中的"土神"与"土忌"》，周天游主编，陕西历史博物馆馆刊编辑部编《陕西历史博物馆馆刊》第 7 辑。

除室　庚申、丁酉、丁亥、辛卯，以除室，百虫弗居。

（一一五）

除室　庚申、丁酉、丁亥、辛卯，以除室，百虫弗居。

（一一六）①

所谓"土忌"其实在禁忌类别中与上文所述的"室忌"和"盖屋"类似，都是说人们在居所建设的时候应当注意方位和时日选择等方面的禁忌。不同的是，"土忌"应当还包括其他工程建设方面的行为，例如"土忌篇"反复强调的"土攻"也作"土功"，不仅包括建造房屋，应当还包括修建垣墙、沟渠，以及种植树木等需要动土的工作。

睡虎地秦简《日书》甲种有两个"土忌篇"，本书根据之前的惯例命名为"土忌一"和"土忌二"，这两篇都有天干与所在季节相对应的内容，而且这两篇也有地支与所在季节搭配进行忌日设置的情形，可以帮助我们进一步认识基于日廷图上的时间和方位设置禁忌的其他操作方式。相关的简文抄写如下：

土忌一：

土徼正月壬，二月癸，三月甲，四月乙，五月戊，六月己，七月丙，八月丁，九月戊，十月庚，十一月辛，十二月乙，不可为土攻（功）。

（一〇四壹）

正月丑，二月戌，三月未，四月辰，五月丑，六月戌，七月未，八月辰，九月丑，十月戌，十一月未，十二月辰，毋可有为，筑室，坏；尌（树）木，死。

（一〇五壹）

春三月寅，夏巳，秋三月申，冬三月亥，不可兴土攻（功），必

---

① 陈伟主编，彭浩、刘乐贤撰著：《秦简牍合集·释文注释修订本（贰）》，第502页。

死。·五月六月不可兴土攻（功），十一月、十二月不可兴土攻（功），必或死。申不可兴土攻（功）　　　　　（一〇六）

·凡入月七日及夏丑、秋辰、冬未、春戌，不可坏垣、起之，必有死者。以杀豕，其肉未索必死。　　　　（一〇七壹）

正月丁庚癸，三月四月丙己壬，五月六月乙戊辛，七月八月甲丁庚，九月十月癸己丙，十一月十二月戊辛甲，不可以垣，必死。　　　　　　　　　　　　　　　　（一〇八壹）

正月乙，二月癸，三月戊，四月甲，五月壬，六月己，七月丙，八月丁，九月戊，十月庚，十一月辛，十二月己，不可垣，必死。

　　　　　　　　　　　　　　　　　（一〇九壹）①

　　本篇书写于第一〇四简到一〇九简之上，这几支简都是分成上下两栏，上栏为"土忌篇"，下栏为与十二支有关的禁忌，例如"毋以子卜筮""毋以丑除门户"之类，②显示这些内容是有意被书写在一起的。而本篇前两篇分别是"啻篇"和"室忌篇"，《日书》的抄写者将这三者书写在一起，显然是考虑到这些部分内容相似。关于"土徼"的含义，吴小强认为"土"也就是土地神，"徼"是巡查的日子。③刘乐贤认为土徼应当是与动土有关的神煞。④尚民杰认为"土徼"指的是土神不在其位，未能履行职责，所以忌讳"土功"。⑤

① 睡虎地秦墓竹简整理小组编：《睡虎地秦墓竹简》，图版第 97 页，释文第 196 页。

② 这部分内容后来被整理者命名为"十二支忌"，见陈伟主编，彭浩、刘乐贤撰著《秦简牍合集·释文注释修订本（贰）》，第 379 页。

③ 吴小强：《秦简日书集释》，第 81 页。另参氏著《〈日书〉与秦社会风俗》，《文博》1990 年第 2 期。

④ 刘乐贤：《睡虎地秦简日书研究》，第 139 页。另参氏著《睡虎地秦简〈日书〉中的"往亡"与"归忌"》，李学勤主编《简帛研究》第 2 辑。

⑤ 尚民杰：《睡虎地秦简〈日书〉中的"土神"与"土忌"》，周天游主编，陕西历史博物馆馆刊编辑部编《陕西历史博物馆馆刊》第 7 辑。

此外,同样在睡虎地秦简《日书》甲种之中,还有一篇"土忌",本篇同样是关于不可兴"土攻"之类的禁忌:

土忌二:

正月寅、二月巳、三月未、四月亥、五月卯、六月午、七月酉、八月子、九月辰、十月未、十一月戌、十二月丑,当其地不可起土攻(功)。　　　　　　　　　　　　　(一三一背/三六反)

正月亥、二月酉、三月未、四月寅、五月子、六月戌、七月巳、八月卯、九月丑、十月申、十一月午、十二月辰,是胃(谓)土

(一三二背/三五反)

神,毋起土攻(功),凶。　　　(一三三背/三四反)

春三月戊辰、己巳,夏三月戊申、己未,秋三月戊戌、己亥,冬三月戊寅、己丑,是胃(谓)地冲,不可　　(一三四背/三三反)

为土攻(功)。　　　　　　　　(一三五背/三二反)

春之乙亥、秋之辛亥、冬之癸亥,是胃(谓)牝日,百事不吉。以起土攻(功),有女丧。　　　　　　(一三六背/三一反)

正月乙卯,四月丙午,七月辛酉,十月壬子,是胃(谓)召(招)䍃(摇)合日,不可垣,凶。　　　　(一三七背)

正月申,四月寅,六月巳,十月亥,是胃(谓)地杓,神以毁宫,毋起土攻(功),凶。

月中旬,毋起北南陈垣及　　　　　(一三八背)

矰(曾)之,大凶。

四月丙午,是胃(谓)召(招)䍃(摇)合日,不可垣,凶。

四月酉,以坏垣,凶。入月十七日,以毁垣,其家日减。

(一三九背)

春三月毋起东乡(向)室,夏三月毋起南乡(向)室,秋三月

　　毋起西乡（向）室，冬三月毋起北乡（向）室。以　　（一四〇背）

　　此起室，大凶，必有死者。　　　　　　　　　　　（一四一背）

　　冬三月之日，毋以筑室及波（破）地，是胃（谓）发蛰。

　　　　　　　　　　　　　　　　　　　　　　　（一四二背）①

　　整理小组注释提到，"土忌"是本篇原有的篇名，"忌"字原本在一三〇简的背面。本篇之中原有"土良日""土忌日"等篇，因与本书讨论的季节与干支搭配设置禁忌的数术原理无关，所以未录入。本篇的内容较为重要，前人曾进行过系统的研究，对于其中包含的数术原理现在已经较为清楚。例如刘增贵认为，从"土忌"可以看出汉代数术思想中有关五行的内容已经基本成熟，神煞的设置较为合理，而且神煞还可以依据其在日廷图上的位置进行变形，衍生出其他各种神煞类型，而这也正是后世择日术的基本规律。② 另外也可以注意到，睡虎地秦简《日书》中与"土忌"有关的内容，其实与战国秦汉时代已经流行开来的堪舆之术也有关联。

　　根据学者们的研究可以发现，土忌一和土忌二的关系比较密切，应当是同一种时日禁忌，其中一种是每个月选择一个地支设置禁忌；另外一种是每个月选择干支设置禁忌。后一种相对较为简单，禁忌设置的基本原则都是方位。前一种则较为复杂，是在位置相对的基础上发展出了其他的位置关系，这一点已见于刘增贵的讨论，兹不赘述。

　　可以发现，前文提到的时日吉凶大多以"月"和"日"作为基本的时间单位，取季节和干支所在方位之间的关系作为吉凶判断标准。

---

① 睡虎地秦墓竹简整理小组编：《睡虎地秦墓竹简》，图版第 113—114 页，释文第225—226 页。

② 刘增贵：《睡虎地秦简〈日书〉〈土忌〉篇数术考释》，《历史语言研究所集刊》第 78本第 4 分，2007 年。

日廷图其实提供了两组相对应的关系,即东方五行属木与西方五行属金对应,北方五行属水与南方五行属火对应,十天干与十二地支以及十二月也构成两组对应关系,也就是说,位于东方的天干甲乙、地支寅卯辰、月份一二三(春三月)与西方的天干庚辛、地支申酉戌、月份七八九(秋三月),以及位于北方的天干壬癸、地支亥子丑、月份十一十二(冬三月)与位于南方的天干丙丁、地支巳午未、月份四五六(夏三月)也形成两组对应关系。就是在日廷图提供的这样两组对应关系的基础上,"大祇日""四废日"等时日神煞被铺设出来,与之类似,其他对应关系也可以在此基础上展开,并进而形成形形色色的神煞。

三、文献所见日廷图及复原

传世文献中的图形在传抄过程之中会发生重要信息遗失的情况,例如《淮南子》中的日廷图在传抄过程中"钩绳"的部分可能就没有留存下来,干支的顺序也有错乱,而根据出土的《日书》文献,可以对这种图形进行复原。

1.《淮南子·天文》附图的复原

王充《论衡》提到"日廷"之名,而传世文献中也有类似的图形。《淮南子·天文》卷后附有一幅图(图46,以下简称"《天文》图"),图中天干地支以及三合五行等内容都与出土的日廷图极为相似,可以判断这种图形就是日廷图。

《天文》图的方位是上南下北,从里到外大致可以分为三层,第一层为天干和地支,但天干仅有甲、丙、丁、庚、辛五个;第二层是五行,包括金、木、水、火、土;第三层与第二层对应,标有五行的生、壮、老等内容,第四层标有二十八宿。中华书局1998年新编诸子集成本《淮南子》附录有清代学者钱塘校改后的图,钱塘在地支卯之上增加

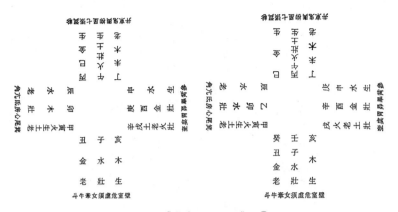

图 46　《淮南子・天文》图①

图 47　王振铎复原图②

---

① 图片来源：刘安编，何宁撰：《淮南子集释》，第 285 页。

② 图片来源：王振铎：《司南、指南针与罗经盘》，《中国考古学报》第 3 册，1948 年，后收入氏著《科技考古论丛》。

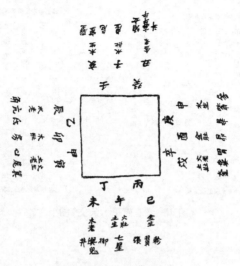

图48　陈梦家复原图①

了天干乙，并且调整了丙、丁、庚、辛的位置。后来王振铎也对这幅图进行了复原（图47），调整了图的方位，将原来的上南下北改为上北下南，并且将《天文》的第一层分为天干和地支两层，第二层和第三层合并为一层。王振铎复原图将天干和地支分为两层，可能来源于对秦汉时期式图的认识，事实上他认为这幅图就是式图的"地盘"。② 但王振铎图将《天文》图的第二层和第三层合并，显然并不合适，从孔家坡日延图三（图27）来看，第二层和第三层还是分开为宜。陈梦家也对这幅图进行了复原（图48），但天干甲乙、地支申酉戌和天干庚辛、地支寅卯辰应该是颠倒了，另外陈梦家也延续王振

---

① 图片来源：陈梦家《汉简年历表叙》，《考古学报》1965 年第 2 期。

② 王振铎：《司南、指南针与罗经盘》，《中国考古学报》第 3 册，1948 年，后收入氏著《科技考古论丛》。另参李零《中国方术考（修订本）》第二章《式与中国古代的宇宙模式》，第 100 页；陶磊《〈淮南子·天文〉研究——从数术史的角度》第三章《〈天文〉图局研究》，第 38 页。

铎将天干抄写在最内一层,地支抄写在天干外侧的做法。

　　根据秦汉简牍《日书》所见日廷图,可以推测《淮南子·天文》图的第二层五行和第三层三合局应当是搭配使用,《淮南子·天文》也说:"木生于亥,壮于卯,死于未,三辰皆木也。火生于寅,壮于午,死于戌,三辰皆火也。土生于午,壮于戌,死于寅,三辰皆土也。金生于巳,壮于酉,死于丑,三辰皆金也。水生于申,壮于子,死于辰,三辰皆水也。故五胜生一,壮五,终九。"①孔家坡汉简《日书》日廷图的图三(图27)也标示有五行及产、长、死等内容,下文将三者的关系列表显示。

表11　三合局表

	子	丑	寅	卯	辰	巳	午	未	申	酉	戌	亥
天文	水壮	金死	火生土死	木壮	水死	金生	火壮土生	木死	水生	金壮	火死土壮	木生
天文图	水壮	金老	火生土老	木壮	水老	金生	火壮土生	木老	水生	金壮	火老土壮	木生
孔家坡	水长	金死	火产	木长	水死	金产	火长	木死	水产	金长	火死	木产

　　三者最人的区别是五行土,孔家坡日廷图三(图27)中并没有土元素的产、长、死等内容,同样在孔家坡《日书》"生"篇"水,生申,壮子,老辰。木,生亥,壮卯,老未。火,生寅,壮午,老戌。金,生巳,壮酉,老丑",也没有五行土。同样的内容也见于放马滩秦简《日书》乙种"五行书",也没有五行土。另外,五行土与天干戊己相配,而戊己的位置在《天文》图中并不明确,两者似乎有些矛盾,所以土的位置姑且存疑。

─────────

① 刘安编,何宁撰:《淮南子集释》,第269页。

本书根据《日书》将《淮南子·天文》图复原如下。

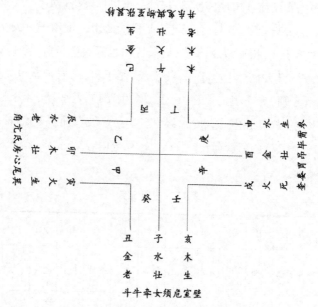

图49 《淮南子·天文》复原图(作者自绘)

2. 王莽保灾图复原

阎步克在研究王莽"保灾令"的过程中曾大胆猜想王莽君臣应该有一幅"保灾图",图上按一定的规律排列着三公六卿以及中部二十五郡,这样近似"凿空"的想法无疑是充满智慧的。[①] 根据这一思路可以发现,王莽"制作地理"其实是将整个帝国的版图按照自己的

①阎步克:《文穷图见:王莽保灾令所见十二卿及州、部辨疑》,《中国史研究》2004年第4期。相关的研究另参石继承《关于天凤三年保灾令"三公所保"一段文字的解释》,《中华文史论丛》2018年第4期。也有学者认为阎步克的复原存在问题,参辛德勇《秦汉政区与边界地理研究》,北京:中华书局,2009年。有关这一问题的讨论另参游逸飞书评《辛德勇〈秦汉政区与边界地理研究〉》,《中国中古史研究》第6卷,上海:中西书局,2018年。

理念重新划分,简单来说,王莽设置了一个庞大的王畿区,并在东西南北四个方位设置了四个大"部",据此可以推测,他在规划全国地理的时候,很可能是以"日廷图"作为依据的。

　　阎步克认为,王莽所设置的王畿地区,其辖地至少包括西汉时代的司隶校尉和洛阳所在的豫州,包括二十五个郡以及六队郡和六尉郡,共三十七郡。[①] 根据《汉书·王莽传》的记载,天凤元年四月:

> 分长安城旁六乡,置帅各一人。分三辅为六尉郡,河东、河内、弘农、河南、颍川、南阳为六队郡,置大夫,职如太守;属正,职如都尉。更名河南大尹曰保忠信卿。益河南属县满三十。置六郊州长各一人,人主五县。及它官名悉改。大郡至分为五。郡县以亭为名者三百六十,以应符命文也。[②]

　　根据王莽刻意构造的神秘数字以及"应符命文"的说法,可知王莽对三辅和洛阳周边地区行政制度的改革至少参考了《周礼》和"符命"两方面的因素,其中"六队"显然是以方位命名的,《汉书·地理志》提到:弘农郡,莽曰右队;河内郡,莽曰后队;颍川郡,莽曰左队;南阳郡,莽曰前队。[③] 按照方位来说,这四郡分别位于洛阳的西、北、东、南四方。另外,王莽的保灾令里有"兆队""祈队",《水经注·济水》提到河东郡王莽更名为洮队,应当就是《王莽传》中的兆队;另外《水经注》也说荥阳城被王莽立为祈队。[④] 王莽一直有迁都洛阳的打算,所以他着重河南郡的改制,并有以之与西都长安对比的意思,所

---

① 阎步克:《文穷图见:王莽保灾令所见十二卿及州、部辨疑》,《中国史研究》2004 年第 4 期。
②《汉书》卷九九中《王莽传中》,第 4136 页。
③《汉书》卷二八上《地理志上》,第 1548、1554、1560、1563 页。
④ 郦道元著,陈桥驿校证:《水经注校证》,北京:中华书局,2007 年,第 193 页。

以可以认为兆队郡是荥阳,而非河南郡。

至于六尉,分别是京尉、扶尉、翼尉、光尉、师尉、列尉。六队和六尉组合是数字十二,而且有前后左右四个方位,这样整齐的图式应当不是偶然,会不会像日廷图那样,前、后、左、右四队占二绳四端的位置,而京、扶、翼、光、师、列六尉,以及剩下的祈、兆二队占四钩的位置呢?这样的猜想乍看颇匪夷所思,但结合阎步克在"保灾图"中的尝试可知,这种情况也并非完全不可能。

根据《汉书·王莽传》的记载,天凤三年五月,王莽下"保灾令":

> 大司马保纳卿、言卿、仕卿、作卿、京尉、扶尉、兆队、右队、中部左泊前七部;大司徒保乐卿、典卿、宗卿、秩卿、翼尉、光尉、左队、前队、中部、右部,有五郡;大司空保予卿、虞卿、共卿、工卿、师尉、列尉、祈队、后队、中部泊后十部;及六司,六卿,皆随所属之公保其灾害,亦以十率多少而损其禄。[1]

也就是说,大司马、大司徒和大司空保中部二十五郡,六卿随三公所保。至于六队和六尉,可以认为也应当是和六卿一样随三公所保。那在所谓的"保灾图"上,六队和六尉应该在什么位置呢?

图50是阎步克所绘制的"保灾图",图51是本书根据阎先生的图,加入钩绳以及天干地支等日廷图的元素,以及六队和六尉等内容,重新绘制的图式。需要说明的是,当时全国共一百二十五郡,王莽应当不会把郡级单位这么琐碎的细节都画在图上,所以郡的内容可以省略,只需对相应位置和数目心中有数就足够了。当然这种图式与实际地理是不符合的,只是一种理想的形态。

---

①《汉书》卷九九中《王莽传中》,第 4143 页。

图50 阎步克"保灾图"①

需要指出的是,这张图六队、六尉和六卿以外的内容来自王莽"保灾令"的前半部分:

> "普天之下,莫非王土;率土之宾,莫非王臣。"盖以天下养焉。周礼膳羞百有二十品,今诸侯各食其同、国、则;辟、任、附城食其邑;公、卿、大夫、元士食其采。多少之差,咸有条品。岁丰穰则充其礼,有灾害则有所损,与百姓同忧喜也。其用上计时通计,天下幸无灾害者,太官膳羞备其品矣;即有灾害,以什率多少而损膳焉。东岳太师立国将军保东方三州一部二十五郡;南岳太傅前将军保南方二州一部二十五郡;西岳国师宁始将

① 图片来源:阎步克《文穷图见:王莽保灾令所见十二卿及州、部辨疑》,《中国史研究》2004 年第 4 期。

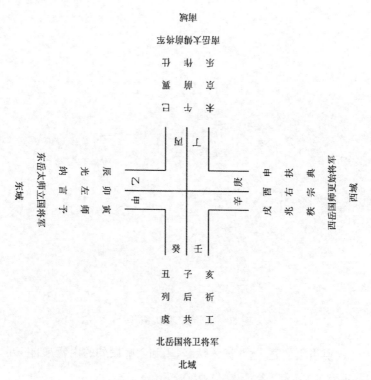

图51 保灾图复原图(作者自绘)

军保西方一州二部二十五郡;北岳国将卫将军保北方二州一部
二十五郡。①

前文也已经提到,围绕王畿所在的中部,王莽在东、西、南、北四
方分别设置了东部、西部、南部、北部四部,东部辖三州,其余三部各
辖两州。② 东岳太师、南岳太傅、西岳国师和北岳国将分别保东、南、
西、北四部,按照王莽在始建国元年的说法:

①《汉书》卷九九中《王莽传中》,第4143页。
② 根据阎步克的意见,"西方一州二部"应改为"二州一部",见阎步克前引文。

岁星司肃，东岳太师典致时雨，青炜登平，考景以晷。荧惑司恕，南岳太傅典致时奥，赤炜颂平，考声以律。太白司艾，西岳国师典致时阳，白炜象平，考量以铨。辰星司谋，北岳国将典致时寒，玄炜和平，考星以漏。①

实质是将太师、太傅、国师和国将比拟为东方岁星、南方荧惑、西方太白、北方辰星。《淮南子·天文》中有一段材料可能跟王莽设定官职的思想根源有关：

何谓五星？东方，木也，其帝太暤，其佐句芒，执规而治春，其神为岁星……南方，火也，其帝炎帝，其佐朱明，执衡而治夏，其神为荧惑……中央，土也，其帝黄帝，其佐后土，执绳而制四方，其神为镇星……西方，金也，其帝少昊，其佐蓐收，执矩而治秋，其神为太白……北方，水也，其帝颛顼，其佐玄冥，执权而治冬，其神为辰星。②

根据《淮南子》的说法，岁星、荧惑、太白和辰星是四方之神，王莽应当是借用其名号以神化太师、太傅、国师和国将四公。同样王莽还借用月、日和北斗来神化司马、司徒和司空等三公：

月刑元股左，司马典致武应，考方法矩，主司天文，钦若昊天，敬授民时，力来农事，以丰年谷。日德元厷右，司徒典致文瑞，考圜合规，主司人道，五教是辅，帅民承上，宣美风俗，五品乃训。斗平元心中，司空典致物图，考度以绳，主司地里，平治水土，掌名山川，众殖鸟兽，蕃茂草木。③

---

① 《汉书》卷九九中《王莽传中》，第 4101 页。
② 刘安编，何宁撰：《淮南子集释》，第 183 页。
③ 《汉书》卷九九中《王莽传中》，第 4102 页。

可见根据王莽的设计,以司马比拟月亮,掌管武事,同时管理农业方面的事务;以司徒比拟太阳,掌管文事,同时管理移风易俗方面的事务;以司空比拟北斗,[1]掌管人事,同时管理地理方面的事务。对比岁星、荧惑、太白以及辰星,月、日、斗位于中央,是以司马、司徒和司空被王莽委任保中央二十五郡,也就可以理解了。王莽十一公中还有立国将军、前将军、卫将军、更始将军四将,表面上与方位、天文等都没有关系,但前将军保南方,更始将军甄丰为右拂,这些似乎都不是偶然。而王莽自己再加上十一公,又构成了数字十二,这一数字显然也是刻意为之的。所以本文认为,王莽在规划全国地理以及官僚制度改革的时候,应当确实是有一幅与日廷图类似的图形作为参考。

四、小结

本节讨论日廷图的时间和空间系统,日廷图中涉及的时间单位主要是"月"和"日",在某些时候也有"时",其中"月""日"所在方位之间的关系是许多时日选择术的基础。十二地支所代表的十二个方位,以及地支所代表方位之间的关系,共同构成了日廷图的空间系统,许多择日术也是基于地支之间的生、克等关系而设置的,也就是说,天干地支的搭配方式遵循着固有的规律,为时日选择提供便利。另外,本节还讨论了出土《日书》中"四废日""大败日"等时日禁忌,这些都是基于日廷图提供的"月"和"日"的位置关系进行的设置,由此也可以对日廷图在实际中的运用有更为直观的了解。最后本节还根据出土《日书》文献复原了《淮南子·天文》中的日廷图以及王莽的保灾图。

---

[1] 颜师古注引张晏曰:"斗,北斗也,主齐七政。司空主水土,土为中,故责之。"孟康曰:"《易》'河出图,洛出书',司空主水土,责以其物也。"晋灼曰:"中央为四季土。土者信,信者直,故为绳"。

本章小结

根据前文的讨论,可知秦汉文献记载以及出土的《日书》文献中的日廷图一般由图形和文字组成,图形是由"二绳"和"四钩"组成的"钩绳图";而文字部分主要是按照固定规律排列的天干地支,在某些情况下,日廷图中的文字部分还包括五行三合局,以及五音和二十八宿等其他相关内容。日廷图的图形部分起源于实用的工具规矩和准绳,后来逐渐具有神秘主义特征,日者或者普通民众都会在社会生活中使用到,所以这种图形以及相关的变形会出现在战国秦汉时期的各种器物之上,包括式盘、博局、铜镜以及日晷等等。日廷图文字部分最为核心的要素是天干和地支,其本质是天干地支的排列组合,并根据它们之间的关系判定吉凶宜忌状况。天干地支和二十八宿原本就能够用来表示时间和空间,自产生之日起就在中国传统思想中占有至关重要的地位,深刻影响着中国古人的思维方式;而天干地支与二绳四钩相结合,日廷图就具有了较为完备的时间和空间系统,这是大多数时日选择之术的基础。

可以说日廷图为择日术在实际中的运用提供了基础,基于方位的择日术应当都是以日廷图为依据,日廷图与择日术设置之间的关系应当引起特别的注意。日廷图及相关图形同时包含有时间和空间元素,是人们时空观念的形象体现,而伴随着择日术的运用,这种图形也会对人们的时空认知造成深远的影响。

第四章 "各有俗所用"

——日者与秦汉择日民俗

　　本章的研究对象是日者和择日民俗。《史记》有《日者列传》,根据《太史公自序》的说法,当时不同地域都有日者活动,并因此产生不同的民俗,司马迁想要对此进行宏观的介绍,即所谓"循观其大旨"。《日者列传》原文亡佚,《史记》中关于日者和择日民俗的记载已不可见,然近些年来大量《日书》类文献出土,使得今人有机会能够对战国秦汉的择日术有所了解,同时结合历史文献中的记载,也可以对日者及其活动有约略的认识。另外可以发现,从韩非、墨子,一直到王符和王充,战国秦汉时期的思想家肯定时日选择的作用但不过分迷信鬼神的基本态度是大致相同的,而司马迁对于日者和择日民俗的态度也由此可以推测而出。此外,日者和史官的主要职事都和对"时间"的管理有关,而"日者"之名很容易与"日官"产生联系,这证明日者及择日术本就源自于史官。事实上,史料记载中史官也确实负责重要典礼的时日选择,史官的择日传统也是本章重要讨论的内容。

第一节 战国秦汉时期的
择日民俗

《史记·太史公自序》云："齐、楚、秦、赵为日者,各有俗所用。欲循观其大旨,作日者列传第六十七。"《史记索隐》提到《日者传》云："无以知诸国之俗。"①显然司马迁写作《日者列传》的目的是通过记载各地日者的活动,揭示不同地域的民俗,尤其侧重时日选择方面。虽然《日者列传》亡佚,但爬梳史料也可以发现零散的记载,联系出土《日书》类文献,可以对战国秦汉时期的时日选择民俗有大致清晰的认识。而通过分析王充、王符以及应劭等人对择日术的态度及缘由,也可以对司马迁《日者列传》的基本思想有所了解。

一、秦楚择日术异同

司马迁说"齐、楚、秦、赵为日者,各有俗所用",强调不同区域都有日者活动,而各地的时日选择民俗也有所不同,由此可知《日者列传》的基本框架是按区域叙述日者的活动,揭示不同地区择日术的异同。现在能够见到的材料里很少有提到齐国和赵国等地域的择日民俗,但出土简牍文献中却有为数不少的楚地和秦地的"日书"类文献,这些文献不仅让我们能够深入了解楚地和秦地的择日民俗,也为认识秦楚择日术的异同提供了依据。

关于秦楚择日术的异同,本文拟从建除、作事与毁弃、城日与困日等几个方面在前人研究的基础上继续进行讨论。

---

① 《史记》卷一三〇《太史公自序》,第 3318 页。

1. 建除

秦楚建除异同是睡虎地秦简《日书》刻意强调的内容，其中有"除"，也有"秦除"，而抄写者刻意标明"秦除"显然是要和楚地的建除有所区别。通过分析可以发现，秦楚建除术的最大区别就在于建除十二直的名称，其中的数术原理则是一致的。

建除术在时日选择术中地位关键，传世文献记载中，《淮南子·天文》云："寅为建，卯为除，辰为满，巳为平，主生。午为定，未为执，主陷。申为破，主衡。酉为危，主杓。戌为成，主少德。亥为收，主大德。子为开，主太岁。丑为闭，主太阴。"何宁《集释》梳理史料中关于建除术的相关记载，可参看。[①] 明清时期数术文献中也可见建除十二神之名，例如《协纪辨方书》引《历书》曰："历家以建、除、满、平、定、执、破、危、成、收、开、闭，凡十二日，周而复始，观所值以定吉凶。每月交节则叠两值日。其法从月建上起，建与斗杓所指相应，如正月建寅则寅日起建，顺行十二辰是也。"[②]显然明清时期的建除十二直名称和《淮南子》基本相同，由此也可见建除术传承和发展的稳定性特征。

出土文献中建除术也比较常见，放马滩秦简《日书》甲种有"建除篇"，[③]乙种"建除篇"与甲种基本一致，[④]睡虎地秦简《日书》甲种

---

① 《淮南子集释》引钱塘补曰：此建除法也。《史记·日者传》有建除家。太公《六韬》云："开牙门当背建向破。"《越绝书》云："黄帝之元，执辰破巳。霸王之气，见于地户。"《汉书·王莽传》云："十一月壬子直建，戊辰直定。"《论衡·偶会篇》云："正月建寅，斗魁破申。"是也。案建除有二法：《越绝书》从岁数，《淮南书》及《汉书》从月数。后人惟用月也。刘安编，何宁撰《淮南子集释》，第 262 页。

② 谢路军主编，郑同点校：《钦定协纪辨方书》，第 73 页。

③ 本篇书于放马滩秦简《日书》甲种简一至简二一，见甘肃省文物考古研究所编《天水放马滩秦简》，图版第 7—9 页，释文第 84—84 页。本篇原本没有标题，孙占宇命名为"建除"篇，见氏著《天水放马滩秦简集释》，第 67 页。

④ 本篇书于放马滩秦简《日书》乙种简一至简二四，见甘肃省文物考古研究所编《天水放马滩秦简》，释文第 87—88 页。孙占宇将本篇命名为"建除"，见氏著《天水放马滩秦简集释》，第 99 页。

有"秦除"篇（表 12 里称"睡简甲一"），①这些都属于秦系建除。九
店楚简《日书》有"建除"，②睡虎地秦简《日书》甲种有"除"篇（表 12
里称"睡简甲二"），③乙种有"建除"篇（表 12 里称睡简乙一），④这
些都属于楚系建除。除此之外，孔家坡汉简《日书》有建除篇，⑤这是
汉代的建除。另外需要注意的是，睡虎地秦简《日书》乙种有"除"篇
（表 12 里称"睡简乙二"），整理小组指出："此节疑亦建除家之说，但
与《日书》甲种和《淮南子·天文》所载建除家言颇有出入。"⑥可以
认为本篇不属于秦系建除，然文字内容与楚系亦有较大不同，应当
也不属于楚系建除，相关的讨论详参下文。

---

① 本篇书写于睡虎地秦简《日书》甲种简十四正至简二十五正，"秦除"是本篇的篇
题，见睡虎地秦墓竹简整理小组编《睡虎地秦墓竹简》，图版第 90 页，释文第 182—
183 页。整理小组认为："除，即《史记·日者列传》的建除。此处称为'秦除'，可
见是起源于秦。"其实此处特别标明为"秦除"，显然是要和楚地的建除有所区分。
② 本篇书写于《九店楚简》简一三上至简二四上，整理者注释云："此组简分上下两栏书写。
上栏是一年十二个月的建除十二直所值日辰表，下栏是十二直的占辞。"湖北省文物考
古研究所、北京大学中文系编：《九店楚简》，释文第 46—47 页，整理者注释第 61 页。
③ 本篇书写于睡虎地秦简《日书》甲种简一正壹至简一三正壹，"除"是本篇的篇题，
见睡虎地秦墓竹简整理小组编《睡虎地秦墓竹简》，图版第 89 页，释文第 180 页。
相关的研究参看零《读几种出土发现的选择类古书》，李学勤、谢桂华主编《简帛研
究》第 3 辑。
④ 本篇书写于睡虎地秦简《日书》乙种简一至简二十五，原本没有标题，"建除"是后
来整理者所加，见睡虎地秦墓竹简整理小组编《睡虎地秦墓竹简》，图版第 119—
121 页，释文第 231 页。
⑤ 本篇书写于孔家坡汉简《日书》简一壹至简二四，整理者提到："'建除'写在一号简
的首端，是原有的篇题。本篇由两部分组成，前一部分排出建除十二名在一年十二
月中所配的日辰，后一部分说明十二建除日的宜忌，内容与睡虎地秦简《日书》甲
种的'秦除'、放马滩秦简《日书》甲种的'建除'基本相同，可见本篇属于秦的建除。
在睡虎地秦简《日书》甲种和荆门九店楚简《日书》中还记载有楚的建除，具体内容
与秦除有别。"湖北省文物考古研究所、随州市考古队编：《随州孔家坡汉墓简
牍》，图版第 65—67 页，释文第 129—130 页，整理者注释第 130 页。
⑥ 本篇书写于睡虎地秦简《日书》乙种简二六壹至简四六壹，见睡虎地秦墓竹简整理
小组编《睡虎地秦墓竹简》，图版第 121—122 页，释文第 232—233 页。

秦楚建除的主要差异在建除十二直的名称方面,以下列表显示秦系和楚系以及汉代、明清时期建除十二直名称:

表 12　建除十二直名称

放马滩简	建	除	盈	平	定	执	彼	危	成	收	开	闭
睡简甲一	建	除	盈	平	定	挈	柀	危	成	收	开	闭
淮南子	建	除	满	平	定	执	破	危	成	收	开	闭
九店楚简	建	赣	敄	坪	盇	工	坐	盍	城	复	菀	敚
睡简甲二	建	陷	彼	平	宁	空	坐	盖	成	甬	澳	媚
睡简乙一	建	窨	作	平	成	空	壃	盍	成	复	悥	赢
睡简乙二	**建**	**徐**	**吉**	**实**	**窨**	**微**	**冲**	**剕**	**虚**	**吉**	**实**	**闭**
孔家坡简	建	除	盈	平	定	执	破	危	成	收	开	闭
后世称呼	建	除	满	平	定	执	破	危	成	收	开	闭

秦系和楚系建除系统在数术原理上基本相同,即无论秦系还是楚系建除十二神均遵循逐月顺行十二支的基本原则,对于这一点前文已经进行了讨论,兹不赘述。后世数术文献曾用与图 52 类似的图形表示建除的运行,可以作为了解建除数术原理的参考。

前文提到,秦系和楚系建除系统的区别主要在于十二直的名称方面,刘乐贤已经注意到,秦系建除中的"除""盈""开"不见于楚系,而楚系建除中的"工""菀"也不见于秦系。① 但这种名称上的

_____

① 刘乐贤:《楚秦选择术的异同及影响——以出土文献为中心》,《历史研究》2006 年第 6 期。刘乐贤另外还指出,秦楚建除在选择术原理上有所不同,例如秦系建除十二直和楚系建除十二直在各月所值日辰也不一致,秦系建除十二直的"建"正月值寅,而楚系建除十二直的"建"正月值辰,从时日吉凶的角度来看,这样得出的行事宜忌差别极大。

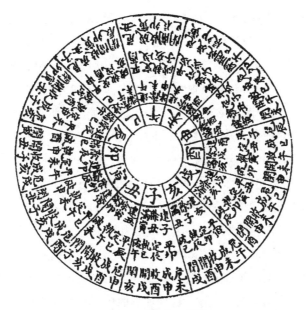

图 52 建除十二神①

差异性其实也并不很大,秦系和楚系建除中,"建""平""成"几乎完全一致,李家浩认为,"宁"与"定","媚"与"闭"读音较为接近。②刘乐贤认为,楚系的"彼"显然就是秦系的"彼"或"破",而楚系的"盖"与秦系的"开"读音相近,楚系中的"坐"也可以释读为"危"。建除十二直名称之中,秦系和楚系相近的占了大半,显然这两种建除法之间原本就存在较为密切的联系,或者有共同的源头。至于其中的不同,应该是在不同地域传播过程中造成的。

需要特别注意的是表 12 中的"睡简乙二",这部分内容在睡虎地秦简《日书》乙种中被称为"除",其数术原理也与秦系和楚系建除

① 图片来源:谢路军主编,郑同点校:《钦定协纪辨方书》,第 73 页。
② 李家浩:《睡虎地秦简〈日书〉"楚除"的性质及其他》,《历史语言研究所集刊》第 70 本第 4 分,1999 年。

完全相同,也遵循逐月顺行十二支的基本原则。然而具体到建除十二直名称,除了"建"与秦系和楚系相同,其他都不相同,显然这种建除术与秦系和楚系建除关系都较为疏远。[①] 这提示我们,在秦系和楚系之外,应该是存在其他系统的建除,而正如前引司马迁所言,秦、楚、齐、赵不同地域有不同的择日民俗,那么这部分建除就有可能属于齐系或者赵系,当然也有可能是来自其他区域。或者由于某种特殊的原因,这部分建除和秦系楚系抄写在一起。

另外,正如学者们所认为的那样,《淮南子·天文》中的记载,以及孔家坡汉简《日书》和明清数术文献中的建除术,都与放马滩秦简以及睡虎地秦简《日书》的"秦除"基本相同,这显示经过一系列的继承和改造方面的工作,秦系建除取代了楚系以及其他系统的建除,最终流传后世。而除了楚系的建除,包括"睡简乙二"在内的其他系统的择日术也都湮灭无存。这种现象的历史背景是秦文化的传播以及秦在政治上的全国一统,秦文化也在向不同地域传播。然而同样应当引起重视的是,不同建除系统十二直具体名称都有不同,但数术原理却完全一致。这显示当时不同地域的数术确实有着共同的源头,诚如李学勤先生所言:"秦、楚的建除虽有差别,但从日名看又有一定的渊源关系。"

2. 作事与毁弃

睡虎地秦简《日书》甲种有"作事"和"毁弃"两篇,从简文的内容来看,"作事篇"可能属于秦系,而"毁弃篇"则可能来自楚地。通过对比可以发现,楚系数术和秦系数术虽然有时候可能名称相同,基本的数术原理差异也不大,但在吉凶设置上却大相径庭。

[①] 刘乐贤将本篇命名为"徐篇",并指出"徐"在本篇第一支简中又作"余",皆当读为建除之除,认为本篇的主要内容属于建除,参氏著《睡虎地秦简日书研究》,第 321 页。后来有论者将这部分内容归入秦系建除,参马志亮《秦礼仪研究》,第 204 页。

睡虎地秦简《日书》甲种"作事篇"说:

> 作事:
> 二月利兴土西方,八月东方,三月南方,九月北方。
>
> (一一〇正壹)①

"作事"是本篇的篇题,顶格书写,与正文之间有空格。从内容上看本篇应当属于秦系《日书》。② 本篇之后是"十二支忌",显然《日书》的抄写者是认为这些内容性质相似,都与动土修造等事项有关,所以把相关的内容抄写在一起。关于"作事"的含义,王子今认为可以理解为经营大事。不过这里题目言"作事",具体内容只说"兴土",涉及范围似乎是有限的。③ 关于"兴土"的含义,吴小强认为是"兴作土木之事",④王子今指出史籍记载中有"兴土龙"之说,所以"兴土"未必就是"兴土木之功""兴土木之役""兴作土木之事"。⑤

至于本篇的数术原理,与前文所提到的四废日和大败日等类似,也是根据时间和方位在日廷图上的位置设置宜忌。本篇提到二月方位上是在东方,和西方在方向上相对;八月在西方,和东方相对,本篇认为在这样的时间动土是有利的,这一点显然与前述"大败日"关于吉凶的设定不同。至于二月西方和九月北方的吉凶设定,暂时不能知晓其遵循的择日原理。也就是说,在秦系择日术系统中被认为是不吉的时日,在楚系则是完全相反的,至于其中原因很可能是由于秦楚两地不同"日者"的不同理解。从择日民俗的区域性

---

① 睡虎地秦墓竹简整理小组编:《睡虎地秦墓竹简》,图版第98页,释文第196页。
② 相关的研究参刘信芳《〈日书〉四方四维与五行浅说》,《考古与文物》1993年第2期。
③ 王子今:《睡虎地秦简〈日书〉甲种疏证》,第226—227页。
④ 吴小强:《秦简日书集释》,第83页。
⑤ 王子今:《睡虎地秦简〈日书〉甲种疏证》,第228页。

差异上来讲,这种现象显然也是正常的。

另外,睡虎地秦简《日书》甲种"毁弃篇"采用楚地的纪月方式书写,显然属于楚系择日术,原文如下:

> 毁弃:
>
> 八月、九月、十月毁弃南方,·爨月、膚(献)马、中夕毁弃西方,·屈夕、援【夕】、刑杘毁弃北【方】,·夏尸、纺月毁弃东方,皆吉。　　　　　　　　　　　　　　　　　　　　　(一一一正壹)
>
> 援夕、刑尸作事南方,·纺月、夏夕〈尸〉、八月作事西方,·九月、十月、爨月作事北方,·膚(献)马、中夕、屈夕作事东方,皆吉。　　　　　　　　　　　　　　　　　　　(一一二正壹)
>
> 正月、五月、九月之丑,二月、六月、十月之戌,三月、七月、十一月之未,四月、八月、十二月之辰,毋以作事。大祠,以大生(牲)大凶,以小生(牲)小凶,以腊古吉。　　　　(一一三正壹)①

"毁弃"是本篇原本的篇名,但本篇并不只有"毁弃",事实上,本篇由三个部分组成,简一一一正面书写的是"毁弃",简一一二正面书写的是"作事",第三部分内容书写在简一一三上,从内容上看也属于"作事",但第三部分的内容也见于前述"土忌"。晏昌贵认为本篇主要是讲拆除旧有房屋的吉凶时日。②《日书》文本的抄写者应当是认为这三部分内容有相似之处,所以抄写在同一篇。另外从月名上也可以推断,第一部分和第二部分同属于楚系《日书》,或者是要与秦系《日书》对比,所以将秦系的"作事"抄写在这两部分之前。至于第三部分内容,如果单从月名上来看,应属于秦系《日书》,或者是因为其中也有"作事"的内容,所以被抄写在此。

---

① 睡虎地秦墓竹简整理小组编:《睡虎地秦墓竹简》,图版第 97 页,释文第 197 页。
② 晏昌贵:《楚秦〈日书〉所见的居住习俗》,氏著《简帛数术与历史地理论集》。

由于本篇采用了楚地特有的纪月方式,为了便于读者阅读,本文将秦楚月份的对比,①以及毁弃、作事的方位制作成表格(见表13),表中另外加入前文提到的太岁和小岁所在的方位作为对比研究。在表13中"作事篇"中的"作事"命名为"作事1","毁弃篇"中的"作事"命名为"作事2",前者属于秦系,后者属于楚系。

表13　毁弃、作事表

		作事1	毁弃	作事2	太岁		小岁	
十月	冬夕		西方	东方	卯	东方	亥	北方
十一月	屈夕		北方	东方	子	北方	子	北方
十二月	援夕		北方	南方	酉	西方	丑	北方
正月	刑夷		北方	南方	午	南方	寅	东方
二月	夏尿	西方	东方	西方	卯	东方	卯	东方
三月	纺月	南方	东方	西方	子	北方	辰	东方
四月	七月		东方		酉	西方	巳	南方
五月	八月		南方	西方	午	南方	午	南方
六月	九月		南方	北方	卯	东方	未	南方
七月	十月		南方	北方	子	北方	申	西方
八月	爨月	东方	西方	北方	酉	西方	酉	西方
九月	膚(献)马	北方	西方	东方	午	南方	戌	西方

可以发现,"作事1"和"作事2"虽然名称相同,但两者的数术原理完全不同,确实可以认为"作事2"应当与"毁弃"第一部分一样属

---

① 相关的研究参王胜利《再谈楚国历法的建正问题》,氏著《楚国天文学探索》,武汉:湖北人民出版社,2020年。

于楚系数术,而"作事 1"可能属于秦系数术。① 胡文辉认为"作事2"其实是根据太岁所在的方位来占断宜于"作事"的方位,而"作事"的规律是一月徙一方,其运行方式是右行,也就是从东到北再到西到南。② 只是虽然可以确定这些内容的共同点是根据方位和月份来确定吉凶,但"作事 1""作事 2"以及"毁弃"和前文提到的太岁、小岁在数术原理上并不相同。

另外,前文曾引睡虎地秦简《日书》中"岁篇"也有相似内容,为方便讨论,现将全文摘录如下:

> 岁
>
> 刑夷、八月、献马,岁在东方,以北大羊(祥)、东旦亡、南遇英(殃),西数反其乡。　　　　　　　　　　　(六四正壹)
>
> 夏夷、九月、中夕,岁在南方,以东大羊(祥)、南旦亡、西禺(遇)英(殃),北数反其乡。　　　　　　　　　(六五正壹)
>
> 纺月、十月、屈夕,岁在西方,以南大羊(祥)、西旦亡、北禺(遇)英(殃),东数反其乡。　　　　　　　　　(六六正壹)
>
> 七月、爨月、援夕,岁在东方,以西大羊(祥)、北旦亡、东禺英(殃),南数反其乡。　　　　　　　　　(六七正壹)③

"岁"是本篇的篇题,④前文曾引述晏昌贵的观点,将本简和九店楚简《日书》"太岁篇"对比,可以发现"太岁"或"岁"每月所在的方位是一致的,但两者的起始点和各月的次序并不相同,九店简"太

---

① 相关的研究参刘信芳《〈日书〉四方四维与五行浅说》,《考古与文物》1993 年第 2 期。

② 胡文辉:《释岁——以睡虎地〈日书〉为中心》,氏著《中国早期方术与文献丛考》。

③ 睡虎地秦墓竹简整理小组:《睡虎地秦墓竹简》,图版第 94 页,释文第 190 页。

④ 参曾宪通《睡虎地秦简日书〈岁〉篇疏证》,第 68 页;张闻玉:《云梦秦简〈日书〉初探》,《江汉论坛》1987 年第 4 期。

岁"始自楚十月在西,然后爨月在北,献马在东,冬夕在南,再从屈夕回到西方。而睡虎地简"岁"则始于刑夷在东方,夏夷在南,以下类推。① 前文提到,本篇"岁"运行的规律与正月建卯,顺行四仲的"大时"几乎完全相同,也就是说"岁篇"中的"岁"很可能就是前面的"大时",②而这里的"岁"很可能是在楚地盛行的某种神煞。③ 本篇显然也来自楚系,从中也可见楚系数术中月份和方位禁忌设置与秦系基本相同。

这部分内容讨论的"作事"与"毁弃"以及"岁篇"的相关内容,可以对楚系数术中月份和方位与时日选择禁忌设置之间的关系有更为直观的了解。可以认为,秦楚数术在基本原理上本无二致,有时候在名称的使用上也有相似性,但在具体时日吉凶的设置上却有时大相径庭,这可能是秦地和楚地不同的"日者"对时日选择术的不同理解造成的。

3. 城日与困日

九店楚简中有"四时十干宜忌篇",其中提到所谓"城日",单看天干与季节关系的话,与睡虎地秦简《日书》"大败日"和"四废日"相似,然而其中的差异也十分明显。通过对这部分内容的讨论,也可以对秦楚择日术的异同有更为具体的了解。

九店楚简《日书》与"城日"有关的简文摘录如下:

【凡春三月】,甲、乙、丙、丁不吉,壬、癸吉,庚、辛成日。

(三七上)

---

① 晏昌贵:《略论睡虎地秦简〈日书〉对楚〈日书〉的继承与改造》,氏著《简帛数术与历史地理论集》。

② 陶磊:《〈淮南子·天文〉研究——从数术史的角度》,第64页。另参胡文辉《释岁——以睡虎地〈日书〉为中心》,氏著《中国早期方术与文献丛考》。

③ 刘乐贤:《睡虎地秦简日书研究》,第103页。

【凡夏三月】,丙、丁、庚、辛不吉,甲、乙吉,壬、癸成日。

(三八上)

凡秋三月,庚、辛、壬、癸不吉,丙、丁吉,甲、乙成日。

(三九上)

凡冬三月,壬、癸、甲、乙不吉,庚、辛吉,丙、丁成日。

(四〇上)

凡成日,利以取妻、家女、冠,利以城事,利以内邦中,利以内室,利以内田邑,利以内人民利。凡吉日,利以祭祀、祷祠。凡不吉日,

(四一上)

利以见公、王与贵人,利以取货于人之所,毋以舍人货于外。

(四二上)①

根据整理者的报告,本篇中的内容书写于九店楚简三七上至四〇上,原本没有篇题。整理者在注释中指出,这段简文的规律较为明显:"不吉日、吉日和成日的天干确定,是以当季所配的天干和第二季所配的天干为不吉日,第三季所配的天干为成日,第四季所配的天干为吉日。"②陈伟根据其中的内容将其定名为"四时十干宜忌",并且指出这种以四时为单位,以天干为基准,讲述日辰宜忌的做法,也见于睡虎地秦简。③

另外,陈伟根据五行学说,将以上简文内容整理为下表,可参看。

---

① 湖北省文物考古研究所、北京大学中文系编:《九店楚简》,第49—50页。
② 湖北省文物考古研究所、北京大学中文系编:《九店楚简》,第101页。
③ 李均明将本篇命名为"成日、吉日和不吉日宜忌",见氏著《古代简牍》,北京:文物出版社,2003年,第41页;也有学者将本篇命名为"成日",并认为此篇内容不见于睡虎地秦简,见晏昌贵《略论睡虎地秦简〈日书〉对楚〈日书〉的继承与改造》,氏著《简帛数术与历史地理论集》。

表 14 九店楚简《日书》"城日"表①

	不吉	不吉	吉	成
春(木)	甲乙(木)	丙丁(火)	壬癸(水)	庚辛(金)
夏(火)	丙丁(火)	庚辛(金)	甲乙(木)	壬癸(水)
秋(金)	庚辛(金)	壬癸(水)	丙丁(火)	甲乙(木)
冬(水)	壬癸(水)	甲乙(木)	庚辛(金)	丙丁(火)

这张表格清晰显示了四季与城日天干设置之间的关系,尤其是五行生克的关系十分明显,正如工藤元男所言,五行相生、相胜乃是本篇占法理论成立的基础。② 同样也有学者注意到,城日和季节是相克的关系,例如城日春季五行属木,庚辛的五行为金,金克木,其他以此类推。③ 此外,也有学者将本篇城日设定的数术原理与《淮南子·天文》中"太岁迎者辱,背者强,左者衰,右者昌"的吉凶推定原则进行类比,认为两者有相似之处。④ 此说甚有见地。

正如陈伟所言,九店楚简此处简文中提到春三月庚辛、夏三月壬癸、秋三月甲乙和冬三月丙丁是"城日",这个天干与季节的搭配与前文提到的睡虎地秦简《日书》乙种"室忌篇"基本相同。为方便

---

① 陈伟:《九店楚日书校读及其相关问题》,《人文论丛》1998 年卷,武汉:武汉大学出版社。
② 工藤元男:《从九店楚简〈告武夷〉篇看〈日书〉之成立》,武汉大学简帛研究中心主办《简帛》第 3 辑。另参氏著《从地域文化论的观点考察"楚文化"》,《珞珈讲坛》第 4 辑,武汉:武汉大学出版社,2008 年。
③ 王化平:《略论战国秦汉简牍数术文献与〈周易〉》,西南大学出土文献综合研究中心、西南大学汉语言文献研究所主办《出土文献综合研究集刊》第 6 辑,成都:巴蜀书社,2017 年。
④ 胡雅丽:《楚人时日禁忌初探》,楚文化研究会编《楚文化研究论集》第 6 集,武汉:湖北教育出版社,2006 年。

讨论,现将睡虎地秦简《日书》乙种"室忌篇"原文摘录如下:

> 室忌
>
> 室忌,春三月庚辛,夏三月壬癸,秋三月甲乙,冬三月丙丁,
> 勿筑室,大主死,瘁(瘝),弗居。　　　　　　　　(一一〇)①

本篇抄写在睡虎地秦简《日书》乙种简一一〇上,"室忌"是原本的标题,从内容来看,是说春三月庚辛等不适合筑造房屋。② 同样,前文提到的四废日和大败日天干和季节的搭配也是春三月庚辛、夏三月壬癸、秋三月甲乙、冬三月丙丁,例如前引睡虎地秦简《日书》甲种的"大败日":

> 春三月季庚辛,夏三月季壬癸,秋三月季甲乙,冬三月季丙
> 丁,此大败日。娶妻,不终。盖屋,燔。行,傅。无可有为,日冲。
> 　　　　　　　　　　　　　　　　　　　　　　(一背)③

从简文涉及到的天干与季节之间的方位关系,以及背后的阴阳五行观念来看,④九店楚简《日书》中的"城日"与睡虎地秦简提到的"四废日""大败日"以及"室忌"都有共同的数术源头。只是"四时十干宜忌"中的"城日"适合婚姻嫁娶等事,而"四废日""大败日"以及"室忌"都是不适合有所作为的不吉之日。这同样可以说明秦楚

---

① 本篇抄写于睡虎地秦简《日书》乙种简一一〇上,"室忌"是原本的标题,参睡虎地秦墓竹简整理小组编:《睡虎地秦墓竹简》,图版第 128 页,释文第 240 页。

② 有学者将本条简文理解为:房室禁忌,为春季三月庚辛日,夏季三月壬癸日,秋季三月甲乙日,冬季三月丙丁日,不要建造房屋,否则家中主人可能死去或残废,不能居住家里。参冯闻文《出土简帛与秦汉残障人口研究》,南京:江苏人民出版社,2021 年,第 153 页。

③ 睡虎地秦墓竹简整理小组编:《睡虎地秦墓竹简》,图版第 103 页,释文第 208 页。

④ 关于其中五行观念的研究参刘信芳《〈日书〉四方四维与五行浅说》,《考古与文物》1993 年第 2 期。

《日书》在吉凶宜忌的设置上存在不小的差异,原因也与前述"作事""毁弃"等相似,这些吉凶宜忌是不同地区的日者根据自身的理解设置的。

杨华认为九店楚简反映的是楚地固有的数术传统,后因楚地成为了秦的郡县,秦的数术系统渗入进来,二者共存,最终合流。[①] 也有学者指出,由于九店楚简的时代较早,"成日"相关的部分内容应以九店楚简为源头。[②] 关于"城日"的"城"的含义,李零认为"成"和"城"意思相同,其中包含有成遂其愿的意思,也就是说神祖可以满足祈愿者的要求,包山楚简中也有相关的用法。[③] 按照李零此说,"成日"确实是可以有所作为的吉日。另外,九店楚简有关建除的简文中也有"城日",印证了李零的说法。简文说:

> 凡城日,大吉,利以结言,取(娶)妻,爱子,内(入)人,城(成)言。 (二一下)[④]

根据九店楚简中"建除"的说法,这里的"城日"是利于结婚等的好日子。可见在九店楚简《日书》中,"城日"的吉凶宜忌设定是稳定和统一的。

根据前文关于秦楚建除异同的讨论,九店楚简中的"城日"对应的是睡虎地秦简《日书》中的"成",秦简宜忌设定为"成日,可以谋事、起□、兴大事",显然也是较为吉利的日子,这显示两者之间应当具有某种渊源。[⑤] 另外,放马滩秦简《日书》甲种"建除篇"中也

---

① 杨华:《楚国礼仪制度研究(修订版)》,第 61 页。

② 张显成:《简帛文献学通论》,北京:中华书局,2004 年,第 62 页。

③ 李零:《读九店楚简》,氏著《待兔轩文存·说文卷》,第 356 页。

④ 湖北省文物考古研究所、北京大学中文系编:《九店楚简》,释文第 47 页。

⑤ 有学者曾将睡虎地秦简和九店楚简中建除相关的内容制作表格以资对比,可参看,见陈伟《新出楚简研读》,武汉:武汉大学出版社,2010 年,第 49 页。

有相似的内容,简文为:"成日可以谋事可起众及作有为毄皆吉。(甲二一)"①工藤元男注意到,睡虎地秦简和放马滩秦简很可能有共同的祖本。② 或者可以说,在建除系统中,从放马滩到睡虎地再到九店楚简,"成日"的吉凶设置是一致的;但九店楚简《日书》"四时十干宜忌篇"中的"城日"应当和秦简中的"大败日"之类属于同一系统,只是和不适合有所作为的"大败日"不同,楚简中的"城日"是有所作为的吉日。秦楚择日术异同的复杂性由此也可见一斑。

1999 年于湖南省沅陵县城关镇虎溪山一号汉墓出土有《阎氏五胜》篇,其中有所谓"困日",天干的设置与"大败日"有相似之处:

> 顺四时者,用春甲乙,夏丙丁,秋庚辛,冬壬癸。常以困、罚日举事,其国日牦(耗)。所谓罚日者,干不胜其支也。所谓困日者,春戊己,夏庚辛壬癸,秋甲乙,冬丙丁。③

整理者指出,本篇首简自题为《阎氏五胜》,末简题为《阎氏五生》,是出土时唯一的十数枚保持原有编联顺序的简。本篇"困日"取的是春季的戊己,夏季的庚辛壬癸,秋季的甲乙,冬季的丙丁,其中夏季和壬癸、秋季和甲乙、冬季和丙丁属于季节与天干在日廷图上所在的方位相对;而春季与戊己、夏季与庚辛,季节与天干在日廷图上所在的方位无规律可循。另外值得注意的是,本简提到春季的天干甲乙、夏季丙丁、秋季庚辛和冬季壬癸属于"顺四时者",也就是天干在日廷图上所处的方位,与所在的季节相同。

---

① 甘肃省文物考古研究所编:《天水放马滩秦简》,图版第 9 页,释文第 84 页。
② 工藤元男著,广濑薰雄、曹峰译:《睡虎地秦简所见秦代国家与社会》第五章《〈日书〉所见国家与社会》,第 163 页。
③ 湖南省文物考古研究所等:《沅陵虎溪山一号汉墓发掘简报》,《文物》2003 年第 1 期。

也就是说,根据九店楚简《日书》的相关内容,天干与季节在日廷图上所处的方位如果相同为凶,如果不同为吉,这与睡虎地秦简《日书》中的相关内容相反,这说明两者虽然有共同的数术源头,但在后来流传过程之中在不同地域出现差异。而虎溪山汉墓竹简《阎氏五胜》提到天干与所在季节方位相同是"顺四时者",相对则会造成"其国日耗"的局面,显示其中的数术原理与前引"大败日"基本相同,这也印证了前文提到的汉代及以后的时日选择之术的源头为秦系,而包括楚系在内的其他择日术则被改造,并没有能够流传下去。

4. 其他地区的择日术

《墨子·贵义》提到子墨子和日者的对话,其中有与择日术有关的内容,从地域来看应属于齐系择日术,由此也可以对秦和楚之外其他地区的择日术有大概的了解。《贵义》原文云:

> 子墨子北之齐,遇日者,日者曰:"帝以今日杀黑龙于北方,而先生之色黑,不可以北。"子墨子不听,遂北,至淄水,不遂而反焉。日者曰:"我谓先生不可以北。"①

《贵义》还提到子墨子的回应说:"南之人不得北,北之人不得南,其色有黑者,有白者,何故皆不遂也? 且帝以甲乙杀青龙于东方,以丙丁杀赤龙于南方,以庚辛杀白龙于西方,以壬癸杀黑龙于北方,若用子之言,则是禁天下之行者也。是围心而虚天下也,子之言不可用也。"可以发现,墨子提到的择日术同样以时间和方位作为时日选择的依据,其中也包含方位与颜色之间的搭配关系,背后显然是五行学说,这与前文提到的秦系和楚系《日书》有相似之处。不同

---

① 孙诒让撰,孙启治点校:《墨子间诂》,第447—448页。

的是,墨子提到的择日术同时也参考了人的"色黑",《日书》类文献中很少见到这样的择日术。而且类似考虑人的肤色的择日术在后世较为少见,根据前文的讨论,也可以认为这种类型的择日术因秦文化的传播而被整合,所以并没有流传下来。

另外《管子》中也有时日选择术相关的记载,《管子·四时》篇载:"春三月,以甲乙之日发五政……夏三月,以丙丁之日发五政……秋三月,以庚辛之日发五政……冬三月,以壬癸之日发五政。"①其中提到的春三月甲乙、夏三月丙丁、秋三月庚辛、冬三月壬癸,与前文《日书》类文献中的相关内容相似。有论者以为,《管子》关于行政的安排是按照五行顺因其类的原则而规定的,与九店楚简《日书》根据相生的原则确定吉日有所不同。②《管子》中的记载也可以被认为是齐系的择日术。

总的来说,经由对秦楚异同的认识,可以发现秦系和楚系《日书》中的择日术有共同的源头,其实也可以推论,包括齐系、赵系等其他区域的择日术也应当有着共同的源头。在后来发展的过程之中,不同地域的择日术逐渐呈现不同的样貌,有的发展出不同的名称,有的名称相同但吉凶设置方式相反,从民俗发展的角度来看,这种现象也是正常的。经由此,也可以对司马迁所谓"各有俗所用"有更为直观的认识。

与此同时也应当注意到,秦统一的过程之中,秦文化逐渐向外传播,秦系《日书》对楚系进行了一定程度的继承和改造工作,可以推知同样的工作也可能发生在针对齐系、赵系以及其他区域文化方面。秦文化对其他文化的继承和改造的力度、方式以及实际产生的

---

① 黎祥凤撰,梁运华整理:《管子校注》,第843—855页。
② 曹建墩:《两周祭祀吉日及择吉礼俗考析》,《首都师范大学学报(社会科学版)》2014年第2期。

效果可能有较大的差异,但无论如何秦系择日术成为主流,这也决定了后世择日术的基本框架。司马迁对"各有俗所用"的描述,也有可能包括这方面的内容。

二、择日术的演变

司马迁所谓的"各有俗所用"应当包括不同地域和不同历史时期的择日术,由于材料的限制我们对不同地域的择日民俗所知甚少,只能根据出土的秦系和楚系《日书》文献略窥其中内容。但史料中也留存有不同历史时期与时日选择术相关的记载,为认识择日民俗的发展提供了重要依据。

1. 吉日维戊

择日术有着悠久的传统,殷墟甲骨中有干支表,被认为是殷代的日历,或者也具有时日选择的功能。宋镇豪介绍说,干支表一般刻在牛胛骨上,一般纵向排列,每行一甲十日。完整的干支表共有6行,十甲六十日。目前最完整的干支表刻在属于黄组的一块牛肩胛骨上,即《合集》37986,上面六十干支分刻六行。[1] 另外,殷代还有玉版"甲子表",[2]有学者认为其作用是:"在骨版或龟甲上刻出六十甲子或者前三十个甲子,这是为占卜时排列日子或检查之用,是一种占卜用的工具。"[3]也有学者认为玉版甲子表是记日的工.

---

[1] 宋镇豪、刘源:《甲骨学殷商史研究》,福州:福建人民出版社,2006年,第15页。另参郭沫若《殷契粹编》,北京:科学出版社,1965年,第734页;常玉芝《殷商历法研究》,长春:吉林文史出版社,1998年,第89页;陈遵妫《中国天文学史》,第1137页。

[2] 陈邦怀云:"我曾将六十甲子分写成六组,每组二行,每行十字。由此可知玉版的辛字下残卯字,庚寅、辛卯在第三版的第二行。这两个半字恰好刻在玉版之左,字左有玉版边沿可为佐证。考殷墟出土的甲子表多刻于兽骨,或刻于龟甲,用玉版刻甲子表,此为初见,至可珍贵。"参陈邦怀《商玉版甲子表跋》,《文物》1978年第2期。另参氏著《记商玉版甲子表》,《天津社会科学》1983年第3期。

[3] 懿恭:《我们最古的书》,《文物参考资料》1954年第5期。

具。① 后来出土材料中也发现有类似的干支表,其功能以记日为主,然亦不排除具有时日选择的功能。② 商周以下,不同文化区域也都使用这套共同的干支系统,前文提到的择日术的共同源头应当可以在此寻找。

文献记载也提到早期时日选择的传统,例如《尚书·尧典》云:"辑五瑞,既月乃日,观四岳群牧,班瑞于群后。"③今文《尚书》作:"择吉月日,见四岳群牧,班瑞。"《史记·封禅书》与《汉书·郊祀志》同,皮锡瑞认为:"史公或以故训改经,班孟坚则不然,而《史》、《汉》所引皆同,盖皆引用今文《尚书》,与古文《尚书》本异也。"④所谓择吉日月见四岳群牧,透露出的信息是早期历史中重大典礼的举行考虑了时日选择的问题。另外《诗经·小雅·吉日》说"吉日维戊""吉日庚午",应当是与祭祀有关的时日选择。⑤同样,《墨子·明鬼下》也提到古代祭祀择日:"吉日丁卯,周代祝社方,岁于社者考,以延年寿。"⑥说的是选择较为吉利的日子进行祭祀活动。

① 尤仁德:《古代玉器通论》,北京:紫禁城出版社,2009年,第113页。
② 例如放马滩秦简中就有干支表,相关的研究参程少轩《放马滩简式占古佚书研究》第二章《放马滩简式占古佚书分篇研究》,第28页。出土文献中也有所谓干支筹,相关的研究参李零《中国国家博物馆藏战国错金干支仪》,《中国国家博物馆馆刊》2016年第5期。
③ 《尚书正义》,阮元校刻《十三经注疏》,第266页。
④ 皮锡瑞撰,盛冬铃、陈抗点校:《今文尚书考证》,北京:中华书局,1989年,第53页。
⑤ 《毛诗正义》,阮元校刻《十三经注疏》,第429页。杨宽认为,西周贵族由于重视马力,崇祀马神而祈祷。这样把马神称为"伯",可知他们对马神的尊崇。杨宽:《西周史》,上海人民出版社,2019年,第880页。
⑥ 孙诒让云:"周以丁卯为忌日,疑此'卯'当为'邜',二字形近而误。《汉书·翼奉传》云:'东方之情,怒也。怒行阴贼,亥卯主之,是以王者恶子卯也。西方之情,喜也。喜行宽大,巳酉主之,是以王者吉午酉也。'是吉邜之义。"孙诒让撰,孙启治点校:《墨子间诂》,第241页。

　　前文已经提到,周代初年人们对于月相变化就已经比较注意,王国维认为周初以从朏(阴历初三的月相)到次朏间为一个月,分为初吉、既生霸、既望、既死霸四个部分,①而种种迹象表明,"初吉"这一月相应当与周初的择日术有关。例如陈遵妫指出,根据统计,周代的铜器中以"初吉"出现的次数最多,几乎占了总数的百分之七十;而在初吉中,正月初吉最多,而初吉丁亥又占了初吉总数的一半以上。这样看来,周人喜欢在年初、月初(初旬)择吉铸器,可能有其原因。② 张闻玉认为初吉是朔日,并不指朔前或初三、初五、初十。③ 也有学者注意到,从春秋早期到战国早期很多青铜器铭文作器时间都是"正月初吉丁亥",显然这是一种吉日。④ 这些都可以说明根据月相进行时日选择具有悠久的历史。

　　可以发现,商周时期的时日选择之术注重观察天文的变化,例如根据月相的变化判断吉凶;另外当时人们也赋予干支吉凶宜忌,然后根据干支吉凶判断宜忌。这两者都是后世择日术的基础内容,再加上共同的干支符号体系,所以可以认为后世择日术的源头当在商周或者更早的历史时期。

---

① 王国维:《生霸死霸考》,氏著《观堂集林(外二种)》。近年来的讨论文章见张闻玉《王国维〈生霸死霸考〉志误》,《贵州大学学报》1992 年第 4 期;景冰《西周金文中纪时术语——初吉、既望、既生霸、既死霸的研究》,《自然科学史研究》1999 年第 1 期。

② 陈遵妫:《中国天文学史》,第 211 页,注 4。关于初吉和丁亥日的讨论见黄圣璋《释初吉》,《历史研究》1958 年第 4 期;岑仲勉《周金文所见之吉凶宜忌日》,第 157 页。另见姜亮夫《古史学论文集》,第 143 页;白光琦《试说西周的日辰宜忌》,氏著《先秦年代探略》,第 8 页。然而前引庞朴《"五月丙午"与"正月丁亥"》一文提到至少在春秋时候,器物铭文中的"正月丁亥"不实际存在,正月铸器的事大概没有可能,且初吉丁亥可能并不真实存在。

③ 张闻玉:《西周金文"初吉"之研究》,《考古与文物》1999 年第 3 期;另参氏著《中国古代天文历法讲座》,第 355 页。

④ 彭裕商:《汉语古文字学概论》,第 188 页。

2. 蓍龟时日亦有力

进入汉代以后,时日选择之术继续发展。尤其是到汉武帝时期,随着汉朝各项事业持续发展,社会节奏急剧加快,各种人才都有发挥作用的空间,择日术获得官方的信赖,也获得较大的发展机会。

萧何曾建议刘邦"择良日"拜大将,《史记·淮阴侯列传》载:"王素慢无礼,今拜大将如呼小儿耳,此乃信所以去也。王必欲拜之,择良日,斋戒,设坛场,具礼,乃可耳。"①"择良日",《汉书·韩信传》作"择日",指的是"拜大将"这种重要的礼仪活动要选择吉利的时日,这是体现对"拜大将"重视态度的重要方面。高祖登基也有时日选择的记载,《汉书·高帝纪》载刘邦即位时说:"于是诸侯王及太尉长安侯臣绾等三百人,与博士稷嗣君叔孙通谨择良日二月甲午,上尊号。"②负责时日选择的是"博士稷嗣君叔孙通",《史记·叔孙通传》说他"秦时以文学征,待诏博士",③在当时的刘邦集团中属于博学之士,这显然是叔孙通负责择日的主要原因。而叔孙通为汉高祖即位选择的时间是"二月甲午"。这是高帝五年的事情,根据陈垣《廿二史朔闰表》,当年二月壬辰朔,甲午是这个月的第三天,或者叔孙通考虑了"初吉"的传统。另外联系前文提到《诗经》中"吉日庚午"以及所谓"王者吉午酉"的说法,以"午"为吉日可能有较为悠久的传统。④

进入汉代中期以后,择日术获得较大的发展机遇,前引《史记·日者列传》载褚少孙记说汉武帝时曾聚会占家,询问某日是否宜于"取妇",当时参与的有五行家、堪舆家、建除家、丛辰家、历家、天人

①《史记》卷九二《淮阴侯列传》,第2611页。
②《汉书》卷一下《高帝纪下》,第52页。需要注意的是,这部分内容不见于《史记》。
③《史记》卷九九《叔孙通传》,第2720页。
④ "王者吉午酉"见《汉书》卷七五《翼奉传》,第3168页。

家、太一家等等。以上诸家对于汉武帝选择的嫁娶时日宜忌有不同的判断,最后汉武帝制曰:"避诸死忌,以五行为主。"①这也是史料中政府层面对择日行为进行规范的较早记载。事实上,对时日选择术进行规范的并不只有汉武帝,据《旧唐书·吕才传》:"太宗以阴阳书近代以来渐致讹伪,穿凿既甚,拘忌亦多,遂命(吕)才与学者十余人共加刊正,削其浅俗,存其可用者。"②这是唐太宗时期的事情,当时出现所谓"穿凿既甚,拘忌亦多"的情况,所以政府才会对择日术进行规范。后来到了清代,官方又一次规范和整理择日术。乾隆六年《钦定协纪辨方书序》云:"厥后滥觞,日以讹谬。术士以吉凶祸福之说,震惊朕师,不可方物。如褚少孙补《史记》所称:'彼家云吉,此家云凶;彼家云小吉,此家云大凶,茫乎不知其畔岸。'汉武以来,已如聚讼。而荀悦、王充辈斥为理之所无,弃而勿论者也。"③也就是说,择日不同流派共存"争讼不已"是政府出面干涉的主要原因,事实上《协纪辨方书》也是出于这样的目的对当时诸多择日流派进行整合,为民众的时日选择提供正确的指导。择日术其实是以阴阳五行为基础构建起来的开放性的数术系统,不同时代都会有人往这个系统内部增添新的内容,导致讹伪、穿凿、荒谬,以至于民多拘忌,影响日常生活也是有的,所以行政干预也自有其必要。

另外,《史记·龟策列传》"太史公曰"提到汉武帝时"博开艺能之路",在开边事功的整体社会背景之下,擅长时日选择之术的人士也能够发挥特长:

> 至今上即位,博开艺能之路,悉延百端之学,通一伎之士咸

---

①《史记》卷一二七《日者列传》,第3222页。
②《旧唐书》卷七九《吕才传》,第2720页。
③谢路军主编,郑同点校:《钦定协纪辨方书》,第1页。

得自效,绝伦超奇者为右,无所阿私,数年之闲,太卜大集。会上欲击匈奴,西攘大宛,南收百越,卜筮至预见表象,先图其利。及猛将推锋执节,获胜于彼,而蓍龟时日亦有力于此。上尤加意,赏赐至或数千万。如丘子明之属,富溢贵宠,倾于朝廷。至以卜筮射蛊道,巫蛊时或颇中。①

其中提到蓍龟时日能够发挥作用的领域是"猛将推锋执节,获胜于彼",是说在军事活动之中卜筮和时日选择都能够有所助益。军事尚神秘,神秘主义因素在军事活动中确实曾经起到过关键性的作用。另外,褚先生提道:"神龟出于江水中,庐江郡常岁时生龟长尺二寸者二十枚输太卜官,太卜官因以吉日剔取其腹下甲。龟千岁乃满尺二寸。王者发军行将,必钻龟庙堂之上,以决吉凶。今高庙中有龟室,藏内以为神宝。"这显然也是军事活动中神秘主义因素发挥作用的重要例证,详下文。

史料记载提到汉武帝立三子为王,曾命史官择日,这也是重要礼仪活动中选择时日的例证,《史记·三王世家》载群臣奏疏云:"臣请令史官择吉日,具礼仪上,御史奏舆地图,他皆如前故事。"史官负责重要典礼的时日选择应当引起特别的注意。另外《三王世家》还记载了群臣选择的吉利时间:"太常臣充言卜入四月二十八日乙巳,可立诸侯王。臣昧死奏舆地图,请所立国名。礼仪别奏。臣昧死请。"②这是元狩六年的事情,根据《廿二史朔闰表》,是年四月丁丑朔,史官认为二十八日乙巳为吉日的原因不详。

另外,《史记·封禅书》载汉武帝曾在方术士的建议下,"作画云气车,及各以胜日驾车辟恶鬼"。《史记索隐》引乐产云:"谓画青车

---

① 《史记》卷一二八《龟策列传》,第 3224 页。
② 《史记》卷六〇《三王世家》,第 2110 页。

以甲乙,画赤车丙丁,画玄车壬癸,画白车庚辛,画黄车戊己。将有水事则乘黄车,故下云'驾车辟恶鬼'是也。"①汉武帝以"胜日"驾车避恶鬼,虽然属于厌胜类巫术,但也可以归入择日术。

可以注意到,时日选择是较为基础的技术,对汉武帝影响较为深远的是巫鬼降神以及神仙方术,或者是各种厌胜类的巫术,而择日术不能够像神仙方术那样提供远景的升仙预期,相关的从业人员也很难受到推崇和信赖,是以在史书中很少能够见到他们的身影。但政府层面的重要礼仪活动通常要进行时日选择,而择日术显然也已经深入民间社会,成为习俗中的重要内容;然"术士"往往以吉凶祸福之说牟利,对民众的生活造成深远影响,甚至一定程度上影响行政的运行,以至于政府要对时日选择术进行规范。

3. 冠以戊子为元日

史料记载提到,王莽时期喜好"时日小数",史料中也有王莽刻意进行时日选择的记载,这些都为认识汉代的择日术提供了重要的资料。《汉书·王莽传》载:

> 性好时日小数,及事迫急,亶为厌胜。遣使坏渭陵、延陵园门罘罳,曰:"毋使民复思也。"又以墨污色其周垣。号将至曰"岁宿",申水为"助将军",右庚"刻木校尉",前丙"耀金都尉",又曰:"执大斧,伐枯木;流大水,灭发火。"如此属不可胜记。②

所谓"时日小数"虽然并不限于择日术,但既然以"时日"为名,也显示其最初所指应当就是择日术,其中"坏渭陵、延陵园门罘罳"以及"执大斧,伐枯木;流大水,灭发火"等属于厌胜类巫术,而王莽

①《史记》卷二八《封禅书》,第1388页。
②《汉书》卷九九中《王莽传中》,第4186页。

对琐碎的厌胜类巫术极端信赖,或者正因此班固也将此类巫术称为"时日小数"。① 而关于"将至",有论者认为应当作"将军",②如果这种说法不误,王莽把将军称为"岁宿"显然是希望借助岁星的神秘力量,这也应当属于厌胜巫术,而这里的"岁宿"应当与前文提到的时日神煞"大岁"或者"小岁"有关,是以王莽此举也可以被认为是时日选择。

王莽对重要典礼的时日选择也非常重视,《汉书·王莽传》载王莽即真诏书说:"以戊辰直定,御王冠,即真天子位,定有天下之号曰新。"颜师古注云:"于建除之次,其日当定。"③也就是说王莽即真使用了建除术,是年为王莽居摄三年,十一月为甲辰朔,而根据睡虎地秦简《日书》的说法,十一月建子定辰,王莽"戊辰直定"的说法与秦简《日书》中的建除术相同,由此也可知秦系建除术在汉代及以后沿用。④

王莽曾经对冠礼和婚礼的时日禁忌进行规定,这其实是以政府行政手段对择日民俗进行强制的控制,《汉书·王莽传》载:

> 令天下小学,戊子代甲子为六旬首。冠以戊子为元日,昏以戊寅之旬为忌日。百姓多不从者。⑤

王莽对当时社会上最为重要的冠礼和婚礼的择日行为进行了

---

① 相关的研究参嵇童(林富士)《压抑与安顺——厌胜的传统》,《历史月刊》第132期,1999年。相关的研究也参吴成国《六朝巫术与社会研究》,武汉:武汉出版社,2007年,第197页;张剑葳《厌胜在中国传统建筑中的运用发展及意义》,《古建园林技术》2006年第2期;刘汉杰《厌胜习俗》,《百科知识》2010年第18期;史杰鹏《"厌胜"之词义考辨及相关问题研究》,《励耘语言学刊》2020年第2期。

② 王先谦《汉书补注》引周寿昌曰:"宋小字本,'至'作'军'。"王先谦说:"南监本作'军',是。"第5801页。

③《汉书》卷九九上《王莽传上》,第4095页。

④ 刘乐贤:《睡虎地秦简日书研究》,第36—40页。

⑤《汉书》卷九九中《王莽传中》,第4138页。

规定,强行认定冠礼以戊子为吉日,结婚以戊寅为忌日。然而学者们也注意到,这是政府强制规定的忌日,并不属于民俗,所以遵循者寥寥无几,"百姓多不从者"应当是基于历史事实的描述。① 至于戊子取代甲子的原因,应当是因为王莽认为新朝得"土德",例如顾颉刚就认为,天干之中"戊"为土德之日,土德既王,那么戊子就应当取代甲子为六旬之首了。② 至于为什么"戊寅之旬"是结婚的禁忌,《汉书补注》引何焯曰:"莽自以土德。故改戊子为六旬首。戊(戊)寅支克干。故为忌日。"③另外钱大昕《廿二史考异》认为:"莽以戊子代甲子为六旬首,戊寅旬中无子,故忌之。"④王莽对时日小数的信赖由此可见一斑。

无论是传世资料还是出土文献,婚姻时日的选择都十分重要,王莽也非常重视嫁娶择日,史料记载王莽之女嫁汉平帝,当时有纳采和纳吉之礼,《汉书·外戚传》载:"太后不得已而许之,遣长乐少府夏侯藩、宗正刘宏、少府宗伯凤、尚书令平晏纳采,太师光、大司徒马宫、大司空甄丰、左将军孙建、执金吾尹赏、行太常事太中大夫刘歆及太卜、太史令以下四十九人赐皮弁素绩,以礼杂卜筮,太牢祠宗庙,待吉月日。"⑤所谓"待吉月日"就是纳采之后选择吉利时日迎亲,"以礼杂卜筮"的说法显示王莽选择嫁娶时日参考了礼仪文献的记载和卜筮等不同的方式。

尤其需要注意的是,在王莽为其女举行的婚礼中出现了关于一

---

① 彭卫:《汉代婚姻形态》,第122—123页。关于冠礼的时日选择研究参杨华《楚国礼仪制度研究(修订版)》,第12页。
② 顾颉刚:《王莽的受禅及其改制》,《古史辨自序》,北京:商务印书馆,2011年,第658页。
③ 班固撰,颜师古注,王先谦补注:《汉书补注》,第5754页。
④ 钱大昕:《廿二史考异》,南京:凤凰出版社,2018年,第133页。
⑤《汉书》卷九七下《外戚传下》,第4009—4010页。

日之内"时"的吉凶,《外戚传》载:"明年春,遣大司徒宫、大司空丰、左将军建、右将军甄邯、光禄大夫歆奉乘舆法驾,迎皇后于安汉公第。宫、丰、歆授皇后玺绂,登车称警跸,便时上林延寿门,入未央宫前殿。"①颜师古注"便时"为"取时日之便也",联系前后文意,这里的"便时"可以理解为"吉时",也就是一日之内比较吉利的时间。②前文提到,日廷图的时间系统包括"时",《日书》类文献中也已经出现了精确到"时"的择日术,而西汉后期漏刻等相关技术发展,使得人们能够更方便理解和利用"时",是以王莽嫁女的时日选择也精确到了"时"。联系前文提到的"以鸡鸣为时",可以认为以"时"为时间单位的吉凶宜忌也成为秦汉时日选择之术的新发展。

同样,王莽使用式盘应当也属于时日选择之术,其具体使用方式也与一日之内的"时"有关。《汉书·王莽传》记载:"天文郎桉栻于前,日时加某,莽旋席随斗柄而坐,曰:'天生德于予,汉兵其如予何!'"③这里天文郎操作的就是式盘,这种类型的器物原本就是择日术的重要工具,相关的研究介绍已见于前文,此不赘述。可以注意到,这里的"日时加某"和"便时上林延寿门"意思相同,指的都是一日之内的"时"。④ 由此可知当时的使用方式是,天文郎根据时间旋转天盘上的斗柄,例如子时对应地盘上的地支子,而王莽则根据斗柄的指向更换自己座位所在的方位,例如子时座位在正北方,卯时

---

① 《汉书》卷九七下《外戚传下》,第 4009 页。

② 《后汉书·杨震传》说"及车驾行还,便时太学",李贤注云:"且于太学待吉时而后入也,故曰便时。前书'便时上林延寿门'也。"《汉书补注》云:"章怀注《杨震传》,引此解云:'待吉时而后人。'其解似明而实非。盖平后之'便时',未尝非欲待吉时,而此但取便停住许时耳,此时非指吉时。如以此便时为吉时,以解《杨震传》,尚亦可通;而以解《鲁丕传》为便时,不可通矣。"班固撰,颜师古注,王先谦补注:《汉书补注》,第 5269 页。

③ 《汉书》卷九九下《王莽传下》,第 4190 页。

④ 关于"加时"的讨论参陈梦家《汉简年历表叙》,《考古学报》1965 年第 2 期。

座位在正东方等等,每个时辰更换一次座位方位。另外如果式盘的地盘上刻画有二十八宿,天盘上的斗柄也可以指向二十八宿,王莽也可以据此更换座位方位。当然这种方式涉及到将一日分为二十八时的特殊时制,前文也提到,这种时制更多用于时日选择术方面。显而易见,如果这种仪式顺利进行,需要有漏刻或者日晷等时间测量仪器配合。①

总体上看来,王莽对"时日小数"的信赖确实是根深蒂固的,王莽时期的重要典礼都考虑了时日选择。只是王莽对时日民俗进行刻意规定显然未能起到预想的效果,这和新莽改制的其他类似政策产生的效果相似。另外王莽对于厌胜的效果也有所期待,他希望能够通过对时间进行模拟的方式获得上天的神秘力量,这其实也涉及到人们使用择日术的根本问题,即前文提到的所谓尊天与顺时。与此同时需要注意的是王莽的时日选择精确到了一日之内的"时",而这显然有漏刻等较为先进的时间测量仪器的配合。

4. 视历复开书

郭茂倩编《乐府诗集》有《焦仲卿妻》一首,其中有序云:"汉末建安中,庐江府小吏焦仲卿妻刘氏,为仲卿母所遣,自誓不嫁。其家逼之,乃没水而死。仲卿闻之,亦自缢于庭树。时人伤之而为此辞也。"是知这首乐府诗的时代应为东汉晚期,②而其中提到嫁娶择日的行为,可以与前文提到的出土简牍《日书》类文献对照阅读:

---

① 相关的研究参华同旭《中国漏刻》,合肥:安徽科学技术出版社,1991 年。另参李志超《中国水钟史》,合肥:安徽教育出版社,2014 年;董涛《漏刻与汉代时间观念》,《史学月刊》2021 年第 2 期。

② 陈直先生认为:"以诗中白鹄舫、交广、青庐、合葬等字面观之,皆为东汉人之习俗语,与诗序所说汉末建安中,时代无不吻合。(诗序当为后人所追加,距成诗时亦不过远,因兰芝姓刘,仅载于诗序也。)"陈直:《汉诗作品之断代》,《陈直著作选》,西安:西北大学出版社,2021 年。

媒人下床去,诺诺复尔尔。还部白府君:"下官奉使命,言谈大有缘。"府君得闻之,心中大欢喜。视历复开书,便利此月内。六合正相应,良吉三十日。"今已二十七,卿可去成婚。"①

有学者认为,这一段反映的是古代婚姻礼仪中"请期"的具体经过情形。从叙述的过程来看,婚期是由男方依据历书确定,然后再通知女方。② 关于其中的"视历复开书"一句,有论者以为这里提到的"历"与"书"是"错综句",犹言"开视历书",即翻阅历书以挑选吉日。③ 彭卫和杨振红则认为,这种"书"就是《日书》,大概许多家庭都有,时备查询。④ 但彭卫和杨振红并未对"历"进行解释。显然,乐府诗中的"历"指的是日历,而从"便利此月内"的使用方式,以及"六合正相应"的具体内容来看,当时使用的日历应包含有吉凶方面的内容,这其实也就是具注历。学者们有关具注历日的研究已见前文,兹不赘述。

另外乐府诗中还提到当时选择的吉利时间"六合正相应",其中"六合"是重要的选择术名词。叶德辉认为,由《孔雀东南飞》的记载可知,六合之名称在汉代已经习闻于里俗之口。⑤ 鲁实先认为根据《孔雀东南飞》的记载可知"六合四相日"宜嫁娶,本为吉说。⑥ 彭卫也注意到《隋书·经籍志》中有《六合婚嫁历》,把结婚的时日分为"冲"与"合"两种,而《孔雀东南飞》"六合正相应"的说法显示汉代人以六合法确定吉日的做法与《六合婚嫁历》有继承关系。⑦

---

① 郭茂倩编:《乐府诗集》,北京:中华书局,1979年,第1036页。
② 韩养民、张来斌:《秦汉风俗》,西安:陕西人民出版社,1987年,第150页。
③ 袁书会等:《中国古代文学基础》,西安:陕西师范大学出版社,2018年,第110页。
④ 彭卫、杨振红:《中国妇女通史·秦汉卷》,杭州:杭州出版社,2010年,第116页。
⑤ 叶德辉:《再与舒贻上论星命书》,《叶德辉诗文集》,长沙:岳麓书社,2010年。
⑥ 鲁实先:《史记会注考证驳议》,张舜徽主编《二十五史三编》,长沙:岳麓书社,1994年。
⑦ 彭卫:《汉代婚姻形态》,第153页。

关于六合的具体内容,《南齐书·乐志》云:"五行说十二辰为六合,寅与亥合,建寅月东耕,取月建与日辰合也。"①前文也提到,所谓"相合"指的是地支午和未、巳和申、辰和酉、卯和戌、寅和亥、丑和子两两相合。至于相合的原因,根据《五行大义》卷二《论合》的说法是"阴阳相配",即天干和地支都有阴阳,就地支来说:"子阳,丑阴,寅阳,卯阴,辰阳,巳阴,午阳,未阴,申阳,酉阴,戌阳,亥阴。"但《五行大义》认为并非所有的阴阳相配都是相合:"支合者,日月行次之所合也。正月日月会于诹訾之次,诹訾,亥也,一名豕韦,斗建在寅,故寅与亥。"②另外,相合还要考虑有关天文方面的内容,刘增贵将其解读为"各月斗建之地支与日月在各月相会处之地支为合"。③"六合正相应"是婚姻的吉日,取阴阳相合以及和合美满之意,这是非常吉利的日子。

最后,《焦仲卿妻》中"视历复开书"的是太守本人,睡虎地秦墓主人喜的身份也是秦政府的基层政府官员,显然这并不是偶然现象。从秦到东汉时期,基层政府官员掌握历书类文献,方便基层政务运行以及社会生活需求,而在"敬授民时"思想的影响下,对时间计量方式的垄断和掌握也代表着等级特权,甚至也可以理解为基层统治者通过对时间的掌控获得合法性支撑,相关的讨论另文呈现。

也就是说,乐府诗《焦仲卿妻》表现了东汉时期人们如何在嫁娶活动时进行时日选择的具体细节,虽然这本身是文学作品,但同样可以看作是民间使用择日术的重要历史资料。尤其应当注意其中

①《南齐书》卷九《礼志》,北京:中华书局,1972年,第142页。
② 刘国忠校:《五行大义研究》附录五《五行大义校文》,第145页。
③ 刘增贵:《睡虎地秦简〈日书〉〈土忌〉篇数术考释》,《历史语言研究所集刊》第78本第4分,2007年。

关于"历"和"书"的使用,以及婚礼吉利时间"六合"的选择,这为研究《日书》类文献在实际择日中的使用方式提供了重要佐证。

总的来说,梳理先秦秦汉以来择日术发展历程,可以发现根据天文现象进行占断以及赋予干支符号吉凶宜忌的传统在商周时期就已经出现了,尔后在不同地域发展,术士和所谓的日者因应不同地区的民俗,发展出不同样貌的择日术,这应当是司马迁所谓"齐、楚、秦、赵为日者,各有俗所用"的真实含义。时日选择术也曾受到包括汉武帝和王莽等统治者的注意,但在民间社会显然有更广阔的使用空间,荀悦、王符、王充以及应劭、崔寔等人都以不同的方式论及东汉时期的择日术,而他们的意见和司马迁有共通之处,经由对他们关于择日术的态度的分析,也可以推知《日者列传》的基本思想。

三、择日民俗的批评与反思

秦汉时期的知识阶层对择日民俗有批评和反思的意见,前文提到班固曾批评王莽信奉"时日小数",而这与《潜夫论》和《论衡》所载王符和王充的相关言论非常相似。除了批评之外,也有一些士人尝试移风易俗,对择日民俗进行整理和规范,崔寔和应劭的努力值得重视。可以发现,在限制和防范择日民俗走向泛滥这一点上,汉代知识阶层的态度是相对一致的。所以有理由相信,司马迁对于择日民俗的态度应当与应劭等人具有一定的相似性,而这对于认识《史记》中的《日者》和《卜筮》两传也具有重要意义,详参下文的讨论。

史料中多见对时日禁忌的批评,前引《墨子·贵义》子墨子批评日者之言是"禁天下之行者也。是围心而虚天下也"。[①] 认为日者之

①孙诒让撰,孙启治点校:《墨子间诂》,第448页。

言不可用。司马谈《论六家要指》说阴阳家"尝窃观阴阳之术,大详而众忌讳,使人拘而多畏",①《汉书·艺文志》说"及拘者为之,则牵于禁忌,泥于小数,舍人事而任鬼神"。② 范晔《后汉书·方术列传》也认为:"通儒硕生,忿其奸妄不经,奏议慷慨,以为宜见藏摈。"③学者们的研究也注意到,汉代时日禁忌较为严密和烦苛,王子今曾经对出行的宜忌进行统计,发现不适合出行的日子占了近百分之五十。④ 黄一农讨论中国古代的择日传统,也注意到时日禁忌有越来越烦苛的倾向,以至于出现"无吉辰可用"的现象。⑤ 有论者以为,正是由于时日禁忌过于严苛和繁密,所以引起了汉人对时日禁忌批评和反思。⑥ 应当注意到,择日民俗不仅影响民众的社会生活,也影响基层政治的有效运行,从韩非到王符以及王充、应劭等人,大都是从这两个角度进行思考的。

1. 从韩非到王符

早在《韩非子》中就已经有了对时日选择之术的批判,《韩非子·亡征》说:"用时日,事鬼神,信卜筮而好祭祀者,可亡也。"⑦其中"时日"指的就是时日选择之术,韩非认为过于相信鬼神以及时日之术甚至可能会导致国家的败亡,这是法家对于巫鬼之术的基本态度。后来秦始皇时有说:"古之五帝三王,知教不同,法度不明,假威

①《史记》卷一三〇《太史公自序》,第 3289 页。

②《汉书》卷三〇《艺文志》,第 1734—1735 页。

③《后汉书》卷八二上《方术列传上》,第 2705 页。

④ 王子今:《秦汉交通史稿》第十七章三"交通禁忌",北京:中国人民大学出版社,2013 年。

⑤ 黄一农:《从尹湾汉墓简牍看中国社会的择日传统》,《历史语言研究所集刊》第 70 本第 3 分,1999 年;后收入氏著《社会天文学史十讲》。

⑥ 杨继承:《汉人对时日禁忌的反思与批判》,《中山大学学报(社会科学版)》2021 年第 5 期。

⑦ 王先慎撰,钟哲点校:《韩非子集解》,北京:中华书局,1998 年,第 109 页。

鬼神,以欺远方,实不称名,故不久长。"①秦始皇对"假威鬼神以欺远方"的批评与韩非"用时日,事鬼神""信卜筮而好祭祀"的批评如出一辙,也就是说,法家认为鬼神巫术影响政府"法度"的实施,是以反对民众信奉鬼神,强调政府应当限制时日选择等各类鬼神巫术或者数术。另外,前文征引《墨子·贵义》中的相关记载,子墨子回应日者之言曰:"若用子之言,则是禁天下之行者也。是围心而虚天下也,子之言不可用也。"②显然,墨子同样不愿意相信日者之言,但他的出发点是时日禁忌会对人们的生活造成影响,与韩非关注政府的统治有所不同。

西汉中后期以后,也有人认识到民间信仰行为具有危害性,其中也涉及到与择日术相关的内容,《盐铁论·散不足》云:"古者,德行求福,故祭祀而宽。仁义求吉,故卜筮而希。今世俗宽于行而求于鬼,怠于礼而笃于祭,嫚亲而贵势,至妄而信日,听訑言而幸得,出实物而享虚福。"③其中"妄而信日"指的就是当时社会民众盲目相信时日选择之术,贤良文学认为这种社会风俗中存在侥幸祭祀求福的心态,这背离了"古者"以德行求福而祭祀鬼神的本意。《盐铁论》对"妄而信日"的批判态度,应当是因为西汉中后期开始出现新的情况,即包括时日选择之术在内,鬼神巫术逐渐在民间更为活跃,不仅影响了民众正常的社会生活,在某种程度上也影响了民间社会的正常秩序,所以当时参与盐铁会议的"贤良"就此提出批评的意见。但同时也应当注意,前文曾引《淮南子·要略》中关于"操舍开塞,各有龙忌"的说法,从《淮南子》前后文意来看,对其中

---

① 《史记正义》解释:"言五帝、三王假借鬼神之威,以欺服远方之民,若苌弘之比也。"《史记》卷六《秦始皇本纪》,第 246—247 页。
② 孙诒让撰,孙启治点校:《墨子间诂》,第 448 页。
③ 桓宽撰集,王利器校注:《盐铁论校注》,第 352 页。

"龙忌"的态度总体上是较为积极的,事实上前引《诗经》"吉日维戊"以及《墨子》"吉日丁卯"的说法对于时日选择之术的态度也是积极的。

东汉时期政治生活中神秘主义因素进一步消解,其中重要的表现是汉明帝取消"反支日"的禁忌,《后汉书·王符传》载王符《潜夫论》"爱日"篇云:"明帝时,公车以反支日不受章奏,帝闻而怪曰:'民废农桑,远来诣阙,而复拘以禁忌,岂为政之意乎!'于是遂蠲其制。"①《潜夫论·爱日》原文大致相同。② 反支日属于时日禁忌,汉明帝认为这样的禁忌妨碍了政治的运行,所以蠲除其制。王符用这个例子说明"富足生于宽暇,贫穷起于无日"的道理,建议统治者要珍惜民众的时间,是所谓"爱日"。当然汉明帝取消时日禁忌的举动可以说明两汉之际一部分人的鬼神观念发生了较大变化。③

另外,《潜夫论·卜列》讨论占卜术,其中也有和选择术相关的内容:

> 及诸神祇太岁、丰隆、钩陈、太阴将军之属,此乃天吏,非细民所当事也。天之有此神也,皆所以奉成阴阳而利物也,若人治之有牧守令长矣。向之何怒?背之何怨?君民道近,不宜相

---

① 《后汉书》卷四九《王符传》,第 1640 页。
② 《潜夫论·爱日》原文云:"孝明皇帝尝问:'今旦何得无上书者?'左右对曰:'反支故。'帝曰:'民既废农远来诣阙,而复使遵反支,是则又夺其日而冤之也。'乃敕公车受章,无避反支。"王符撰,汪继培笺,彭铎校正:《潜夫论笺校正》,第 221 页。
③ 《后汉书·皇后纪·和熹邓皇后》载:"常以鬼神难征,淫祀无福,乃诏有司罢诸祠官不合典礼者。"显示"淫祀无福"观念对东汉统治阶层的影响,也说明东汉政治文化中神秘主义因素的消解。《后汉书》卷一〇《皇后纪·和熹邓皇后》,第 422 页。另外,班固在书写班婕妤故事时也特别征引班婕妤名言:"修正尚未蒙福,为邪欲以何望?使鬼神有知,不受不臣之愬;如其无知,愬之何益?故不为也。"《汉书》卷九七下《外戚传下》,第 3985 页。两汉之际知识阶层对于鬼神观念的变化应当引起特别的注意。

贵，况神致贵，与人异礼，岂可望乎？①

王符说"太岁、丰隆、钩陈、太阴将军之属"都是"天吏"，普通百姓不应当侍奉这些神灵，这或许是因为儒家坚持"非其鬼而祭之，谄也"的传统，背后是"淫祀无福"的思想观念，但王符此说也揭示民间祭祀各类鬼神之风盛行。另外《潜夫论·巫列》还提到"土公、飞尸、咎魅、北君、衔聚、当路、直符七神，及民间缮治微蔑小禁，本非天王所当惮也"，注释引《论衡·解除》云："宅中主神，有十二焉。青龙、白虎，列十二位。龙虎猛神，天之正鬼也。飞尸流凶，不敢安集。"②这同样说明当时民间社会各类鬼神祭祀泛滥的情形。需要注意的是，王符和王充提到的这些神灵许多都与选择术有关。另外，和后来的王充相似，王符还反对当时社会流行的相宅术，他认为当时"俗工"所谓的"商家之宅，宜西出门"没有道理可循，他也指出"且欲使人而避鬼，是即道路不可行，而室庐不复居也"。王符的批评意见显示当时人们为躲避恶鬼而进行的选择术，可能在某种程度上影响了正常的社会生活，也给各类"术士"的活动提供空间。这其实也是当时政府和儒家知识阶层宣扬"淫祀无福"思想的社会背景。

与王符相似，荀悦也对时日选择之术进行了批评，《申鉴·俗嫌》说：

> 或问日时群忌。曰："此天地之数也，非吉凶所生也。东方主生，死者不鲜；西方主杀，生者不寡；南方火也，居之不燋；北方水也，蹈之不沈。故甲子昧爽，殷灭周兴；咸阳之地，秦亡汉隆。"③

① 王符撰，汪继培笺，彭铎校正：《潜夫论笺校正》，第 299 页。
② 王符撰，汪继培笺，彭铎校正：《潜夫论笺校正》，第 306 页。
③ 荀悦撰，黄省曾注，孙启治校补：《申鉴注校补》，北京：中华书局，2012 年，第 111 页。

荀悦所谓的"时日群忌"主要指的就是和择日术有关的禁忌民俗。可以发现,荀悦提到的"东方主生""西方主杀"属于与方位有关的择日术,而"南方火""北方水"则属于五行学说,相关的内容在出土的《日书》类文献中也可以见到。荀悦使用殷灭周兴和秦亡汉隆的历史事实说明时间和方位选择术的无效,这其实是在逻辑思辨上拆解术士或者日者宣扬的吉凶祸福说。而荀悦的论辩逻辑其实与王充异曲同工,详参下文的讨论。

2. 王充的批评

王充对时日选择的批评与王符、荀悦相似,相关的内容集中在《论衡》的"讔时""讥日"以及"难岁"等篇。"讥日"和"难岁"都是针对时日问题展开的讨论,另外刘盼遂集解认为"讔"同"谏",是以"讔时""讥日"和"难岁"都属于同一命题,批评的对象都是与人们生活密切相关的时间选择范畴内的迷信行为。

"讔时"篇其实着重的是对"土功"方面时日选择问题的批评,王充认为:

> 世俗起土兴功,岁、月有所食,所食之地,必有死者。假令太岁在子,岁食于酉,正月建寅,月食于巳,子、寅地兴功,则酉、巳之家见食矣。见食之家,作起厌胜,以五行之物,悬金木水火。假令岁、月食西家,西家悬金;岁、月食东家,东家悬炭。设祭祀以除其凶,或空亡徙以辟其殃。连相仿效,皆谓之然。如考实之,虚妄迷也。①

所谓"起土兴功"也就是前引《日书》文献中提到的"土功"或者"土攻"之类的活动,包括修建房屋、墙垣以及开挖沟渠等等。王充

---

① 王充著,黄晖撰:《论衡校释(附刘盼遂集解)》,第981页。

提到当时人们"起土兴功"要注意岁月所食,基本内容与前引《日书》类文献中记载的基于方位的择日术大致相同。其中所谓的"岁月所食"虽少见于《日书》文献的记载,但"太岁在子""岁食于酉""月食于巳"的说法与《日书》文例大体相同。

不同的是,王充还提到了当时克制的办法,也就是所谓的"以五行之物,悬金木水火。假令岁、月食西家,西家悬金;岁、月食东家,东家悬炭"。这其实就是基于五行生克的厌胜巫术,类似的厌胜巫术也见于《汉书·匈奴传》:"元寿二年,单于来朝,上以太岁厌胜所在,舍之上林苑蒲陶宫。告之以加敬于单于,单于知之。"①这是汉哀帝时候的事情,这里的文意可以理解为,上林苑蒲陶宫是太岁厌胜所在,所以汉哀帝特意让匈奴单于居住在那里,希望太岁的力量能够加害匈奴单于。另外也可以理解为匈奴单于前来的方向为太岁所在,可能会对汉哀帝的身体健康造成损害,所以命单于居住在上林苑蒲陶宫。汉哀帝青年即位但身体多病,是以有此担心。例如同样在《匈奴传》中说:"建平四年,单于上书愿朝五年。时哀帝被疾,或言匈奴从上游来厌人,自黄龙、竟宁时,单于朝中国辄有大故。上由是难之,以问公卿,亦以为虚费府帑,可且勿许。"②后来汉哀帝在扬雄建议下还是批准了匈奴来朝,只是不久之后汉哀帝也就去世了。③ 由此可见基于岁星运行的时日选择之术,以及相关的厌胜民俗在当时社会具有较为广泛的影响力。

与"调时"篇类似,"讥日"篇的主要内容也是批评当时的时日选

①《汉书》卷九四下《匈奴传下》,第 3817 页。
②《汉书》卷九四下《匈奴传下》,第 3812 页。
③《容斋随笔》提到:"上由是难之。既不许矣,俄以扬雄之言,复许之。然元寿二年正月,单于朝,六月帝崩。事之偶然符合有如此者。"显然洪迈并不认为汉哀帝去世是因为匈奴的厌胜,但此事竟如此"偶然"也颇让人意外。洪迈撰,孔凡礼点校:《容斋随笔》,第 38 页。

择习俗,其中提到:

> 世俗既信岁时,而又信日。举事若病、死、灾、患,大则谓之
> 犯触岁、月,小则谓之不避日禁。岁、月之传既用,日禁之书亦
> 行。世俗之人,委心信之;辩论之士,亦不能定。是以世人举
> 事,不考于心而合于日,不参于义而致于时。时日之书,众多非
> 一,略举较著,明其是非,使信天时之人,将一疑而倍之。夫祸
> 福随盛衰而至,代谢而然。举事曰凶,人畏凶有效;曰吉,人冀
> 吉有验。祸福自至,则述前之吉凶,以相戒惧。此日禁所以累
> 世不疑,惑者所以连年不悟也。①

需要注意的是,王充所谓的"岁月之传"以及"日禁之书",应当
包括所谓的"祭祀之历""沐书""裁衣有书"以及"工伎之书"等等,
这些与前文所引《焦仲卿妻》"视历复开书"中的"书",都可以归为
"日书"类文献。王充认为这些文献"众多非一",证明在当时社会上
流传着种类较多的类似文献,司马迁说日者之术"各有俗所用",由
此也可见一斑。②

在"讥日"篇中,王充认为人们之所以信赖时日禁忌,原因是:"举
事曰凶,人畏凶有效;曰吉,人冀吉有验。祸福自至,则述前之吉凶,以
相戒惧。"这种说法揭示趋吉避凶的基本理念深刻影响了人们对时日
禁忌的依赖心理。同样王充在"辨祟"篇中也说:"世俗信祸祟,以为人
之疾病死亡,及更患被罪,戮辱欢笑,皆有所犯。起功、移徙、祭祀、丧
葬、行作、入官、嫁娶,不择吉日,不避岁、月,触鬼逢神,忌时相害。"③

---

① 王充著,黄晖撰:《论衡校释(附刘盼遂集解)》,第989页。
② 有学者认为,"永元六年历谱"应该就是根据"日禁之书"抄录而来,目的是避免触
犯这三个月内的各种禁忌,如"血忌"之日不能杀牲见血等类,参方诗铭《汉简"历
谱"程式初探》,《方诗铭文集》第2卷。
③ 王充著,黄晖撰:《论衡校释(附刘盼遂集解)》,第1008页。

显然当时社会上活跃着包括巫者、日者在内的各类"术士",他们会利用人们趋吉避凶的心理,刻意宣扬"触鬼逢神"的危害,从而为自己牟利。从秦始皇的时代起就对这些人的活动十分警惕,而王符和王充的努力从某种程度上讲都是为了消解鬼神之说的影响,避免民众被别有用心之人蛊惑,因过分信赖相关的巫术或方术而影响正常的社会生活。

"讥日"篇还提到当时社会存在各种类型的时日选择问题,其中就有前文论及的刚柔日的问题,即所谓:"日之不害,又求日之刚柔,刚柔既合,又索月之奇耦。夫日之刚柔,月之奇耦,合于葬历,验之于吉(古),无不相得。"①另外,"讥日"篇还提到祭祀、沐浴、裁衣、盖屋以及学书等方面的时日选择问题,王充说当时社会有"祭祀之历",类似血忌、月杀这样的时间不适合杀生,如果在这样的时间杀生祭祀将会有祸患。另外《论衡》中还有"裁衣"的禁忌,即所谓:"裁衣有书,书有吉凶。凶日制衣则有祸,吉日则有福。"注释曰《汉书·艺文志》杂占类有《武禁相衣器》十四卷,《隋书·经籍志》载梁有《裁衣书》一卷。② 另外日书类文献也多有裁衣方面的禁忌,这显示制作衣服的禁忌确实在当时社会广泛流行。③ 学书方面的禁忌也见前文,王充认为学习书法有忌讳丙日的习俗,是因为当时社会流传造字者仓颉丙日死。有学者指出,如果将这些内容转化为"具注历日"中的"吉凶宜忌"用语,便是殡(埋)葬、祭祀、沐浴、洗头、裁衣、修车、造井、坏土墙、修宫室等等,④是知后世时日禁忌的基本内

---

① 王充著,黄晖撰:《论衡校释(附刘盼遂集解)》,第 990 页。
② 王充著,黄晖撰:《论衡校释(附刘盼遂集解)》,第 994 页。《汉书补注》王先谦认为武禁是人姓名,班固撰,颜师古注,王先谦补注:《汉书补注》,第 3215 页。另参顾实《汉书艺文志讲疏》,北京:商务印书馆,2021 年,第 243 页。
③ 睡虎地秦简《日书》,以及北大秦简《日书》中都有"制衣"方面的禁忌。
④ 邓文宽:《从"历日"到"具注历日"的转变》,氏著《敦煌吐鲁番天文历法研究》。

容在王充的时代已经基本成型。

除此之外，"难岁"篇也对"俗人险心，好信禁忌"进行了批评，王充引用当时民间流行的《移徙法》中的相关记载："徙抵太岁，凶；负太岁，亦凶。"认为："抵太岁名曰岁下，负太岁名曰岁破，故皆凶也。假令太岁在〔甲〕子，天下之人皆不得南北徙，起宅嫁娶亦皆避之。其移东西，若徙四维，相之如者，皆吉。何者？不与太岁相触，亦不抵太岁之冲也。"①这种"避太岁"的习俗，与前文讨论的"大时""小时"类似，其本质仍然是基于时间和空间的择日术。

另外，《论衡》"四讳"篇也记载了当时忌讳正月和五月生子的习俗，所谓："四曰讳举正月、五月子。以为正月、五月子杀父与母，不得〔举也〕。已举之，父母祸（偶）死，则信而谓之真矣。"王充认为产生这种禁忌的原因是"正月岁始，五月盛阳，子以〔此月〕生，精炽热烈，厌胜父母，父母不堪，将受其患"。王充认为这其实属于虚妄的迷信，他说："有空讳之言，无实凶之效，世俗惑之，误非之甚也。"②相关的内容也见于《史记·孟尝君列传》："初，田婴有子四十余人，其贱妾有子名文，文以五月五日生。婴告其母曰：'勿举也。'其母窃举生之。"《史记》还记载禁忌五月生子的原因是："五月子者，长与户齐，将不利其父母。"《史记索隐》引《风俗通》云："俗说五月五日生子，男害父，女害母。"③王叔岷《史记斠证》认为："五、午、忤，古并通用。俗因以五月五日生者，与父母相忤，故曰'将不利其父母'与？"④今本《风俗通义》云："今俗间多有禁忌生三子者，五月生者，以为妨害父母，服中子犯礼伤孝，莫肯收举。"⑤

---

① 王充著，黄晖撰：《论衡校释（附刘盼遂集解）》，第 1016—1017 页。
② 王充著，黄晖撰：《论衡校释（附刘盼遂集解）》，第 977 页。
③《史记》卷七五《孟尝君列传》，第 2352、2353 页。
④ 王叔岷：《史记斠证》，北京：中华书局，2007 年，第 2338 页。
⑤ 应劭撰，王利器校注：《风俗通义校注》，第 128 页。

但王充对于民俗之中劝人向善的禁忌却持宽容态度,例如《论衡·四讳》说:"若夫曲俗微小之讳,众多非一,咸劝人为善,使人重慎,无鬼神之害,凶丑之祸。"王充举例说:

> 世讳作豆酱恶闻雷,一人不食,欲使人急作,不欲积家逾至春也。〔世〕讳厉刀井上,恐刀堕井中也;或说以为"刑"之字,井与刀也,厉刀井上,井、刀相见,恐被刑也。毋承屋檐而坐,恐瓦堕击人首也。毋反悬冠,为似死人服;或说恶其反而承尘溜也。毋偃寝,为其象尸也。毋以箸相受,为其不固也。毋相代扫,为修冢之人,冀人来代己也。诸言"毋"者,教人重慎,勉人为善。《礼》曰:"毋抟饭,毋流歠。"①

王充认为这些禁忌都有积极的意义,也就是教人慎重,劝勉百姓为善,所以王充并没有批评这些禁忌,而是指出其中有益的方面。而对于礼仪类文献中与禁忌相关的记载,王充更是承认"礼义之禁,未必吉凶之言",即出现在儒家经典文献中的禁忌应当被接纳和认可,其实这也是应劭在《风俗通义·祀典》中的基本态度,详见下文的讨论。

总的来看,王充对时日选择之术的批评较为尖锐,他认为民间盛行的选择类巫术属于"虚妄迷信",而且大多假托神怪,民众迷信这些禁忌会对正常的社会生活造成影响。王充批评择日术的主要方式是在逻辑上进行拆解,这和荀悦的批评有相似之处,他们的目的都是想要百姓从思想上认识到基于鬼神的神秘巫术并不值得信赖。所以说王充对时日禁忌的批评在本质上是对民众思想和生活的关怀,而这种移风易俗的精神在《风俗通义》中体现得更为明显。

---

① 王充著,黄晖撰:《论衡校释(附刘盼遂集解)》,第979—980页。

3. 应劭"祀典"中的时日选择

在《风俗通义》"祀典"中,应劭对当时的祭祀问题进行了整理,主要是梳理允许民众祭祀的神灵和祭祀方式,而将其他的内容则归之于"淫祀",并且深入剖析淫祀现象产生的原因,意在杜绝各类淫祀行为。

关于应劭《风俗通义》中涉及到的民间信仰问题,学者们已有了一定的研究。袁珂认为应劭的态度相对王充较为温和,但在反对迷信和虚妄这一点上是一致的。[①] 田兆元注意到应劭真正担心的是民间鬼神信仰所带来的政治上的影响和麻烦。[②] 另外也有学者讨论《风俗通义·祀典》的民俗学价值,[③]可参看。应当可以认为,在应劭总结的"祀典"中,允许民众祭祀的主要是与农业有关的神灵,包括先农、社神、稷神,以及风伯、雨师等,另外一些是与岁时有关的祭祀典礼,例如腰、腊、祖、禊以及司命的祭祀等等,这些民俗也见于经典的记载,应劭也认可其作用。而在"祀典"中还有一些与人们日常生活有关的祭祀行为,例如与鬼神祭祀有关的桃梗、苇茭、画虎以及雄鸡、磔狗等,这些本属于巫者之术,但应劭认为其中也有可取之处。"祀典"中也有许多祭祀时日选择的内容,总体上看应劭对于祭祀时日选择的态度是积极的。

首先是关于先农的祭祀时日选择,《风俗通义·祀典》载:"周四月,今二月也,先农之时也。"这是关于祭祀先农的时间选择,王利器注释引《续汉书·郊祀》说:"以乙未日祠先农于乙地。"[④]《续汉书·

---

① 袁珂:《中国神话史》,上海:上海文艺出版社,1988 年,第 110—111 页。

② 田兆元:《神话叙事与社会发展研究》,西安:陕西师范大学出版社,2019 年,第 383 页。

③ 王徽恒:《论〈风俗通义·祀典卷〉在民俗学上的价值》,《恒大中研所学刊》2011 年第 25 期。

④ 应劭撰,王利器校注:《风俗通义校注》,第 352 页。

郊祀》原文作:"县邑常以乙未日祠先农于乙地,以丙戌日祠风伯于戌地,以己丑日祠雨师于丑地,用羊豕。"①这是说祭祀先农、风伯和雨师的时日选择是地方政府行为。另外关于"稷神"的祭祀择日,《风俗通义》"稷神"条引《孝经》说:"稷者,五谷之长,五谷众多,不可徧祭,故立稷而祭之。"另引《诗经》云:"吉日庚午,既伯既祷。"认为:"岂复杀马以祭马乎?《孝经》之说,于斯悖矣。米之神为稷,故以癸未日祠稷于西南,水胜火为金相也。"②这是说祭祀稷神的时日选择考虑了五行生克之间的关系。同样在"稷神"条也提到:"辰之神为灵星,故以壬辰日祀灵星于东南,金胜木为土相。"③可以发现,祭祀稷神、先农、风伯、雨师的干支选择都考虑了五行生克的关系。联系前文汉武帝时代时日选择以五行家为主,祭祀时日选择考虑五行生克的原因也就可以理解了。

另外,腊日祭祀在汉代具有重要意义,应劭引太史丞邓平之言:"腊者,所以迎刑送德也,大寒至,常恐阴胜,故以戌日腊。戌者,土气也,用其日杀鸡以谢刑德,雄著门,雌著户,以和阴阳,调寒暑,节风雨也。"④另外应劭还引《青史子》说:"鸡者,东方之牲也,岁终更始,辨秩东作,万物触户而出,故以鸡祀祭也。"可以发现,应劭认为

---

① 《续汉书》志九《郊祀》,《后汉书》,第 3204 页。也有学者注意到,单就祭祀风伯而言,《汉书·郊祀志》提到西汉在东郊祭祀风伯,与东汉时期祭祀风伯于戌地在方位上是一致的,参李立《文化嬗变与汉代自然神话演变》,汕头:汕头大学出版社,2000 年,第 158 页。

② 应劭撰,王利器校注:《风俗通义校注》,第 356 页。皮锡瑞以为:"应氏以稷为米神,较以柱、弃为稷者似近理。"参皮锡瑞《孝经郑注疏》,吴仰湘点校《皮锡瑞集》,长沙:岳麓书社,2012 年。

③ 应劭撰,王利器校注:《风俗通义校注》,第 356 页。有论者注意到,这条材料可证明灵星也就是大火星,参庞朴《"火历"三探》,《早期中国的政治与文明》,北京:商务印书馆,2011 年。

④ 应劭撰,王利器校注:《风俗通义校注》,第 375 页。

腊日杀雄鸡以辟邪的民俗有太史丞邓平和《青史子》为依据,所以不必归入淫祀类。再者,应劭还提到东汉时期有以腊日祭祀灶神的传统:"南阳阴子方积恩好施,喜祀灶,腊日晨炊,而灶神见,再拜受神,时有黄羊,因以祀之。其孙识,执金吾,封原鹿侯。兴卫尉,鲷阳侯。家凡二侯,牧守数十。其后子孙常以腊日祀灶以黄羊。"①大致相同的内容也见于《后汉书·阴兴传》和《搜神记》等文献,可见这个故事在当时传播较为广泛。根据史料记载,阴子方的后人阴识是光武帝刘秀的皇后阴丽华同父异母的兄长,阴兴是阴丽华的弟弟,东汉建立以后这两人都被封侯,阴氏家族是东汉最为荣华富贵的家族之一。这个故事与汉武帝外祖母臧儿祭祀神君而子孙富贵有异曲同工之妙。尽管在腊日以黄羊为牺牲祭祀灶神有阴子方故事为依据,所以应劭的态度仍然是较为积极的。

关于戌日腊的原因,应劭解释说:"汉家火行衰于戌,故曰腊也。"对于这种说法,王利器注释引用相关的文献记载:

> 《说文》云:"冬至后三戌为腊。"盖以汉火行言之。又《礼仪志》中注、《通典·礼》四、《书钞》一五五引《魏台访议》:"高堂隆曰:'帝王各以其行之盛而祖,以其终而腊……火生于寅,盛于午,终于戌,故火家以午祖,以戌腊。'秦静曰:'古礼出行有祖祭,岁终有蜡腊,无正月必祖之祀。汉氏以午祖,以戌腊。午,南方,故以祖;冬者,岁之终,物毕成,故以戌腊。而小数之学者,因为之说,非典文也。'"成伯玙《礼记外传》:"周,木德;

---

① 应劭撰,王利器校注:《风俗通义校注》,第361页。王利器注释详细介绍文献中关于"灶神"的介绍,可参看。有关灶神的研究还可见萧放《醉司命:祀灶与民间信仰》,《文史知识》2001年第2期;另参陈久金《腊日节溯源》,《陈久金天文学史自选集》;张影、邬晓东《两汉祭祀文化研究》,哈尔滨:哈尔滨工程大学出版社,2017年;李立《文化嬗变与汉代自然神话演变》,第158页。

汉,火德。各以其五行之王日为祖,其休废日为腊也。火王午,木王卯,水王子,金王酉,而腊各用其废日。"①

汉代节令中的腊是学者们关注较多的内容,②本文重点讨论其中涉及时日选择的方面。关于五德终始说中汉朝的德行曾经有相当多的争论,到了西汉中后期开始出现汉家尧后为火德的说法,顾颉刚以为这是为了配合新莽篡汉。③ 后来到了东汉时期仍然为火德。前文曾经讨论过五行三合局的问题,《淮南子》中有"火生于寅,壮于午,死于戌,三辰皆火"的说法,地支戌是五行火"死"的阶段,是以汉代选择戌日作为腊祭的时间,这同样是来自五行家的说法。而从《风俗通义》的记载来看,这显然也是得到政府认可的,或者从汉武帝时代支持择日中的五行家以来,"戌日腊"的习俗就慢慢形成了。

五行家影响择日术的例子还不止于此,《风俗通义·祀典》说当时有"祖道"的礼仪,应劭引《诗经》"吉日庚午"的说法,认为:"汉家盛于午,故以午祖也。"根据五行三合局说,火盛于午,所以五行家会选择午作为祖道的时间。王利器注释引《续汉志》注、《靖康缃素杂记》四及五引俱作"汉家火行,火盛于午,故以午日为祖也"。《独断》上:"赤帝以戌午祖。"注:"赤帝,炎帝,火行。"《类聚》四三引魏文帝《答繁钦书》:"是日戌午,祖于北园。"《宋书·礼志》二、《类聚》五、《书钞》一五五、《初学记》十三引晋嵇含《祖道赋序》:"祖之在于俗尚矣,自天子至庶人,莫不咸用,有汉卜曰丙午云云。"④这显示午

---

① 应劭撰,王利器校注:《风俗通义校注》,第379、381 页。
② 相关的讨论参屢宣颖纂辑,戴维点校《中国社会史料丛钞》甲编397,长沙:湖南教育出版社,2009 年,第546 页。
③ 顾颉刚:《五德终始说下的政治和历史》,《清华学报》1930 年第1 期。
④ 应劭撰,王利器校注:《风俗通义校注》,第381—382 页。

日祖道的传统在后世也有流传。①

五行影响择日的例子也见于《风俗通义·祀典》"杀狗磔邑四门"条,应劭提到《月令》中有"九门磔禳,以毕春气"的记载,认为:"盖天子之城,十有二门,东方三门,生气之门也,不欲使死物见于生门,故独于九门杀犬磔禳。犬者金畜,禳者却也,抑金使不害春之时所生,令万物遂成其性,火当受而长之,故曰以毕春气。功成而退,木行终也。""九门磔禳"原本是经典文献中的记载,应劭以五行观念解释其合理性,认为犬是金畜,杀犬是为了克制五行之中金的势力,以方便木气的生长;因为金克木,所以金势力过旺的话会影响到木的势力。② 另外,应劭还记载了当时的民俗"今人杀白犬以血题门户,正月白犬血辟除不祥,取法于此也"。③ 这属于厌胜类巫术,但特意选择"正月"显示这种民俗也受时日选择术的影响。应劭对这种厌胜类巫术积极和肯定的态度也是显而易见的,主要是因为有《月令》等儒家经典文献的记载,这是应劭判断民众的祭祀行为是否属于"淫祀"的重要标准。

可以认为,应劭对于"祀典"中时日选择之术的态度是积极和肯定的,至于其中的原因,一方面是因为先农、稷神以及风伯、雨师等神灵祭祀的相关规定来自经典文献的记载,应劭将这些内容归入

①祖道相关的研究参许志刚《祖道考》,《世界宗教研究》1984年第1期;陶思炎《祖道载祭与入山镇物》,《民族艺术》2001年第4期;工藤元男著,徐世虹等译《禹形象的改观和五祀》,中国社会科学院简帛研究中心编《简帛研究译丛》第1辑,长沙:湖南出版社,1996年;另参氏著《睡虎地秦简所见秦代国家与社会》第六章《先秦社会的行神信仰和禹》;刘怀荣、孔哲《先秦祖道仪式与〈诗经〉别情诗考论》,《清华大学学报(哲学社会科学版)》2013年第5期;有关中国古代祖道习俗的介绍也可参黄红军《车马·溜索·滑竿:中国传统交通运输习俗》,第173页。
②王子今曾经解释秦德公"磔狗邑四门"的宗教文化意义,参《秦德公"磔狗邑四门"宗教文化意义试说》,《中国文化》1992年第2期。
③应劭撰,王利器校注:《风俗通义校注》,第377页。

"祀典"并进行合理化的解读;另一方面,"戌日腊"等习俗显示五行学说对于汉代择日术有重要的影响,而"取于五行者也"又是汉武帝以来的官方规定。也就是说,应劭对时日选择之术的肯定和他对"祀典"的总体态度是一致的,即民众的祭祀行为应当限定在经典文献以及官方规定的范围之内,超出这个范围的祭祀行为是不被认可和接纳的,而这一点与王符和王充所批判的过分迷信时日选择并无不同。

与应劭类似,东汉时期王景也做过大致相同的工作,据《后汉书·循吏列传·王景传》记载:

> 初,(王)景以为六经所载,皆有卜筮,作事举止,质于蓍龟,而众书错糅,吉凶相反,乃参纪众家数术文书,冢宅禁忌,堪舆日相之属,适于事用者,集为《大衍玄基》云。[1]

从书名来看,王景的这部《大衍玄基》与《易经》有密切的关系,而根据范晔的介绍,其中几乎包含了当时流行的所有数术门类,惜此书已佚失,其中的内容已经无从得知。但可以知道王景遇到的问题是"众书错糅,吉凶相反",而王景的依据是"六经"中卜筮的相关记载。至于王景书中的主要内容,"冢宅禁忌"和"堪舆"类似,应当是选择墓葬和房屋的方位,向后世的风水术方向发展,这也是后世选择术的核心内容;而李贤注释认为"日相,谓日辰王相之法也","王相"应当就是后世数术文献中常见的"旺相",是对五行在不同阶段进行描述,然后判断吉凶的择日术,也就是前文提到的五行三合局和五行寄生十二宫。也就是说,王景的工作是依据经典文献的记载,对当时存在的"数术文书"进行整理,其实质是对民间信仰进行的改造,所以说这与应劭在"祀典"中的工作极为相似。当然这也是

---

[1]《后汉书》卷七六《王景传》,第 2466 页。

东汉一代儒生化的知识阶层在"移风易俗"方面的整体追求。

　　总的来看,王符和王充等人都直接反对人们"信天时",对于"日禁所以累世不疑"持批判的态度,这和王符以及王充所生活的时代也有关系。进入东汉以后时日方面的禁忌开始增多,最重要的表现是王符和王充以及应劭都记载了和选择术有关的神煞,这些神煞被认为不应由普通民众祭祀,然民间各类巫鬼祠祀泛滥的情形在东汉时期似有愈演愈烈之势,是以荀悦以及王充王符等人对此较为警惕。而与王符和王充的态度不同,应劭认为民众的祭祀行为应当有所限制,"祀典"中可以被祭祀的鬼神大多有经典文献以及官方认可等依据,在此范围内的祭祀行为,包括祭祀的时日选择都是被认可的。其实王符和王充的批评以及应劭的限制,在本质上并没有区别,都是为了应对时日选择以及鬼神巫术在内的各种神秘思潮对民众思想的影响。

四、《四民月令》的择日民俗

　　《四民月令》属于月令类文献,"月令"本身带有类似"预测学"的性质,是对未来的生产和生活做出的安排,与时日选择之术有着天然的联系。从本质上来说,《四民月令》根据的是以往生活和生产经验,有相当一部分这样的"经验"是准确的,即便在今天看来也是符合自然规律的科学的认知。然而也必须承认,这些经验也有很多是不够"科学"的,这种观念建立在一种朴素的逻辑基础之上,即如果以往在这个时间上曾经发生过吉利或凶恶的事情,那么以后如果再遇到这个时间,也会有同样吉利或者凶恶的事情发生,这也是月令类文献和时日选择文献的共同点。

1. 阴阳与择日民俗

　　根据前文的讨论,阴阳观念是人们选择时日所依赖的最为根本的观念,这在《四民月令》中体现得非常明显。阴阳观念自产生之时起,就一直被视作消息生长的矛盾体,也正因此被用于解释农作物从生长到成熟再到死亡的过程,事实上这也是《四民月令》安排生活和生产的重要依据。农耕的生产方式使人们对于时间的流逝有更直观的认知,人们必须依从时间的变换进行春耕、夏耘、秋收、冬藏等不同的工作,在这种情况下时间不再是简单的抽象认识,而是能够为人们所感知的具体事物。

阴阳被古人认为是天地剖分而产生的最为原始的内容,《礼记·礼运》说:"是故夫礼,必本于大一,分而为天地,转而为阴阳,变而为四时,列而为鬼神。"是说阴和阳这两种形态由地与天转化而来,阴为地在下,阳为天在上,所以《礼运》也说:"故圣人作则,必以天地为本,以阴阳为端,以四时为柄,以日星为纪。"①而且阴阳两种势力一直在运动之中,董仲舒在《春秋繁露·阴阳位》中描述了阴阳所在的方位和运动的方向:

> 阳气始出东北而南行,就其位也;西转而北入,藏其休也。阴气始出东南而北行,亦就其位也;西转而南入,屏其伏也。是故阳以南方为位,以北方为休;阴以北方为位,以南方为伏。阳至其位而大暑热。阴至其位而大寒冻。阳至其休而入化于地,阴至其伏而避德于下。②

在董仲舒的描述之中,阴阳是盘旋在天地之间的两种气,分别从东北和东南两个方位作相向运动,南方是阳之位,阴之伏;北方是阴之位,阳之伏。阴阳二气在一年中两次交融,也两次分离,所以《春秋繁露·阴阳终始》说:"故北方者,天之所终始也,阴阳之所合

---

① 《礼记正义》,阮元校刻《十三经注疏》,第 1413 页。
② 苏舆撰,钟哲点校:《春秋繁露义证》,北京:中华书局,1992 年,第 337 页。

别也。"而对于阴阳的方位变换,《春秋繁露·阴阳出入》也进行了详细的交代:"天道大数,相反之物也,不得俱出,阴阳是也。春出阳而入阴,秋出阴而入阳,夏右阳而左阴,冬右阴而左阳。阴出则阳入,阳出则阴入;阴右则阳左,阴左则阳右。"①也就是说,董仲舒试图揭示阴阳变化的过程,并通过对阴阳变化的过程的理解揭示世间万物的变化过程。而且在董仲舒看来,人的行为受阴阳的影响,当然也会影响阴阳的消长,这种思想无疑对后世的人们产生了巨大的影响。而《四民月令》其实就可以看作是阴阳观念在实际农业生产活动中的运用。

在古代人们的观念之中,除了本身势力的消长之外,阴阳二气还有上腾和下降的运动过程,大体上来说冬至开始阴气下降,阳气上腾,因阴气本在下,而阳气本在上,所以会造成天地隔绝的情形,这当然是不吉利的情况。因为在古人的观念之中,阴阳二气一直是不停在运动着的,二者如果相向运动,会逐渐交融,与此同时就会孕育和产生天地万物;而如果阴阳二气相背运行,则会形成隔绝。而到了春天,就会发生"阳气下降,阴气上腾"的现象,同理因为阳气在上,阴气在下,所以阴阳二气在这种情况之下结合,也就是"天地同和",所以《乐记》也说"大地欣合,阴阳相得,煦妪覆育万物",阴阳二气的交融被认为是产生天地万物的必要条件。当然阴阳二气的互相交融也会有风雨雷电的现象出现,例如《礼记·乐记》也说:"地气上齐,天气下降,阴阳相摩,天地相荡,鼓之以雷霆,奋之以风雨,动之以四时,暖之以日月,而百化兴焉。如此则乐者天地之和也。"②而在人们的认识之中,雷电会对生命造成某种影响,所以也禁止在雷电的时节夫妻同房,《四民月令》"二月"条说"春分中,雷且发声,

① 苏舆撰,钟哲点校:《春秋繁露义证》,第 342 页。
② 《礼记正义》,阮元校刻《十三经注疏》,第 1527 页。

先后各五日,寝别外内",①原因也就在此。本注提到《礼记·月令》曰"雷且发声,有不戒其容止者,生子不备",也就是说如果在雷电时节夫妻同房,所产的婴儿有可能发育不完全,所以在有雷电的日子要格外谨慎。

基于以上的观念,人们也根据天地阴阳二气的升腾与下降的变化指导农业生产,例如《四民月令》说:"雨水中,地气上腾,土长冒橛,陈根可拔,急菑强土黑垆之田。"是说春天的时候地气也就是阴气逐渐向上升腾,所以要趁这样的时候尽快耕作。《齐民要术》"耕田"第一也说"春候地气始通……立春后,土块散",所以要尽快进行耕作,否则产量就会受到影响,"二十日以后,和气去,即土刚。以时耕,一而当四,和气去,四不当一"。②《齐民要术》所谓的"和气",和《四民月令》中的"土气上腾"含义大致相同,也就是人们相信经过一个冬天的蛰伏,在春天的时候地气也就是阴气会逐渐上升,同在上的阳气逐渐结合,"和气"就这样产生。阴气上升的过程也会对土壤产生影响,使得土壤不至于过分板结,所以应当尽快耕作,以实现丰收。

当然,春天"土块散"所以要尽快耕作是人们长期耕作经验的总结,而以阴阳的理念对这种情形进行解读,则显然是后起的思想。其实这也可以说是统治阶层和知识阶层在人们经验总结的基础上进行的理论构建,而之所以要进行这样的理论构建,根本目的还是指导农业生产活动。中国古代社会以农业为主,所以就统治阶层而言"调和阴阳"也是为了从根本上维系整个社会的和谐运行。例如西汉时期的丞相丙吉就说丞相的职责在于观察阴阳的变化,"方春

---

① 崔寔撰,石声汉校注:《四民月令校注》,北京:中华书局,1965 年,第 20 页。
② 崔寔撰,石声汉校注:《四民月令校注》,第 36 页。

少阳用事,未可大热,恐牛近行,用暑故喘,此时气失节,恐有所伤害也。三公典调和阴阳,职当忧,是以问之"。① 其实就是统治阶层从国家行政的角度考虑阴阳的变化对人们生活的影响,并及时进行干预,即所谓"调阴阳"。

同时,在《四民月令》中也可以看到人们根据阴阳的变化开展社会活动,例如二月要顺阳习射,以防备会出现的意外情形,而"三月"条则说:"是月也,冬谷或尽,椹麦未熟,乃顺阳布德,振赡匮乏。"②也就是说在春季之时阳的势力生长,人们的社会活动也要顺应阳的势力,例如射箭和振赡匮乏。前者就人的身体而言,春季要舒展筋骨,锻炼身体;而后者说的是人的德行也要依从阴阳。当然人们在遵循阴阳变化安排自己的生活的同时,也可以对阴阳的消长产生影响,例如《四民月令》"正月"条说:"乃以上丁,祀祖于门,道阳出滞,祈福祥焉。"本注说:"祖,道神。黄帝之子曰累祖,好远游,死道路,故祀以为道神。正月,草木可游,蛰虫将出,因此祭之,以求道路之福也。"③前文已经提到过"祖道"的问题,蒲慕州在分析这段文字的时候指出:"上丁的祭祀主要在祈求神灵在农业季节开始的时候能带动阳气,导出阴滞之气,以便有好的收成。"④其实质也就是以人们的行为影响阴阳的变化。虽然现在看来这样的努力是无效的,然而在笃信阴阳观念的整体社会背景之下,这样的习俗在汉代社会确实是广泛存在的。

前引董仲舒认为阴阳两种势力从不同的方向作相向运动,每年相遇两次,而在《四民月令》中五月和十一月是两个特殊的月份,这

①《汉书》卷七四《丙吉传》,第3147页。
② 崔寔撰,石声汉校注:《四民月令校注》,第26页。
③ 崔寔撰,石声汉校注:《四民月令校注》,第7页。
④ 蒲慕州:《追寻一己之福:中国古代的信仰世界》,第120页。

也是阴阳相遇的两个时间。《四民月令》说这两个月中"阴阳争",即农历十一月份阴的势力极盛,而阳的势力开始萌发,《四民月令》载在冬至这一天要举行祭祀活动,祭祀的对象是水神和祖先,所以"先荐玄冥于井,以及祖祢"。实际上在西汉时期的人们看来冬至这一天阴的势力盛极而衰,阳的势力开始萌发,这就意味着旧的一年结束,所以要互相祝贺,就如同现在我们互相祝贺新年一样。《四民月令》说"其进酒尊长,及修刺谒贺君、师、耆老,如正月"。①

同样如前文所言,从农历十一月份到五月份,阳的势力达到极致而开始走向衰弱,与此同时阴的势力开始升起,也就是《四民月令》"五月"条说的"阳气始亏,阴慝将萌",本注曰:"慝,恶也;阴主杀,故谓之慝。夏至,姤卦用事;阴起于初,湿气升而零虫生矣。勿曝藏为得暑湿,黏相著也。"②所谓阴主杀,是因为在人们的思想意识之中,阴代表着不吉利的势力,因而阴气开始升腾的五月就经常被认为是"恶月",就在这个月有诸多禁忌习俗产生。《四民月令》说:"是月也,阴阳争,血气散,先后日至各五日,寝别外内。阴气入,藏腹中塞,不能化腻,先后日至各十日,薄滋味,毋多食肥醲。"③这其中五月五日更被认为是恶月和恶日,不举五月子的习俗已见前述。

然五月五日虽然生子不利,对于制作药物来讲却又是吉利的,例如《四民月令》"五月"条说:"是月五日……合止利黄连丸、霍乱丸,采葸耳。取蟾诸,廿合创药。"④除了前面提到的"上除若十五日"之外,关于制作药物时日的选择,《四民月令》还有一些较为特殊的安排,例如三月三日"可采艾、乌韭、瞿麦、柳絮",这些显然和制作

① 崔寔撰,石声汉校注:《四民月令校注》,第71页。
② 崔寔撰,石声汉校注:《四民月令校注》,第35页。
③ 崔寔撰,石声汉校注:《四民月令校注》,第44页。
④ 崔寔撰,石声汉校注:《四民月令校注》,第36页。

药物有关;"八月"条说"是月八日,可采车前实、乌头、天雄及王不留行";"九月"条说"九日可采菊华,收枳实"。① 也就是说,三月三日、五月五日、八月八日、九月九日对于制作药物来说都是吉利的,这样的安排显然是刻意而为的,只是其用意已经很难明了。

而有关"阴阳争"的说法也见于《礼记·月令》仲夏之月和仲冬之月,也就是五月和十一月,《月令》仲夏之月说:"是月也,日长至,阴阳争,死生分。"仲冬之月则说:"是月也,日短至。阴阳争,诸生荡。"所谓"日长至",是说在农历五月份的某一天白天最长,黑夜最短,其实这里所谓的"阴阳争"并不是说阴阳势力平衡,而是五月份的时候阴的势力开始通过侵夺阳的势力生长;十一月份的时候阳的势力开始侵夺阴的势力增长。在阴阳相争的时节,人们要谨慎行事,以免受到阴或者阳的侵害。所以根据《礼记》的说法,在这两个月中最好不要有所作为,要"斋戒,处必掩身。身欲宁,去声色,禁耆欲。安形性,事欲静",然后等待"阴阳之所成"或者"阴阳之所定"。②

因此,在十一月和五月这两个月一般都会有一些特殊的禁忌。例如《四民月令》"十一月"条说:"是月也,阴阳争,血气散;先后日至各五日,寝别外内。"③此外,"春分中,雷且发声;先后各五日,寝别外内",本注引《月令》曰:"雷且发声;有不戒其容止者,生子不备。"④"寝别外内"说的是夫妻不能同房,其原因在于"阴阳争"。事实上,这样的规定也出现于董仲舒的时代,当时也是为了以人们的行为干预阴阳现象,从而实现降雨或者止雨。《春秋繁露·求雨》说"令吏

---

① 崔寔撰,石声汉校注:《四民月令校注》,第25、61、65页。

② 《礼记正义》,阮元校刻《十三经注疏》,第2966页。

③ 崔寔撰,石声汉校注:《四民月令校注》,第71页。

④ 崔寔撰,石声汉校注:《四民月令校注》,第20页。

民夫妇皆偶处",因为男性代表阳,女性代表阴,而求雨需要阴的势力超越阳的势力,所以董仲舒说"凡求雨之大体,丈夫欲藏匿,女子欲和而乐"。另外《止雨》说"书十七县,八十离乡,乃都官吏千石以下,夫妇在官者,咸遣妇归。女子不得至市",①这样做的根本目的是"废阴起阳",是要通过人的行为伸张阳的势力。

《四民月令》对时日的选择也体现在对月相变化的遵循上。在古人观念之中,每月朔日和晦日阴气较盛,而望日阳气较盛,在时日选择过程中诸如婚姻嫁娶等事就倾向于望日,而忌讳在晦日用兵等。《四民月令》"正月"条说:"自朔暨晦,可移诸树:竹、漆、桐、梓、松、柏、杂木;唯有果实者,及望而止。"本注说:"及望而止,望谓十五日也;过十五日,果少实也。"②也就是说种植果树要选择在十五日之前,过了十五日再种树所结之果就会偏少。之所以会有这样的说法,恐怕还是因为从朔日到望日属于阳气逐渐升腾的时间,而从望日到晦日则属于阳气下降、阴气逐渐升腾的时间,种植果木当然要依从阳气升腾为吉的原则,所以选择在望日之前。

2. 社会经验与择日民俗

根据前文的讨论,时日选择之术以阴阳观念为基础,但在此基础上又广泛吸收各方面的内容,尤其是人们社会生活实践所得的经验。这种吸纳了社会经验而最后形成的选择术具有一定的可信性,这也是择日术广为接受的社会思想基础。当然择日术的实践不会止于社会经验,人们会在经验的基础上更向前一步甚至更多,然而这更向前一步的内容因为缺乏必要的实践基础,往往也就成了谬误。

《四民月令》中农作物种植时间的选择显然是根据以往经验进

---

① 苏舆撰,钟哲点校:《春秋繁露义证》,第439页
② 崔寔撰,石声汉校注:《四民月令校注》,第11页。

行的总结，虽然未必完全如今日农业生产合理与"科学"，但毕竟已经比较符合自然规律。例如"正月"条提到的"可种瓜""可种春麦""酿春酒""可作诸酱"，以及所谓"自是月以终季夏，不可以伐竹木，必生蠹虫"等，①都基本符合自然规律。同样，"四月"条也说："四月立夏节后……蚕入簇，时雨降，可种黍、禾——谓之上时——及大小豆、胡麻。"②这里所谓的"上时"也就是利于农作物生长的吉利时间。另外"五月"条也说："时雨降，可种胡麻。先后日至各五日，可种禾及牡麻；先后二日，可种黍。"③事实上，农历的四月份春雨降落之后有利于作物的生长，而且《四民月令》中也屡次出现有关"上时"的说法，并且提醒人们要抓紧耕种，不要"失时"，否则会导致收成受到影响，这些显然都是古人经过长期的生产实践总结出来的经验。

　　而在长期的社会生产实践过程中，人们也总结出来一些时日禁忌。例如春季之时万物生长，所以宜于种植农作物；但春季却不可以伐竹木，一是因为竹木砍伐之后容易生蠹虫，另外也是因为春季是万物生长的季节，不利于杀伐之事。《孟子·梁惠王上》说："不违农时，谷不可胜食也；数罟不入洿池，鱼鳖不可胜食也；斧斤以时入山林，材木不可胜用也。"④所谓"斧斤以时入山林"的时间选择，自然也考虑了林木生长的基本规律。再如前文提到五月夏至前后阴气开始滋长，古人认为这会影响人的消化功能，所以不利于吃过于油腻的食物，《四民月令》说"是月也，阴阳争，血气散，先后日至各五日，寝别外内。阴气入，藏腹中塞，不能化腻，先后各十日，薄滋味，毋多食肥釀"。⑤ 这些显然也是在长期的社会生活实践中总结出来

① 崔寔撰，石声汉校注：《四民月令校注》，第 17 页。
② 崔寔撰，石声汉校注：《四民月令校注》，第 31 页。
③ 崔寔撰，石声汉校注：《四民月令校注》，第 41 页
④《孟子注疏》，阮元校刻《十三经注疏》，第 2666 页。
⑤ 崔寔撰，石声汉校注：《四民月令校注》，第 44 页。

的认识。

然而《四民月令》中也有一些经验现在看来并不合理。例如"正月"条说:"上除若十五日,合诸膏、小草续命丸、法药及马舌下散。"本注曰:"'上除',是上旬'建除'逢'除'的日子。"①这条是讲制作膏药和丸药的时间选择,本注中也提到,所谓"上除"指的是建除术中逢"除"的日子。"除"有"解除"的含义,例如睡虎地秦墓竹简《日书》甲种载:"除日,臣妾亡,不得。有瘅病,不死。利市责(积)、彻□□□除地、饮乐。攻盗,不可以执。(一五正贰)"②说在除日这一天如果有"瘅病"可以不死,而且这一天也适合吃药,利于疾病的治疗。之所以会有这样的认识,显然和人们对"除日"的认识有关。古人信赖"解除"之术,认为通过一定的方术或者法术,可以祛除疾病,那么所谓的"除日"对于祛除疾病来说自然是较为吉利的日子。③ 所以制作药物本身虽然是"科学"的事情,但在选择时日的过程中也要考虑吉凶方面的问题。古人在认识事物过程之中科学与迷信的交织融合由此也可见一斑。

再者,《四民月令》中嫁娶时日倾向于秋季,例如"八月"条说:"是月也,可纳妇。"本注曰:"将子无怒,秋以为期。"④引用的是《诗经》中的句子;杜注也提到帝乙归妹在八月,这是《周易》中的说法,可以说明选择在秋季举行婚礼是一种较为悠久的传统。另外春季也被认为是可以结婚的日子,例如《四民月令》"二月"条说"是月也,择元日,可结婚",⑤是说可以在春季选择合适的时间举行婚礼。

---

① 崔寔撰,石声汉校注:《四民月令校注》,第8—9页。
② 睡虎地秦墓竹简整理小组编:《睡虎地秦墓竹简》,图版第90页,释文第183页。
③ 相关的研究参姜守诚《试论〈太平经〉的"解除"术》,《鲁东大学学报(哲学社会科学版)》2008年第4期。
④ 崔寔撰,石声汉校注:《四民月令校注》,第61页。
⑤ 崔寔撰,石声汉校注:《四民月令校注》,第20页。

相关的说法也见于《白虎通》,其中有"论嫁娶以春"条:

> 嫁娶必以春何? 春者,天地交通,万物始生,阴阳交接之时
> 也。《诗》云:"士如归妻,迨冰未泮。"《周官》曰:"仲春之月,令
> 会男女,令男三十娶,女二十嫁。"《夏小正》曰"二月,冠子娶妇
> 之时"也。①

根据《白虎通》所引《诗经》的说法,婚姻时日的选择也以"迨冰
未泮"为宜。陈立疏证引经典文本中的相关记载解释婚姻时日的选
择,例如引《韩诗外传》云:"古者霜降逆女,冰泮杀止。士如归妻,迨冰
未泮。"另引《孔子家语·本命解》曰:"霜降而妇功成,嫁娶者行焉。冰
泮而农业起,昏礼杀于此。"至于《白虎通》中所引"周官"的说法,陈立
疏证认为:"此古《周礼》说及《礼》戴说也。"并引《周礼·媒氏》云
"仲春之月,令会男女",郑注:"中春阴阳交,以成昏礼,顺天时也。"

从《四民月令》的说法来看,当时人们婚姻嫁娶一般都会选择在
农闲的二月和八月,而且这两个月也没有特别重要的节日,适宜举
行婚礼。正如前引《孔子家语·本命解》曰:"霜降而妇功成,嫁娶者
行焉。冰泮而农业起,昏礼杀于此。"农业生产的周期是婚姻嫁娶时
日选择的重要因素,这也是古人在长期的实践中总结出来的经验。
有学者统计睡虎地秦简《日书》中的春季嫁娶吉日有 13 例,不吉日
有 6 例,两者的比例是 2.16∶1;冬季的吉日是 11 例,不吉日是 5 例,两
者是 2.2∶1。另外夏季的吉日是 3 例,不吉日是 3 例,两者是一比一的
关系。秋季的吉日是 8 例,不吉日是 7 例,两者也几乎是一比一的关
系。冬春两个季节的吉日比例明显偏高,这是应当引起注意的问题。②

可以发现,《四民月令》按照月份安排农业生产活动,这本身就

---

① 班固撰集,陈立疏证,吴则虞点校:《白虎通疏证》,第 466 页。
② 彭卫、杨振红:《中国妇女通史·秦汉卷》,第 116 页。

可以看作是一种择日术。农作物的生长决定了人们必须要按自然规律做事，所以与农业生产相关的择日术，其核心内容是实践经验的总结。同时也应当注意到，经验的总结和累计过程中某些僵化的或者超出实践范围的思考方式会产生谬误的认识，也就是时日选择之术中"非科学"的成分。这种谬误并非刻意歪曲事实，而是在缺乏正确理论指导下产生的。久而久之这种谬误的认识也成为民众社会生活习俗的一部分，人们将之视为传统，而不再深究其产生的根源。

五、小结

本节主要讨论战国秦汉时期的择日民俗问题，尝试梳理太史公所谓"各有俗所用"的具体所指。可以发现，包括秦系和楚系在内，不同区域的择日术很可能有共同的源头，这个源头可以追溯到商周甚至更为久远的历史时期；然而在长期发展过程之中，不同地域的民俗又呈现出截然不同的样貌。司马迁在《日者列传》中就是针对不同地域的择日民俗展开叙述，其间的差异应当是太史公重点关注的内容。战国秦汉以来时日选择之术逐渐发展，而汉代显然是较为关键的时期，尤其汉武帝时代各项功业发展，擅长择日术的诸家有机会在皇帝面前展示技能，而王莽本人更是喜爱"时日小数"，这就促进了择日术的进一步发展。然而随着时日选择术的逐步发展，择日诸家创造出各类鬼神禁忌，史料记载可以发现东汉巫鬼泛滥的势头加剧。对于民众拘于鬼神禁忌进行时日选择的问题，荀悦、王充和王符等人都尝试进行批评，应劭和崔寔也曾尝试进行限制和规范。总体上看，司马迁对于鬼神的态度是一贯的，《论六家要指》说"尝窃观阴阳之术，大祥而众忌讳，使人拘而多畏"，可见司马谈和司马迁对于忌讳对人们生活的影响也都有所警惕。所以可以推测，司马迁对于时日选择的态度与荀悦、应劭以及王充、王符等人类似，而《日者列传》中除了对择日源流进行梳理之外，还应当包括对择日术进行限制以及尝试去伪存真等方面的内容。

第二节　战国秦汉时期的日者

前文已经提到，早期负责择日的专职人员被称为"日者"，《史记》中有《日者列传》，司马迁说齐、楚、秦、赵各国都有日者的活动，证明日者在当时是比较重要的群体。《史记·日者列传》原文亡佚，其他文献中有关日者活动的记载并不多，但梳理相关的记载仍可对战国秦汉时期日者的活动以及择日流派有所了解。需要注意的是，日者活动的社会思想背景是民众普遍对时日吉凶的重视，而日者长期从事择日相关的活动，对民众的思想观念也会产生重要的影响，这两者之间互动的过程，是研究日者必须要注意的问题。

一、日者与日者之术

文献记载中有所谓"日者"，从相关记载来看是负责时日选择的专业人员，他们擅长的技术可以被称为"日者之术"，通常称为"择日术"或者"时日选择术"。而记载日者之术的书籍可以被称为"日者之书"，简称为"日书"，这也就是出土简牍中常见的"日书"类文献。

1. 日者及其活动

史料中与"日者"有关的记载很少，现在比较明确的日者活动的记载出自《墨子·贵义》，其中提道：

子墨子北之齐，遇日者，日者曰："帝以今日杀黑龙于北方，而先生之色黑,不可以北。"子墨子不听,遂北,至淄水。墨子不遂而反焉。日者曰:"我谓先生不可以北。"①

另外,《史记集解》引文也本于《墨子》:

> 《墨子》曰:"墨子北之齐,遇日者。日者曰:'帝以今日杀黑龙于北方,而先生之色黑,不可以北。'墨子不听,遂北,至淄水。墨子不遂而反焉。日者曰:'我谓先生不可以北。'"然则古人占候卜筮,通谓之"日者"。墨子亦云,非但史记也。②

《史记索隐》云:"案名卜筮曰'日者'以墨,所以卜筮占候时日通名'日者'故也。"③《索隐述赞》也说:"日者之名,有自来矣。吉凶占候,著于墨子。齐楚异法,书亡罕纪。后人斯继,季主独美。取免暴秦,此焉终否。"其中也提到"日者"之名具有较为悠久的历史。子墨子遇到的"日者"活动地域在齐地附近,其择日术应归属于齐系,前文提到其术与秦、楚确实有所不同。

很多学者都以《墨子·贵义》中提到的这条材料为证据,证明战

---

① 孙诒让撰,孙启治点校:《墨子间诂》,第447—448页。子墨子的反驳也十分有趣,他说:"南之人不得北,北之人不得南,其色有黑者有白者,何故皆不遂也?且帝以甲乙杀青龙于东方,以丙丁杀赤龙于南方,以庚辛杀白龙于西方,以壬癸杀黑龙于北方,若用子之言,则是禁天下之行者也。是围心而虚天下也,子之言不可用也。"所以章太炎说,墨子于五行,信其德而不信其方位。参章太炎《儒术真论》,章太炎著,吴铭峰主编《章太炎论学集》,北京:商务印书馆,2019年。庞朴也认为墨子其实不大相信这种"天事"和人事之间的关系,但也承认这种"天事"是存在的,参《五行思想三题》,氏著《沉思集》,上海:上海人民出版社,1982年。另外,子墨子的这段反驳与东汉时期王充的思想可谓一脉相承,有关王充对择日的看法可参见前述《论衡》的《四讳》《讥日》等篇。
② 《史记》卷一二七《日者列传》,第3215页。
③ 工藤元男认为这里原文应当有脱误,断句应当作:"案:名卜筮曰日者以墨,所以卜筮、占候时日通名日者故也。"参工藤元男著,广濑薰雄、曹峰译《睡虎地秦简所见秦代国家与社会》第四章《睡虎地秦简〈日书〉的基础性研究》,第136页。

国时代就已经存在日者之术了。例如《容斋随笔》认为《史记》的《日者列传》就本于此。① 闻一多认为这里说的是中央的黄帝杀四方四色帝。② 工藤元男认为战国时代随着五行说的普及,已出现了专门利用五行说为生的日者,并且指出,"日者"是当时民间占卜者的统称。③ 刘乐贤认为司马迁在《日者列传》中记述的主要人员有可能就包括墨子提到的这位"日者"。④ 而根据前文的讨论,择日术产生与成熟的时间可能要比墨子的时代早得多。

司马迁虽然为日者作传,但《日者列传》已经亡佚,今本《日者列传》只有司马季主之事,而司马季主擅长占卜,其术与日者擅长的时日选择有较大的差异。其他史料中也很少见到日者活动。《史记》提到周文曾经在楚国军队中担任"视日",其职事与日者有相似之处。《史记·陈涉世家》说"周文,陈之贤人也,尝为项燕军视日,事春申君",《史记集解》引如淳曰:"视日时吉凶举动之占也。司马季主为日者。"⑤另外《汉书·陈胜传》颜师古注引服虔曰:"视日旁气也。"如淳曰"视日时吉凶举动之占",颜师古认为如淳的说法是正确的。⑥《汉书补注》引沈钦韩曰:"《艺文志》天文家有视日旁气。"⑦根据如淳的说法,周文的主要工作就是择日,从周文实际负责的内

---

① 但洪迈对于其中的数术原理颇为不解,他说:"如以五行所直之日而杀其方龙,不知其旨安在,亦可谓怪矣。"洪迈撰,孔凡礼点校:《容斋随笔》,第 267 页。
② 闻一多:《神话与诗》,第 217 页。另参姜亮夫《楚辞通故》,第 168 页。
③ 工藤元男著,广濑薰雄、曹峰译:《睡虎地秦简所见秦代国家与社会》第四章《睡虎地秦简〈日书〉的基础性研究》,第 129 页。
④ 刘乐贤:《〈史记·日者列传〉新考》,氏著《简帛数术文献探论》。
⑤《史记》卷四八《陈涉世家》,第 1954 页。
⑥《汉书》卷三一《陈胜传》,第 1790 页。
⑦ 班固撰,颜师古注,王先谦补注:《汉书补注》,第 3236 页。沈钦韩所谓的"《艺文志》天文家有视日旁气",即《汉书·艺文志》所谓"《汉日气行事占验》三卷""《汉日旁气行占验》十三卷",另外还有"《汉日食月晕杂变行事占验》十三卷"。

容来看,与"日者"别无二致,但周文并无"日者"之名。前文也提到汉高祖即位时进行时日选择的是秦博士叔孙通。可以认为,周文以及叔孙通服务官方择日,所以被记录下来,而日者主要在民间活动,所以并没有引起足够的重视。

2. 日者的消失

汉代史料中已经几乎见不到日者的活动了,今本《日者列传》中有褚先生补充的一条材料,证明至少到汉武帝时期还存在择日诸家并存的情形,但这些"诸家"都没有"日者"之名。《史记·日者列传》载褚少孙之言曰:

> 臣为郎时,与太卜待诏为郎者同署,言曰:"孝武帝时,聚会占家问之,某日可取妇乎? 五行家曰可,堪舆家曰不可,建除家曰不吉,丛辰家曰大凶,历家曰小凶,天人家曰小吉,太一家曰大吉。辩讼不决,以状闻。制曰:'避诸死忌,以五行为主。'"人取于五行者也。①

也就是说,在汉初社会上至少活跃着五行家、堪舆家、建除家、丛辰家、历家、天人家、太一家等诸多择日派别。如果按照司马迁《日者列传》的说法,这些人都可以被称为"日者",然而褚少孙称他们为"占家",或者是因为当时已经没有"日者"在活动了。

另外,褚少孙还提到他自己的见闻,所谓"黄直,大夫也;陈君夫,妇人也:以相马立名天下。齐张仲、曲成侯以善击刺学用剑,立名天下。留长孺以相彘立名。荥阳褚氏以相牛立名"。褚少孙认为这些人"能以伎能立名者甚多,皆有高世绝人之风,何可胜言"。② 但这些人也没有"日者"之名。褚少孙的言论可以说明,在当时确实已

---

① 《史记》卷一二七《日者列传》,第 3221 页。
② 《史记》卷一二七《日者列传》,第 3222 页。

经没有"日者"活动了。

需要注意的是,汉武帝下令择日以五行家为主,对后世的择日术产生了重要的影响。《汉书·艺文志》载有关择日方面的书籍,其中有《泰一阴阳》二十三卷、《阴阳五行时令》十九卷、《堪舆金匮》十四卷、《钟律丛辰日苑》二十三卷、《天一》六卷、《泰一》二十九卷、《转位十二神》二十五卷等。从名称上来看,这些书籍或许就与汉武帝时代的五行家、太一家、堪舆家、丛辰家、建除家、历家等有关,但他们都被归入了"五行三十一家"。① 班固最后说:"而小数家因此以为吉凶,而行于世,寖以相乱。"②也就是说,在班固的时代"小数家"以阴阳之术占卜吉凶,而且他们之间不同派别的知识已经开始混淆。

《汉书·食货志》载有王莽时期制定的"贡法",规定各行各业应当缴纳营业税,其中提到:"诸取众物鸟兽鱼鳖百虫于山林水泽及畜牧者,嫔妇桑蚕织纴纺绩补缝,工匠医巫卜祝及它方技商贩贾人坐肆列里区谒舍,皆各自占所为于其在所之县官,除其本,计其利,十一分之,而以其一为贡。敢不自占,自占不以实者,尽没入所采取,而作县官一岁。"③《资治通鉴》将此事定于始建国二年,中华书局本断句为:"工匠、医、巫、卜、祝及他方技,商贩、贾人,皆各自占所为于其所之。"④尤其其中的巫、卜、祝等,是受到官方认可的、可以在市场上进行经济行为的人员。⑤ 但这里并没有提到"日者",也可以作为

---

①《汉书补注》引沈钦韩也有相似的意见,他在引用汉武帝聚会占家事例后说"此数家虽总名五行,所占又不同若此",并认为"阴阳五行时令"大概是月令之类,而"转位十二神"可能就是建除十二神。

②《汉书》卷三〇《艺文志》,第1767—1768页。

③《汉书》卷二四下《食货志下》,第1181页。

④《资治通鉴》卷三七《汉纪二九》,第1182页。

⑤ 有论者以为,按照当时规定,巫者应有市籍。相关的研究参杜正胜《周秦城市的发展与特质》,《历史语言研究所集刊》第51本第4分,1980年。另参林富士《汉代的巫者》,台北:稻乡出版社,1999年,第45页。

"日者"早已销声匿迹的证据。

东汉的材料里也很少提到"日者"。根据前文所述,王充的著作作为今天认识汉代的择日行为提供了许多重要的材料,在《论衡·讥日》中,王充以当时流行的几种择日之书为纲,对相关择日行为展开批评。他引用到的择日书籍包括"葬历""祭祀之历""沐书""裁衣有书""工伎之书"等,可以说明在王充的时代以上内容是独立成书的。而在出土的《日书》文献中,安葬、祭祀、沐浴、制衣、建造房屋等事项均包含在一起,可以认为不同类别的择日术在东汉以后有向专门化发展的倾向。前文提到包括王充在内,荀悦和王符对民间"妄信时日"进行批评,应劭和崔寔也以不同方式消解过度信赖时日禁忌对民众生活的影响,但他们均未提到当时社会有所谓的"日者",这也足以说明当时没有专门"日者"在活动。

范晔在《后汉书·方术列传》中对当时的数术家以及他们掌握的方术进行了总结:

> 仲尼称《易》有君子之道四焉,曰"卜筮者尚其占"。占也者,先王所以定祸福,决嫌疑,幽赞于神明,遂知来物者也。若夫阴阳推步之学,往往见于坟记矣。然神经怪牒,玉策金绳,关扃于明灵之府,封縢于瑶坛之上者,靡得而窥也。至乃《河洛》之文,龟龙之图,箕子之术,师旷之书,纬候之部,钤决之符,皆所以探抽冥赜,参验人区,时有可闻者焉。其流又有风角、遁甲、七政、元气、六日七分、逢占、日者、挺专、须臾、孤虚之术,及望云省气,推处祥妖,时亦有以效于事也。①

范晔提到的"日者"应当指的是"日者之术",这段话的意思并不

---

① 《后汉书》卷八二上《方术列传》上,第 2703 页。

是"日者"仍在活动,而是"日者之术"仍在流传。范晔认为这些"小数"虽偶然有益于时事,但总体来看是不入流的,所谓"通儒硕生,忿其奸妄不经,奏议慷慨,以为宜见藏摈",也可见范晔对包括择日术在内的"方术"总体上的态度。

另外,裴骃等人对"日者"的误解也显示魏晋以后的人们对"日者"已经不熟悉。例如前引裴骃《史记集解》说"古人占候卜筮,通谓之'日者'",①同样司马贞和李贤也对"日者"有误解,《史记索隐》说"案名卜筮曰日者以墨,所以卜筮占候时日通名日者故也",②李贤注《后汉书·方术列传》说:"日者,卜筮掌日之术也,《史记》司马季主为日者。"③后来已经有学者指出这种说法的问题,例如《史记会注考证》就认为《史记》别有"龟策传",而日者的主要工作是斥候时日。也就是说,"日者"的主要工作应当是"斥候时日",即进行时日选择,但裴骃和司马贞以及李贤等人都强调日者善于"筮占",由《日书》中对择日术的记载可知,其中几乎没有提到"筮占",所以裴骃等人关于日者与"卜筮""筮占"关系的说法是错误的。这可能是因为裴骃是南朝时期的人,司马贞和李贤是唐朝人,在他们生活的时代早已经没有"日者"在活动,所以他们对"日者之术"也就不了解了。

正如前文所讨论的那样,"日者"指的是从事时日选择的专门性人员,史料中《墨子》确切记载了"日者"的活动,《史记》也曾为"日者"列传,但到了褚少孙的时代已经几乎没有专门的日者活动,以至后世如裴骃以及司马贞、李贤等,已经将日者之术与占卜之术混淆。西汉中后期以后日者之术流传,日者在历史中逐渐消失。本文认为

①《史记》卷一二七《日者列传》,第3215页。
②《史记》卷一二七《日者列传》,第3215页。
③《后汉书》卷八二上《方术列传上》,第2704页。

日者的消失可能有以下几个方面的原因。

首先,由出土的《日书》类文献可见,择日术并不是特别高深的学问,有关社会生活各方面的择日宜忌大都在《日书》中有详尽的记载,民间日常生活中的择日行为是否一定需要专门的日者就成了一个问题。应当可以认为,在汉代有阅读能力、经过一定专业训练的人就可以读懂《日书》,并进行基本的择日活动。事实上,目前《日书》中相当一部分出土在基层官吏的墓葬之中,官吏们使用《日书》自行择日,或者帮助吏民择日应当也是有的。① 前引王充《论衡》提到当时有"葬历""祭祀之历""沐书""裁衣有书""工伎之书"等,② 人们根据需要参照这些书籍进行时日选择即可,未必一定需要日者协助。另外前文还提到《孔雀东南飞》中有"府君得闻之,心中大欢喜。视历复开书,便利此月中"句,③ 其中"历"是历书,属于具注历文献,而"书"应当就是《日书》一类的书籍。④ "府君"家中有"历"有"书",与出土文献反映的情况正相符合,也说明两汉时期基层社会嫁娶择日并不需要日者的参与。前文也提到叔孙通为汉高祖刘邦的即位择日,汉武帝时代为重要典礼择日的是史官,同样不需要

① 关于《日书》的政治功能一直是学者们热烈讨论的话题,其中最主要的就是"移风易俗"说和"助政"说。余英时认为《日书》等文献是当时官吏们进行"移风易俗"时参考的文书,见氏著《汉代循吏与文化传播》,《中国思想传统的现代诠释》,台北:联经出版事业公司,1990年,第241页。林剑鸣也说:"墓主身份为官吏的,陪葬品均有律令简和《日书》,这绝非偶然。因为《日书》同律令一样,都是官吏为政的必备工具书。"见氏著《秦汉政治生活中的神秘主义》,《历史研究》1991年第4期。最近也有学者对这一问题提出新的看法,认为"移风易俗"说和"助政"说都不可靠,见琴载元《战国秦汉基层官吏的〈日书〉利用及其认识》,《史学集刊》2013年第6期。有关《日书》和日者的关系也可以参看工藤元男的讨论,《睡虎地秦简所见秦代国家与社会》第四章《睡虎地秦简〈日书〉的基础性研究》,第129页。

② 王充著,黄晖撰:《论衡校释(附刘盼遂集解)》,第992页。

③ 徐陵编,吴兆宜著:《玉台新咏笺注》,北京:中华书局,1985年,第50页。

④ 彭卫、杨振红:《中国妇女通史·秦汉卷》,第116页。

日者的参与。

其次,汉代的巫者和卜者也能够进行择日,单纯负责时日选择的日者生存空间有限。根据史料记载,汉代民间社会主要的"神秘文化"从业者是巫者,东汉时期王符《潜夫论·浮侈》批评当时"多不修中馈,休其蚕织,而起学巫祝,鼓舞事神,以欺诬细民,荧惑百姓"。① 可见民间巫术盛行之情景。后来学者们也注意到汉代巫者活动频繁。② 巫者显然也能够进行择日活动,有材料显示巫者擅长葬地选择术,如《后汉书》记载:"顺帝时,廷尉河南吴雄……少时家贫,丧母,营人所不封土者,择葬其中。丧事趣办,不问时日,(医)巫皆言当族灭,而雄不顾。"③由这条材料可知当时人们认为巫者应当是丧葬地点和丧葬时间的选择者,如果不尊重巫者的意见,甚至会被认为有"族灭"的严重后果。吴雄这样不顾巫者意见的人显然是很少见的。事实上,巫者被认为掌鬼神祭祀之事,能够满足民间社会在神秘活动方面的需求,专门负责时日选择的"日者"是否具有足够的活动空间是非常可疑的。

另外,《日者列传》中保存司马季主的言论,他说卜者:"必法天地,象四时,顺于仁义,分策定卦,旋式正棋,然后言天地之利害,事

---

① 王符撰,汪继培笺,彭铎校正:《潜夫论笺校正》,第 125 页。

② 相关研究参吴荣曾《镇墓文中所见到的东汉道巫关系》,《文物》1981 年第 3 期;孙家洲《汉代巫术巫风探幽》,《社会科学战线》1994 年第 5 期;童恩正《中国古代的巫》,《中国社会科学》1995 年第 5 期;王子今《西汉长安的胡巫》,《民族研究》1997年第 5 期;胡新生《论汉代巫蛊术的历史渊源》,《中国史研究》1997 年第 3 期;赵世超《论巫术的兴衰与西汉文化的民间色彩》,《陕西师范大学学报》1997 年第 4 期;林富士《汉代的巫者》;董涛《汉代方术活动中的女性角色》,《华南师范大学学报(社会科学版)》2012 年第 4 期。

③ 《后汉书》卷四六《郭镇传》,第 1546 页。林富士在引用此则材料时也说"可见巫者应该具有丧葬的专业知识,而且很可能是丧家求助的主要对象",见氏著《汉代的巫者》第四章"汉代巫者的职事",第 84 页。另参具圣姬《汉代的鬼神观念与巫者的作用》,《史学集刊》2001 年第 4 期。

之成败。昔先王之定国家,必先龟策日月,而后乃敢代;正时日,乃后入家;产子必先占吉凶,后乃有之。"①可见他认为卜者擅长的技术以筮占为主,但也包括使用式盘进行占卜,以及"正时日,乃后入家",这是归行的时日选择,而"产子必先占吉凶"是关于生子的时日吉凶,相关的内容也见于《日书》类文献,这说明卜者也能够从事相关活动。前引王莽时期的"贡法"材料显示巫者和卜者都可以在市场上经营,他们除了鬼神和卜筮之事外,兼营时日选择是再正常不过的了。

再次,前文也已经提到,日者之术逐渐与其他数术融合,两汉及以后的社会上单纯的日者之术可能也不存在了。刘乐贤认为日者之术分为狭义和广义两种,②广义上的日者之术包含了卜筮等方面的技术。例如前引裴骃以及李贤在注解"日者"的时候都提到了占候和卜筮,然而如果梳理战国秦汉时期《日书》类文献,可以发现其中择日术与占候和卜筮不能归入同一类别。而之所以裴骃和李贤等人会有这样的认识,很可能是因为至东汉以后,日者之术已经与占候卜筮融合,即擅长占候卜筮的巫者或者术士也能够熟练掌握日者之术,或者"日者"亦掌握占候与卜筮技术,单纯日者之术的式微也就在所难免了。事实上,专门进行时日选择的"日者"只是被认为具有"浅闻小数之能",他们的技术的融合与消亡也很难引起人们的重视,也极少有人会去进行搜集和整理方面的工作,甚至也不会去认真辨析日者之术和龟卜及筮占之间的区别。

总的来看,"日者之术"的源头可以追索到商周时期,"日者"主要活动于战国至西汉早期,司马迁对他们的活动印象深刻,所以特别为日者列传。然而到西汉中期以后,"日者"的活动逐渐式微,主

---

① 《史记》卷一二七《日者列传》,第 3218 页。
② 刘乐贤:《〈史记·日者列传〉新考》,氏著《简帛数术文献探论》。

要的原因是择日术不属于特别高深的学问,《日书》类文献的存在使得人们可以自行择日,而单纯的日者之术并不能满足民众祭祀鬼神求取福佑或者求神问卜的需要,是以择日术虽然保存并流传下来,但单纯进行时日选择的"日者"却在历史中逐渐消失。

二、《日者列传》考

《史记·日者列传》亡佚,今本显然并非司马迁原作,经由出土《日书》类文献,对于战国秦汉的日者之术可以有更直接的了解,在此基础上可以进一步明晰日者之术与今本《日者列传》所载司马季主卜筮之术的区别,同时可以确认司马季主应当归于《龟策列传》。

1.《日者列传》非太史公原著

司马迁在《太史公自序》中对当时日者的活动有大概的介绍,他说:"齐、楚、秦、赵为日者,各有俗所用。欲循观其大旨,作《日者列传》第六十七。"①由此看来,司马迁认为在不同地区流行着不同的日者流派,为不同地域的民众日常所使用,而《日者列传》的本意应当就是通过记述日者的活动,展示不同地区的民俗,并介绍不同地区的时日选择之术。以今言之,司马迁在《日者列传》中想要呈现给读者的是当时人们对于时间和方位的总体观念,这些观念在不同地域虽略有不同,但在思维方式上却并无本质区别。

近年来出土的各类《日书》类文献中详尽记载与日者之术相关的内容。目前出土的日书以秦楚两地为主,从这些《日书》的记载来看,秦楚两地的日者之术确实有显著不同,但这种不同只是细节上的不同,即具体使用方式的不同,而根本的思维方式和符号语言则

①《史记》卷一三〇《太史公自序》,第3318页。

是相同的。例如天干地支的使用,阴阳五行观念的贯穿其中,都是两者共同的特点。① 所以面对齐、楚、秦、赵的不同日者之术,司马迁可以"观其大旨"。

然而现存《日者列传》只记述司马季主一人之言论,显然和"各有俗所用"的意图不符,所以古往今来的学者大都认为这篇列传是遗失了的。例如《史记集解》引张晏曰:"迁没之后,亡《景纪》《武纪》《礼书》《乐书》《律书》《汉兴以来将相年表》《日者列传》《三王世家》《龟策列传》《傅靳蒯列传》。元成之间,褚先生补阙,作《武帝纪》,《三王世家》,《龟策》《日者列传》,言辞鄙陋,非迁本意也。"②张晏明确说《日者列传》是褚先生补阙,这种观点对后世影响深远。

《史记索隐》也说:"《日者传》云'无以知诸国之俗'。今褚先生唯记司马季主之事也。"③其实也承认《日者列传》为褚少孙所补。另外《史记索隐》还认为:"日者不能记诸国之同异,而论司马季主。龟策直太卜所得占龟兆杂说,而无笔削之功,何芜鄙也。"④刘知幾《史通·因习篇》认为:"寻班马之列传,皆具编其人姓名。如行状尤相似者,则共归一称,若《刺客》《日者》《儒林》《循吏》是也。"⑤余嘉锡据此认为:"今《日者传》只叙司马季主一人,无所谓行状相似者,即此可知非太史公笔矣。"⑥另外余嘉锡认为今本《日者列传》为褚少孙所补的说法不可靠,他的证据是褚少孙补《史记》之阙向来并无

---

① 参王子今《睡虎地秦简〈日书〉秦楚行忌比较》,秦始皇陵兵马俑博物馆《论丛》编委会编《秦文化论丛》第 2 辑。

② 《史记》卷一三〇《太史公自序》,第 3318 页。

③ 《史记》卷一三〇《太史公自序》,第 3318 页。

④ 《史记》卷一三〇《太史公自序》,第 3322 页。

⑤ 刘知幾著,张振珮笺注:《史通笺注》,北京:中华书局,2022 年,第 232 页。

⑥ 余嘉锡:《太史公书亡篇考》,《余嘉锡文史论集》。

假冒之事，凡其所补之处照例会有"褚先生曰"，《日者列传》亦有一段"褚先生曰"，应该是褚少孙的跋文，后褚先生所补部分亦亡，后人取《龟策列传》一部分文字入《日者列传》。此说可参。姚奠中认为《日者列传》已经亡佚了，现存少部分褚少孙的跋文，现在《日者列传》中的内容是《龟策列传》的佚文。① 刘乐贤认为今本《日者列传》记载的大多是议论之辞，很少涉及到具体的数术占测，与《日书》所载实用性占文没有共通之处，因而根据《日书》文献可以证明《日者列传》并非太史公原作。②

但也有学者不认可张晏的说法，怀疑《日者列传》并非全部亡佚，《汉艺文志考证》卷三引东莱吕氏曰："张晏所列亡篇之目，校之《史记》，或其篇具在，或草具而未成，非皆无书也……其九曰《日者列传》，自'余志而著之'以上，皆太史公本书。"③根据这种说法，今本《日者列传》除了标明为"褚先生曰"的部分，其他都是太史公原文，但论者并未说明原因。黄震《古今纪要》也同意东莱吕氏的意见："东莱辩十篇非皆无书，其九曰日者传，自'余志而著之以上'皆本书。欧公每制作，必取此读数过。末乃褚所补。晏并疑之，非。"④另外张大可也认为《日者列传》其实并未亡佚，⑤张大可另外指出，

---

① 姚奠中：《〈史记〉中〈日者〉、〈龟策〉两传中的内容》，《姚奠中讲习文集》第一卷《论学篇》，北京：研究出版社，2006年，第146页。

② 刘乐贤还认为《日者列传》的撰人为褚先生的说法尚不能够成为定论。太史公《日者列传》的原文不会记载卜筮之术，也不会记载天文之学，其中记载的应该是属于五行的"日者之术"，可能还包括一些日者的行迹。详参氏著《简帛数术文献探论》，第260页。

③ 王应麟著，张三夕、杨毅点校：《汉制考　汉艺文志考证》，北京：中华书局，2011年，第176—177页。

④ 余嘉锡反驳这种说法，认为褚少孙并非不能为文，不能够仅凭文章优劣判断这部分就是太史公所著，参余嘉锡《太史公书亡篇考》，《余嘉锡文史论集》。

⑤ 张大可：《〈史记〉残缺与补窜考辨》，《兰州大学学报》1982年第3期。

《日者列传》载占卜之人,《龟策列传》载卜筮之物,所以两传为表里之文,不可分割,并认为:"日者是察日占候的星占家,也是占候卜筮之人的统称。汉武帝迷信鬼神,日者云集太卜,国家大政及帝王起居都要借助日者占卜。"①另外张铭洽也认为《日者列传》并未亡佚,他说:"除本传首句笔者以为属窜入之文外,余皆当为司马迁所写。"张铭洽还认为,司马迁想要书写的"日者",应该是一些操日者之术,熟知天文、历法,善于运用五行等理论的"知识分子"型占卜家。②

现在能看到的《日者列传》开篇就在讨论占卜的问题,所谓:"自古受命而王,王者之兴何尝不以卜筮决于天命哉! 其于周尤甚,及秦可见。代王之入,任于卜者。太卜之起,由汉兴而有。"③其中提到的"代王之入,任于卜者"指的是汉文帝在入继大统之前曾经命人占卜:"卦兆得大横。占曰:'大横庚庚,余为天王,夏启以光。'"④其中有兆有占,说明当时使用的是龟卜。这部分内容和《龟策列传》相似,论者以为有人移《龟策》入《日者》也确乎有可能,详下文。

其实占卜术和日者之术本身区别较为明显,一般不会混淆。根据前文的讨论,择日术起源于避忌凶恶和尊天顺时,而现在能看到的《日书》类文献吉凶宜忌设置的基本思想背景是阴阳五行观念。例如前文曾讨论基于时间和方位的择日术,其中的吉凶的设定来自

---

① 张大可:《日者、龟策两列传》,张大可、丁德科主编《史记论著集成》第 4 卷,北京:商务印书馆,2014 年。

② 张铭洽总结司马迁想要书写的"日者"具有五个方面的特征,第一,"日者"以占卜为职业,这也是日者与其他职业的区别;第二,"日者"所操的"日者之术"与其他占卜方式不同;第三,"日者"主要活动地点为民间,与其他直接为统治阶级服务的占家、方士不同;第四,日者了解天文、历法,在这方面有自己的特长;第五,"日者"是具有高世之风的贤人,并不是一般的占卜术士。张铭洽:《〈史记·日者列传〉小察》,陈全方主编《陕西历史博物馆馆刊》第 1 辑,西安:三秦出版社,1994 年。

③《史记》卷一二七《日者列传》,第 3215 页。

④《史记》卷一〇《孝文本纪》,第 414 页。

于时间和方位之间的关系,而并不是通过龟卜或者筮占获得。另外,时日吉凶大多清晰明确书写在《日书》之中,人们在择日时根据事项查阅《日书》即可,并不需要再进行占卜。所以可以认为,在大多数时候人们判断时日吉凶并进行选择并不需要进行龟卜或者筮占,择日术和占卜术属于不同类别的数术。对此司马迁不会不清楚,所以《日者列传》原文断然不会只记述一名善于筮占的卜者的言论,这一点应当是再无疑问的。

2. 司马季主的归属

从《日者列传》所载司马季主的言论来看,他主要擅长的是筮占。《日者列传》说司马季主"卜于长安东市",联系前文提到王莽时代制定税法,巫、卜、祝及其他方技之人受到政府认可,可以在市场上的固定区域从事经济活动,司马季主应当就属于类似获得政府认可的卜者。

另外根据《日者列传》所载司马季主的言论,也可知其所擅长之术:

> 今夫卜者,必法天地,象四时,顺于仁义,分策定卦,旋式正棋,然后言天地之利害,事之成败。昔先王之定国家,必先龟策日月,而后乃敢代;正时日,乃后入家;产子必先占吉凶,后乃有之。自伏羲作《八卦》,周文王演三百八十四《爻》而天下治。越王勾践放文王《八卦》以破敌国,霸天下。[1]

其中所谓的"分策定卦"应当是筮占,而"旋式正棋"则是使用式盘进行占卜,[2]其中"正时日"的说法显示司马季主也能够进行时日选择。然从他谈论周文王和越王勾践事迹,以及"太史公曰"所谓

---

① 《史记》卷一二七《日者列传》,第 3218 页。
② 严敦杰认为"旋式正棋"的式是六壬式,参氏著《关于西汉初期的式盘和占盘》,《考古》1978 年第 5 期。

"古者卜人所以不载者,多不见于篇。及至司马季主,余志而著之"的说法来看,司马季主的主业应当是筮占而非择日。

另外褚少孙还补充了相关的内容,他说:"臣为郎时,游观长安中,见卜筮之贤大夫……夫司马季主者,楚贤大夫,游学长安,通《易经》,术黄帝、老子,博闻远见。观其对二大夫贵人之谈言,称引古明王圣人道,固非浅闻小数之能。及卜筮立名声千里者,各往往而在。"①从"通《易经》"的说法来看,褚少孙了解的司马季主确实擅长《周易》筮占。另外需要注意的是,从《日者列传》所载司马季主言论,以及褚少孙"卜筮之贤大夫""起居行步,坐起自动,誓正其衣冠而当乡人也,有君子之风"的相关说法,可知当时士人阶层对于进行筮占的卜者是接纳的,认为他们是"贤人""君子"。也就是说,筮占虽然同样充满神秘色彩,但和"浅闻小数"还是有所区别的。而从后来班固批评王莽,以及荀悦、王充和王符等人对时日禁忌的批评来看,择日术显然应当属于"浅闻小数",筮占与择日明显被区别对待。

今本《日者列传》中所记司马季主擅长卜筮之术,按理说应当归属于《龟策列传》。吕思勉认为,《史记》的"日者"和"龟策"两传,在内容上有相似之处,应该互为表里:"决其事之可行与不者,既简称之曰龟策矣,决其当行于何时者,乃总称之曰时日,以与龟策相对,其实定时日者,亦未必不用龟策也。故以龟策、日者对立为二名,乃举诸数术之家所最重者,特立为一篇,余则并为一篇,其事皆当沿之自古也。"②确实也有学者认为今本《日者列传》来自《龟策列传》,例如前引余嘉锡认为《日者列传》褚先生所补部分亦亡,后人取《龟策列传》一部分文字入《日者列传》。③ 姚奠中认为《日者列传》已经亡

①《史记》卷一二七《日者列传》,第3221页。
②吕思勉:《吕思勉读史札记》,《吕思勉全集》。
③余嘉锡:《太史公书亡篇考》,《余嘉锡文史论集》。

佚了,现存少部分褚少孙的跋文,现在《日者列传》中的内容是《龟策列传》的佚文。① 然《日者列传》后有褚先生"跋文",从其中的基本文意来看,褚少孙见到的《日者列传》中就已经只有司马季主之事了,然后褚少孙根据自己的了解,增补了有关司马季主擅长《易经》等相关内容。

应当认为,《龟策列传》中即便有与司马季主相关的内容,原文也未必如今本《日者列传》一样,因为《龟策列传》同样不会大段征引司马季主的言论,而丝毫不及其人生经历以及所擅长之占卜之术。关于《龟策列传》的写作意图,《太史公自序》说:"三王不同龟,四夷各异卜,然各以决吉凶。略窥其要,作《龟策列传》第六十八。"② 和前述《日者列传》相比,这里所谓"三王""四夷"和"齐、楚、秦、赵"一样,指的都是不同时期和不同地域,而"各以决吉凶"和"各有俗所用"意思也大致相同,"观其大旨"和"略窥其要"也是同一个意思,显然《日者》和《龟策》二传在性质上有相近之处。

同样的,现存《龟策列传》也不是司马迁原作,前引张晏的看法也认为《龟策列传》是褚少孙所补,对于这个问题学者们争议不大,今本《龟策列传》文中载有褚少孙"之太卜官,问掌故文学长老习事者,写取龟策卜事,编于下方"的相关说法,确定其中的主要内容来自褚少孙所补。《史记索隐》批评:"褚少孙唯取太卜占龟之杂说,词甚烦芜,不能裁剪,妄皆穿凿,此篇不才之甚也。"③ 然此传开篇"太史公曰"及至"余至江南",全是司马迁自己的语气,内容也和《太史公自序》相合,而且其中对鬼神的态度也与《史记》全书相合,显然应当

---

① 姚奠中:《〈史记〉中〈日者〉、〈龟策〉两传中的内容》,《姚奠中讲习文集》第一卷《论学篇》。
② 《史记》卷一三〇《太史公自序》,第3318页。
③ 《史记》卷一三〇《太史公自序》,第3319页。

是太史公手笔。推测这些内容原为司马迁为此传所作的"序言",而遗失的是此传的正文内容。①

虽然正文部分遗失,但是根据这段序言也可以大致明晰此传的主要内容。司马迁开篇即言:"自古圣王将建国受命,兴动事业,何尝不宝卜筮以助善!"其中"助善"二字证明司马迁对于龟卜和筮占的作用是十分明了的。紧接着《龟策列传》序言又提到了夏、殷、周兴旺的吉兆,并说"王者决定诸疑,参以卜筮,断以蓍龟,不易之道也",②也就是说龟策是王者面对疑问情况下要参考的内容,而根据《尚书·洪范》的说法"稽疑:择建立卜筮",在有较大疑问的时候要谋及心、谋及卿士、谋及庶人,最后谋及卜和筮,并根据以上诸多情况判定吉凶宜忌,即所谓"五谋而卜筮居其二,五占从其多,明有而不专之道也"。③在这篇序言中,司马迁也提出了"择贤而用占"的思想,认为如果轻视卜筮的作用是有悖于常情的,而过分"信祯祥"则鬼神也会不得其正。总的来说,在司马迁的理念中,卜筮行为是一种面对疑问情形进行抉择的参考依据之一,可以用来"助善",但又不能过分痴迷。而今本《日者列传》载司马季主之言,着重在讨论卜者的职业是否卑污问题,其主题思想显然与《龟策列传》序言部分不合,这是我们认为《龟策列传》即便载司马季主传但原文必不如此的一个重要原因。

另外,《龟策列传》序言也回顾了夏商周直至汉武帝时代卜官和卜者的活动,其中提到汉武帝时"博开艺能之路",所以太卜大集,司马迁说:"会上欲击匈奴,西攘大宛,南收百越,卜筮至预见表象,先图其利。及猛将推锋执节,获胜于彼,而蓍龟时日亦有力于此。上尤加意,赏赐至或数千万。如丘子明之属,富溢贵宠,倾于

---

① 见姚奠中:《〈史记〉中〈日者〉、〈龟策〉两传读后》,《文献》1988 年第 3 期。
② 《史记》卷一二八《龟策列传》,第 3323 页。
③ 《尚书正义》,阮元校刻《十三经注疏》,第 404 页。

朝廷。"①丘子明自然是《龟策列传》的典型人物,可惜《龟策列传》亡佚,史料中也没有关于此人的其他记载。后来卜者参与巫蛊之事,而且这些人"素有睚眦不快,因公行诛,恣意所伤,以破族灭门者,不可胜数",引起了一定的社会问题,这显然也是《龟策列传》重点关注的内容。也就是说,《龟策列传》显然会侧重记载如丘子明等人如何进行占测,后来如何富贵、如何败亡等等情形,断然不会只记载关于卜者职业高低贵贱的言论,这也是我们认为《龟策列传》中司马季主事必不如今所见的重要原因。

其实不难发现,《龟策列传》记载卜者的活动,与《日者列传》记载日者的活动相似,司马迁前后两篇列传想要通过记述日者和卜者的活动,表现不同时期和不同地域的择日和占卜方面的民俗。两篇列传会重点记载各种类型的择日术和占卜术,也会有日者和卜者的经历,甚至还会有他们预测灵验的记载。当然司马迁的总体态度也是一贯明晰的,即既不能轻视择日和占卜,但也不能过分信赖鬼神,所以两篇列传的中心思想应当都是重视择日和占卜的作用,但不能过分信赖。然而今本《日者列传》所载司马季主的言论,主要内容是关于卜者职业的讨论,这显然不合司马迁书写日者和卜者的主旨,所以本文认为司马季主纵然可以被列入《龟策列传》,但也必然不会是如同今本《日者列传》一样的内容。

3.《扁鹊仓公列传》中的医者

《扁鹊仓公列传》一向被认为和《日者列传》《龟策列传》性质相同,均属于方技类,虽然其中主要书写医者,但也包含有司马迁对类似"方技"的基本态度,即能够对国计民生有所助益,以及能够"验证",否则就应归入虚妄迷信。

---

① 《史记》卷一二八《龟策列传》,第 3224 页。

陈寿《三国志·魏书·方技传》说"史迁著扁鹊、仓公、日者之传，所以广异闻而表奇事也"，①将这三传并列而言。然《扁鹊仓公列传》为列传第四十五，前文提到的《日者》和《龟策》两传分别为第六十七和六十八，有论者以为《扁鹊仓公列传》顺序与其相去甚远，恐怕是后人失误。例如《史记索隐》引王劭云："此医方，宜与《日者》、《龟策》相接，不合列于此，后人误也。"《史记正义》也说："此传是医方，合与《龟策》《日者》相次。以淳于意孝文帝时医，奉诏问之，又为齐太仓令，故太史公以次述之。扁鹊乃春秋时良医，不可别序，故引为传首，太仓公次之也。"②清代学者洪饴孙《史目表》云：《扁鹊仓公列传》《日者列传》《龟策列传》"此三传为诸史方术、方伎之祖"，③也认为这三传应当并列。

可以认为，《扁鹊仓公列传》的创作意图应当是为了祛除巫术以及相关的迷信思想对医者和医术的影响，这与《日者》和《龟策》二传有相似性。根据《太史公自序》的说法，作《扁鹊仓公列传》是因为："扁鹊言医，为方者宗，守数精明。后世循序，弗能易也，而仓公可谓近之矣。"④也就是说，司马迁肯定扁鹊作为"方者宗"的地位，对于仓公也给予了较高的评价。然而扁鹊其实是传说中的人物，他被认为是黄帝时代的名医，在汉代画像石中，扁鹊就是以鸟的形态出现，被学者们认为和崇拜鸟的东夷族有关，这是说扁鹊在汉代民间具有神异形象。⑤

---

① 《三国志》卷二九《魏书·方技传》，第 830 页。

② 《史记》卷一〇五《扁鹊仓公列传》，第 2785 页。

③ 洪饴孙：《史目表》，光绪四年（1878）启秀山房刻本。

④ 《史记》卷一三〇《太史公自序》，第 3316 页。

⑤ 相关的研究参见敦愿《汉画象石上的针灸图》，《文物》1972 年第 6 期；杨金萍等《汉画像石中鸟图腾与中医》，《医学与哲学（人文社会科学版）》2007 年第 1 期；杨金萍等《从汉画像石"扁鹊针刺图"谈扁鹊与东夷巫医文化》，《中华医史杂志》2016 年第 1 期。另参伍秋鹏《汉代画像石上的扁鹊图像探析》，《中国美术研究》2021 年第 3 期。

对于这样的扁鹊形象司马迁显然并未采纳。司马迁其实一直在试图摆脱神话传说的影响,尽可能地使扁鹊的行为合理化。既突出其医疗技术方面的能力,淡化民间传说中扁鹊的过分神异之处,也不愿意过分强调扁鹊的神秘性特征,是以有论者就指出扁鹊是"从巫术中解放出来的我国古代医学奠基者"。[1] 司马迁更愿意把扁鹊描述成一个优秀的医者,把他作为"方者宗"的形象留在历史记载之中,由此也可见司马迁淡化巫术对社会生活影响的态度是一以贯之的。

《扁鹊仓公列传》说扁鹊"为医或在齐,或在赵。在赵者名扁鹊",又说"扁鹊名闻天下。过邯郸,闻贵妇人,即为带下医;过洛阳,闻周人爱老人,即为耳目痹医;来入咸阳,闻秦人爱小儿,即为小儿医"。[2] 这说明司马迁在不同地区都曾听闻扁鹊行医的传说,而且这些传说叙述的扁鹊医疗技术各不相同,司马迁显然是为了弥合这些传说,才说扁鹊在不同地域擅长不同医术。而且司马迁记述扁鹊行医的时间也多有与历史不符之处,一个合理的解释是,在不同时期和不同地域都曾流传过扁鹊行医的传说,"扁鹊"实际上是人们对于神秘或者神圣医者的通称。[3]

---

① 卢南乔:《从巫术中解放出来的我国古代医学奠基者——扁鹊》,《文史哲》1958 年第 10 期。相关的研究另参中医研究院医史文献研究室《坚决与巫作斗争的医学家秦越人》,《新医药学杂志》1974 年第 9 期。

②《史记》卷一〇五《扁鹊仓公列传》,第 2794 页。

③ 关于扁鹊这个名称以及他的籍贯问题,学界多有争论,可参卫聚贤《老子与扁鹊的年代及籍贯考》,《史社季刊》1933 年创刊号;何爱华《秦越人(扁鹊)生卒及行医路径考》,《新中医学》1958 年第 8 期;孔健民《扁鹊年代考证》,《成都中医学院学报》1959 年第 3 期;郎需才《扁鹊活动年代及事迹考》,《中医杂志》1980 年第 4 期;王瑞《扁鹊郑人非郑人》,《天津师范大学学报(社会科学版)》1982 年第 1 期;丁鉴塘《扁鹊遗迹辑略》,《中华医史杂志》1982 年第 4 期;王波清《汤阴扁鹊墓和新发现扁鹊墓碑》,《中州古今》1983 年第 1 期;王文玉等《扁鹊(秦越人)里籍论证会》,《山东中医学院学报》1985 年第 4 期;张知寒《从古文化史和民俗学谈扁鹊(秦越人)名籍问题》,《管子学刊》1988 年第 4 期。

《扁鹊仓公列传》中仓公部分的内容所占篇幅较大，其中就有著名的缇萦救父的故事，另外这篇列传中还详细记载了仓公的医疗技术，尤其应当引起注意的是汉文帝"诏召问所为治病死生验者几何人也，主名为谁"。汉文帝关心的问题是仓公曾经治愈过哪些人，所谓"验者"指的是医术被验证有效，即疾病被治愈。仓公的上书详细记叙了自己学习医术以及治疗患者的过程，其中包括治愈了齐侍御史、齐王中子诸婴儿、齐郎中令循、齐王太后等等，这些人和事皆有迹可循，仓公不太可能作伪。《史记》的记载很可能引用的是被保留在档案中的仓公上书原件，其真实性自然也不会有疑问。而司马迁之所以要记载仓公治愈疾病的详情，本意显然是要凸显医术能够验证的特征。

实际上在司马迁生活的时代，医疗技术逐渐开始摆脱巫术的影响，成为一门独立的技术。虽然有些人生病的时候仍然"巫医无所不至"，但更多的人开始相信医术，渐渐摈弃使用巫术疗病。《扁鹊仓公列传》中有一段评论：

> 使圣人预知微，能使良医得蚤从事，则疾可已，身可活也。人之所病，病疾多；而医之所病，病道少。故病有六不治：骄恣不论于理，一不治也。轻身重财，二不治也。衣食不能适，三不治也。阴阳并，藏气不定，四不治也。形羸不能服药，五不治也。信巫不信医，六不治也。有此一者，则重难治也。①

这段话置于扁鹊见齐桓侯之后（即《韩非子》"扁鹊见蔡桓公"），显然是司马迁针对这一事件发表的评论，其中涉及医疗观念的部分实际上已经超越了此事件本身。可以说这段评论代表着司

---

① 《史记》卷一○五《扁鹊仓公列传》，第 2793—2794 页。

马迁对医疗技术的看法,其中最重要的一个问题是"信巫不信医,六不治也",这显然是具有超越时代意义的看法。虽然这样的观念在当时社会并未普及,巫者依然以治病为业在民间广泛活动,但司马迁记载扁鹊故事自然也有移风易俗的含义在,其本意也在反对巫医不分的社会现象。

三、小结

本节讨论日者和日者之术的流传,日者在战国时期不同地域活动较为广泛,但进入汉代以后不同地域的数术交流融合,单纯进行时日选择的日者逐渐消失。然而尽管日者消失了,择日术却流传下来,直到明清时期的择日术与出土《日书》文献仍有相似之处。记载日者活动的《日者列传》确实并非太史公原作,这一点应当是可以成为定论了;而且今本《日者列传》只有司马季主之事,主要内容是贾谊等和司马季主关于卜者职业的对话,和择日术几乎没有关联,显然不合太史公本意。可以认为,司马季主应当归入《龟策列传》而非《日者列传》,但深究《龟策列传》的原意,司马迁原文也不会如今本《日者列传》那样仅载大段言论。司马迁对于日者、卜者以及医者的态度大体相似,即肯定其有益于国计民生的方面,以能否"有验"作为评价的标准,反对过分沉迷于鬼神巫术,显然这也是司马迁创作《日者》《龟策》以及《扁鹊仓公列传》三传的基本意图。

第三节　史官的择日传统

从文献资料的记载来看,择日术应当来自史官。"时间"原本就是史官职事的核心,史官负责对历史事件和言论的整理、保存以及解释工作,在时间的选择以及未来吉凶的预测方面都有发言权。文献中记载负责择日的官员在先秦时代被称为日官、日御,秦汉时期又有太史和太卜、太常等,负责重要典礼等的时间选择。可以发现,择日术中赋予时间吉凶宜忌的思想根源是以往的经验,也就是"历史",即如果在之前的经验中某日为吉,那么这个日子就可以被断定为吉,反之可以判定为凶。从这个角度上讲,日者和史官关注的是大体相同的内容。《左传》记载中进行择日的董因、梓慎、裨灶等人,他们的身份就是史官;而后世讲择日的图书,有的还冠以"太史"之名,如《隋书·经籍志》子部五行家有《太史百忌历图》《太史百忌》等,应是这一传统的遗绪。

一、日官、日御与天官

史料记载中有日官和日御,这是文献中对史官的称呼,与"天官"一样,强调的是史官在依据天文星象掌管"时日"方面的职能,而后世各类择日术的产生可能就与史官的这种职能有关。

1. 日官典历数

关于日官和日御,《左传》桓公十七年说:"冬,十月朔,日有食之,不书,日官失之也。天子有日官,诸侯有日御。日官居卿以厎日,礼也。日御不失日,以授百官于朝。"杜预认为:"日官、月(日)御典历数者。日官,天子掌历者,不在六卿之数,而位从卿,故言居卿也。厎,平也,谓平历数……日官平历以班诸侯,诸侯奉之,不失天时,以授百官。"[①]根据杜预的解释,这里"日"的含义就是"时日",那么原文的意思是说日官和日御分别负责天子和诸侯国内历法和时日管理。孔颖达引《周礼·春官·大史》说:"大史掌正岁年以序事,颁告朔于

---

① 《春秋左传正义》,阮元校刻《十三经注疏》,第 3818 页。

邦国。然则天子掌历者谓大史也,大史下大夫,非卿,故不在六卿之数。传言居卿则是尊之若卿,故知非卿而位从卿,故言居卿也。"①是知孔颖达直接将日官理解为"大史"。另外,相同的内容也见于《汉书·律历志》:"经曰:'冬十月朔,日有食之。'传曰:'不书日,官失之也。天子有日官,诸侯有日御,日官居卿以底日,礼也。日御不失日以授百官于朝。'言告朔也。"②《汉书补注》引钱大昕引服虔注云:"日官、日御,典历数者也。是居卿者,使卿居其官以主之,重历数也。"③

　　孔颖达所引的《周礼·春官·大史》载史官职事,显示在历法的管理方面史官和日官有相似处,《周礼》原文为:"大史掌建邦之六典,以逆邦国之治,掌法以逆官府之治,掌则以逆都鄙之治。"郑玄注《周礼》也引用《左传》中关于日官的记载,并认为:"大史,日官也。"贾公彦疏:"云大史日官也者,以其掌历数故。"④孙诒让《周礼正义》说"底日"也就是《冯相氏》所谓的"致日",认为"此官掌正岁年以治历,岁年皆积日所成,故谓之日官……冯相为大史之属,故大史亦为日官"。⑤ 孙诒让另外还引《大戴礼记·保傅篇》"不知日月之时节,太史之任也"的说法,说明太史具有"时日"管理的职事。《大戴礼记》原文为:"号呼歌谣声音不中律,宴乐雅诵逸乐序,不知日月之时节,不知先王之讳与大国之忌,不知风雨雷电之眚,凡此其属太史之任也。"⑥此外,《周礼·春官·大史》还说大史的职责是"正岁年以序事,颁之于官府及都鄙"。而这与《左传》中"天子日官""诸侯日御"的职事相同。

---

① 《春秋左传正义》,阮元校刻《十三经注疏》,第 3818 页。
② 《汉书》卷二一上《律历志上》,第 980 页。
③ 班固撰,颜师古注,王先谦补注:《汉书补注》,第 1678 页。
④ 《周礼注疏》,阮元校刻《十三经注疏》,第 1764 页。
⑤ 孙诒让撰,王文锦、陈玉霞点校:《周礼正义》,第 2079 页。
⑥ 方向东:《大戴礼记汇校集解》,北京:中华书局,2008 年。

论者大多注意到,《左传》中的"日官""日御"与《周礼》史官是同一职官。例如《容斋随笔》说:"然则周之史官、日官同一职耳……今太史局正星历卜祝辈所聚,其长曰太史局令,而隶秘书省,有太史案主之,盖其源流有自来矣。"①王国维也指出"以日官为卿,或亦殷制",而《周礼》中的"大史"是周代制度。②杨伯峻说:"天子日官,盖即太史,职掌天象,朝位特尊,虽不在六卿之数,而位从卿。"③许地山也认为日官、日御便是太史,而史官的职掌是礼仪和吉凶的兆头。④刘师培有"群经大义相通论",以天子日官与史官相合证明《左传》与《周礼》大义相通。⑤范文澜也指出《左传》中"天子日官"与《周礼》太史所掌职事相合,例如天子日官负责告朔,而这正是史官的职责。⑥另外有学者指出,《左传》中被笼统地称为"天子日官"的官员,应当就是《周礼》所见的"太史"之类的职官。⑦陈美东认为,天子日官主要负责历法的制定与颁布工作,而诸侯国的日御只是主管受朔和依照历法行事的执行职责。⑧另外,刘瑛提出春秋时期掌管历法的日官、日御有以下几个特点,一是属下大夫,但因执掌重要而"居卿";二天子有日官,与之对应诸侯有日御;三日官负责观察日月五行(五星)的行度,测定启闭的先后、晦朔弦望的日期,制作成历法,颁布于各诸侯国;日御授历于百官,使百官不失天时。⑨这其实

---

① 洪迈撰,孔凡礼点校:《容斋随笔》,第 382 页。

② 王国维:《释史》,氏著《观堂集林(外二种)》。

③ 杨伯峻:《春秋左传注》,第 149 页。

④ 许地山:《扶箕迷信底研究》,北京:东方出版社,2014 年,第 165 页。

⑤ 刘师培:《清儒得失论》,长春:吉林人民出版社,2013 年,第 89 页。

⑥ 范文澜:《群经概论》,《范文澜全集》第 1 卷,石家庄:河北教育出版社,2002 年。

⑦ 工藤元男著,广濑薰雄、曹峰译:《睡虎地秦简所见秦代国家与社会》第四章《睡虎地秦简〈日书〉的基础性研究》,第 130 页。

⑧ 陈美东:《中国古代天文学思想》,北京:科学技术出版社,2008 年,第 12 页。

⑨ 刘瑛:《〈左传〉、〈国语〉方术研究》,第 207 页。

基本上就是史官的工作。

后世文献记载中也直接将"日官"理解为"史官",《后汉书·张衡列传》说"顺帝初,再转,复为太史令",是以张衡说自己"曩滞日官,今又原之",李贤注释说"日官,史官也",并引《左传》中"天子有日官"的记载。① 可见东汉时"日官"是史官的别称,而称史官为日官的情况在历史文献中屡见不鲜,《魏书·律历志下》说:"及卯金受命,年历屡改,当涂启运,日官变业,分路扬镳,异门驰骛,回互靡定,交错不等。"②其中的"日官"也就是史官。《文选》中有南朝时期陆倕《新漏刻铭》,其中提到"爰命日官,草创新器",③制作漏刻的所谓"日官"其实就是史官。到了南宋时期岳珂《桯史》提到当时"日官失职"的现象,认为"近世清台占候,颇失其守,虽试选甚艰,多筌蹄之学,以故证应之验,视前世为疏"。④ 而宋代文献多见称史官为日官的记载。基于此,可以确定"日官"和"日御"是对史官的别称,而这种称呼显然是要凸显史官在历法制作和时日选择方面的功能。

前文提到,日官和日御的职事是"书日"以及"授百官于朝",推测这种行为与历法的制作和颁布有关。事实上,"日官司历"确实也是古人共同的认识,例如《大戴礼记·千乘》说:"日、历、巫、祝,执伎以守官,俟命而作,祈王年,祷民命及畜谷、蜚征、庶虞草。"其中的"日、历"显然说的是与历法有关的人员,《大戴礼记汇校集解》引王聘珍曰:"日,谓日者卜筮掌日之术也。历,谓历正,主治历数者。"另引孔广森曰:"日历,太史冯相之属。"洪颐煊曰:"日历,日官之属。"⑤而在稍晚文献记载之中,日官指的就是制作历法的职官,例如《续汉

①《后汉书》卷五九《张衡列传》,第 1989、1990 页。
②《魏书》卷一〇七下《律历志下》,第 2695 页。
③ 严可均编:《全上古三代秦汉三国六朝文》,第 3528 页。
④ 岳珂撰,吴企明点校:《桯史》,北京:中华书局,1981 年,第 86 页。
⑤ 方向东:《大戴礼记汇校集解》,第 897、898 页。

书·律历志》"贾逵论历"条刘昭注引杜预《长历》云："是以天子
必置日官，诸侯必置日御，世修其业，以考其术……日官当会集此
之迟疾，以考成晦朔，错综以设闰月。"①同样，《晋书·律历志》也
说："是故天子置日官，诸侯有日御，以和万国，以协三辰。"②《宋
书·律历志》也说："三代因之，则世有日官。日官司历，则颁之诸
侯，诸侯受之，则颁于境内。"③可见"日官司历"是人们对于这种职
官的基本认识。

与此同时，史官通过观察天文现象制作历法，所以史官也被称
为"天官"，而这个称呼与"日官"有异曲同工之妙，只是侧重强调史
官在天文星象方面的职事。《史记》有《天官书》，司马迁说"太史公
学天官于唐都""太史公既掌天官，不治民"，并追述司马谈之言曰：
"余先周室之太史也。自上世尝显功名于虞夏，典天官事。"④所谓
"天官"，其职事基本上都与天文星象有关，通过观测天文，掌管与时
间有关的事务，正如《史记正义》引张衡所云："众星列布，体生于地，
精成于天，列居错峙，各有所属，在野象物，在朝象官，在人象事。"⑤

2. 史官与吉凶宜忌

史官还要对各种灾异现象作出解释，也要根据过往的吉凶情况
对未来进行预测，时日吉凶和人事祸福之间的神秘思想也就此形
成，而时日选择之术也就是基于此而产生的。《礼记·月令》"孟春
之月"条说："乃命太史，守典奉法，司天日月星辰之行，宿离不贷，毋
失经纪，以初为常。"这里"太史"被赋予观察日月星辰运行的职责，
郑玄注释说："离读如俪偶之俪，宿俪谓其属冯相氏、保章氏掌天文者

①《续汉书》志二《律历中》，《后汉书》，第3030、3031页。
②《晋书》卷一七《律历中》，第497页。
③《宋书》卷一二《律历中》，第232页。
④《史记》卷一三〇《太史公自序》，第3293、3295页。
⑤《史记》卷二七《天官书》，第1289页。

相与宿偶,当审候伺不得过差也。经纪谓天文进退度数。"①孙希旦《礼记集解》说:"天与日月星辰各有行度,大史主审候之也。"②相同的内容也出现在《吕氏春秋·孟春纪》,其中提到:"命太史守典奉法,司天日月星辰之行,宿离不忒,无失经纪,以初为常。"高诱注云:"典,六典。法,八法。日月五星行度迟速,太史之职也,故命使司知之也。"③前文引《大戴礼记·保傅》也说史官的职事中重要的一项是要了解"风雨雷电之眚",《集解》引王应麟曰:"《王制》太史典礼执简记奉讳恶,《保傅传》谓不知日月之时节,不知先王之讳与大国之恶,不知风雨雷电之眚,太史之任也。愚谓人君所讳言者灾异之变,所恶闻者危亡之事,太史奉书以告君,召穆公所谓史献书也。"④也就是说在古人的认识之中,史官要负责历法方面的工作,而且制定和颁布的历法不能够与天象相违,一旦出现违背的现象,通常被视为灾异。

事实上,对各类灾异现象进行解释,以及根据天文和相关现象判断吉凶,本身就是史官职事的重要内容,《礼记·月令》"孟冬之月"条曰:"天子乃与公、卿、大夫,共饬国典,论时令,以待来岁之宜。"⑤孙希旦《礼记集解》引马晞孟曰:"先王之时,岁终,令百官府各正其治,受其会,听其致事。于是饬国典之未宜者改之,以经邦治;论时令之未协者正之,以授民事;至正月始和布焉,所谓'待来岁之宜'也。"《集解》另引吴澄曰:"国典,经国之常典;时令,随时之政令。国典有定,故饬正其旧而已,时令无常,故须商度所宜而行。来岁所宜,谓时令也。论时令必先饬国典者,时之所宜虽不同,要无不出于国典也。"⑥所谓预

---

①《礼记正义》,阮元校刻《十三经注疏》,第2936页。

② 孙希旦撰,沈啸寰、王星贤点校:《礼记集解》,第414页。

③ 吕不韦编,许维遹集释,梁运华整理:《吕氏春秋集释》,第9页。

④ 方向东:《大戴礼记汇校集解》,第366页。

⑤《礼记正义》,阮元校刻《十三经注疏》,第2997页。

⑥ 孙希旦撰,沈啸寰、王星贤点校:《礼记集解》,第503页。

测"来岁所宜"的意思也是希望史官能够对来年的吉凶做出预测。
《困学纪闻》说:"灾异,古史官之职。"并举例说:"陨石六鹢,宋襄以
问周内史。有云夹日,楚昭以问周大史。在汉则太史公掌天官,张
衡为日官。"阎若璩引马贵与曰:"古太史所职掌者,察天文,记时政,
盖合占候纪载之事,以一人司之,故其时象纬有变,而纪录无遗。"①

　　总体来看,"日官"和"日御"与所谓的"天官"一样,都是人们
对于史官的特殊称呼,其实这几种称呼凸显的都是史官在制作历
法和"时日"管理方面的特点。与此同时,史官也要对各种灾异现
象进行解释,同时对未来吉凶进行预测,这是说史官的职事中原本
就有时日吉凶选择的内容,所以尽管文献记载中史官主要负责记言
和记事等事务,但吉凶预测与时日选择确实也是史官最为引人注目
的特征。

二、太史抱天时

　　《周礼》记载史官在重要的军事活动中"抱天时",学者们大多直
接将"天时"理解为式盘。式盘的主要功能是占测,而史官在军事活
动中也负责时间的测量,所以以"天时"确实应当理解为计量时间的工
具。史官所携带的"天时",基本用途在计量时间,然后才衍生出时
日占测方面的功能。

1."天时"考

　　《周礼·春官·大史》说"大史"的职事是"大师,抱天时,与大
师同车",郑玄注引郑司农云:"大出师,则大史主抱式,以知天时,处
吉凶。史官主知天道,故《国语》曰:吾非瞽史,焉知天道。《春秋
传》曰:楚有云如众,赤鸟夹日以飞,楚子使问诸周大史,大史主天

---

① 王应麟:《困学纪闻》,北京:中华书局,2016年,第937页。

道。玄谓瞽即大师,大师瞽官之长。"贾公彦疏认为:"抱天时者大史知天道,天时谓天文见时候者,史抱此天时与大师瞽人知天道者同在一车之上,共察天文,故同车也。"①从郑玄和贾公彦的注疏来看,大史抱天时是为了知晓"天道"或者说是"察天文",而观察天文现象首先是为了知晓时间,然后才是时日吉凶预测。

　　早期人们对"时间"的认知基本来自于天文现象,所以郑司农认为"史官主知天道",这里的"天道"就是天文星象。另外史官也会对各种天文现象进行吉凶解释,所以孙诒让认为"天道"就是"天文吉凶之道",并引《后汉书·桓谭传》李贤注引郑玄《论语注》云:"天道,七政变动之占也。"②所谓"七政"指的是日月和五星,是人们比较容易观测到并经常用于吉凶预测的天文星象。另外孙诒让也引用《国语》中瞽史知天道的说法,论证史官能知天道,原文出自《国语·周语下》,单襄公回答鲁成公的问题时说:"吾非瞽史,焉知天道?"韦昭注云:"瞽史,大师,掌知音乐风气,执同律以听军声,而诏吉凶。史,大史,掌抱天时,与大师同车,皆知天道也。"③这里也提到史官能够"知天道"。"天道"在战争中也具有至关紧要的作用,《淮南子·兵略》说:"上将之用兵也,上得天道,下得地利,中得人心,乃行之以机,发之以势,是以无破军败兵。"另外还说"神莫贵于天,势莫便于地,动莫急于时,用莫利于人",④可见天时和大道之重要性。有学者指出,《淮南子》中说的"天"并不仅仅是大气变化的自然的天,也指的是能够降下灾异的神格的天,⑤这样的说法对于认识史官

①《周礼注疏》,阮元校刻《十三经注疏》,第 1766 页。

② 孙诒让撰,王文锦、陈玉霞点校:《周礼正义》,第 2519 页。

③ 左丘明撰,徐元诰集解,王树民、沈长云点校:《国语集解》,第 83 页。

④ 刘安编,何宁撰:《淮南子集释》,第 1081 页。

⑤ 姜志翰、黄一农:《星占对中国古代战争的影响》,《自然科学史研究》1994 年第 4 期,后收入黄一农著《社会天文学史十讲》。

根据天时进行吉凶预测有着重要的意义。

通常的理解是太史所抱的"天时"就是"式",也就是式盘,郑玄引郑司农直接将"抱天时"理解为"抱式",贾公彦疏认为:"抱式者,据当时占文谓之式,以其见时候有法式,故谓载天文者为式;知天时处吉凶者,候天时知吉凶以告王,故云处吉凶。"①《楚辞·天问》有"天式纵横"一句,闻一多疏证认为:"时、式古音近通用,天时即天式耳。"②严敦杰认为太史所抱的天时就是式盘,③也有论者认为这里的"天时"指的就是载有天文星宿的六壬式盘。④ 任继愈认为《老子》说"圣人抱一,为天下式"的"式"也就是太史用来占天文的工具,也就是式盘,《老子》的这句话可以理解为:如果找到了"道",就可以像史官抱式"定日月,分衡度"那样明确地处理世界上许多纷乱复杂的现象而不至于迷惑。⑤ 萧兵同样也认为老子"圣人抱一,为天下式"的思想是以"式盘"及其原理为依据而提出的。⑥ 另外连劭名据此认为式盘又被称为"天时",⑦李零说"天时"是"式"的别名,⑧李学勤认为,在战争之中史官要用式盘这种数术工具推断军队的行止,他们的作用类似后世的军师一类。⑨ 也有学者对此有不同的意见,例如陈梦家就认为"天时"和"式"指的并不是同一种东西。⑩

① 《周礼注疏》,阮元校刻《十三经注疏》,第 1766 页。
② 闻一多:《天问疏证》,北京:生活·读书·新知三联书店,1980 年,第 63 页。
③ 严敦杰:《关于西汉初期的式盘和占盘》,《考古》1978 年第 5 期。
④ 王业兴:《谈式占、八卦与洛书》,《周易研究》1990 年第 2 期。
⑤ 任继愈:《春秋时代天文学和老子的唯物主义思想》,氏著《中国哲学史论》,上海:上海人民出版社,1981 年。
⑥ 萧兵:《老子的文化解读》,武汉:湖北人民出版社,1994 年。
⑦ 连劭名:《式盘中的四门与八卦》,《文物》1987 年第 9 期。
⑧ 李零:《中国方术考(修订本)》第一章《占卜体系与有关发现》,第 28 页。
⑨ 李学勤:《史密簋铭所记西周重要史实考》,《中国社会科学院研究生院学报》1991 年第 2 期。
⑩ 陈梦家:《汉简年历表叙》,《考古学报》1965 年第 2 期。

也有一种说法认为太史所抱的"天时"是占卜时日吉凶的书籍。例如孙诒让《周礼正义》说:"式即占天时之图籍,若《汉书·艺文志》兵、阴阳家言是也。师行当顺天时,故大史占之以处吉凶。"①工藤元男认为:"一旦有大规模的军事行动,大史携带占问天时的图书,与大师同车。"②也是将"天时"理解为"占问天时的图书"。

另外,孙诒让《周礼正义》认为"天时"是灵台法器:"王在军,盖以观台占候仪器自随,水行则载之舟,陆行则载之车。大史所抱者,即观台器法之一也。"③所谓"观台占候仪器"指的是根据天文现象占测时间的天文仪器,也就是用来观测和计量时间的仪器,这样的看法也是有一定道理的。军事活动中时间具有重要意义,《淮南子·兵略》说:"所谓庙战者,法天道也;神化者,法四时也……静而法天地,动而顺日月,喜怒而合四时。"④另外史料中也常见军事行动中严格要求按期会合的记载,例如《史记·司马穰苴列传》载:"穰苴既辞,与庄贾约曰:'旦日日中会于军门。'穰苴先驰至军,立表下漏待贾。贾素骄贵,以为将己之军而己为监,不甚急;亲戚左右送之,留饮。日中而贾不至。穰苴则仆表决漏,入,行军勒兵,申明约束。"⑤后来庄贾竟因迟到而被斩杀。关于"立表下漏",《史记索隐》云:"立表谓立木为表以视日景,下漏谓下漏水以知刻数也。"这说明当时军队中有测量时间的"表"和"漏"等工具。⑥ 类似的例子也见《史记·魏豹彭越列传》:"与期旦日日出会,后期者斩。旦日日出,十余人

---

① 孙诒让撰,王文锦、陈玉霞点校:《周礼正义》,第 2092 页。
② 工藤元男著,广濑薰雄、曹峰译:《睡虎地秦简所见秦代国家与社会》第四章《睡虎地秦简〈日书〉的基础性研究》,第 130 页。
③ 孙诒让撰,王文锦、陈玉霞点校:《周礼正义》,第 2517 页。
④ 刘安编,何宁撰:《淮南子集释》,第 1052 页。
⑤《史记》卷六四《司马穰苴列传》,第 2157 页。
⑥ 相关的研究参董涛《漏刻与汉代时间观念》,《史学月刊》2021 年第 2 期。

后,后者至日中。于是越谢曰:'臣老,诸君强以为长。今期而多后,不可尽诛,诛最后者一人。'令校长斩之。"①不难发现,司马穰苴和彭越其实都是以斩杀迟到者立威,但也可见军队中时间观念的重要性。另外,李广自杀的主要原因可能也与"失期"有关,《史记·李将军列传》载:"引兵与右将军食其合军出东道。军亡导,或失道,后大将军。大将军与单于接战,单于遁走,弗能得而还。"②虽然明显可见太史公因同情李广遭遇而尽力回护,③但李广军确实未能在指定时间出现在指定地点,从而导致这次军事行动没能达成目标,当真追究起来李广恐怕难辞其咎。同样,张骞也曾经"失期",《史记·卫将军骠骑列传》说张骞"后三岁,为将军,出右北平,失期,当斩,赎为庶人"。④ 再,陈胜吴广起义时有"失期当斩"的说法,《史记·陈涉世家》载:"会天大雨,道不通,度已失期。失期,法皆斩。"⑤有论者以为这是三代以来军法的传统规定,⑥也可见军事活动极为重视时间。如果说军事活动对时间有着如此高的要求,而军队中却没有占测时间的工具,这是不可想象的。

史料记载确实提到早期军事活动中使用时间测量工具,前引《史记》提到司马穰苴"立表下漏",表和漏都是测量时间的工具。史料中虽然没有明确的记载,但卫青和李广的军队中应当也有类似的

---

① 《史记》卷九〇《魏豹彭越列传》,第 2591 页。

② 《史记》卷一〇九《李将军列传》,第 2857 页。

③ 逯耀东认为大将军卫青在当时的战略调整有问题,是导致当时军事行动失利的主要原因,参氏著《抑郁与超越:司马迁与汉武帝时代》,北京:九州出版社,2022 年,第 211 页。

④ 《史记》卷一一一《卫将军骠骑列传》,第 2944 页。

⑤ 《史记》卷四八《陈涉世家》,第 1950 页。

⑥ 庄小霞:《"失期当斩"再探——兼论秦律与三代以来法律传统的渊源》,《中国古代法律文献研究》2017 年第 1 期。相关的研究另参周海锋《秦官吏法研究》,西安:西北大学出版社,2021 年,第 131 页。

工具,否则军队的集结和调度都很难做到统一时间。表和漏刻都是技术要求较高的工具,需要专门人员管理和使用,《周礼·夏官·司马》中有"挈壶氏",他的主要工作是:"掌挈壶以令军井,挈辔以令舍,挈畚以令粮。凡军事,悬壶以序聚柝;凡丧,悬壶以代哭者。皆以水火守之,分以日夜。及冬,则以火爨鼎水而沸之,而沃之。"郑玄认为:"以水守壶者,为沃漏也。以火守壶者,夜则视刻数也。分以日夜者,异昼夜漏也。漏之箭,昼夜共百刻,冬夏之间有长短焉。太史立成法,有四十八箭。"孔颖达也认为古典的漏刻制度是"盖壶以盛水为漏,下当有盘以承之,箭刻百刻,树之盘中,水下盘内淹箭,以定刻数"。① 郑玄和孔颖达的意见对后世学者影响很大,人们通常认为《周礼》所记军中就已经开始使用漏刻了。②

根据史料的记载,观测天文测量时间的相关工具也都是由史官负责管理的,例如《续汉书·百官》说:"太史令一人,六百石。本注曰:掌天时、星历。凡岁将终,奏新年历。凡国祭祀、丧、娶之事,掌奏良日及时节禁忌。凡国有瑞应、灾异,掌记之。丞一人。明堂及灵台丞一人,二百石。本注曰:二丞,掌守明堂、灵台。灵台掌候日月星气,皆属太史。"刘昭注引《汉官》曰:"灵台待诏四十(二)〔一〕人,其十四人候星,二人候日,三人候风,十二人候气,三人候晷景,七人候钟律。一人舍人。"③本注提到史官的职事是"掌天时、星历",是说基本上与"时间"有关的工作都由史官负责,而观测天文的灵台也属于史官系统。其中"候星""候日""候晷景"的工作显然都与时间测量有关。另外漏刻等时间测量仪器也是由史官负责,例如

① 孙诒让撰,王文锦、陈玉霞点校:《周礼正义》,第 2909—2916 页。
② 但这种说法存在较大问题,战国时代漏刻制度应当还未成熟,至少其中提到的漏刻制度要到汉代以后才会出现,相关的研究参董涛《漏刻与汉代时间观念》,《史学月刊》2021 年第 2 期。
③《续汉书》志二《百官二》,《后汉书》,第 3572 页。

《续汉书·律历》"永元论历"条中讨论漏刻制度变革的是"待诏太史霍融"等。① 这说明史官确实负责制作和使用各种时间测量工具。

基于以上的讨论,可以推测"太史抱天时"指的是军事活动中史官携带测量时间的工具,具体可能包括测量式盘以及日影的表、根据水流测量时间的漏刻等等。军事调度对时间的精确性有较高的要求,既然史官负责"天时",那么可以推测史官也要负责掌管用于占测时间的"表"或者"漏"之类测量时间的工具,然后在此基础上进行时日占测,史料中也确实留下史官负责时日占测的记载。

2. 右史利的故事

利簋铭文中提到右史利为武王伐纣军事活动占卜是否顺利,因预测成功而得到武王的奖励,这是较早的史官进行时日占测的记载。

学者们注意到利簋铭文中提到"利"的身份是"右史"。唐兰考证右史利就是《左传》记载的檀伯达。② 关于利簋"岁鼎克闻(昏)"的铭文,张政烺读为"岁鼎,克闻(昏)夙又(有)商",并且认为"岁鼎"的意思是岁星正当其位,③也就是说岁星所在对于武王克商是吉利的。武王对岁星的认识显然来自右史利,徐中舒也认为"岁"是岁星,"岁则克"是占星家的预言,武王伐纣以甲子朝至于商郊牧野,有可能是采纳了占星师的建议。是以徐中舒认为"利"是占星师,其职属于右史。④ 黄盛璋认为"利"掌管祭祀和占卜,正是因为占卜灵验了,才得到了武王的赏赐。⑤ 赵诚认为利簋的铭文可以理解为:"岁

① 《续汉书》志二《律历中》,《后汉书》,第 3032 页。

② 唐兰:《西周时代最早的一件青铜器利簋铭文解释》,《文物》1977 年第 8 期。

③ 张政烺:《利簋释文》,《考古》1978 年第 1 期。

④ 徐中舒等:《关于利簋铭文考释的讨论》,《文物》1978 年第 6 期。另参徐中舒《西周利簋铭文笺释》,《四川大学学报(哲学社会科学版)》1980 年第 2 期。

⑤ 黄盛璋等:《关于利簋铭文考释的讨论》,《文物》1978 年第 6 期。

祭时贞问上帝,由右史利负责进行,得到了吉卜,从而使克商成了现实……是一个伟大的功绩。所以,甲子(5 日)那天克商,只过七日,到辛未(12 日)这一天,武王就赐给右史利以金(黄铜),作为奖赏。"①通过学者们的讨论,可知右史利根据岁星所在预测战争胜利,而后得到验证,是以受到武王的奖赏。这也说明根据岁星所在方位判断吉凶确实有着悠久的传统,前文讨论的"大岁""小岁"以及"大时""小时"等时日选择术应当也属于这一传统。

另外关于右史利预测之事,也有学者持不同的意见,唐兰认为"岁鼎克,闻夙有商"一句,"岁"应当释读为"钺",也就是"越","越鼎"也就是"夺鼎"的意思,指的是夺取政权。②有论者以为右史职位较低,恐没有资格承担为伐纣战争占卜的任务。③也有学者认为"利簋"记载的是对武王伐纣不利的天象,武王能够不顾"兵忌",反天道而行取得成功,很可能是由于作为史官的"利"的谋划。④

总体而言,从学者们的讨论基本可以确定"利"右史的身份,而他因参与了武王伐纣星象预测而获得赏赐,这确实可以说是史官负责时日选择的具体例证。

3. 史墨和卜偃的占测

另外史料记载中还提到史墨与卜偃对军事活动的胜利进行占

① 赵诚等:《关于利簋铭文考释的讨论》,《文物》1978 年第 6 期。
② 唐兰:《西周时代最早的一件铜器利簋铭文解释》,《文物》1977 年第 8 期。
③ 陆勇飞:《西周金文历法断代与研究》,西安:三秦出版社,2017 年。
④ 刘钊:《利簋铭文新解》,刘钊等主编《厦大史学》第 2 辑,厦门:厦门大学出版社,2005 年。事实上,史料中确实有武王伐纣"逆太岁"的记载,这是认为武王伐纣反天道却能成功的缘由,例如《荀子·儒效》中说:"武王之诛纣也,行之日以兵忌,东面而迎岁,至汜而泛,至怀而坏,至共头而山隧。"杨倞注《荀子》说"武王发兵,以兵家所忌之日。迎,谓逆太岁",另外引《尸子》曰:"武王伐纣,鱼辛谏曰:'岁在北方,不北征。'武王不从。"王先谦撰,沈啸寰、王星贤点校:《荀子集解》,第 134—135 页。

卜,其中也涉及到星占方面的学问,由此也可以对史官在军事活动中的作用有进一步的认识。

《左传》中有史官史墨,他曾就战争的胜负进行预测。史料记载"史墨"也作"蔡墨",是晋国的史官,曾经为赵简子等人占卜。冯友兰认为史墨等人其实是以"天道"影响人事,后来的五行家就是由此推衍而来。① 劳榦也认为太史职掌占星术,和祭祀、卜官属于同类的职务。② 也有论者以为史墨讨论的"天道"来源于天文方面的学问,这显然也是史官之职。③ 另外徐复观认为,史官和卜官其实属于不同的职官系统。④ 也有学者认为史墨与墨子在史巫系统的理念、知识结构方面存在共通之处,都关注祭祀、保留龟卜的历史记忆以及都以干支配五行进行推演。⑤

《左传》载有史墨关于战争胜负的预言,其中与星占有关。《左传》昭公三十二年载:"夏,吴伐越,始用师于越也。史墨曰:不及四十年,越其有吴乎?越得岁而吴伐之,必受其凶。"⑥吴伐越于昭公三十二年,公元前510年,此后公元前475年越王勾践围吴国首都,《史记·越王勾践世家》载:"其后四年,越复伐吴。吴士民罢弊,轻锐尽死于齐、晋。而越大破吴,因而留围之三年,吴师败,越遂复栖吴王于姑苏之山。"⑦也就是说,史墨准确预言了从吴越始征伐开始,不到四十年越国灭

① 冯友兰:《中国哲学史》,北京:生活·读书·新知三联书店,2009年,第45页。
② 劳榦:《史字的结构及史官的原始职务》,《劳榦先生著作集》。
③ 参孙功进、陈绍燕《新论老庄》第二章第一节"'道'来源于史官对天道的体察",济南:山东人民出版社,2020年,第39页。
④ 徐复观认为筮占属于史官职责,可备一说。参氏著《两汉思想史》,北京:九州出版社,2014年,第205页。许地山认为这些人仰占俯视以佐时政,凡祸福之源,成败之势,都能预知。参氏著《道教史》,上海:上海书店出版社,2011年。
⑤ 李炳海:《墨子与史墨的亲缘关系及墨姓的由来》,《诸子学刊》2022年第2期。
⑥ 《春秋左传正义》,阮元校刻《十三经注疏》,第4619—4720页。
⑦ 《史记》卷四一《越王勾践世家》,第1745页。

吴。关于史墨所谓"得岁"的问题,杜预注云:"此年岁在星纪,星纪,吴越之分也。岁星所在其国有福,吴先用兵,故反受其殃。"孔颖达疏云:"岁星是天之贵神,所在之次其国有福。今越得岁星,故吴伐之则凶也。吴越同分,而云越福吴凶者,以吴先用兵,故反受其殃。贾逵云然,杜从之也。郑玄云天文分野,斗主吴,牵牛主越,此年岁星在牵牛,故吴伐之凶。"①显然这是根据岁星所在进行吉凶占卜,前文提到右史利为武王伐纣进行占卜,由此也可见史墨与右史利所使用的星占术相同。②

另外,《左传》记载史墨曾为赵简子占梦,但与后世占梦术不同的是,史墨其实是根据星象进行的预测。③《左传》昭公三十一年载:"十二月辛亥朔,日有食之。是夜也,赵简子梦童子裸而转以歌。旦,占诸史墨,曰:吾梦如是,今而日食,何也?对曰:六年及此月也,吴其入郢乎?终亦弗克。入郢必以庚辰,日月在辰尾,庚午之日,

---

① 《春秋左传正义》,阮元校刻《十三经注疏》,第 4619—4720 页。

② 有研究者指出,史墨判定"越得岁"的原因是越国得见其本命星婺女,并且认为《左传》中所见的这条占星师与"岁星超辰"无关,《汉书·律历志》中刘歆关于该年岁星"盈一岁"的说法没有天文学上的依据。参陆星原《卜辞月相与商代王年》,第 20 页。

③ 山田庆儿根据杜预注释,认为相对于梦来说,日食具有极大的,甚至是决定性的意义,所以史墨并没有从梦占的角度进行预测。参山田庆儿《中国占梦术盛衰记》,刘钝主编《科史薪传:庆祝杜石然先生从事科学史研究四十周年学术论文集》,沈阳:辽宁教育出版社,1997 年;山田庆儿《梦的地平》,氏著《古代东亚哲学与科技文化·山田庆儿论文集》,沈阳:辽宁教育出版社,1996 年。有关占梦术的研究参《刘文英文集》第二卷《梦的迷信与梦的探索·精神系统与新梦说》,兰州:兰州大学出版社,2021 年。另参卢央《中国古代星占学》,第 299—201 页;宋小克《上古神话与文学》第五章第一节"先秦史官与《左传》之梦象",广州:暨南大学出版社,2013 年,第 181 页。贡方舟《梦文化》,北京:中国经济出版社,2013 年;刘玉堂、薛源《中国早期占梦的思想渊源与制度变迁——兼论占梦类书籍的形成》,《民俗研究》2022 年第 4 期。有关汉代以前占梦文献的流传状况参孙占宇、鲁家亮《放马滩秦简及岳麓秦简〈梦书〉研究》。

日始有谪,火胜金,故弗克。"①其中"日月在辰尾"是以太阳和月亮所在的位置作为占测的依据。此外,史墨还曾经进行筮占,例如《左传》昭公三十二年载鲁国季氏出其君,史墨用《易经》中的"大壮"之卦进行解释。②

与史墨类似,晋国大夫卜偃也曾经就战争的胜负进行预测,其中也涉及到星占等问题,《左传》僖公五年提道:

> 八月甲午,晋侯围上阳,问于卜偃曰:"吾其济乎?"对曰:"克之。"公曰:"何时?"对曰:"童谣云:丙之晨,龙尾伏辰,均服振振,取虢之旗。鹑之贲贲,天策焞焞,火中成军,虢公其奔。其九月十月之交乎?丙子旦,日在尾,月在策,鹑火中,必是时也。"③

《左传》僖公五年记载说:"冬十二月丙子朔,晋灭虢,虢公丑奔京师。"④这证明卜偃的预测是准确的。关于卜偃的身份,杜预注云"卜偃,晋掌卜大夫",《汉书·五行志》颜师古注说卜偃是"晋大夫主卜者",⑤强调卜偃占卜之官的身份。《晋书·天文》则说卜偃为史官,其中提到:"至于殷之巫咸,周之史佚,格言遗记,于今不朽。其诸侯之史,则鲁有梓慎,晋有卜偃,郑有裨灶,宋有子韦,齐有甘德,楚有唐眜,赵有尹皋,魏有石申夫,皆掌著天文,各论图验。"⑥但

---

① 《春秋左传正义》,阮元校刻《十三经注疏》,第 4618 页。其中涉及的五行生克引起了学者们的注意,有论者以为这显示人们开始由信赖鬼神之说转而理智地运用阴阳五行,更多考虑"德"的因素,倾向于依靠人自己的力量。参宗超《先秦儒家知识论研究》,济南:山东大学出版社,2020 年,第 45 页。

② 相关的研究参朱伯崑《易学哲学史》,北京:昆仑出版社,2009 年,第 36—37 页。

③ 《春秋左传正义》,阮元校刻《十三经注疏》,第 3897 页。

④ 《春秋左传正义》,阮元校刻《十三经注疏》,第 3898 页。

⑤ 《汉书》卷二七中之上《五行志中之上》,第 1394 页。

⑥ 《晋书》卷一一《天文上》,第 277 页。

《史记·天官书》里的"传天数者"并不包括卜偃。① 而从《左传》中相关的记载来看，卜偃主要擅长占卜和预测术，他曾经预测"毕万之后必大"，另外史料记载说他还使用筮占建议晋文公勤王等，可以认为卜偃的身份确实是占卜官，虽然也擅长星占之术，但他可能不是史官。黄一农认为当时战争中若非派遣史官参战，则或另遣术数家担任幕僚，②可备一说。

僖公五年卜偃的预测主要依据日月以及星次所在的位置，这可以归属于星占术，或者正因此《晋书·天文志》认为卜偃是史官。卜偃预测提到晋国在军事上取得胜利的时间是"丙子旦，日在尾，月在策，鹑火中"，孔颖达疏云："以《三统历》推之，此夜是月小余尽，夜半合朔在尾十四度。从乙夜半至平旦，日行四分度之一，月行三度有余，故丙子旦日在尾星，月在天策，鹑火之次正中也。《月令》孟冬之月，日在尾，昏危中，旦七星中，七星则鹑火次之星也。"③有论者指出，卜偃预测的时间是十月丙子日，日月合朔于尾宿，但是月行较快，所以丙子旦日仍在尾，而月在天策，鹑火出

---

① 《天官书》云："昔之传天数者：高辛之前，重、黎；于唐、虞，羲、和；有夏，昆吾；殷商，巫咸；周室，史佚、苌弘；于宋，子韦；郑则裨灶；在齐，甘公；楚，唐昧；赵，尹皋；魏，石申。"

② 黄一农：《星占对中国古代战争的影响》，氏著《社会天文学史十讲》。洪迈《容斋随笔》提到宋徽宗大观年间"置算学如庠序"，其中列著名算数之人，卜偃等二十八人被封为伯爵，这是说卜偃被认为是擅长算学之人。洪迈撰，孔凡礼点校：《容斋随笔》，第583页。有关卜偃与史料记载中"郭偃"的研究参何胜冰《郭偃及其对韩非的影响》，葛志毅主编《中国古代社会与思想文化研究论集》第2辑，哈尔滨：黑龙江人民出版社，2007年。

③ 研究天文史的学者认为这是根据旦中星所在的位置确定太阳所在的位置。参武家璧《陶寺观象台与文明起源》，郑州：河南人民出版社，第197页。《礼记·月令》中有关于"日躔"的记载，相关的研究参冯时《中国古代物质文化史·天文历法》，第216页。也有论者以为这是在用周历解释经典，参张培瑜《中国古代历法》，北京：中国科学技术出版社，2007年，第282页。

现于南方。① 另外也有论者认为这是观察星辰来占测吉凶,本质上是"天事恒象",也就是天道以象征的方式把人间的吉凶暗示给人们。②

至于史墨与卜偃预测成功的原因,李长之认为史官有丰富的学识和眼光,对于国际情形较为熟悉,大有政治顾问的资格。③ 李衡眉也认为史墨等人具有丰富的实际知识,他们了解历史和现状,占卜只是他们预言未来的手段。④ 陈洪超也认为,卜偃的预测体现的是对时和势的把握。⑤ 葛志毅同样认为史学本身具有较高的学术智慧,史官在渊博知识基础之上孕育出精深的哲理。⑥ 也就是说,史墨与卜偃等人对局势发展的预测其实是建立在他们深厚学识与洞察能力基础之上的,这是预测能够成功的主要原因。当然也应当注意到,史书对于史墨与卜偃等人的预测术进行了一定程度的加工,有学者以为这属于概率方面的问题,即占星预测出现一定次数的成功是必然的,而史书的反复书写,造成了人们对占星术往往能够成功的错觉。⑦ 总的来看,先秦史官本身具有较高的学识,这是他们能够

① 郝振楠:《〈日书〉所见秦人鬼神观念述论》,葛志毅主编《中国古代社会与思想文化研究论集》第 3 辑,哈尔滨:黑龙江人民出版社,2008 年。也有学者根据卜偃的预言推测出了晋文公借道伐虢的具体时间是公元前 655 年夏历七月二十九日丙子。参蒋南华《晋国借道伐虢的具体时间考释》,氏著《中华古帝与文明研究》,贵阳:贵州人民出版社,2009 年。

② 葛兆光:《中国思想史》,上海:复旦大学出版社,2013 年,第 69 页。

③ 李长之:《司马迁之人格与风格》,北京:生活·读书·新知三联书店,2013 年,第 289、290 页。

④ 李衡眉:《〈周易〉占卜灵验辨说》,氏著《先秦史论集》,济南:齐鲁书社,1999 年。

⑤ 陈洪超:《沙鹿与梁山的崩塌——论〈左传〉中的预言与中国史学传统》,氏著《〈春秋〉经传真精神》,广州:广东高等教育出版社,2020 年。

⑥ 葛志毅:《史学与中国古代的学术智慧》,氏著《谭史斋论稿六编》,哈尔滨:黑龙江人民出版社,2016 年。

⑦ 居伟忠:《人类文化象征及其效用》,上海:上海人民出版社,2021 年,第 31 页。

成功预测局势发展的主要原因,而史书重复书写也使得人们误解了史官预言成功的概率。

另外,前引《左传》中还有"阵不违晦"的说法,成公十六年载郤至之言曰:"楚有六间,不可失也……阵不违晦……以犯天忌,我必克之。"郤至认为"阵不违晦"是犯了"天忌"的,这与前文提到岁星所在国不可伐的禁忌有相似之处。杜预注认为"晦,月终阴之尽,故兵家以为忌"。孔颖达疏认为"日为阳精,月为阴精,兵尚杀害,阴之道也。行兵贵月盛之时,晦是月终阴之尽也,故兵家以晦为忌,不用晦日陈兵也。昭二十三年七月戊辰晦,吴败楚师于鸡父,吴犯兵忌而战胜者。杜云违兵忌晦战,击楚所不意,彼知楚有可败之机,晦是兵家所忌,原楚之情,必以吴为不动,故以晦日掩之,击楚不备故也。"[1]郤至能够做出"阵不违晦"的判断,也说明晋国军队中有职掌时日的专业人员存在。

通过前文的讨论可以认为,右史利为武王伐纣占卜,占测的依据是岁星所在的方位;而在《左传》的记载中,史墨和卜偃也基于星象对战争胜负做出预测,这些证明史官的职事中,根据天象预测军事行动吉凶是比较重要的内容。需要注意的是,无论右史利还是史墨和卜偃,其预测吉凶的依据基本都是星象及其代表的时间和方位,这和前文提到的基于时间和空间的时日选择之术有密切的关系。

三、视日与灵旗

史料记载楚国军队中有"视日",所谓"视日"可以理解为"视日旁气",也可以理解为根据太阳所在的位置计量时间以及判断吉凶,

---

[1]《春秋左传正义》,阮元校刻《十三经注疏》,第4164页。

"视日"的工作与前文提到的"太史抱天时"有相当多的重合之处。另外史料记载太史奉"灵旗"指向所要征讨的国家,史官在神秘事务中的职责应当引起注意。

1. 周文视日

《史记》载周文曾经担任"视日",是军队中负责时日吉凶的职官。《史记·陈涉世家》说:"周文,陈之贤人也,尝为项燕军视日,事春申君。"《史记集解》引如淳曰:"视日时吉凶举动之占也。司马季主为日者。"①《汉书·陈胜传》颜师古注引服虔曰:"视日旁气也。"如淳曰:"视日时吉凶举动之占。"颜师古认为如淳的说法是正确的。②《汉书补注》引沈钦韩曰:"《艺文志》天文家有视日旁气。"③这是将"视日"理解为了"望气",《汉书·艺文志》"天文家"有"《汉日旁气行事占验》三卷""《汉日旁气行占验》十三卷",④王先谦《汉书补注》引王应麟曰:"《功臣表》,成帝时光禄大夫滑堪,有《日旁占验》。《天文志》:王朔所候决于日旁。"沈钦韩曰:"隋《志》,《京氏日占图》三卷,《夏氏日旁气》《魏氏日旁气图》一卷。太卜注:王者夜有梦,则昼视日旁气,以占其吉凶。"⑤根据如淳的说法,"视日"的含义是根据吉凶选择时日,也就是择日术;而服虔之说则是根据日旁云气占断吉凶,其实是望气术。

军事活动中的望气术确实是存在的。《墨子·迎敌祠》提到望气术:"有大将气、有小将气,有往气,有来气,有败气,能得明此者可

①《史记》卷四八《陈涉世家》,第 1954 页。
②《汉书》卷三一《陈胜传》,第 1790 页。
③ 班固撰,颜师古注,王先谦补注:《汉书补注》,第 3236 页。沈钦韩所谓的"《艺文志》天文家有视日旁气",即《汉书·艺文志》所谓"《汉日旁气行事占验》三卷""《汉日旁气行占验》十三卷",另外还有"《汉日食月晕杂变行事占验》十三卷"。
④《汉书》卷三〇《艺文志》,第 1764 页。
⑤ 班固撰,颜师古注,王先谦补注:《汉书补注》,第 3200 页。

知成败吉凶。"①《项羽本纪》说范增命人望气:"吾令人望其气,皆为龙虎,成五采,此天子气也。"②王叔岷《史记斠证》引《水经·渭水下》注引《楚汉春秋》云:"项王在鸿门,亚父曰:吾使人望沛公,其气冲天,五色采相缪,或似龙,或似云,非人臣之气。可诛之。"《御览》卷一五引《楚汉春秋》云:"亚父谋曰:吾望沛公,其气冲天,五色相摎(借为缭),或似龙,或似蛇,或似虎,或似云,或似人,此非人臣之气也。"卷八七引《楚汉春秋》云:"项王在鸿门,而亚父谏曰:吾使人望沛公,其气冲天,五彩相纠,或似云,或似龙,或似人,此非人臣之气也。不若杀之。"王叔岷认为《楚汉春秋》的这部分内容是《史记》所本。③ 另外《资治通鉴》胡三省注云:"《周礼》:眡祲氏掌十煇之法,以观妖祥,辨吉凶。即后世所谓望气者。"④《晋书·天文志》云:"天子气,内赤外黄,四方所发之处当有王者。若天子欲有游往处,其地亦先发此气,或如城门隐隐在气雾中,或气象青衣人无手,在日西,或如龙马,或杂色郁郁冲天者,皆帝王之气。"⑤所谓"天子气"固然有后人增饰的成分,但也可说明楚国军队中有人专门负责望气。由此看来,楚国军队中的"视日"可能确实与兵阴阳中的望气之术有某种联系。⑥

另外,"视日"也可以理解为根据太阳所在的方位判断时间,进而进行时日选择。《荀子·礼论》说:"卜筮视日,斋戒修涂,几筵馈荐,告祝,如或飨之。"⑦从前后文意来看,此处"卜筮"应当是负责占卜

① 孙诒让撰,孙启治点校:《墨子间诂》,第574页。

② 《史记》卷七《项羽本纪》,第311页。

③ 王叔岷:《史记斠证》,第16页。

④ 《资治通鉴》卷九《汉纪一》,第300—301页。

⑤ 《晋书》卷一二《天文中》,第332页。

⑥ 参陈伟武《简帛兵学文献探论》,广州:中山大学出版社,1999年,第63页。

⑦ 王先谦撰,沈啸寰、王星贤点校:《荀子集解》,第377页。

的人,所谓"视日"指的是卜筮负责进行时日选择。进一步延伸,"视日"也包含判断时日吉凶的含义,例如王先谦《荀子集解》认为"视日"就是"视日之吉凶",楼宇烈《荀子新注》将本句译为"卜卦看日子的吉凶"。① 判断时日吉凶也就是择日术,方以智《通雅》认为《陈涉世家》中的周文视日就是择日,②林剑鸣认为:"秦汉时代的军事活动离不开占问吉凶,因此,军队中有专门观察日月星象的'视日'。③也有学者认为"视日"就是确定时日宜忌,为军队的各种军事活动选择吉日。④ 刘乐贤认为"视日"可以指"看日,选日",与日者之术有关,⑤邓文宽也有相似的看法。⑥ 李零根据前引如淳的看法,认为视日与历日的安排及历日的吉凶占验有关,"视日"的意思是观察太阳或者是日影,然后根据出入、长短等现象判断日辰早晚。⑦ 裘锡圭认为周文所担任的"视日"与包山楚简中的"视日"相同,⑧工藤元男也认为"视"的意思是"为战斗准备而观察敌军状况的行为"。⑨ 王子

---

① 楼宇烈:《荀子新注》,北京:中华书局,2018 年,第 402 页。

② 方以智:《通雅》,合肥:黄山书社,2019 年。

③ 林剑鸣:《秦汉政治生活中的神秘主义》,《历史研究》1991 年第 4 期。

④ 魏德胜:《〈睡虎地秦墓竹简〉词汇研究》,第 184 页。

⑤ 刘乐贤:《简帛数术文献探论》,第 25 页。

⑥ 邓文宽:《出土秦汉简牍"历日"正名》,《文物》2003 年第 4 期。

⑦ 另外李零认为包山楚简中的"视日"不能理解为一般的日者,其身份应当是负责相关事务的官员。参李零著《简帛古书与学术源流》,第 286 页。另参氏著《视日、日书和葉书——三种简帛文献的区别和定名》,《文物》2008 年第 2 期。有关"质日"问题的专门研究另参肖从礼《秦汉简牍"质日"考》,《鲁东大学学报(哲学社会科学版)》2011 年第 3 期;苏俊林《关于"质日"简的名称与性质》,《湖南大学学报(社会科学版)》2010 年第 7 期;龙仕平《"质日"释诂》,邬文玲、戴卫红主编《简帛研究 2018(春夏卷)》,桂林:广西师范大学出版社,2018 年。

⑧ 裘锡圭:《以郭店〈老子〉为例谈谈古文字》,《中国哲学》编辑部、国际儒联学术委员会编《郭店简与儒学研究》,沈阳:辽宁教育出版社,2000 年。

⑨ 工藤元男著,薛梦潇译:《具注历的渊源——"日书"·"视日"·"质日"》,武汉大学简帛研究中心主办《简帛》第 9 辑。

今认为周文是曾经服务于楚国军队的知识分子,可以看作当时的军事技术人才。① 根据学者们的讨论,周文所擅长的军事技术应当和时日吉凶的占测有关。另外,出土文献中有所谓"质日",从内容和性质上来看应与本文讨论的占测时日吉凶的"视日"无直接关联,故对相关问题未展开讨论。

也就是说,将"视日"理解为"视日旁气"的望气者本身没有问题,但军队中的"视日"应当还负责时间的测量和时日吉凶的选择,这与望气并不矛盾。前文提到,军事活动中对时间的精确性有较高的要求,如同"太史抱天时"一样,可以推测"视日"也应当负责时间测量方面的工作。

兵书类文献中也常见注重"天时"的记载,《越语下》载范蠡之言:"臣闻古之善用兵者,赢缩以为常,四时以为纪,无过天极,究数而止。"②其中核心内容是兵法无常,而所谓"四时以为纪"是要注意时间的重要性。此外,《孙膑兵法·月战》说:"孙子曰:十战而六胜,以星也。十战而七胜,以日者也。十战而八胜,以月者也。十战而九胜,月有〔上缺约二十四字〕而十胜,将善而生过者也。一单。"③其中的日、月、星显然都与时日有关。《尉缭子·武议》说:"今世将考孤虚,占咸池,合龟兆,视吉凶,观星辰风云之变。"④其中"孤虚"与"咸池"都是与时日选择有关的神煞。《司马法·定爵》说:"凡战,有天,有财,有善。时日不迁,龟胜微行,是谓有天。"⑤同

---

① 王子今:《论"骊山徒""授兵":秦大型工程的军事化营作》,梁安和、徐卫民主编《秦汉研究》第19辑,2022年。
② 左丘明撰,徐元诰集解,王树民、沈长云点校:《国语集解》,第584页。
③ 注释认为,这里的日、月、星指的并不是太阳、月亮和众星,而应当和刑德之说有关。参孙膑著,张震泽撰《孙膑兵法校理》,北京:中华书局,1984年,第59页。
④《尉缭子》,《中国兵书集成》第1册,北京:解放军出版社;沈阳:辽沈书社,1989年。
⑤ 王震撰:《司马法集释》,北京:中华书局,2018年,第109页。

样提醒要注意时日。《吴子·图国》说:"是以有道之主,将用其民,先和而造大事。不敢信其私谋,必告于祖庙,启于元龟,参之天时,吉乃后举。"①这里说重要的军事决策需要参考"天时"。另外司马迁说进入战国以后军事战争频繁,所以在战争之中就需要进行吉凶预测的专门人才。《史记·天官书》载:"田氏篡齐,三家分晋,并为战国。争于攻取,兵革更起,城邑数屠,因以饥馑疾疫焦苦,臣主共忧患,其察禨祥候星气尤急。"②

而军事活动对"天时"的认识显然有赖于天文观测,军队中有专门人员负责此类工作。《六韬·王翼》提到军队之中应当有"天文三人,主司星历,候风气,推时日,考符验,校灾异,知人心去就之机"。注释引施子美曰:"天文三人,此则观天象以察时变也。成周之际,有太史之官,大师报(抱)天时与大师同车,此则天文之职也。主司星历,则以观星辰之变动。候风气,则以察时风之逆顺。推时日,以观其数。考符验,以观其证。校灾异,以从其变。即是数者,则天心之去就可知矣。"③坂出祥伸认为:"所谓'天文',指《史记·天官书》等历代正史的'天文志'所记载的占星、占云气、占风等等,包括对天上所起各种现象的占法、占断。"④可以发现,这些其实原本都是史官职事。也有学者指出,《六韬》中的"天文三人"与《史记》中的"视日"并无二致,⑤这种说法应当是正确的。另外有研究气象史的学者以为,"天文三人"是擅长天文气象的人员,⑥可备一说。

---

① 陈曦集释:《吴子集释》,北京:中华书局,2021 年,第 23 页。
② 《史记》卷二七《天官书》,第 1344 页。
③ 陈曦译注:《六韬》,北京:中华书局,2016 年,第 142—143 页。
④ 坂出祥伸:《望气术种种》,葛兆光主编《清华汉学研究》第 2 辑,北京:清华大学出版社,1997 年。
⑤ 陈伟武:《简帛兵学文献探论》,第 63 页。
⑥ 谢世俊:《中国古代气象史稿》,武汉:武汉大学出版社,2016 年,第 420 页。

周文在项燕的军队之中"视日",其基本职责应当是通过观测天文计量时间,同时因军事尚神秘,其职责中含有占星望气以及判断时日吉凶等方面的内容。周文担任的"视日"是军队中的职官,史料中没有明确提到这种职官和史官之间的关系,不过经由前文对史官在军事活动中吉凶预测方面作用的讨论,可以推测"视日"之官应当属于史官系统。同时也可以认为,周文所担任的"视日",应当就是史料记载中太史"抱天时"的遗绪。

2. 太史灵旗

"灵旗"的记载见于《史记·封禅书》,其中提到:"其秋,为伐南越,告祷太一。牡荆画幡日月北斗登龙,以象太一三星,为太一锋,命曰'灵旗'。为兵祷,则太史奉以指所伐国。"①《史记正义》李奇曰:"画旗树泰一坛上,名灵旗,画日月北斗登龙等。"②可见"灵旗"的使用场合是"太一坛",灵旗是祭祀太一的礼仪性用具。太一或称泰一地位关键,尤其是在军事相关领域"太一避兵"的信仰可谓是源远流长,③或者正因此"灵旗"被用于"兵祷"。关于灵旗,《汉书·郊祀志》所载相同,颜师古注引李奇曰:"牡荆作幡柄也。"如淳曰:"牡荆,荆之无子者,皆絜斋之道。"晋灼曰:"牡,节间不相当也,月晕刻之为券以畏病者。《天文志》:'天极星,其一明者,太一也;旁三星,三公也。'画一星在后,三星在前,为泰一锋(旗)也。"师古曰:"李、晋二说是也。以牡荆为幡竿,而画幡为日月龙及星。"④

---

① 《史记》卷二八《封禅书》,第 1395 页。
② 《史记》卷一二《孝武本纪》,第 471 页。
③ 黄盛璋认为马王堆汉墓帛书,应当命名为"兵祷大(太)一图",他认为这幅图是墓主人出征前祭祷大(太)一,以祈求战争胜利。参黄盛璋《论"兵避太岁"戈与"太一避兵图"争论症结、引出问题是非检验与其正解》,周天游主编《陕西历史博物馆馆刊》第 10 辑,西安:三秦出版社,2003 年。
④ 《汉书》卷二五上《郊祀志上》,第 1231 页。

另外,"灵旗"的记载也见于《汉书·礼乐志》,《郊祀歌》十九章中《惟泰元》云:"钟鼓竽笙,云舞翔翔,招摇灵旗,九夷宾将。"颜师古注云:"画招摇于旗以征伐,故称灵旗。将犹从也。"①颜师古注释认为灵旗绘制有"招摇",此说恐未确。《汉书补注》引吴仁杰曰:"泰元者,泰一也。泰一与天地并,而非天也。《志》载天子祠三:一天,一地,一泰一。又载其赞飨曰:天增授皇帝泰元神荚,皇帝敬拜泰一。又为泰一锋旗,命曰灵旗。故此章颠末有泰元及灵旗之文。然则媼神字亦当作煴,而以郁烟为义,可也。煴神者郁烟以祀神。《东京赋》所谓致高烟乎泰一,是已。礼祭天以烟为歆神,始祀泰一之礼,同于祀天,故燎熏皇天,皋摇泰一。扬子云以为并称云。"②扬雄《甘泉赋》提到"灵旗"的使用场景:"于是钦柴宗祈。燎熏皇天,招繇泰壹。举洪颐,树灵旗。樵蒸焜上,配藜四施,东烛仓海,西耀流沙,北爌幽都,南炀丹厓。"颜师古注引服虔曰:"洪颐,旗名也。"③《汉书补注》宋祁曰:"招繇,一本作皋陶。晋灼音义作皋摇。萧该音义曰,如淳作皋摇。云皋、楔棒,积柴于招摇头,致牲玉于其上,举而烧之,欲其近天也,故曰皋摇。"④可见"招摇"是祭祀太一的另外一种仪式内容,前引颜师古"画招摇于旗以征伐,故称灵旗"的说法有误。⑤

根据前文的说法,"灵旗"主要是在祭祀太一的时候使用,是悬挂在祭祀场所绘制有"太一锋"符号的特殊旗帜。而如果是在"兵祷"时,则命太史奉以指向所要讨伐的国家,黄留珠认为这是汉武帝

① 《汉书》卷二二《礼乐志》,第 1057 页。
② 班固撰,颜师古注,王先谦补注:《汉书补注》,第 1939 页。
③ 《汉书》卷八七上《扬雄传上》,第 3532 页。
④ 班固撰,颜师古注,王先谦补注:《汉书补注》,第 5078 页。
⑤ 田天以为,"泰畤上还立有旗帜,旗上绘太一之神,以祈福佑"。参氏著《秦汉国家祭祀史稿》,北京:生活·新知·读书三联书店,2015 年,第 141 页。

在"兵祭"方面的创新。① 李零认为："汉武帝伐南越,也要以画有'太一锋'的'灵旗'摄护其军,相信以此可以刀枪不入,所向必胜。"②钟少异则认为,灵旗恐怕不仅为避兵,彰杀应也是一个方面。③ 其实汉代厌胜类巫术盛行,太史奉"灵旗"指向所要征伐的国家,用意可能也在厌胜。

关于"兵祷",《史记·封禅书》载："高祖初起,祷丰枌榆社。徇沛,为沛公,则祠蚩尤,衅鼓旗。"④《汉书·郊祀志》颜师古注云："以此树为社神,因立名也。"⑤高祖登基以后还命有司按时祭祀枌榆社。汉高祖刘邦起兵时祭祀丰县的枌榆社,应当就是"兵祷"。后来刘邦为沛公以后,祭祀蚩尤,应当也可以算是"兵祷"。传统认为蚩尤掌五兵,所以显然蚩尤也是合适的兵祷祭祀对象。⑥ 另外需要注意的是,汉武帝时代伐南越"告祷太一",太一也是兵祷的对象。也就是说,先秦秦汉时期兵祷祭祀的对象是不固定的,可以是社神,也可以是蚩尤或者太一。"灵旗"显然是在祭祀太一的"兵祷"中使用,至于是否在祭祀其他对象的"兵祷"中使用,则缺乏相关的材料,姑且存疑。

---

① 黄留珠:《秦汉历史文化论稿》,西安:三秦出版社,2002年,第231页。
② 李零:《湖北荆门"兵避太岁"戈》,《文物天地》1992年第3期;后收入氏著《入山与出塞》。另外李零解释"太一锋"类似斗柄,也是此类似表盘指针那样的作用,可以周而复始地旋转。参氏著《中国方术考(修订本)》第一章《占卜体系与有关发现》,第81页。
③ 钟少异:《古兵杂考》,氏著《古兵雕虫:钟少异自选集》,上海:中西书局,2015年。
④《史记》卷二八《封禅书》,第1378页。相关的研究参龚留柱《秦汉武事中的礼乐之用》,中国秦汉史研究会编《秦汉史论丛》第5辑,北京:法律出版社,1992年。
⑤《汉书》卷二五上《郊祀志上》,第1210页。
⑥ 有关蚩尤的研究参周策纵《说"尤"与蚩尤》,《中国文字》第48册,1972年;后收入《周策纵作品集》,上海:世界图书上海出版公司,2014年;王子今《汉代蚩尤崇拜》,《南都学坛》2006年第4期。另参颜建真《齐鲁地区"蚩尤"崇拜及其影响》,《管子学刊》2008年第1期;张海涛《兵主"蚩尤"探究》,《唐都学刊》2020年第2期。

早期文献中也有"兵祷"的记载,①《礼记·王制》载:"天子将出征,类乎上帝,宜乎社,造乎祢,祃于所征之地。"郑玄注云:"祃,师祭也,为兵祷,其礼亦亡。"郑玄认为《礼记》中的"祃于所征之地"就是兵祷。孔颖达正义云:"《释奠》云是类是祃,师祭也。故知祃为师祭也,谓之祃者,按《肆师》注云:貉读如十百之百,为师祭造军法者,祷气势之增倍也,其神盖蚩蚘或曰黄帝。"②这里的《释奠》应当是《尔雅·释天》,其中提到"是襺是祃,师祭也",王闿运《集解》引郭璞注曰:"师出征伐,类于上帝,祃于所征之地。"③联系前文提到高祖起兵祷祠祭祀蚩尤黄帝,杨树达认为:"汉之为此,沿周制也。"④而从"祷气势之增倍"的说法来看,兵祷是为了鼓舞士气。⑤

再者,《周礼·春官·大祝》也提到军事有关的祭祷仪式:"大师宜于社,造于祖,设军社类上帝,国将有事于四望及军归,献于社,则前祝。"郑玄注引云:"郑司农说,设军社,以《春秋传》曰'所谓君以师行,祓社衅鼓,祝奉以从'者也。"⑥这也是关于"兵祷"的记载。另外,《司马法·仁本》也说:"贤王制礼乐法度,乃作五刑,兴甲兵以讨不义……乃告于皇天上帝、日月星辰,祷于后土四海神祇、山川冢社,乃造于先王。"⑦其中"祷于后土四海神祇"应当也是兵祷。《墨子·号令》说:"寇去事已,塞祷。"《墨子间诂》引《史记·封禅书》"冬塞祷祠",索隐云:"塞与赛同。赛,今报神福也。"《汉书·郊祀志》颜注云:"塞,谓报其所祈也。"《管子·禁藏篇》云"塞久

---

① 相关的研究参杨宽《西周史》第十一章"出征、出猎和执驹的礼制"。

②《礼记正义》,阮元校刻《十三经注疏》,第 2885 页。

③ 王闿运撰,黄巽斋整理:《尔雅集解》,长沙:岳麓书社,2010 年,第 189 页。

④ 杨树达:《汉书窥管》,长沙:湖南师范大学出版社,2018 年,第 4 页。

⑤ 陈伟武:《简帛兵学文献探论》,第 38 页。

⑥《周礼注疏》,阮元校刻《十三经注疏》,第 1752 页。

⑦ 王震撰:《司马法集释》,第 26 页。

祷"。《韩非子·外储说右上篇》云:"秦襄王病,百姓为之祷。病愈,杀牛塞祷。"①既然有塞祷,那自然也就有在军事行动之前的祷祠,也就是"兵祷"。也有论者以为王莽时代的"威斗"也属于兵祷,②可备一说。从《封禅书》的记载来看,汉高祖和汉武帝都曾经进行"兵祷",而太史奉"灵旗"指向讨伐的国家,则是汉武帝时代在兵祷仪式中新增加的内容。

梳理文献中的相关记载,可以发现"灵旗"的主要功能是竖立于祭祀泰一的神坛,在"兵祷"的时候,汉武帝命太史奉灵旗指向所伐国,这是汉武帝时期新增设的礼仪,推测其用意应当是厌胜。而太史奉"灵旗",也可见史官在军事活动中的作用。

汉武帝及以后的材料中也可以见到史官在军事活动中进行预测的例子。例如汉武帝伐匈奴,曾经命太史占卜吉凶,《汉书·西域传》载汉武帝《轮台诏》说:"公车方士、太史治星望气,及太卜龟蓍,皆以为吉,匈奴必破,时不可再得也。"③汉武帝《轮台诏》"深陈既往之悔",但汉武帝其实也在为自己开脱,他在诏书中说之所以会决策在西域的军事行动,是因为"太史治星望气"等给出了积极的预测。另外汉武帝还说:"古者卿大夫与谋,参以蓍龟,不吉不行。"是说国家重大军事决策参考了"天意",这是为了证明天子并不是一意孤行。而汉武帝的这种说法也与前引《吴子·图国》中所谓"必告于祖庙,启于元龟,参之天时,吉乃后举"相似,由此也可知包括史官在内,负责吉凶预测的专门技术人员在汉武帝时期的军事活动中确实发挥了一定的作用,所以前引司马迁说:"卜筮至预见表象,先图其利。及猛将推锋执节,获胜于彼,而蓍龟时日亦有力于此。"

---

① 孙诒让撰,孙启治点校:《墨子间诂》,第604页。
② 龚留柱:《秦汉武事中的礼乐之用》,中国秦汉史研究会编《秦汉史论丛》第5辑。
③ 《汉书》卷九六下《匈奴传下》,第3911页。

　　史书记载，后来汉宣帝的军事决策也同样参考了史官的预测，《汉书·赵充国传》载宣帝给赵充国的诏书中说："今五星出东方，中国大利，蛮夷大败。太白出高，用兵深入敢战者吉，弗敢战者凶。将军急装，因天时，诛不义，万下必全，勿复有疑。"汉宣帝认为"五星"和"太白"的星象预示着进军的好时机，命令赵充国的军队要"因天时，诛不义"。①"五星出东方"是吉利的天象，有关的记载也见于《史记·张耳陈余列传》载甘公之言曰："汉王之入关，五星聚东井。东井者，秦分也。先至必霸。"②对于"五星聚东井"学者们已经有较多的研究，兹不赘述。③ 而所谓"太白出高"指的是太白星出现在黄道北面，《史记·天官书》说太白星"始出大，后小，兵弱；出小，后大，兵强。出高，用兵深吉，浅凶"，④其中"出高，用兵深吉"正是汉宣帝勒令赵充国进兵深入的天文依据。汉宣帝关于"五星"和"太白"的认识来自于史官，这应当是没有问题的。后来到了王莽时期，曾经

①《汉书》卷六九《赵充国传》，第 2981 页。
②《史记》卷八九《张耳陈余列传》，第 2581 页。
③ 陈直根据"东井"残瓦，认为"西汉盖以五星聚东井为发祥之瑞"。参陈直《史记新证》，北京：中华书局，2006 年，第 65 页。有学者认为"五星聚东井"是为高祖称帝而伪造的天象依据和天命符兆，参黄一农《星占、事应与伪造天象——以"荧惑守心"为例》，《自然科学史研究》1991 年第 2 期；张培瑜《五星合聚与历史记载》，《人文杂志》1991 年第 5 期。另参赵继宁《"史记·天官书"研究》，第 134 页。陈遵妫认为经过重新推算，虽然严格讲不能说是五星聚井，但因当时岁星在井，从星占意义上讲，可以说是五星聚井，参陈遵妫《中国天文学史》，第 313 页。另外也有学者用现代方法回推当时天象，发现高祖元年（前 206）四五月间确实曾发生五星聚于东井的天象，五星相聚不到 31 度，参陈久金《斗转星移映神州：中国二十八宿》，深圳：海天出版社，2012 年，第 113 页。另外也有学者使用天文学软件推算出五星聚于东井的时间是汉高祖二年三月末，认为《史记·天官书》记载"汉之兴，五星聚于东井"是实事求是，而班固将五星聚于东井的时间定在高祖元年十月是错误的，参徐振韬等《五星聚合与夏商周代年代研究》，北京：世界图书出版公司，2006 年，第 49 页。
④《史记》卷二〇《天官书》，第 1324 页。

根据星象变化决定迁都洛阳的时间,其中显然也有史官负责时日选择,此不赘述。

另外《三国志》提到当时的史官仍然负责时日吉凶的预测,兴平二年(195)汉献帝自长安回洛阳,太史令王立进言:"自去春太白犯镇星于牛、斗,过天津;荧惑又逆行守北河,不可犯也。"[①]这位史官根据星象为行动方向提供占测依据,可以视为史官择日传统的重要体现。黄一农推测太史令王立所言的含义是太白、镇星犯斗、牛二宿,为"破军杀将"之象,而荧惑逆行守北河,指的是向北渡过黄河是不吉利的。黄一农另外论述汉代以后史官参与军事决策的实例,可参看。[②]

从前文的讨论来看,"灵旗"最初用于汉武帝时期太一的祭祀礼仪之中,后来在兵祷活动中用于指向所征讨的国家,这属于汉武帝在兵祷礼仪中新增设的内容。司马迁在《报任安书》中说"文史星历,近乎卜祝之间",从汉代兵祷祭祀活动中太史奉"灵旗"以指向所征伐国家的记载来看,太史公此言也是对汉代史官身份特征的真实描述。

四、小结

总的来看,《左传》中记载的"日官""日御"的身份就是史官,"日"是"时日"的意思,是说他们的职事着重在"时间"管理方面,而史官的职事的重要方面就是根据观测到的天文现象制作历法,同时也对时日吉凶进行预测。《周礼》记载说在重要的军事活动中史官

①《三国志》卷一《魏书·武帝纪》,第13页。
② 黄一农等推算当时的实际天象太白并未过天津,认为王立早有叛归曹操之心,所以诳奏天象劝告汉献帝向东行进。参姜志翰、黄一农《星占对中国古代战争的影响》,黄一农著《社会天文学史十讲》。

"抱天时",所谓的"天时"指的是诸如表和漏刻等测量时间的工具。而文献记载中也常有史官参与军事活动的记载,尤其是利簋铭文的记载显示,武王伐纣时"右史利"显然是根据岁星的运行对战争胜负的吉凶作出了预测,史墨和卜偃等人预测的依据和右史利也有相似之处。周文曾经在军队中担任"视日",从字面意思上来看是通过观测天文现象预测吉凶,但也应当包括测量时间的职能。最后《史记》中记载太史奉灵旗以指向所讨伐的国家,汉代兵祷祭祀行为中的厌胜习俗值得注意,这也显示史官确实服务于军事活动。

本章小结

本章讨论的主要内容是战国秦汉时期的日者与择日民俗,《太史公自序》说:"齐、楚、秦、赵为日者,各有俗所用。欲循观其大旨,作日者列传第六十七。"前文梳理择日术的源流以及秦楚《日书》所见时日选择术的异同,可见秦楚择日术大同而小异,其中的核心内容显然有共同的源头,这个源头可以追溯到商周时期;而在流传过程中秦、楚两地的日者基于不同的习俗都对择日术进行调整,这种调整包括设置不同的神煞以及不同的吉凶宜忌等,但利用日廷图作为神煞运行的依据,以及以阴阳五行作为核心思想背景,则是一致的。史料中另外还留存齐系择日术的片段记载,从现在能看到的内容可以判断,齐系择日术与秦楚有明显的差异,但其中的核心思想仍然是阴阳五行。后来随着秦在政治上的完成统一,也对包括择日民俗在内的不同地域文化进行了整合,具体表现是楚系以及其他地域的择日术湮灭无存,秦系的择日术流传后世。

司马迁虽然为日者作传,但本文推测在太史公的时代日者已经很少活动了,而到了褚少孙补《史记》的时代社会上更是几乎没有日者在活动。大约是在"诸子出于王官"的时代,时日选择之术由史官之学下移民间而为民俗所用,日者应运而生。而秦统一后"医药卜筮种树"之书不去,日者之书应在留存之列,但单纯进行时日选择的日者活动空间逐渐缩小,秦及汉初日者可能就已经不再活动了。日者虽然消失不见,但择日术却流传下来,《日者列传》的本意显然也是对当时的择日术和择日民俗进行整理。然今本《日者列传》不是太史公原文,其中提到的司马季主应归属《龟策列传》,但原文也不会大段记载司马季主关于卜者职业的言论。总体上而言司马迁对于日者、卜者以及医者的态度大体相似,即肯定其有益于国计民生的方面,以能否"有验"作为评价的标准,反对过分沉迷于鬼神巫术。显然这也是司马迁创作《日者》《龟策》以及《扁鹊仓公列传》三传的基本意图。

择日术起源于史官,史官也被称为"日官",吉凶预测与时日选择原本就是史官职事中的重要内容,而在文献记载中史官也一直负责重要事件的时日选择。早期文献中所能看到的史官择日大多出现于军事活动中,例如《周礼》记载重要出征的时候"太史抱天时","利簋"中载有"右史利"为武王伐纣占测天象,楚系军队中有负责时日和望气的"视日",而且兵书类文献中有负责"天文"的专业人员并反复强调"天时"的重要性。这或许是因为军事活动原本就对时间的精确性有着较高的要求,而且在兵事尚神秘思维的影响下,军事活动的吉凶宜忌往往更受重视。《汉书·艺文志》中关于兵阴阳家的小序提到:"阴阳者,顺时而发,推刑德,随斗击,因五胜,假鬼神而为助者也。"[1]其中"顺时而发"强调了军事行动之中"时间"对于战

---

[1]《汉书》卷三〇《艺文志》,第 1760 页。

争胜负的重要作用。事实上,史官的职事可以归结为对"时间"的管理,而选择时日吉凶恰是从史官的职事中衍生而来的。后来史官之学逐渐下移,民间也有越来越多的人擅长择日术。现在人们看到的出土文献中的《日书》等文献,其本源应当就在史官的择日术。

结 语

　　首先,本书认为择日术起源于人们避忌凶恶和尊天顺时的心理,人们在举行某些重要的仪式或者有其他的需要而进行时间选择的时候,会首先避开被认为凶恶的时间,而时间本身没有吉凶特质,人们只是根据历史上曾发生的事件给时间以吉凶的定义;此外,人们还会根据周围环境随时间的周期性变化,选择遵从自然的规律,这也就是所谓的尊天顺时。同时人们对天象也不是简单模拟,而是根据自己的需要重新计算和建构,也就是给时间增添上有利于人们择日的相关内容。基于此可以知道,择日术归根到底是人们对时间的认识和理解,是根据自身对自然的认识赋予时间新的意义,同时要求自身遵从时间运行的规律,并因此形成了一整套影响深远的制度和习俗。事实上,经由择日术可以清晰看到时间作为自然秩序是如何深刻影响人们的心理和生活习俗的。

　　其次,本书讨论择日术的核心内容是阴阳五行学说,由《日书》中关于择日术的记载可以看到阴阳五行如何在实践中得到运用。阴阳理论本身就包含对吉凶宜忌的判定,而且阴阳理论的一个基本问题是阴阳两种势力一直处于变化和消长的过程之中,而在这种过程中,阴阳和合为吉,阴阳失衡为凶。阴阳学说产生之后在政治、社会等诸多方面都获得广泛的利用,而它也为择日术提供了坚实的理论基础,使得择日术从理论到实践都逐渐走向成熟。至于五行理论,至汉代已经发展为一个极为庞大的系统,而五行理论有三个重要分支都直接与择日术相关,其一是五行的配物系统,其二是五行内部的生、克等关系,其三是五行中每一元素的变化循环,而这些正是择日术用来设置吉凶宜忌的基础。

再次,日廷图为阴阳五行用于时日选择提供了条件,也是众多神煞敷衍和铺设的基础。日廷图由"钩绳图"以及天干、地支和二十八宿等文字构成,其中"钩绳图"中垂直交叉的"二绳"是测绘横平竖直的准绳,位于四维的"四钩"则是朝向不同方向的矩尺。这显示日廷图起源于实用工具规矩和准绳,后来逐渐具有神秘主义特征,日者或者普通的民众都会在社会生活中使用到,所以这种图形以及相关的变形会出现在战国秦汉时期的各种器物之上,包括式盘、博局、铜镜以及日晷等等。而在日廷图的文字部分中,天干和地支是最为核心的内容,而干支既可以用来表示时间,也可以用来表示空间,自产生之日起就在中国传统思想中具有至关紧要的地位,深刻影响着中国古人对时间和空间的认知和思维方式。可以说,日廷图为择日术在实际中的运用提供了基础,基于方位的择日术的设置应当都是以日廷图为依据。

再次,日者是进行时日选择的专业技术人员,司马迁曾经为日者作列传,根据《太史公自序》的说法,本传的基本内容是介绍不同地域日者的活动和择日民俗,但《日者列传》原文亡佚,《史记》中关于日者和择日民俗的记载已不可见。然根据近些年来大量《日书》类文献,可以发现不同地域择日术的核心内容显然有共同的源头,这个源头可以追溯到商周时期;而在流传过程中,秦、楚两地的日者基于不同的习俗对择日术进行调整,这种调整包括设置不同的神煞以及不同的吉凶宜忌等,但利用日廷图作为神煞运行的依据以及以阴阳五行作为核心思想背景,则是一致的。而日者之术显然来自史官之学,史官的职事可以归结为对"时间"的管理,而选择时日吉凶恰是从史官的职事中衍生而来的。

最后,本书尝试从知识的角度探讨择日术与战国秦汉时期的时空认知,主要依据《日书》为主的出土数术类文献提供的新知识,并借助其中的知识重新审视传世文献中的相关记载。而本书对择日术的讨论倾向于从数术知识本身切入,从择日术所涉及的数术原理展开讨论,并详细分析择日术知识的基本内涵。可以发现,择日术相关的知识影响和形塑人们对于时空的认知,其中对于时间的认知过程重点在对历史记忆以及理念传承方面,而对于空间的认知则强调方位之间的关系。另外也可以发现,人们对待实用数术知识存在明显的功利性心理,包括古日者在内的数术设置者以使用者的诉求为导向,这也就限制了择日术的进一步发展。而择日术中包含的谬误认知同样限制了其进一步发展,择日术来源于人们经验的总结,然而择日术的实践不会止于社会经验,人们会在经验的基础上更向前一步甚至更多,然而这更向前一步的内容往往因为缺乏必要的实践基础,也就成了谬误。应当认识到,择日术中的谬误是由其核心内容,即阴阳五行理念以及对天文星象原始质朴的观测和认识造成的,在此基础上择日术相关的知识很难进一步发展成为"科学"的认识。另一方面,择日术中的谬误却逐渐发展成为民俗,虽然于国计民生无实际益处,却也并没有纠正的必要。

后 记

这本小书主要讨论时空认知的问题，主要使用《日书》等材料，其中很多章节是写作博士论文时就已经完成了，也有一些章节的最初形态要追溯到硕士论文的写作阶段。2015年，我在国家社科基金青年项目"秦汉时空观念研究"的支持之下继续研究时空观念问题，同时着手修改博士论文以待结项后出版；在2023年出版《秦汉时空观念》一书之后，以"时空认知"之名将相关内容整理出版。

这本小书在写作以及后来出版过程中，得到了许多师友的帮助。我读硕士研究生的时候在王子今教授的指导下研读《日书》文献，当时就对《日书》中包含的择日术以及背后的时空观念很感兴趣；后来在陈苏镇教授指导下完成博士学位论文，时空观念仍是其中的重要内容。特别感谢王子今教授为本书赐序，其中的意见为进一步思考指明了方向。另外特别感谢李禹阶教授以及国家社科基金重大项目"秦汉时期的国家建构、民族认同与社会整合研究"团队对本书出版的支持！感谢肖军伟同学协助处理书中的图片，并随时提供电子文献方面的支持。感谢上海古籍出版社胡文波老师的关心、关注和支持，也感谢编辑乔颖丛女士的辛苦工作，没有他们也就没有这本书的最终出版。

438

　　本书关于择日术起源的研究,以及关于男日、女日和日廷图的研究等部分内容,在之前都曾发表过,经过较大幅度删改之后收入本书。本书的出版,距离硕士和博士论文的撰写已经过去十余年,期间新的材料不断出土和发布,而且作者的学术观点和思想也在发生变化,使得本书中的许多内容都有进一步完善的空间。虽然总是期待再有数年时间,认真修改并将其中的部分选题投稿发表,但现实问题迫在眉睫,非常惭愧呈现给读者们这样一本并不算完善的作品。

董　涛

2024 年 12 月于嘉陵江畔

图书在版编目（CIP）数据

战国秦汉时期的择日术与时空认知／董涛著.
上海：上海古籍出版社，2024. 12. -- ISBN 978-7
-5732-1441-6

Ⅰ. B016. 9

中国国家版本馆 CIP 数据核字第 20257BN901 号

文字斋学术丛书

战国秦汉时期的择日术与时空认知

董　涛　著

上海古籍出版社出版发行

（上海市闵行区号景路 159 弄 1 - 5 号 A 座 5F　邮政编码 201101）

（1）网址：www.guji.com.cn

（2）E-mail：guji1@guji.com.cn

（3）易文网网址：www.ewen.co

上海惠敦印务科技有限公司印刷

开本 890×1240　1/32　印张 14.125　插页 2　字数 329,000

2025 年 4 月第 1 版　2025 年 4 月第 1 次印刷

ISBN 978-7-5732-1441-6

K · 3763　定价：68.00 元

如有质量问题，请与承印公司联系